Weihnachten 2010

Sarah Zierul

Der Kampf um die Tiefsee

Wettlauf um die Rohstoffe der Erde

| Hoffmann und Campe |

1. Auflage 2010
Copyright © 2010 by
Hoffmann und Campe Verlag, Hamburg
www.hoca.de
Satz: Dörlemann Satz, Lemförde
Gesetzt aus der Sabon LT Std und Trade Gothic LT Com
Druck und Bindung: Friedrich Pustet, Regensburg
Karte auf den Seiten 14 und 15: Peter Palm, Berlin
Printed in Germany
ISBN 978-3-455-50169-8

**HOFFMANN
UND CAMPE**

Ein Unternehmen der
GANSKE VERLAGSGRUPPE

»In uns allen steckt eine treibende Kraft, die uns nicht ruhen lässt, solange wir noch einen Schritt weiter gehen können.«

Jacques Piccard, erster Mensch am tiefsten Punkt der Erde (23.1.1960, Marianengraben, 10916 Meter Tiefe)

Inhalt

Vorwort

Seit einer halben Stunde starre ich auf meinen Computerbildschirm. Ich bin völlig in Bann geschlagen, unwillkürlich schüttele ich immer wieder den Kopf. Mein Gegenüber mustert mich interessiert, ein Kind stupst seinen Vater an, doch erst der Kaffeeverkäufer reißt mich aus meiner Hypnose. Ich sitze im Zug nach Köln und sehe zum ersten Mal Videoaufnahmen aus der Tiefsee. Sie machen mich sprachlos.

Bisher habe ich mir über die Welt weit unterhalb der Meeresoberfläche nicht allzu viele Gedanken gemacht. Mein Vater hat mir zwar schon als Kind das Schnorcheln beigebracht, wir sind oft ins Aquarium des Kölner Zoos gegangen, und ich tauche seit Jahren, wann und wo immer es möglich ist; doch was ich dabei von der Unterwasserwelt sehe, spielt sich meist in nur zehn, zwanzig oder maximal vierzig Meter Meerestiefe ab.

Die Videoaufnahmen auf dem Bildschirm vor mir dagegen sind in Tiefen von 1000 Metern und mehr entstanden. Sie entführen mich in eine fremde und dunkle Welt. Weit fort von den mir vertrauten Stränden und Küsten, von Schnorchelausflügen, Segelbooten oder Surfbrettern – dorthin, wo es kein Licht und keine Wellen mehr gibt. Die so skurrilen wie faszinierend schönen Aufnahmen stammen aus dem größten Lebensraum der Erde: der Tiefsee.

Das Jahr hat für mich mit diesem neuen Projekt begonnen: einer Recherche für das WDR-Fernsehen über Rohstoffe aus dem Meer. Zu Beginn ahnte ich nicht, wie viel sich darüber erzählen lässt. Doch die DVDs, die ich vom französischen Meeresforschungsinstitut Ifremer erhalten habe und die ich während der Fahrt zur Redaktion nach Köln sichte, überzeugen mich endgültig: Es ist höchste Zeit, über das zu berichten, was in der Tiefsee passiert.

Seit Wochen schon quellen meine Notizblöcke über, füllt sich Ordner um Ordner mit Hintergrundinformationen, und ich telefoniere beinahe täglich mit Tiefsee-Experten. Dabei spreche ich nicht nur mit Meeresforschern, sondern auch mit Rohstoffstrategen und Managern aus Deutschland, Frankreich und anderen Industrieländern. Sie alle erzählen voller Stolz und Euphorie von Expeditionen in eine Welt, die mit immer neuen Überraschungen aufwartet.

Dank neuester Tauchtechnik stoßen Forscher in der Tiefsee nicht nur auf zahllose fremdartige Lebewesen, sondern auch auf ungeahnte medizinische Wirkstoffe – und auf wertvolle Rohstoffe in rauen Mengen. Erdöl und Gas, Gold und Silber sowie erzhaltige Manganknollen finden sich am und im Meeresboden. Die Tiefsee ist vermutlich die größte Schatzkammer der Erde. Und angesichts knapper werdender Ressourcen an Land werden überall die Weichen gestellt, um sie auszubeuten.

Auf dem Rückweg von Köln habe ich daher nicht mehr nur die Tiefsee-Filme im Gepäck, sondern auch einen Auftrag: Gemeinsam mit der Kölner Längengrad Filmproduktion werde ich eine Reportage drehen über den Wettlauf um die letzten Rohstoffe der Erde – die Rohstoffe der Tiefsee. Ich will die weltweit wichtigsten Vorstöße zum Meeresboden begleiten und mit eigenen Augen sehen, was es mit ihnen auf sich hat. Es ist der Startschuss für fast zwei Jahre Arbeit.

Die Drehreisen führen mich an Orte, zu denen nur wenige Menschen Zugang haben: Ich bin Gast an Bord des deutschen Forschungsschiffes *Sonne* vor Neuseeland sowie auf den schwimmenden Erdölfabriken des französischen Konzerns Total vor der Westküste Afrikas. Ich blicke amerikanischen, französischen und deutschen Tiefsee-Forschern in ihren Laboren über die Schulter und staune über neu entdeckte Tierarten und Wundermittel aus der Tiefsee. Von Rohstoffstrategen der Bundesregierung erfahre ich, welch erstaunliche Pläne auch Deutschland in der Tiefsee verfolgt – genauer: in 5000 Meter Tiefe im Pazifik. Doch abseits aller Euphorie schildern mir Umweltschützer und Seerechtsexperten auch, weshalb sie die immer schnellere Eroberung des Meeresbodens mit großer Sorge beobachten.

Von jeder Reise kehre ich mit neuen Eindrücken zurück – und mit neuen Fragen. Denn so sehr ich von den ehrgeizigen Projekten fasziniert bin: Am Meeresboden ist ein Goldrausch ausgebrochen wie einst im Wilden Westen. Jeder greift sich, was er kriegen kann – ohne Rücksicht auf Regeln, Grenzen oder die Umwelt. Die Öffentlichkeit bekommt davon bisher kaum etwas mit.

Dabei bergen die Vorhaben in der Tiefsee nicht nur große Chancen für die weltweite Rohstoffversorgung der Zukunft. Sie sind auch mit enormen Risiken verbunden: Die Tiefsee ist der letzte Lebensraum der Erde, der von Menschen bisher so gut wie unberührt geblieben war. Seine Bewohner haben sich über Jahrmillionen an extreme Verhältnisse angepasst. Welche Zerstörungen durch den Abbau von Rohstoffen am Meeresboden drohen, lässt sich bisher kaum abschätzen. Der Untergang der Bohrplattform *Deepwater Horizon* im Golf von Mexiko im Frühjahr 2010 und die Millionen Liter Erdöl, die sich daraufhin unkontrolliert aus 1500 Meter Tiefe ins Meer ergossen, bieten womöglich nur einen Vorgeschmack auf die Katastrophen, die uns noch bevorstehen.

Zudem ist nicht überall geregelt, wem die Rohstoffe der

Tiefsee gehören. Erste politische Konflikte spitzen sich zu – an Orten, an denen Grenzen unter Wasser umstritten sind und Bodenschätze gefunden wurden. Völkerrechtler fürchten schon jetzt, dass sich am Boden der Meere die Rohstoffkriege der Zukunft entzünden werden.

Tausende Meter unter der Wasseroberfläche hat ein neuer, globaler Wettlauf begonnen: der Wettlauf um die Schätze der Tiefsee. Es ist ein Wettlauf zwischen Forschern, die diese fremde Welt erkunden, und der Industrie, die sie auszubeuten beginnt. Zwischen Konzernen, die um die besten Lagerstätten wetteifern. Und zwischen Staaten, die streiten, wer über die Rohstoffe am Meeresboden verfügen darf.

Die vielen Aufnahmen und Interviews, die ich von den Drehreisen mitbringe, fügen wir im Kölner Schneideraum schließlich zu zwei je 45 Minuten langen Filmen zusammen. Ihre Titel: *Wem gehört das Meer?* und *Schatzsuche in der Tiefsee*. Die Filme laufen bis heute immer wieder im Fernsehen und wurden mit zahlreichen internationalen Preisen ausgezeichnet. Doch schon zu Beginn der Reisen hatte ich eines geahnt: In den Filmen würde ich längst nicht alle Informationen unterbringen können.

Das Thema gleicht einem geopolitischen Thriller, dessen Schauplätze sich vom Nord- bis zum Südpol erstrecken, von Europa, Asien und Nordamerika bis in die ärmsten Länder Afrikas, von den Chefetagen multinationaler Konzerne über Regierungsbehörden bis in die tiefsten Abgründe der Ozeane. Viele Fakten und Facetten, Einschätzungen und Hintergrundinformationen trage ich zunächst weiter mit mir herum. Genau wie meine Eindrücke vom ungewöhnlichen Leben an Bord der Forschungs-, Bohr- und Ölförderschiffe, die ich besucht habe. Bis ich mich dazu entschließe, in einem Buch alles aufzuschreiben.

Mehr als drei Jahre nachdem ich die ersten Videobilder aus

der Tiefsee gesehen habe, sitze ich also wieder im Zug, diesmal von Berlin nach Hamburg, zum Verlag. Im Gepäck: das Manuskript für dieses Buch. Und die Hoffnung, im wahrsten Sinne des Wortes ans Licht zu bringen, was weltweit in der Tiefsee passiert. Denn was Forscher, Staaten und Konzerne am Meeresboden unternehmen dürfen, muss von einer breiten Öffentlichkeit diskutiert werden. Schließlich geht es um die Zukunft einer Welt, die noch immer erst zu einem Bruchteil erforscht, für das Zusammenleben der Menschen und die Abläufe der Natur jedoch von enormer Bedeutung ist. Und von der eine Faszination ausgeht, die mir bis heute stets aufs Neue den Atem raubt.

Berlin, den 28. Juni 2010

Schatzkarte der Tiefsee
Bisher entdeckte Rohstoffvorkommen

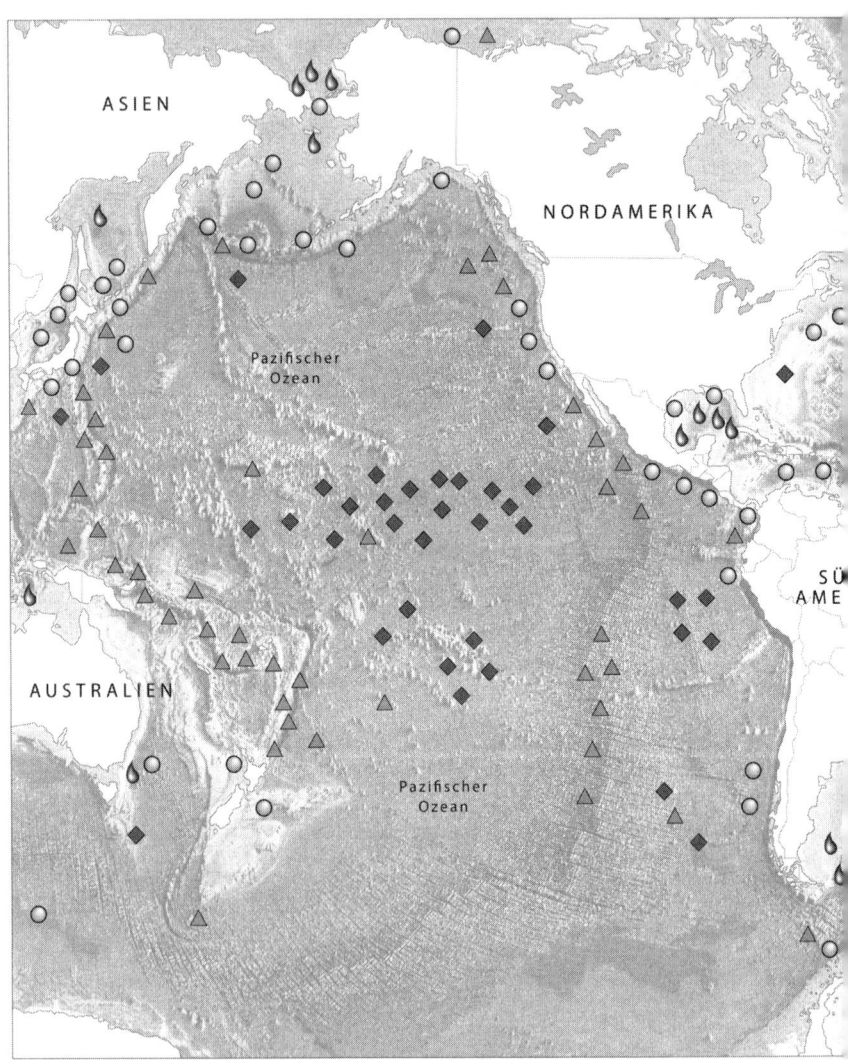

💧 Erdöl und Erdgas   🔺 Schwarze Raucher / Massivsulfide
(Gold, Silber, Kupfer, Zink)

Quellen: International Seabed
Authority, IFM-GEOMAR,
United States Geological Survey

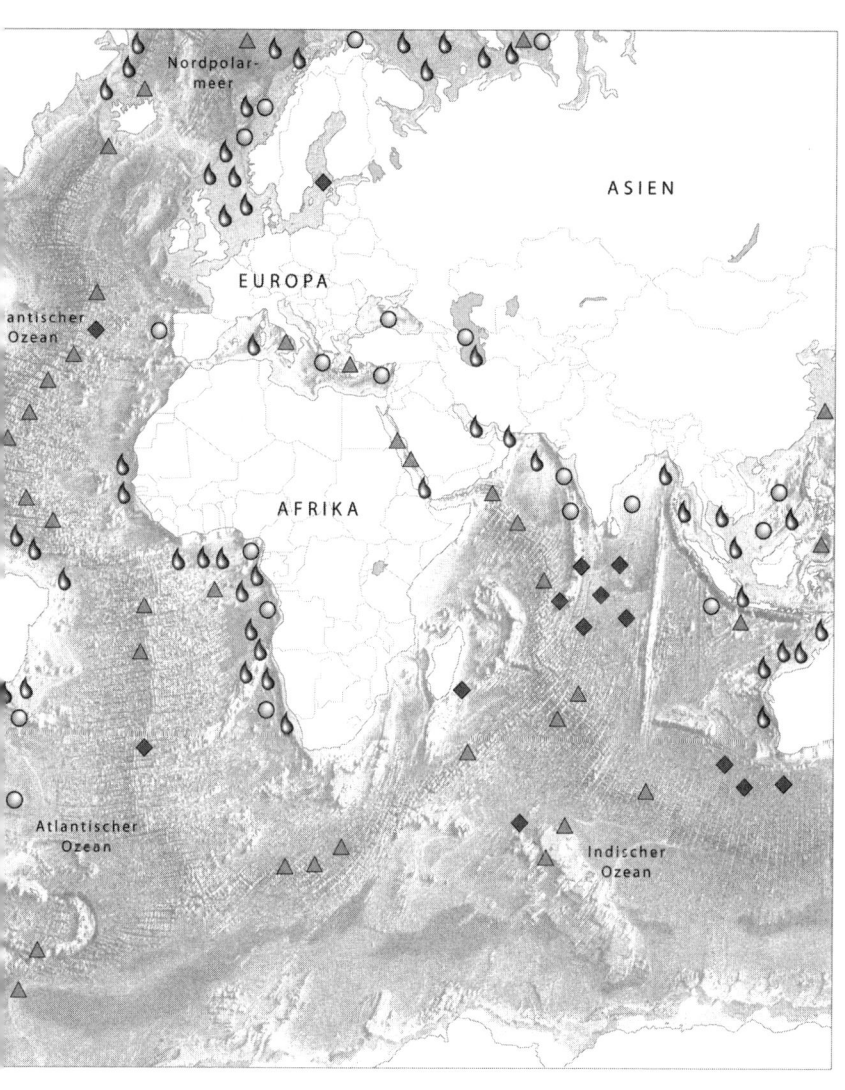

○ Methanhydrate (Erdgas)   ◆ Manganknollen (Kupfer, Nickel,
                              Kobalt, Indium, Molybdän, Tellur)

Auf Schatzsuche vor Neuseeland
Expedition zu den Goldminen der Zukunft

Knallrote Würmer schieben sich aus einem Wald enger gelber Röhren hervor. Ihre Körper scheinen die flauschige Konsistenz einer Federboa zu haben. Weiter unten verschwinden Kreaturen mit dicken Borsten am Kopfende zuckend in Erdlöchern, um anschließend daraus hervorzulugen. Aalförmige Fische schlängeln sich zwischen den Röhren und Borstenwesen hindurch, mit winzigen schwarzen Augen und einer zerknitterten, rosafarbenen Haut. Ich blicke zur Seite: Im Widerschein der Monitore erkenne ich die Gesichter der Meeresforscher, die vor kurzem den Raum betreten haben. Mit weit geöffneten Augen verfolgen sie das bizarre Schauspiel auf den Monitoren vor uns. Offenbar sind sie kein bisschen weniger erstaunt als ich.

»Kommt ihr da dichter ran?« – »Das ist schwierig, es wird immer heißer, je näher wir kommen.« Vor uns im abgedunkelten Raum bedienen zwei Männer ein Kontrollpult. Auf den sechs flachen Monitoren über ihren Köpfen steigen nun Gasblasen und gräuliche Dämpfe zwischen gelbschwarzen Muschelbänken empor. Als sich die Tür öffnet und weitere Forscher hereinkommen, fällt ein Streifen Sonnenlicht auf einen deckenhohen Computerschrank an der Längsseite des Raums. Festplatten surren darin, an Querleisten blinken grüne und gelbe Lämpchen. Überall verschwinden dicke Kabelstränge in den Wänden.

Wir befinden uns im Inneren eines Schiffscontainers. Er ist gerade einmal zweieinhalb Meter breit und sechs Meter lang und mit Teppich und Klimaanlage ausgestattet. Mit Hilfe eines Systems aus Computern, Monitoren und Bedienelementen wurde er zu einem Kontrollraum der besonderen Art umgerüstet: einem *mobilen* Kontrollraum. Vor knapp zwei Wochen wurde er im Hafen von Auckland in Neuseeland mit Hilfe eines Krans auf dem Deck des Forschungsschiffes *Sonne* platziert.

Heute steuern Meeresforscher aus Kiel von hier aus erstmals ihr neuestes Forschungsgerät. Was wir auf den Monitoren sehen, sind Live-Bilder vom Meeresboden, aufgenommen in mehr als 1600 Meter Tiefe unter dem Forschungsschiff. Es sind die ersten Bilder des Tauchroboters *Kiel 6000* aus der Tiefsee.

Vor vier Tagen bin ich in Neuseelands nördlichster Stadt Auckland gelandet, nach über dreißig Stunden Flug und einer Zwischenlandung in Los Angeles – eine Reise um den halben Erdball. Es ist mein erster Besuch in Neuseeland, doch viel Zeit an Land werde ich nicht verbringen. Das Ziel meiner Reise ist die Forschungsfahrt an Bord der *Sonne*, eine Fahrt des Kieler Meeresforschungsinstituts IFM-GEOMAR. Vor der Küste Neuseelands wollen die Forscher ihren Neuerwerb erstmals testen: *Kiel 6000*, der zurzeit modernste Tiefsee-Tauchroboter der Welt.

Ins Meer hinablassen könnten sie das Gerät zwar auch in der Nord- oder Ostsee. Doch dort ist das Wasser im Schnitt nur knapp hundert, in der Ostsee sogar nur fünfzig Meter tief. Vor Neuseeland dagegen kann *Kiel 6000* bis zu seiner maximalen Tauchtiefe von 6000 Metern hinabgelassen werden. Für die Testfahrt war das eine unerlässliche Bedingung.

Doch es gibt einen weiteren Grund, weshalb sie sich ausgerechnet das andere Ende der Erde für den ersten Einsatz ihres Roboters ausgesucht haben. Vor der Küste Neuseelands – einem Land, das Mitte des 19. Jahrhunderts einen kurzen Goldrausch erlebte, heute aber nur noch geringe Einkünfte aus Bodenschätzen hat – sollen innerhalb der kommenden Jahre die weltweit ersten Erzminen in der Tiefsee entstehen. Ein Bergbauunternehmen hat hier Erkundungslizenzen für Metallvorkommen am Meeresboden erworben – genau an dem Ort, an dem die Forscher *Kiel 6000* einsetzen wollen. Nur an einem einzigen anderen Ort sind solche Pläne ähnlich weit gediehen: vor der Küste des nördlich Australiens gelegenen Inselstaats Papua-Neuguinea.

Als ich von der Expedition in dieses besondere Gebiet erfuhr, setzte ich alles daran, dabei sein zu dürfen. Ich wollte sehen, was es mit den Tiefsee-Plänen der Industrie auf sich hat. Und welche Rolle die Meeresforscher dabei spielen. Zwei Wochen lang werde ich das Team des IFM-GEOMAR nun dabei begleiten, wie sie Tausende Meter unter der Wasseroberfläche des Pazifiks auf Schatzsuche gehen.

Die anderthalb verbleibenden Tage an Land vertreibe ich mir damit, durch die Straßen Aucklands zu schlendern. Zwischen tahitianischen Kunsthandwerksläden und koreanischen Restaurants bleibe ich immer wieder vor den Schaufenstern neuseeländischer Reiseveranstalter stehen. Sie werben mit den Naturschönheiten der kleineren Nord- und der größeren Südinsel des Landes. Bilder von weißen Stränden und dunkelgrünen Regenwäldern laden zu Ausflügen ein, dazwischen prangen Fotos von Geysiren, Bergketten und Vulkanen. Neuseeland ist eines der Traumziele für Naturliebhaber und Extremsportler aus aller Welt, die hier tauchen, wandern, klettern, paddeln, Gleitschirm fliegen oder Bungee springen können.

Doch der Inselstaat ist auch ein Forschungsparadies für Geologen. An kaum einem Ort der Welt lassen sich so viele spektakuläre Naturereignisse beobachten wie in Neuseeland. Erdbeben, Vulkanausbrüche und in die Höhe schießende Geysire gehören hier zur Tagesordnung. Die Kieler Forscher interessieren sich aber nicht für die Reize Neuseelands – zumindest nicht für jene, die es an Land zu sehen gibt. Sie wollen den Meeresboden vor der Küste erkunden; denn sie sind Experten für eine Region, die insgesamt fast zwei Drittel der Erdoberfläche bedeckt: die Tiefsee.

Ihre Ausmaße stellen alles in den Schatten, was an Land bekannt ist. Wer an das Meer denkt, verbindet damit meist Sommerurlaube, Strand und Wassersport. Doch das flache Wasser an unseren Küsten markiert sozusagen nur den obersten Rand der Badewanne. Darunter, in dem Bereich der Meere, in den keinerlei Licht mehr vordringt, beginnt die Tiefsee. Manche Forscher setzen die Grenze zur Tiefsee bei 200 Metern fest, weil das Meer dort nicht mehr von Wind und Wärme der Oberfläche beeinflusst wird. Andere sagen, die Tiefsee beginnt bei 800 Metern. Eine einheitliche Definition gibt es nicht – doch die meisten Forscher haben sich auf eine Tiefe von 1000 Metern geeinigt, denn dort ist auch mit feinsten Messgeräten kein Sonnenlicht mehr zu erkennen. Die Gebiete der Meere, die tiefer sind als 1000 Meter, bedecken über 60 Prozent der Erdoberfläche. Die Tiefsee ist damit der bei weitem größte Lebensraum der Erde.

Ihre Dimensionen sind gigantisch: Mit bis zu elf Kilometern Tiefe ist das Volumen der Tiefsee so groß, dass die über Wasser gelegenen Kontinente gemeinsam ganze 32-mal hineinpassen würden. Egal ob Himalaja oder Anden, Sahara oder sibirische Steppe, Antarktis oder brasilianischer Regenwald: Selbst die größten Formationen an Land wirken neben den Ausmaßen der Tiefsee winzig. Dabei gelten gerade einmal ein bis zwei Prozent der Tiefsee bisher als erforscht. Das bedeutet, dass niemand weiß, was sich in 98 oder 99 Prozent der Tiefsee genau verbirgt. Die Forscher können nur aufgrund von Hochrechnungen mutmaßen, was in den unbekannten Regionen noch auf sie wartet. Es stimmt, was immer wieder über sie gesagt wird: Die Tiefsee ist weniger erforscht als die Rückseite des Mondes. Und inzwischen wohl auch weniger als die Oberfläche des Planeten Mars.

Nicht von ungefähr bezeichnen Meeresforscher die Tiefsee als »last frontier«. Sie ist die letzte Grenze, die der Mensch auf Erden noch nicht überwunden, das letzte Gebiet, das er noch nicht für sich erschlossen hat. Die amerikanische Wetter- und Ozeanografiebehörde NOAA (National Oceanic and Atmospheric Administration) spricht denn auch von Ausflügen in den »inner space«, in Anlehnung an den »outer space«, das Weltall. Weil die Tiefen der Ozeane noch immer genauso fern, dunkel und mysteriös sind wie das Universum.

Erst seit wenigen Jahren wird diese letzte Grenze auf Erden überschritten. Die Tiefsee-Forschung nimmt an Fahrt auf, seit weltweit an immer mehr Orten wertvolle Rohstoffe am Meeresboden gefunden werden. So wie vor Neuseeland.

Zwei Tage nach meiner Ankunft warte ich im Hafen von Auckland auf das Schnellboot, das mich zum Forschungsschiff *Sonne* bringen soll. Während der Bootsführer mein Gepäck an Bord nimmt, treffe ich den Mann wieder, der mir vor etwa einem halben Jahr als Erster von der bevorstehenden Expedition erzählt hat: Peter Herzig. Der große, vollbärtige Geologe ist erst an diesem Morgen in Auckland gelandet. Gut gelaunt und gebräunt von einem Segelurlaub in Italien, klettert er nun an Bord des Schnellboots, um ebenfalls zur *Sonne* überzusetzen. Seit dem Jahr 2004 ist Peter Herzig von seiner Lehrtätigkeit als Professor befreit. Er leitet seither das im selben Jahr gegründete Leibniz-Institut für Meeeswissenschaften IFM-GEOMAR in Kiel.

Das IFM-GEOMAR – hervorgegangen aus dem Institut für Meereskunde an der Christian-Albrechts-Universität zu Kiel (IfM) und dem Forschungszentrum für marine Geowissenschaften (GEOMAR) – ist eines von insgesamt etwa fünfzehn Instituten in Deutschland, die sich der Meeresforschung widmen. Sie verfügen über unterschiedliche Schwerpunkte und Budgets. So erforscht das Alfred-Wegener-Institut für Polar- und Meeresforschung (AWI) in Bremerhaven vor allem die Polregionen und die Meere in gemäßigten Breiten. In Sachen Antarktisforschung und Klimawandel hat es sich weltweit hohes Ansehen verschafft. Das Forschungsinstitut Senckenberg hingegen erkundet bereits seit fast hundert Jahren die Weltmeere. In Frankfurt am Main und in einer Außenstelle in Wilhelmshaven widmen sich die Senckenberg-Forscher vor allem der Artenvielfalt im Ozean. Am im Jahr 2002 neu geschaffenen Bremer Zentrum für Marine Umweltwissenschaften (MARUM) wiederum – einem Zusammenschluss mehrerer Forschungsstellen – geht es unter anderem um die Rolle und Wechselwirkungen der Ozeane im globalen Klimawandel.

Als ich Peter Herzig das erste Mal in Kiel besuche, berichtet er, wie mühsam es lange Zeit war, Gelder für die aufwendige Meeresforschung aufzutreiben. Erst in den vergangenen Jahren habe sich das geändert. Seit der Gründung des IFM-GEOMAR ist das Budget mit jedem Jahr gestiegen. Zuletzt auf rund 60 Millionen Euro, finanziert vor allem aus dem Etat des Landes Schleswig-Holstein. Auch die Zahl der Mitarbeiter hat sich mehr als verdoppelt, von ursprünglich etwa 300 auf 720 Angestellte im Frühjahr 2010. Das IFM-GEOMAR zählt inzwischen zu den größten und renommiertesten Einrichtungen seiner Art in Europa.

Herzig führt diese Entwicklung auf einen Sinneswandel zurück: Den für die Finanzierung der Meeresforschung zuständigen Politikern werde zunehmend bewusst, wie wichtig die Meere und ihre Erforschung sind. »Die Meere werden im 21. Jahrhundert eine besondere Rolle spielen«, betont er bei meinem Besuch in Kiel. »Egal ob es um Nahrung, Medizin oder Energie geht: Für fast alle Bereiche unserer Gesellschaft werden die Rohstoffe in Zukunft teilweise aus dem Meer stammen.« Er führt mich durch die Gänge des langgezogenen Backsteinbaus am Ostufer der Kieler Förde. Alles wirkt großzügig, neu und modern.

»Für Länder wie Deutschland ist es wichtig, bei der Erkundung der Meere eine internationale Spitzenrolle einzunehmen«, ist Herzig überzeugt. Wir sind auf einer Galerie angekommen, oberhalb einer mit Regalen und Kisten vollgestellten Halle. »Das ist die Lithothek, unsere Ausrüstungshalle«, erklärt er. »In den Kisten sind Arbeitsgeräte für die bevorstehenden Expeditionen.«

Während wir über eine Treppe in die Halle hinabsteigen, schmunzelt Herzig: »Die meisten Besucher fragen, ob wir nicht ein Aquarium haben, in dem man Tiefsee-Fische beobachten kann.« Gut, dass er es sagt. Auch ich würde gern so etwas sehen. Schließlich hatte ich in Frank Schätzings Roman *Der Schwarm* von einem solchen, fiktiven Tiefsee-Simulator gelesen. »Aber da muss ich Sie enttäuschen. Ein so großes Tiefsee-Aquarium haben wir nicht, auch wenn wir uns das sehr wünschen würden. Es würde einen ungeheuren Aufwand erfordern, große Wassermengen unter den entsprechenden Druck zu setzen und die Tiere dort heil hineinzubefördern.« Schade. Doch Herzig winkt mich weiter, in eine hintere Ecke der Lagerhalle. Dort steht ein unscheinbarer Container. »Das ist ein Drucklabor, darin können wir die Tiefsee immerhin ein wenig simulieren. Wir haben es gemeinsam mit Kollegen der Technischen Universität Hamburg-Harburg gebaut.« Im Container steht neben Tischen und Computern eine zylindrische Tonne aus Metall. Aus ihrem unteren Ende ragt ein Glaskolben. »Mit diesem Zylinder können wir einen Druck erzeugen, wie er in einer Meerestiefe von 5500 Metern herrscht: 550 Bar, die Maßeinheit für den Wasserdruck«, erklärt Herzig.

Ich blicke in den schmalen Glaskolben. Zu sehen ist nur klares Wasser. »Für Laien ist das vielleicht erst einmal nicht so spannend«, gibt Peter Herzig zu. »Aber wir können hier zum Beispiel untersuchen, wie die sogenannten Methanhydrate am Meeresboden entstehen.« Er nickt einem Studenten zu, der sich im Container zu schaffen macht. »Mit Hilfe dieses Labors arbeiten wir derzeit an einem Projekt, das für die Energiegewinnung der Zukunft eine entscheidende Rolle spielen könnte.«

Tatsächlich halten die rätselhaften Methanhydrate Wissenschaftler aus aller Welt seit einigen Jahren in Atem. Genauer: seitdem Kieler Forscher 1996 vor der Westküste der USA erstmals größere Mengen einer weißlich grauen Masse vom Meeresboden an Bord zogen und anzündeten. Die Bilder der orange-blauen Flamme, mit der die eisähnlichen Methanhydrate in den Händen der Forscher verbrannten, gingen um die Welt. Das »brennende Eis« wurde zum Hoffnungsträger einer ganzen Branche und brachte der Meeresforschung ungeahnte Beachtung. Auch in *Der Schwarm* spielen die Hydrate eine wichtige Rolle für die fiktive Geschichte einer Verschwörung der Meeresbewohner gegen den Menschen.

Inzwischen weiß man, dass Methanhydrate dort entstehen, wo größere Mengen des Erdgases Methan aus dem Meeresboden treten und unter dem Druck und der Kälte der Tiefsee eisähnliche Strukturen annehmen. Das passiert vor allem an den Abhängen der Kontinente unter Wasser, in mehreren hundert bis über tausend Metern Meerestiefe. Vor den Küs-

ten Norwegens, Irlands und im Schwarzen Meer wurde das
»brennende Eis« genauso gefunden wie an der Westküste
Nordamerikas, vor der Antarktis und an den unterseeischen
Abhängen Japans, Chinas und Indiens.

Einige Wissenschaftler und Energieexperten vermuten,
dass in den Methanhydraten im Meer insgesamt doppelt so
viel Kohlenstoff gespeichert ist wie in allen weltweit entdeckten Erdöl-, Erdgas- und Kohlevorkommen zusammen. Diese
Größenordnung ist bisher reine Spekulation. Doch selbst
wenn sich die Gesamtmenge als geringer herausstellen sollte:
Auch unter Skeptikern sind die Methanhydrate inzwischen
als mögliche neue Energiequelle akzeptiert.

Noch ist völlig offen, mit welcher Technik sie gefördert
werden können. Genauso offen wie die Frage, wie sich vermeiden lässt, dass die Förderung eine Katastrophe auslöst;
denn von den Methanhydraten gehen enorme Gefahren aus.
An den Kontinentalhängen bilden sie gemeinsam mit Sand
und Ablagerungen eine Art Mörtel und halten die Abhänge
stabil. Würden die Hydrate bei einem Abbau schmelzen,
könnten die Kontinentalhänge ins Rutschen geraten. Wie bei
einem Seebeben hätten solche unterseeischen Erdrutsche gigantische Riesenwellen zur Folge. Ablagerungen vor der norwegischen Küste und in Schottland zeugen davon, dass es in
der Erdgeschichte schon mehrfach zu solchen Hangrutschun-
gen gekommen ist. Auf die Küsten der Welt kämen bei einem
unvorsichtigen Abbau also Tsunamis zu, die weitaus stärker
wären als die Riesenwelle, die im Dezember 2004 die Küsten
Südostasiens verwüstete.

Die Methanhydrate könnten aber noch aus einem anderen
Grund schmelzen: infolge der Klimaerwärmung. Forscher
beobachten schon jetzt, dass sich die Ozeane immer schneller
aufheizen. Über Strömungen und Umwälzungen im Meer gelangen die höheren Temperaturen, die seit einigen Jahrzehn-

ten an der Oberfläche gemessen werden, auch in tiefere Regionen. Sie glauben zwar, dass ein Anstieg um mehrere Grad Celsius noch einige hundert bis tausend Jahre dauern wird. Doch die Entwicklung ist ähnlich schwer zu stoppen wie die Fahrt eines Tankers auf See.

Das Problem ist, dass die Methanhydrate nur bei einer Temperatur von maximal vier Grad Celsius stabil sind. Wird es wärmer, schmelzen sie. Auf die Küsten kämen dann nicht nur katastrophale Riesenwellen zu. Würden sich große Mengen Methan in den Ozeanen lösen, brächte das zudem den Chemiehaushalt des Meerwassers durcheinander – und das Gas würde zu großen Teilen weiter in die Atmosphäre aufsteigen. Dort würde es die Erderwärmung um ein Vielfaches beschleunigen, denn Methan ist ein etwa zwanzigmal so starkes Treibhausgas wie Kohlendioxid.

Die Forscher des IFM-GEOMAR wollen dem Abschmelzen der Methanhydrate deshalb entgegenwirken – so früh wie möglich. Mit Hilfe des Drucklabors und auf Forschungsfahrten untersuchen sie, wie sich das Methan kontrolliert fördern ließe. Dafür haben sie einen abenteuerlichen Plan entwickelt: Sie wollen das Methan in den Hydraten durch Kohlendioxid ersetzen. Nach dem Motto »Methan raus – CO_2 rein«. Auf der Erde angefallenes Kohlendioxid – zum Beispiel aus Kohlekraftwerken – könnte man so entsorgen, dabei gleichzeitig Energie gewinnen und die Kontinentalhänge stabil halten; denn Hydrate, die aus Kohlendioxid statt Methan bestehen, bleiben auch unter höheren Temperaturen noch stabil.

Die Idee ist von ihrer realen Umsetzung noch weit entfernt. Doch schon jetzt sind Strom- und Gaskonzerne wie RWE, Eon und Wintershall von dem Projekt begeistert. An der Finanzierung durch das Bundesforschungs- und das -wirtschaftsministerium beteiligen sich die Unternehmen mit einigen Forschungsmillionen.

»Bis tatsächlich Methanhydrate abgebaut werden, ist es natürlich noch ein weiter Weg«, gibt Peter Herzig zu bedenken, während wir den Rückweg zu seinem Büro antreten. »Was die Forscher vor Neuseeland hingegen während ihrer Expedition untersuchen wollen, ist brandaktuell.« Dort geht es um Metalle wie Gold, Silber und Kupfer, die in Schwefelverbindungen am Meeresboden vorkommen. Und im Gegensatz zu den Methanhydraten, so Herzigs Einschätzung, dürfte der Abbau dieser wertvollen Tiefsee-Erze schon sehr bald Realität werden.

»Sind Sie eigentlich seefest?« Peter Herzig reißt mich aus meinen Gedanken, als das Schnellboot mit lautem Motorengeräusch aus dem Hafen braust. Gute Frage. Ich weiß es nicht, noch nie habe ich mehr als ein paar Stunden auf See verbracht. Und auch das meist nur an Bord ruhiger Fähren. Während links von uns der Sporthafen von Auckland vorbeizieht und rechts die bewaldete Vulkaninsel Rangitoto auftaucht, erklärt mir Peter Herzig, weshalb er sich kurzfristig entschieden hat, an der Expedition teilzunehmen. Bei unserem Gespräch in Kiel war davon noch keine Rede gewesen.

Vor seiner Zeit als Institutsdirektor hatte er selbst jahrelang Expeditionen geleitet. An die dreißig Fahrten habe er wohl insgesamt mitgemacht, berichtet er, seine Arbeit führte ihn in die entlegensten Winkel der Ozeane. Doch als Direktor kann er es sich kaum noch erlauben, längere Zeit aus Kiel wegzubleiben. Nur für diese Expedition macht er eine Ausnahme. Dabei führt das IFM-GEOMAR zehn bis fünfzehn Expeditionen pro Jahr durch, zwischen denen er hätte wählen können. Warum ausgerechnet diese?

»Der Roboter!«, ruft Herzig, um den Motorenlärm zu übertönen. »Ich will dabei sein, wenn sie ihn hier zum ersten Mal testen. Schließlich habe ich fast fünfzehn Jahre lang dar-

auf hingearbeitet, dass wir ein solches Gerät bekommen.«
Seit Herzig von einem Forschungsauftrag in Kanada zurück-
gekommen war, wo er mit neuesten technischen Geräten
arbeiten konnte, gab es für ihn nur ein Ziel: Auch deutsche
Forscher sollten über einen modernen Forschungsroboter
verfügen, mit dem sie in großen Meerestiefen Untersuchungen anstellen können.

Als das Bremer Institut MARUM im Jahr 2003 den Tauchroboter *Quest* erwarb, der in bis zu 4000 Meter Tiefe arbeiten
kann, war das auch für die Kieler Forscher zunächst eine Ver-
besserung. Immer wieder liehen sie sich *Quest* für ihre eigenen Forschungsfahrten. Doch schon bald war der Roboter
auf Jahre hin ausgebucht, Institute aus aller Welt wollten ihn
nutzen. Höchste Zeit für Peter Herzig, ein eigenes Gerät für
das IFM-GEOMAR zu beantragen. Dieses sollte noch tiefer
tauchen können: bis auf 6000 Meter.

»Diese Tiefe ist eine Art magische Grenze für uns.« Herzig
tritt an die Reling des Schnellboots. Er hält Ausschau nach
dem Forschungsschiff *Sonne*, das am Rande der ausladenden
Bucht von Auckland auf uns warten soll. »Mit einem Gerät,
das 6000 Meter tief geht, können wir 95 Prozent aller Tiefsee-
Böden erreichen.« Im weltweiten Durchschnitt liegt der Meeresboden 3800 Meter unter der Wasseroberfläche. Nur fünf
Prozent der Meere reichen tiefer hinab als 6000 Meter. So wie
der Marianengraben im Nordpazifik, der mit 11 034 Metern
als tiefster Punkt der Erde gilt.

Über fünfzig Jahre ist es inzwischen her, dass zwei Menschen diesen Punkt erreichten: Der Schweizer Jacques Piccard
und der US-Marineleutnant Don Walsh schrieben im Januar
1960 mit einer spektakulären Aktion Geschichte. Im von Piccard konstruierten U-Boot *Trieste* sanken sie auf den Boden
des Marianengrabens. Viereinhalb Stunden dauerte ihr
Tauchgang durch die Dunkelheit. In 10 916 Meter Tiefe setz-

ten sie schließlich auf. Die Scheinwerfer der *Trieste* beleuchteten einen schlammigen Untergrund – sowie eine rote Garnele und einen Plattfisch. Die mutigen Pioniere Piccard und Walsh hatten damit im Auftrag der amerikanischen Marine bewiesen, dass es auch in den größten Tiefen des Ozeans noch Leben gibt. Und dass der Mensch jeden Punkt der Erde erreichen kann, und sei er noch so hoch oder tief.

In einem Gespräch am Genfer See, wenige Monate bevor Piccard im November 2008 starb, schilderte mir der weltweit respektierte Forscher, wie sehr er damals hoffte, mit seiner Tat die Aufmerksamkeit stärker »auf dieses nahezu vernachlässigte Reich des Meeres lenken« zu können. Weder vor ihm noch danach sind zwar je wieder Menschen so tief getaucht – doch die Hoffnung Jacques Piccards hat sich erfüllt. Sein Tauchgang und die von ihm entwickelte Technologie legten die Grundsteine für die heutige Meeresforschung.

Die Begegnung mit Jacques Piccard hinterließ bei mir einen starken Eindruck. Der fast zwei Meter große Ingenieur, Wirtschaftswissenschaftler und Ozeanograph hatte sein Leben der Erforschung der Meere und Seen sowie ihrem Schutz gewidmet. Ich hoffte, ein wenig von seiner auch im hohen Alter noch spürbaren Energie mitnehmen zu können auf meine Reisen.

Das Motorboot wird plötzlich langsamer. Aus dem regengrauen Wasser vor uns ragt in einiger Entfernung ein hellroter Schiffsrumpf auf, mit blendend weißen Aufbauten. Wir haben die *Sonne* erreicht, das mit hundert Meter Länge zweitgrößte deutsche Forschungsschiff. Im Auftrag verschiedener Forschungsinstitute ist es schon seit dreißig Jahren auf den Weltmeeren unterwegs. Viele der wichtigsten Entdeckungen in der Tiefsee wurden von der *Sonne* aus gemacht – unter anderem auch die der Methanhydrate vor der Küste der USA im Jahr 1996.

Auch für Peter Herzig ist sie eine alte Vertraute, er hat zahlreiche Fahrten auf ihr begleitet oder geleitet. Die Expedition vor Neuseeland wird wohl eines der letzten Abenteuer der 1978 vom Fischtrawler zum Forschungsschiff umgebauten *Sonne* sein. Ein neues Schiff ist bereits im Bau, das ihre Arbeit in den kommenden Jahren mit noch modernerer Technologie übernehmen soll.

Im Schnellboot zieht sich Herzig eine Schwimmweste über und ergreift das Ende der Strickleiter, die von der Reling für uns herabgelassen worden ist. »Jetzt geht's los!«, ruft er mir augenzwinkernd zu. Ich helfe dabei, Koffer und Kisten am Haken des Schiffskrans zu befestigen, und streife mir ebenfalls eine Schwimmweste über. Die schmale Strickleiter wackelt, während ich Stufe um Stufe dem Deck entgegenklettere und das Schnellboot unter mir kleiner wird. Oben ergreifen mehrere Hände meine Arme und ziehen mich das letzte Stück empor. Umringt von Forschern und Schiffspersonal stehe ich an Deck.

»Na, die Nacht im ›Fahrstuhl‹ gut überstanden?«, begrüßt mich Colin Devey zwei Tage später. Es ist sieben Uhr morgens, in der Schiffskombüse frühstücken die Forscher. Den Tag meiner Ankunft und den darauffolgenden hat die *Sonne* damit verbracht, weit hinaus auf den offenen Pazifik zu fahren. Nun soll in einer halben Stunde der erste Tauchgang des Roboters *Kiel 6000* beginnen.

Der 1961 in Schottland geborene Geologe und Vulkanexperte Colin Devey ist stellvertretender Direktor des IFM-GEOMAR und Fahrtleiter dieser Expedition. Das heißt, er ist zuständig für den täglichen Arbeitsplan der Forscher an Bord der *Sonne*, er trifft die Absprachen mit Kapitän und Besatzung, hat die Reiseroute und ihre Dauer geplant und die technische Ausstattung sowie das erforderliche Budget organisiert. Egal ob die Fahrt ein Erfolg wird oder nicht: Als Fahrtleiter ist er für sie verantwortlich.

Bei meinem Besuch in Kiel hatte Colin Devey daher zunächst eher zögerlich auf meine Anfrage reagiert, die Expedition begleiten zu dürfen. Mein Vorhaben, über den beginnenden Rohstoff-Boom am Meeresboden zu berichten, wollte er zwar gern unterstützen. »Aber es könnte sein, dass der Roboter in zigtausend Einzelteile zerlegt auf dem Deck liegt, wenn Sie kommen, weil er nicht funktioniert«, warnte er mich. »Beim ersten Einsatz weiß man das nie. Das wäre nicht nur für uns eine Enttäuschung, sondern auch für Sie von keinem großen Nutzen.« Wir einigten uns auf einen gesunden Zweckoptimismus. Es würde schon alles gutgehen.

»Die Nacht war in Ordnung«, entgegne ich auf seine Frage. Bisher hat mich die Seekrankheit verschont. Trotz des »Fahrstuhls«, in dem ich übernachtet habe. Gleich nach meiner Ankunft an Bord hatte mir einer der Stewarts meinen Kabinenschlüssel überreicht – mit der Bemerkung, dass ich eines der wenigen Einzelzimmer an Bord bekäme. Normalerweise gebe es nur Doppelzimmer. Aber da ich eine von nur vier Frauen an Bord bin – unter zweiundzwanzig männlichen Forschern und einer bis auf die Kombüsenchefin ebenso durchweg männlichen Besatzung – und die zwei amerikanischen Forscherinnen bereits ein Doppelzimmer belegen, fiel mir eine Einzelkabine zu. Der Stewart warnte mich: Diese liege ganz vorn, im Bug. Dort, wo das Schiff besonders stark schaukelt. Je weiter in der Mitte und je weiter unten im Schiff man sich befindet, desto weniger ist das Schwanken zu spüren. Die Forscher nennen die vorn gelegenen Einzelkabinen daher aus eigener leidvoller Erfahrung »Fahrstühle«.

Schon beim Zähneputzen musste ich tatsächlich aufpassen, nicht bei jeder Welle gegen das Waschbecken zu stolpern.

Den Koffer auszupacken sparte ich mir, nachdem mich der Seegang mehrmals zwischen Schrank und Eckbank hin und her geschubst hatte. Doch zu meinem eigenen Erstaunen ließ sich das Auf und Ab im Liegen viel besser ertragen – es hatte fast etwas Beruhigendes. Obwohl meine Koje die ganze Nacht lang ziemlich heftig auf und ab schaukelte, habe ich also tief und fest geschlafen.

Was mich mehr irritiert, ist der Muskelkater, gestehe ich Colin Devey. Ich schreibe ihn den vielen Treppen zu, die das Hauptdeck mit den oberen Decks sowie den tiefer gelegenen Laboren verbindet. Und natürlich der ungewohnten Art, sich an Bord fortzubewegen. Ich habe sie mir von der Besatzung abgeguckt: Jeder Schritt wird breitbeinig abgefedert, um das Schlingern und Schaukeln auszugleichen. Das sieht zwar aus, als sei man leicht angetrunken, entpuppt sich aber als äußerst wirksam gegen Stolperer.

Außerdem laufen alle an Bord so, auch die Forscher. Ihre Arbeit geht durch das Schwanken des Schiffes allerdings beschwerlicher voran: Sie dürfen Gegenstände nur mit einer Hand transportieren, damit sie sich mit der anderen jederzeit festhalten können. Jede Tür, jeder Gerätekoffer, jedes herumliegende Teil muss immer gut vertäut, verschlossen oder festgehalten werden. Das hält auf. Colin Devey gibt zu, dass sie auf ihren Expeditionen nur selten all das schaffen, was sie sich zu Beginn der Reise vorgenommen haben. Der Mensch sei auf See eben doch nur zu Gast und müsse sich mit den Gegebenheiten arrangieren. Die Meeresforschung ist ein langsames Geschäft.

Plötzlich schallt ein Ruf durch den Gang: Es geht los! Ich eile in Richtung Arbeitsdeck. Als ich die schwere Außentür öffne und über die hohe Schwelle steige, die den Innenbereich vor über das Deck schwappenden Wellen schützt, bleibe ich wie gebannt stehen: Die Sonne ist soeben aufgegangen, und das Schiff ist von nichts anderem umgeben als Meer, Meer und nochmals Meer. Egal in welche Richtung ich schaue: Der Pazifik strahlt bis zum Horizont in intensivem Blau. Ein Anblick, der auch die erfahrensten Forscher stets aufs Neue fasziniert: Einige von ihnen bleiben an Deck ebenfalls einen Moment stehen und betrachten den unendlich wirkenden Pazifik. Dann machen sie sich in Richtung Heck auf, ans hintere Ende des Schiffes.

»Okay, verstanden, Position wird gehalten«, schallt es dort aus einem Funkgerät, das Colin Devey in der Hand hält. Das Schiff ist an dem Ort angekommen, den die Forscher für den ersten Tauchgang ihres Roboters auserkoren haben: eine Region nordöstlich Neuseelands, etwa 300 Seemeilen, also 555,6 Kilometer vom Festland entfernt. Für eine solche Meeresregion gibt es keine Wetter- und nur grobe Windvorhersagen. Als die *Sonne* vor zwei Tagen von Auckland aus Kurs in Richtung Nordost nahm, konnten Forscher und Kapitän nur mutmaßen, wie wild oder ruhig das Meer in der angepeilten Region sein würde.

Mit wummernden Motoren war das Schiff auf den offenen Pazifik hinausgestampft. Als wir die letzte Landzunge Neuseelands hinter uns ließen, wurde die See merklich rauer. Bis auf vier Meter schlugen die Wellen die gesamte Nacht und den folgenden Tag über hoch. Gestern Abend, bei der Arbeitsbesprechung für den nächsten Tag, wirkten Colin Devey und Peter Herzig denn auch angespannt: Bei einem solchen Seegang würden sie den Roboter nicht einsetzen können. Zu groß war die Gefahr, dass er von einer Welle an die Wand des Schiffes geschleudert und zerschmettert werden könnte.

Doch heute liegt der Pazifik ruhig vor uns. Die Wellen der Nacht haben sich beruhigt, der Himmel ist klar.

Durch die geöffnete Tür des blau-weiß gestrichenen Kontrollraum-Containers nickt Colin Devey seinen Kollegen Thomas Kuhn und Martin Pieper zu: »Auf der Kommandobrücke sind alle startklar.« Der Geologe Thomas Kuhn und der Ingenieur Martin Pieper sind Teil eines fünfköpfigen Teams, das Devey in Kiel für die Einsätze des Tauchroboters zusammengestellt hat und das bei Expeditionen um jeweils drei weitere Experten für Tiefsee-Technik ergänzt werden soll. Seit Jahren haben sie sich auf diese Expedition vorbereitet, jeder auf seinem Fachgebiet – von Computertechnologie bis Hydraulik. Immer wieder sind sie auch nach Kalifornien gereist, um mit dem Hersteller von *Kiel 6000,* Schilling Robotics, das Gerät zu planen und die letzten Fertigungsschritte zu begleiten.

»So ein Gerät kauft man nicht einfach im Supermarkt und schaltet es ein«, begründet Devey den hohen Zeitaufwand bei der Vorbereitung. »Von diesem Roboter gibt es weltweit genau ein Exemplar. Deshalb mussten wir seine Ausführung so exakt wie möglich planen.« Der Roboter wurde nach den Vorgaben der Kieler Forscher entworfen, jedes Einzelteil sorgfältig ausgewählt und von Hand eingebaut. Nun werden Thomas Kuhn und Martin Pieper seinen ersten Einsatz in der Tiefsee leiten.

»High power is coming up!«, ruft Martin Pieper über das Deck. Ein heller Signalton sirrt durch die Luft. »Der Ton signalisiert, dass der Roboter nun unter Starkstrom steht«, erklärt Devey. »So wird er gesteuert. Und wir halten uns besser von ihm fern.«

Ein überdimensionierter Greifarm aus Metall beginnt sich vor meinen Augen um die eigene Achse zu drehen. Martin Pieper runzelt erst die Stirn, nickt dann und spricht in sein Funkgerät. Von einer Absperrung aus beobachte ich gemeinsam mit Colin Devey und Peter Herzig, wie *Kiel 6000* zum Leben erweckt wird.

Der Greifarm knickt an einem der mit Kabeln und Streben

versehenen Gelenke ein und öffnet eine breite, zangenähnliche Klaue. Wie die Hand des Terminators aus dem gleichnamigen Science-Fiction-Film in riesig, geht es mir durch den Kopf. Auf ein Kommando von Pieper hin streckt sich ein zweiter Metallarm nach vorn. Er wirkt noch robuster als der erste. Auch er öffnet nun eine Greifhand, die aus vier gebogenen Metallfingern besteht. »Die Arme sind aus Titan«, erklärt Colin Devey. Ein rostfreies Metall, das extrem belastbar ist, starke Temperaturschwankungen, Salzwasser und aggressive Chemikalien aushält – und dabei erstaunlich wenig wiegt.

Der Roboter sieht anders aus, als ich ihn mir vorgestellt hatte. Kein graziles, feingliedriges Arbeitsgerät haben die Forscher mitgebracht. Auch kein Tauchboot, in dem Menschen Platz finden würden. Sondern einen wuchtigen, rechteckigen Kasten, knallgelb gestrichen, größer als ein Auto und mit zahlreichen technischen Apparaturen vollgestopft. Mit dreieinhalb Meter Länge, zwei Meter Breite und zweieinhalb Metern Höhe ragt *Kiel 6000* weit über die Köpfe der Forscher hinaus.

Vorn sind die beiden Greifarme montiert, zwischen und über ihnen hängt eine Armada aus Kameras und Lampen: Siebzehn Scheinwerfer zähle ich, die entlang der Oberkante nacheinander an- und ausgehen und Martin Pieper hell ins Gesicht leuchten.

Der Ingenieur macht einige Schritte um das Gerät herum und beobachtet, wie sich sieben Propeller auf sein Kommando hin zu drehen beginnen. Dann widmet er sich den hin und her schwenkenden Kameras am vorderen Ende. Grinsend hält er den Daumen nach oben, als er mit einem weichen Tuch eine der Linsen wischt.

Im Kontrollraum setzt Thomas Kuhn ein Häkchen in eine Liste. »Danke, jetzt kann ich endlich erkennen, wie klasse du heute Morgen aussiehst«, kommentiert er Piepers erhobenen Daumen, als ich den Container betrete. Die Bilder der Videokameras werden in Echtzeit in den Kontrollraum übertragen. Auf die insgesamt sechs Monitore, die über Kuhns Kopf an der Stirnwand montiert sind. Die Anzeigen der Monitore sind wiederum in bis zu acht verschiedene Fenster unterteilt. Die Forscher können wählen, welche Kamerabilder sie dort sehen wollen, welche Anzeigen ihrer Navigationsgeräte eingeblendet werden oder ob ein einzelnes Bild als Vollbild angezeigt werden soll.

Sieben Kameras hat der Roboter insgesamt: drei bunte Videokameras, davon eine in *High Definition*, drei schwarzweiße – »das reicht, um die Technik zu überwachen«, meint Thomas Kuhn – und einen hochauflösenden Fotoapparat. Am Roboter sind sie eingefasst in längliche, metallische Röhren: Die Druckgehäuse sorgen dafür, dass die Kameras unter dem Wasserdruck in bis zu 6000 Meter Tiefe nicht zerquetscht werden.

Vor jedem Tauchgang muss das Steuerungsteam von *Kiel 6000* sichergehen, dass alle Geräte einwandfrei funktionieren. »Es ist wie bei einem Jumbojet auf der Startbahn«, vergleicht es Peter Herzig, der zusehends nervöser wird, je näher der Tauchgang rückt. »Der hebt auch erst ab, wenn alles in Ordnung ist. Unter Wasser können wir nichts mehr reparieren. Und ein einziger Kurzschluss könnte den ganzen Roboter außer Gefecht setzen.«

Der entscheidende Unterschied zu anderen Forschungsgeräten ist, dass sämtliche Instrumente von *Kiel 6000* für eine Tiefe von 6000 Metern ausgelegt sind. Die Geräte sind – wie die Kameras und Scheinwerfer – entweder mit Druckgehäusen ausgestattet oder – im Fall der elektrischen Leitungen – mit Öl statt Luft gefüllt, dem der extreme Wasserdruck in 6000 Meter Tiefe nichts anhaben kann.

Bei einem Tauchkurs habe ich gelernt, dass der Wasserdruck alle zehn Meter um die Maßeinheit 1 Bar ansteigt. Und dass er für die Lunge und die Blutgefäße des Menschen schon bei etwa 40 Meter Tiefe kritisch wird. In 6000 Metern beträgt der Wasserdruck 600 Bar. Das ist 600-mal so viel wie an der Oberfläche.»Ja, das ist schon eine Menge«, nickt Peter Herzig.»Der Druck in 6000 Metern entspricht etwa dem Gewicht einer Kuh auf der Fläche eines Daumennagels. Kein Mensch würde das auch nur eine Sekunde lang überleben. Wir würden sofort vom Wasser zerdrückt.«

Doch in der Tiefsee warten weitere Herausforderungen auf *Kiel 6000*: aggressive Gase, Temperaturschwankungen von mehreren hundert Grad, unbekannte Strömungen und natürlich die komplette Dunkelheit. Der Roboter muss Extrembedingungen standhalten, die nur mit einem Flug ins Weltall vergleichbar sind. Seine Geräte dafür auszurüsten und dafür zu sorgen, dass unter Wasser kein noch so winziger Riss oder Leck entsteht, ist kompliziert und teuer. *Kiel 6000* hat fünf Millionen Euro gekostet – der Betrag stammt aus einer Sonderförderung des Landes Schleswig-Holstein. Verglichen mit in der Wirtschaft üblichen Investitionen mag das keine hohe Summe sein. Doch für die meist öffentlich finanzierten Meeresforschungsinstitute ist es viel Geld.

Als Peter Herzig mir bei meinem Besuch in Kiel von dem Roboter erzählte, war ich dennoch ein wenig enttäuscht. Zu gern wäre ich in einem der Tiefsee-Tauchboote mitgefahren, in denen je zwei bis drei Forscher Platz finden. Doch weltweit gibt es davon gerade einmal etwa zehn Stück: In der *Nautile* des französischen Meeresforschungsinstituts Ifremer können Forscher bis zu 6000 Meter tief tauchen. Genau wie in den U-Booten *Mir I* und *Mir II* der Russischen Akademie der Wissenschaften. Das chinesische Institut für Ozeanografie lässt derzeit ein Tauchboot konstruieren, das bis auf 7000 Meter gehen können soll. Das staatliche Meeresforschungsprogramm werde in Zukunft ähnlich ambitioniert sein wie das Raumfahrtprogramm, lassen offizielle chinesische Stellen verlauten.

Gleich nach Jacques Piccards *Trieste* – deren Tauchrekord von über 11000 Metern seither von keinem bemannten Vehikel mehr erreicht wurde – ist das berühmteste Tauchboot der Welt wohl die *Alvin*. Sie wurde 1965 an der Woods Hole Oceanographic Institution – der nach eigenen Angaben weltgrößten Meeresforschungseinrichtung mit Sitz in Massachusetts, im Nordosten der USA – gebaut und hat zahlreiche Entdeckungen in der Tiefsee gemacht. Von den wenigsten hat eine breitere Öffentlichkeit je erfahren. Bis auf eine: 1986 tauchten Forscher in der *Alvin* im Nordatlantik auf 3800 Meter Tiefe ab. Und untersuchten mit ihrer Hilfe das soeben entdeckte Wrack des legendären Passagierschiffs *Titanic*. Die Fotos und Videoaufnahmen des Tiefsee-Tauchbootes gingen um die Welt.

Jeder Meeresforscher, der einmal mit einem solchen U-Boot getaucht ist, erinnert sich daran mit leuchtenden Augen. »Man ist umgeben von einer Welt, die nichts von dem ähnelt, was wir an Land kennen«, schildert es Colin Devey. »Sie befindet sich direkt vor dem eigenen Gesicht. Man hat das Gefühl, man müsse nur die Hand ausstrecken, um all diese seltsamen Wesen und wunderbaren Landschaften zu berühren.«

»Es ist wie mit dem Mond«, versucht Peter Herzig die Faszination zu beschreiben. »Dass Menschen dort spazieren gehen, war wissenschaftlich vielleicht gar nicht nötig. Auch ferngesteuerte Sonden können dort Messungen durchführen und Gesteinsproben nehmen, und das sogar risikoloser, kostengünstiger und effektiver. Aber der Mensch wollte selbst dorthin und erfahren, wie sich das anfühlt. Genauso ist es mit der Tiefsee. Um wirklich zu begreifen, wie es in dieser fremden Welt zugeht, müssen wir selbst in sie vordringen und sie mit eigenen Augen sehen.«

Auch das IFM-GEOMAR verfügt über ein Tauchboot: *Jago*. Mit seinen 400 Metern Tauchtiefe kann es prima in der Nord- und Ostsee und an Kontinentalhängen eingesetzt werden. Für die Tiefsee ist die *Jago* jedoch nicht geeignet.

Dass Peter Herzig für seine Tiefsee-Pläne einen Roboter bestellt hat, liegt nicht nur daran, dass ein U-Boot noch etliche Millionen mehr gekostet hätte. Mit einem Roboter können die Forscher letztlich auch effektiver arbeiten, erklärt er. U-Boote können stets nur wenige Stunden durch die Tiefsee tauchen. Sobald ihre Reserven an Strom, Treibstoff und Atemluft zur Neige gehen, müssen die Forscher den Einsatz beenden. Ein Roboter hingegen erhält seinen Strom über ein langes Kabel, das mit dem Schiff verbunden ist. Er kann, solange alle seine Geräte funktionieren, stunden- oder sogar tagelang im Einsatz sein. Im Kontrollraum können die Forscher in Schichten arbeiten. Zudem kontrollieren dort immer gleich mehrere Forscher die Monitore, statt nur zwei oder drei Menschen, die in einem Tauchboot Platz finden. So können sie das meiste aus den Tauchgängen herausholen. »Je mehr Augen die Tiefsee erblicken, desto besser«, meint Herzig.

Seit in den siebziger Jahren erstmals Tauchroboter für die Meeresforschung gebaut wurden, setzen sie sich daher immer weiter durch. Forscher nennen sie ROV, die Abkürzung für »Remotely Operated Vehicle«, ferngesteuertes Gefährt. Auch *Kiel 6000* wird an Bord der *Sonne* meist nur »das ROV« genannt.

Doch in der Forscherwelt gibt es bisher nur etwa dreißig ROVs – und nur ein gutes Dutzend, das tiefer als 4000 Meter tauchen kann. Frankreich, Großbritannien, Norwegen, Portugal, Russland, Japan, Südkorea, Kanada, Australien und die USA – sie alle verfügen über Geräte, um das Meer in bis zu 6000 Meter Tiefe ferngesteuert zu erkunden. Und nun auch Deutschland. »Mit unserem ROV können wir endlich in der Champions League der weltweiten Meeresforschungsinstitute mitspielen«, formuliert es Peter Herzig selbstbewusst.

Nur die amerikanische Woods Hole Oceanographic Institution setzt neuerdings noch einen drauf. Mit ihrem Hybrid-ROV *Nereus*, der sowohl ferngesteuert als auch autonom, also ohne Kabel, tauchen kann, gelang ihr im Mai 2009, was zuvor nur Jacques Piccard und Don Walsh geschafft hatten: eine Reise zum tiefsten Punkt der Erde. *Nereus* tauchte – wenn auch ohne Menschen – bei seiner Premiere gleich bis auf 10 902 Meter Tiefe im Marianengraben. Nur ein japanischer Roboter war schon einmal ähnlich weit gekommen. Doch *Kaiko* ging bei einem späteren Tauchgang im Dunkel der Tiefsee verloren – ein Kabel war gerissen. Noch heute bedauert das JAMSTEC (Japan Agency for Marine Earth Science and Technology) den Verlust. Es ist ein Szenario, das auch über den Kieler Forschern an Bord der *Sonne* hängt wie ein Damoklesschwert.

Martin Pieper klettert auf das gelbe Dach von *Kiel 6000*. Er wartet, bis der Haken des Schiffskrans an einem Seil über seinem Kopf baumelt, zieht ihn dann zu sich herunter und befestigt ihn neben einem daumendicken Kabel, das aus dem Dach des Roboters ragt. Das Kabel läuft über ein Spulrad an einem Stahlrahmen hoch über dem Deck und verschwindet in einem weiteren Container, der mit einem Stahlgitter verkleidet ist. »Das ist sozusagen die Nabelschnur. Durch sie ist der Roboter mit dem Schiff verbunden«, erklärt Colin Devey, der inzwischen ebenfalls angespannt wirkt.

Hinter dem Gitter ist eine riesige, mannshohe Kabeltrommel zu erkennen. Gleich neben dem Container wartet Arne Meier aus dem ROV-Team auf das Startsignal, die Steuerung der Kabeltrommel in den Händen. »Auf der Winde sind sechseinhalb Kilometer Kabel aufgerollt«, sagt Devey. »Ein Glasfaserkabel, mit Stahlstreben ummantelt. Durch das Kabel laufen sämtliche Informationen: die Signale, die vom Kontrollraum ausgesandt werden, aber auch die Daten und Bilder, die das Gerät in der Tiefsee aufnimmt. Ohne das Kabel könnten wir mit dem Roboter nichts anfangen.«

Thomas Kuhn steckt seinen Kopf aus dem Kontrollraum und hebt den Daumen: Er hat alle sechzig Punkte auf seiner Checkliste zur Vorbereitung des Tauchgangs abgehakt. Es kann losgehen.

Es wird betriebsam am Heck des Schiffes. Bootsmann Peter Mucke bedeutet mir, meinen Helm aufzusetzen und neben Devey und Herzig hinter der Absperrung zu bleiben. Vorsichtig löst die Schiffscrew die Vertäuung des Roboters. Auch sie arbeiten zum ersten Mal mit dem Gerät. Auf ein Kommando von Peter Mucke hin legt der Kranführer einen Hebel um, an der Oberseite des Roboters spannt sich das Seil und hebt das 3,7 Tonnen schwere Gerät mit einem leichten Ruck an. Arne Meier setzt die Winde in Bewegung und gibt etliche Meter Kabel frei, wenig später schwebt *Kiel 6000* über den Köpfen der Forscher in Richtung Schiffskante. »Jetzt darf nichts mehr schiefgehen«, murmelt Peter Herzig. Das Gerät schaukelt kurz zur Seite, Forscher und Mannschaft ducken sich, der Bootsmann schimpft, dann taucht *Kiel 6000* ein in die Wellen des Pazifiks.

Herzig und Devey eilen hinüber in den Kontrollraum, wo sie Thomas Kuhn gebannt über die Schulter blicken. Auf den Monitoren verfolgen sie, wie der Roboter langsam im Meer versinkt. Die Wellen schlagen über ihm zusammen, einige

Sekunden lang ist nur Gischt zu erkennen, dann ist die Sicht klar. *Kiel 6000* ist nun vollständig unter Wasser.

Noch schwebt er direkt unter der Oberfläche. Kuhn schwenkt die Kameras hin und her, um nachzusehen, ob alle Geräte den Start schadlos überstanden haben. Ein langer, silbriger Fisch taucht auf und gleitet mit schnellen Bewegungen wieder aus dem Blickfeld. Devey klopft Kuhn anerkennend auf die Schulter. Bisher funktioniert der Roboter einwandfrei, alles verläuft nach Plan. Der erste Tauchgang in die Tiefsee kann beginnen.

Während die winterlich milde Sonne über dem Pazifik langsam höher steigt, wird es auf den Monitoren im Kontrollraum zusehends dunkler. Martin Pieper hat neben Thomas Kuhn Platz genommen. Gemeinsam bedienen sie zwei sogenannte Touchscreens auf dem Steuerpult vor ihnen – Bildschirme, die Berührungen registrieren und die Befehle über das Kabel an den Roboter im Wasser weitergeben. Pieper hält dabei mit seinem linken Daumen einen Hebel an einer Art Computermaus gedrückt, während Kuhn Befehle auf einer Tastatur eintippt. So steuern sie *Kiel 6000* langsam in die Tiefe.

Die Anzeigen auf den Kontrollbildschirmen erinnern an das Cockpit in einem Flugzeug: Tiefe, Geschwindigkeit, Neigungswinkel und Propellerdrehzahl werden ständig kontrolliert. Tatsächlich dürfen sich Pieper, Kuhn und ihre Kollegen Piloten nennen: ROV-Piloten. In einer dreiwöchigen Schulung in einem Ausbildungszentrum in Schottland haben sie das Steuern des Tauchroboters gelernt. Nun sind sie stolze Inhaber eines ROV-Pilotenscheins. Und genau wie in einem Flugzeug steuern – beziehungsweise »fliegen«, wie sie es nennen – sie den Roboter stets zu zweit. »Theoretisch könnte man es auch allein machen«, sagt Thomas Kuhn. »Aber zu zweit ist es sicherer. Und wenn wir die Greifarme einsetzen, geht es gar nicht anders. Dann muss einer das ROV steuern und der andere mit den Armen arbeiten.«

Der Computer zeigt die Geschwindigkeit an, mit der sie abtauchen: zwei Knoten, die Höchstgeschwindigkeit des ROVs im Sinkflug, wie Martin Pieper erklärt. »In der Horizontalen schaffen wir drei Knoten, also gut fünf Kilometer pro Stunde. Das ist nicht viel, etwas mehr als Schrittgeschwindigkeit. Aber uns geht es ja nicht ums Tempo. Wir wollen möglichst genau sehen können, wo wir lang fliegen.«

Schon nach kurzer Zeit steigt der Tiefenmesser auf 40 Meter. Die maximal empfohlene Tiefe für Sporttaucher hat *Kiel 6000* damit erreicht. Ab hier wird der Wasserdruck für die menschliche Lunge und die Blutgefäße zu stark. Nur mit speziellen Gasgemischen als Atemluft und besonders stabilen Anzügen dürfen Taucher noch tiefer hinabschwimmen. Der Roboter sinkt weiter. Bei 200 Meter Tiefe ist kaum noch Tageslicht zu erkennen, die Monitore färben sich dunkelblau.

Kiel 6000 begibt sich nun in ein Gebiet, in das Menschen nur noch vordringen können, wenn sie in einem Tauchboot sitzen. Forscher nennen es das Bathyal, nach dem griechischen Wort *bathys*, tief. Das Bathyal beginnt in 200 Meter Tiefe – einer im Ozean entscheidenden Grenze. Ab hier können keine Pflanzen mehr wachsen. Das wenige Sonnenlicht reicht nicht mehr aus für die lebensnotwendige Photosynthese. In den Ozeanen leben ab dieser Tiefe nur noch Tiere sowie jede Menge Bakterien, Viren und andere Einzeller.

Auf 500 Meter stoppen Kuhn und Pieper *Kiel 6000* für einen Technik-Check. Im Licht der Scheinwerfer strecken sie seine Greifarme nach vorn, öffnen und schließen die metallenen Klauen. Auf Berührung der Touchscreens hin gehen die Scheinwerfer an und aus, schwenken die Videokameras hin und her und zeigt eine schwarzweiße Überwachungskamera die gleichmäßig rotierenden Propeller. Alles in Ordnung, es kann weitergehen.

Die Monitore sind nun schon seit geraumer Zeit mit tiefem Schwarz gefüllt. Eine fast ehrfürchtige Stille hat sich im Raum ausgebreitet. Bei 1000 Meter Tiefe erreicht *Kiel 6000* die Region, die Forscher das Abyssal nennen, vom griechischen *abyssos*, dem Abgrund oder Bodenlosen. Hier beginnt die eigentliche Tiefsee. Je nach Trübung des Meers dringen zwar noch letzte blaue und violette Strahlen des Sonnenlichts bis hierhin vor. Doch spätestens ab einer Tiefe von 1000 Metern herrscht in den Ozeanen ewige Nacht.

Nur unterhalb von 6000 Metern haben die Forscher der Tiefsee noch einen weiteren Namen gegeben: Dort liegt das Hadal, vom griechischen *hades*, der Unterwelt. Es bezeichnet das Gebiet der Tiefsee-Gräben. Ihre Abgründe reichen bis auf maximal 11034 Meter im Marianengraben hinab. Tiefer geht es auf diesem Planeten nicht.

Die ersten Menschen, die die Tiefsee mit eigenen Augen erblickten, waren der amerikanische Zoologe William Beebe und der Ingenieur Otis Barton. In den dreißiger Jahren bauten sie eine Stahlkugel mit anderthalb Meter Durchmesser, drei Zentimeter dicken Wänden und drei winzigen Fenstern: die *Bathysphere*. An einem langen Kabel ließen sie sich darin vor der Küste der Bermuda-Inseln von einem Schiff in den Atlantik hinabsinken. Jacques Piccard hielt eine solche Kugel am Seil für viel zu gefährlich und baute deshalb später sein autonom steuerbares U-Boot *Trieste*. Es bestand zwar ebenfalls aus einer Stahlkugel, war zudem jedoch mit einem großen Auftriebskörper samt Tanks für Ballast, Treibstoff und Atemluft versehen. Ein Prinzip, auf dem bis heute alle modernen Forschungs-Tauchboote basieren.

William Beebe und Otis Barton überstanden jeden ihrer

Taucheinsätze in der *Bathysphere* schadlos. Am 15. August 1934 erreichten sie als erste Menschen die damals kaum vorstellbare Tiefe von 923 Metern unter dem Meeresspiegel. »Seit ich die Dunkelheit der Tiefsee gesehen habe, hat das Wort ›schwarz‹ für mich eine völlig neue Bedeutung«, notierte Beebe anschließend. »Kein Schwarz an Land lässt sich mit dem Dunkel der Meerestiefen vergleichen.«

Der Tauchgang war nicht nur ein technologischer Durchbruch. Beebe beschrieb und zeichnete in seinem noch im selben Jahr erschienenen Buch *Half Mile Down* bizarre Lebewesen, leuchtende Quallen und grotesk aussehende Fische, die er in den Tiefen der Meere beobachtet hatte. »Wer diese Welt mit eigenen Augen gesehen hat, wird sie für immer im Gedächtnis behalten«, schwärmte er. »Wegen der Abgeschiedenheit, der kosmischen Kälte und ewigen Dunkelheit – vor allem aber wegen der unbeschreiblichen Schönheit ihrer Bewohner.«

Lange Zeit wurde Beebe eine überbordende Fantasie zugeschrieben, zu unglaubwürdig schienen seine Berichte. Heute weiß man, dass der Zoologe recht hatte.

Im Kontrollraum an Bord der *Sonne* beginne ich Beebes Begeisterung zu verstehen. Ab und zu taucht auf den Monitoren ein Lebewesen im Lichtkegel der ROV-Scheinwerfer aus dem Dunkel auf: eine fast durchsichtige Qualle, deren Ränder blau leuchten, ein grünlich schimmernder Fisch mit spitzen Flossen und ungewöhnlich großen Augen. »Wenn Biologen mit an Bord wären, würden wir jetzt vermutlich jedes Mal haltmachen und gucken, was für ein Tier das genau ist«, raunt Colin Devey mir zu. »Aber wir Geologen interessieren uns nun mal mehr für die Gesteine am Meeresboden. Echte Banausen, was?«

Die Tiefenanzeige des Roboters ist inzwischen auf 1500 Meter gestiegen, der Roboter ist seit etwa einer halben Stunde unterwegs. Ein weiterer Geologe betritt leise den abgedunkelten Kontrollraum: Cornel de Ronde. Er ist mir gleich nach meiner Ankunft auf der *Sonne* aufgefallen, weil er trotz des kühlen Winds und gelegentlichen Regens stets nur Shorts und T-Shirt trägt. »Wir Neuseeländer sind da nicht so zimperlich«, lautete sein lakonischer Kommentar.

De Ronde ist Tiefsee-Experte am staatlichen neuseeländischen Institut für Geologie und Nuklearwissenschaften, GNS Science. Er hat ein Team aus neuseeländischen und amerikanischen Spezialisten mit auf die *Sonne* gebracht. Während die Kieler ihr ROV testen, will sich de Ronde einen Überblick über das Gebiet am Meeresboden verschaffen, das er gemeinsam mit Colin Devey für die Expedition auserkoren hat. Dafür werden sie in den kommenden zwei Wochen in Schichten arbeiten, Tag und Nacht. De Ronde und seine Kollegen werden Wasserproben nehmen, sie auf ihren Gasgehalt untersuchen sowie den Meeresboden mit Hilfe eigens mitgebrachter Forschungsgeräte kartieren. Im Idealfall, so hofft de Ronde, wird er zudem ebenfalls vom Einsatz des Kieler Tauchroboters profitieren können.

Dass sich das neuseeländische Institut GNS Science die Expedition mit dem IFM-GEOMAR teilt, ist eine in der Meeresforschung übliche Praxis. So können die Kosten der Fahrt von rund zwei Millionen Euro halbiert und neue Erkenntnisse gemeinsam gewonnen und ausgewertet werden.

Mit bis zu drei Jahren Vorlauf werden die Expeditionen von den Fahrtleitern geplant. Lange vor Abreise müssen sie das Schiff chartern, die Ausrüstung buchen oder anfertigen lassen und die Mitfahrenden auswählen. Unter Meeresforschern gelten die Expeditionen als Highlights ihrer Karriere. Viele warten jahrelang, bis sie endlich einen der begehrten Plätze auf einem Forschungsschiff ergattern. Bei gerade einmal knapp dreißig Plätzen, die auf Schiffen wie der *Sonne* für Wissenschaftler zur Verfügung stehen, sind diese schnell vergeben. Zumal wenn sich mehrere Institute die Expedition teilen.

Auch Colin Devey hatte zunächst für verschiedene Institute in Großbritannien und Frankreich gearbeitet, paukte Geologie, Geochemie und Vulkanologie und wertete aus, was andere vom Meeresboden mitbrachten, bevor er selbst seine erste Reise antreten durfte. Heute blickt er auf über fünfundzwanzig Expeditionen zurück und genießt es, als Fahrtleiter immer wieder Neues in der Tiefsee zu entdecken.

Cornel de Ronde reicht Thomas Kuhn am Steuerpult einen Zettel mit geografischen Koordinaten: 34°51'747 Süd, 179°03'488 Ost. »Diese Stelle sollten wir uns einmal ansehen.« Kuhn notiert die Daten auf einer Tafel mit der Überschrift »To Do«, die an der Wand neben dem Steuerpult montiert ist. Darunter ist Platz für all die Dinge, die es zu erledigen, am Roboter zu reparieren oder beim nächsten Tauchgang zu verbessern gilt. Noch ist sie bis auf die Koordinaten leer. Er nickt seinem neuseeländischen Kollegen zu: »Mal hoffen, dass wir die Stelle schnell finden.«

De Ronde ist der einzige Forscher an Bord, der das Meer in diesem Gebiet bereits etwas genauer kennt. Im Jahr 1996 war er hier zum ersten Mal unterwegs und nahm mit einem am Seil hinabgelassenen Greifkasten Proben vom bis zu 3000 Meter tiefen Meeresboden. Darin fand er etwas, was die bis dahin eher stiefmütterlich behandelte Tiefsee-Forschung plötzlich für die neuseeländische Regierung interessant werden ließ: Einige Proben bestanden aus schwefelhaltigem Gestein, das hohe Konzentrationen an Gold, Kupfer und anderen wertvollen Mineralien enthielt. Niemand hatte damit gerechnet.

De Rondes Forschungsbudget und die Zahl seiner Expeditionen hat sich seither stetig erhöht. Die Regierung will nun ganz genau wissen, welche Schätze vor ihrer Haustür am Meeresboden liegen. Da GNS Science jedoch nur über eine kleine technische Ausstattung verfügt, muss de Ronde sich das notwendige Equipment für jede Forschungsfahrt von Instituten aus aller Welt leihen. Zweimal war er schon mit einem Tauchboot in dieser Region unterwegs, für jeweils wenige Stunden. Doch mit einem Hightech-Tauchroboter hat er die Tiefsee hier noch nie untersuchen können. Ein erfolgreicher Testtauchgang von *Kiel 6000* wäre daher auch für seine Arbeit gut.

Auf den Monitoren im Kontrollraum wird es heller. Martin Pieper verlangsamt den Sinkflug. Er hält die Tiefenanzeige und den Distanzmesser des Roboters im Blick: »Nur noch sieben Meter bis zum Boden. Wir sind gleich unten!« In 1622 Meter Tiefe spricht er »Achtung, Bodensicht!« ins Funkgerät, damit Kapitän und Steuermann auf der Brücke Bescheid wissen. Dann kommt der Meeresboden ins Bild, der das Licht der Scheinwerfer reflektiert. Erst nur als verschwommene braune Fläche am unteren Bildrand, dann zeichnen sich erste Konturen ab.

Plötzlich ist nichts mehr zu sehen. Bräunliche Partikel schwirren über die Monitore. Martin Pieper flucht, der Roboter hat den Untergrund berührt und Erdreich aufgewirbelt. Das sollte nicht passieren. Es dauert eine Weile, bis er gemeinsam mit Thomas Kuhn das Gerät aus der Staubwolke herausmanövriert hat. Dann strahlen die Scheinwerfer von *Kiel 6000* ein bräunliches Gelände an, das sich felsig und öd nach allen Seiten erstreckt. Zumindest so weit man das sehen kann: Etwa fünfzehn Meter leuchten die Scheinwerfer nach vorn sowie etwa drei Meter zur Seite. Außerhalb dieses Lichtkegels herrscht weiterhin tiefschwarze Nacht.

»Sieht nach einer ziemlichen Mondlandschaft aus«, kommentiert Peter Herzig das Bild. Er lehnt hinter Colin Devey am Computerschrank im Kontrollraum und wirkt ein wenig enttäuscht. Offenbar hatte er einen spektakuläreren Anblick erwartet.

Kuhn und Pieper vergleichen die Position des Schiffes mit den Koordinaten, die de Ronde ihnen gegeben hat. Laut Navigationssystem des Schiffes befindet sich die *Sonne* ziemlich genau an der gesuchten Stelle. Doch an welchen Koordinaten sich das ROV aufhält, 1622 Meter unterhalb der *Sonne*, wissen sie nicht. Eigentlich sollte der Computer neben der Position des Schiffes auch die des Roboters anzeigen. *Posidonia* heißt das System, das die Forscher dafür noch vor Beginn der Fahrt am Rumpf des Schiffes angebracht haben. Es empfängt vom Roboter ausgesandte Tonsignale, errechnet so seine Entfernung zum Schiff und kombiniert sie mit der Position der *Sonne*. Das Ergebnis sind exakte Koordinaten des ROVs am Meeresboden.

Doch *Posidonia* ist offenbar kurz nach dem Start ausgefallen. Woran es liegt, wissen die Forscher nicht. Thomas Kuhn notiert den Defekt auf der Tafel an der Wand. Es bleibt ihnen nichts anderes übrig, als den Meeresboden Meter für Meter mit dem Roboter abzutauchen. Auf der Suche nach einer Region, in der Gold und Kupfer am Meeresboden liegen sollen.

»Das ist, als würde man jemanden bei Nacht und Nebel mit einer Taschenlampe auf einem Berg abseilen und sagen: Nun such mal die nächste Hütte!« Colin Devey lacht, doch die Stimmung im Kontrollraum ist angespannt. Mit etwa zwei Meter Abstand zum Meeresboden »fliegt« der Roboter vorwärts. Als einzige Orientierung bleibt den Forschern die Sonaranzeige: eine halbkreisförmige Anzeige aus gelblich grünen Schattierungen, die sich ständig erneuert. Ähnlich wie ein Radar sendet *Kiel 6000* Schallwellen aus, die von allem, was vor ihm liegt, zurückgeworfen werden. So »erkennt« der

Roboter, ob die Landschaft vor ihm flach, hügelig oder steil aufragend ist.

Etwa eine Stunde lang steuern sie *Kiel 6000* in verschiedene Richtungen und halten dabei stets Funkkontakt zur Kommandobrücke: Die *Sonne* folgt dem Kurs des Geräts. Dank einer neuen, sehr exakten Steuerung kann sie ihre Position auf dem Meer metergenau halten oder verändern. Doch die Landschaft am Grund der Tiefsee bleibt wüstenähnlich. Ein paar kleine, silbrige Fische schwimmen vorbei, sonst ist nicht viel Spannendes zu sehen.

Dann blinken auf dem Sonar plötzlich gelbe Flächen auf, wenig später ändert sich auch das Bild auf den Monitoren. Im Scheinwerferlicht ragt etwas aus dem Boden, erst sind es nur vereinzelte Gebilde, dann werden es immer mehr. »Sagt mal bitte Cornel Bescheid«, gibt Colin Devey per Funkgerät zur Brücke durch, »er soll wieder in den Kontrollraum kommen. Wir haben etwas gefunden!«

Die Piloten steuern das ROV näher heran. Die Erhebungen bestehen aus mal gelbem, mal rötlich gefärbtem Gestein. Manche von ihnen ähneln Ameisenhügeln oder Stalagmiten in einer Tropfsteinhöhle. Andere haben die Form von Schornsteinen, sind länglich und rund. Die meisten sind so hoch, dass ihr oberes Ende in der Dunkelheit außerhalb des Lichtkegels verschwindet. »Zwanzig oder dreißig Meter hoch dürften die Schornsteine sein«, schätzt Colin Devey, ohne den Blick von den Monitoren zu lösen.

Kiel 6000 fliegt langsam durch die bizarre Landschaft, umkreist eine Gruppe wuchtiger Säulen mit zahlreichen Ausbuchtungen und steigt dabei leicht in die Höhe. Aus schmalen Ritzen im Gestein sprudelt dunkelgrau gefärbtes Wasser hervor. Am oberen Ende der Schornsteine geben größere Öffnungen ganze Fontänen des grauen Gemisches frei. Mit enormem Druck schießt das Wasser hier aus dem Gestein hervor.

Das Sprudeln reißt nicht ab, um die Fontänen herum wirft das Wasser sogar Hitzeschlieren, wie Rauchschwaden ziehen sich die Fontänen bis in die Dunkelheit außerhalb des Lichtkegels.

Im Kontrollraum herrscht nun helle Aufregung. Colin Devey hat sich aus seinem Stuhl erhoben, um besser sehen zu können, Peter Herzig deutet gestikulierend über die Köpfe der Piloten hinweg auf die Monitore. Alle reden durcheinander: »Fahrt mal höher rauf!«, »Vorsicht, die sind heiß!«, »Dahinten ist ein ganz Großer!« Die Erleichterung darüber, dass der Roboter bisher einwandfrei funktioniert, ist fast mit Händen zu greifen. Ebenso wie die Aufregung angesichts der Landschaft am Meeresboden.

Cornel de Ronde ist hinzugekommen und nickt anerkennend. Die Kieler Forscher haben ihr Ziel erreicht. Dies ist die Gegend, nach der er gesucht hat.

»Position halten!«, ruft Martin Pieper ins Funkgerät, die *Sonne* navigiert nun auf der Stelle, um das ROV nicht versehentlich vom Fleck zu ziehen. Die Piloten haben es noch näher an einen der Kegel herangesteuert. So nah, dass zwischen den brodelnden Fontänen noch etwas anderes sichtbar wird. Etwas Krabbelndes, Wimmelndes, Staksendes. Langsam lassen sich einzelne Formen erkennen. Es handelt sich um eine schier unzählbare Menge einzelner, unterschiedlich großer Tiere.

Durchsichtige Garnelen mit orange leuchtenden Organen stolzieren durchs Bild. Winzige graue Krabben tummeln sich zwischen den Wasserfontänen. An den Steinsäulen scheinen Schwärme weißer Krebse zu kleben. Darüber erheben sich ganze Wälder gelblicher Röhren, aus denen sich rote Wesen wie Federboas hervorstrecken. »Röhrenwürmer«, murmelt Colin Devey neben mir. Der Boden rundherum ist übersät mit gelblich schwarzen Muscheln und zuckenden Borstenwesen, hautfarbene Fische mit winzigen schwarzen Augen schlängeln sich hin und her. Immer mehr Wissenschaftler drängen nun in den Kontrollraum, jeder will sehen, was am Meeresboden vor sich geht.

Dass zwischen all den Tieren überall weiterhin dunkle Fontänen in die Tiefsee schießen, scheint die Wesen nicht zu stören. Es herrscht eine Betriebsamkeit, die man inmitten der Tiefsee-Einöde, die wir zuvor durchflogen haben, nicht vermutet hätte.

»Das sind sie, die berühmten Schwarzen Raucher«, stellt Colin Devey feierlich fest, während er mit leuchtenden Augen das Treiben auf den Monitoren beobachtet. Es sind heiße Quellen am Meeresgrund, aus denen Wasser mit einer Temperatur von bis zu 400 Grad schießt. »Ich finde es einfach unglaublich, welche Phänomene es auf diesem Planeten gibt – und unter was für Bedingungen Tiere leben können. Stundenlang könnte ich mir das ansehen.« Colin Devey blickt sich im Raum um. »Tja, und wie Sie sehen, sind die Schwarzen Raucher auch für die meisten Meeresforscher nach wie vor eine echte Sensation.«

Als 1977 erstmals Schwarze Raucher am Meeresboden entdeckt wurden, revolutionierte das die Meeresforschung von einem Tag auf den anderen. Bis in die siebziger Jahre hinein galt es als ausgemacht: Der Boden der Tiefsee gleicht einer Art Wüste. Im Wasser darüber gebe es zwar vermutlich vielfältiges Leben, hieß es, aber am Grund selbst könnten nur wenige Tiere leben, und wenn, dann nur ganz kleine.

Tatsächlich fanden die Forscher in ihren aus Tausenden Metern Tiefe gezogenen Proben im Durchschnitt gerade einmal zwei Gramm Biomasse, also Lebewesen, pro Kubikmeter Wasser. Eine enttäuschend geringe Zahl. Doch sie hatten eine plausible Erklärung: Das Nahrungsangebot am Tiefsee-Boden ist äußerst begrenzt. Da dort keine Pflanzen wachsen, müssen seine Bewohner entweder auf die Jagd gehen oder sich von dem wenigen ernähren, das von oben hinabrieselt.

Die oberen Schichten des Meeresbodens, so fand man heraus, bestehen aus mikroskopisch kleinen Nahrungsresten: abgestorbenen Algen, zerbröselten Muschelschalen, Skeletten von Krebsen und Flöhen – organisches Material, das wie Schnee aus höheren Wasserschichten nach unten fällt. Komplexere Lebensgemeinschaften, so folgerte man, konnten auf so einer kargen Nahrungsgrundlage kaum entstehen. Dann stachen Forscher der amerikanischen Woods Hole Oceanographic Institution in See. Im Februar 1977 wollten sie vor der Küste Perus, in der Nähe der Galapagosinseln, einem Phänomen nachgehen, das sich bislang niemand erklären konnte.

Am Boden des Ozeans war in dieser Gegend dunkles, vulkanisches Gestein gefunden worden: der Beweis dafür, dass es auch in der Tiefsee Vulkane gibt. Doch das Gestein war in einzelnen Regionen grünlich, gelb oder rot gefärbt gewesen und hatte wertvolle Mineralien enthalten. Genau wie das Gestein, das Cornel de Ronde später vor Neuseeland finden sollte. Für Lava war die Zusammensetzung zu untypisch. Was es damit auf sich hatte, wussten die Forscher nicht.

Mit dem U-Boot *Alvin* tauchten die Amerikaner auf über 2000 Meter Tiefe hinab. Sie begannen, vom Schiff aus zusätzlich eine Vorrichtung mit Messgeräten für Temperatur und Gasgehalt des Wassers sowie einem Fotoapparat samt Blitz über den Boden zu ziehen. Erst zwei Wochen nach Beginn der Expedition schlugen die Messdaten erstmals aus. Für wenige Sekunden hatte das Thermometer über 300 Grad Celsius gemessen. Die Zusammensetzung der Gase hatte sich radikal verändert. Auf den Fotos waren zu diesem Zeitpunkt weiße Krebse zu sehen.

Die Forscher glaubten zunächst an einen Technikfehler. Es

konnte einfach nicht sein. Dann tauchten sie mit *Alvin* zur besagten Stelle und sahen aus dem Fenster des Tauchboots Rauchschwaden im Wasser. Sie näherten sich qualmenden Schloten am Meeresboden. Es waren keine aktiven Vulkane, sondern dunkles Wasser speiende, heiße Quellen. Drum herum wimmelte es vor Lebewesen. Ein Anblick, mit dem keiner der Forscher gerechnet hatte.

Sie nannten die heißen Quellen »Schwarze Raucher«, wegen des stetig austretenden, qualmähnlichen heißen Wassers. Schon jetzt ahnten sie, dass ihr Fund das Wissen über die Meere revolutionieren würde: Anstelle der sonst üblichen zwei Gramm Biomasse pro Kubikmeter Wasser fanden sie an den Schwarzen Rauchern ganze fünfzig *Kilo*gramm Lebewesen pro Kubikmeter. Den Forschern war klar: Die Lehrbücher über die Tiefsee würden neu geschrieben werden müssen, die Theorie vom wüstenartigen Tiefsee-Boden war überholt. Ihre Entdeckung begründete einen Forschungszweig, der bis heute eines der wichtigsten Gebiete der Meeresforschung darstellt: die Erforschung hydrothermaler Quellen oder Schwarzer Raucher.

In den folgenden Jahren stachen immer neue Expeditionen in See, um die Quellen zu untersuchen. Ähnliche Gebiete wurden in vielen anderen Meeresregionen gefunden. Schon bald waren sich die Biologen einig: Die Artenvielfalt an den Schwarzen Rauchern ließ sich nur mit der in tropischen Regenwäldern vergleichen, den artenreichsten Ökosystemen an Land. Sie gaben den dort lebenden Tieren erste Namen, dabei orientierten sie sich an ihrem Aussehen: Rohrförmiger Riesenwurm, Schlotkrabbe, Bartwurm, Riesenmeeresmuschel, Tiefsee-Löwenzahn. Eine äußerst komplexe, völlig fremde Lebensvielfalt hatte sich an den Schwarzen Rauchern entwickelt. Doch auf eine Frage hatten sie bisher keine Antwort: Wovon ernährten sich diese Tiere?

Erst ausführliche Untersuchungen im Labor lieferten ihnen die Lösung: Die neu entdeckten Fische, Krabben, Garnelen und Würmer lebten in Gemeinschaft mit einer zuvor unbekannten Art von Bakterien. Diese siedelt sich im warmen Wasser rund um die Schwarzen Raucher an und ist in der Lage, einen Stoff zu verarbeiten, der an den heißen Quellen reichlich vorkommt: Schwefelwasserstoff.

Für Menschen und die meisten anderen Lebewesen ist es ein hochgiftiges Gemisch. Doch für die Bakterien an den Schwarzen Rauchern ist der Schwefelwasserstoff das Lebenselixier. Auf seiner Grundlage betreiben sie einen Prozess, ähnlich der Photosynthese von Pflanzen. So wie Pflanzen die Lichtenergie der Sonne nutzen, um organische Stoffe zu erzeugen, nutzen Bakterien den Schwefelwasserstoff als Energieträger, um mit seiner Hilfe organische Verbindungen aus Kohlenstoff herzustellen. Die Forscher gaben diesem Prozess den Namen Chemosynthese. Ihre Entdeckung fügte dem Wissen vom Leben auf der Erde tatsächlich ein neues Kapitel hinzu.

Die Chemosynthese betreibenden Bakterien bilden die Basis einer eigenständigen Nahrungskette, von deren Existenz man bisher nichts wusste. Ganze »Wolken« der Einzeller locken an den Schwarzen Rauchern zahllose kleinste Tierchen an und werden von diesen gefressen. Die Flohkrebse oder Miniwürmer wiederum werden zur Nahrung für größere Arten, die sich rund um die heißen Quellen niederlassen und vermehren. Die Wärme des sie umgebenden Wassers finden die Tiere offensichtlich angenehm: An den Hängen der Schwarzen Raucher liegt die Temperatur bei milden 15 bis 20 Grad Celsius. Eine Wohltat im Vergleich zu den frostigen zwei bis vier Grad Celsius, die das Wasser am Boden der Tiefsee sonst meist hat.

Plötzlich interessierten sich auch Evolutionsforscher für die Funde am Meeresboden. Einige von ihnen entwickelten aufgrund der Schwarzen Raucher völlig neue Theorien darüber, wie das Leben auf der Erde entstanden sein könnte. So vermuten William Martin von der Universität Düsseldorf und Michael Russell von der Universität Glasgow, dass an den Schwarzen Rauchern ähnliche Bedingungen herrschen wie in den Urozeanen der Erde vor etwa vier Milliarden Jahren – der Epoche, in der vermutlich die ersten einzelligen Lebewesen auf der Erde entstanden. Sie glauben, dass sich in diesem Urozean zunächst winzige Zellen aus Stein bildeten, in denen sich Aminosäuren formen konnten, aus denen sich wiederum schließlich einzelliges Leben entwickelte.

Liegen William Martin und Michael Russell richtig, hieße das, dass die Bedingungen, unter denen das Leben auf der Erde entstanden ist, noch heute am Meeresboden zu beobachten sind. Ihre Theorie konnte bisher weder eindeutig bewiesen noch widerlegt werden. Sie hält Mikrobiologen, Genforscher und Evolutionstheoretiker aus aller Welt in Atem.

In jedem Fall hat die Entdeckung der Schwarzen Raucher bewiesen, dass sich auch ohne Sonnenlicht ganze Ökosysteme entwickeln können. Eine Erkenntnis, die nicht nur für die Biologie von enormer Bedeutung ist, sondern auch für die Suche nach Leben auf fernen Planeten.

»An Land würden wir solche Gegenden sofort zum Nationalpark erklären, das ist klar.« Im Kontrollraum deutet Cornel de Ronde auf einen weißen Oktopus, der sich zwischen roten Röhrenwürmern und blassrosa Fischen mit seinen vielen Armen vorwärts tastet. Nur ein kleines Stück oberhalb der Tiere schießt eine dunkelgraue Wasserfontäne in die Höhe. »Die Leute würden uns die Bude einrennen, um so etwas einmal in echt zu sehen.«

Seit de Ronde 1998 vor Neuseeland Schwarze Raucher entdeckt hat, arbeitete er neben seiner Forschung an einem weiteren Projekt: Für das Naturkundemuseum Te Papa in Neuseelands Hauptstadt Wellington entwickelte er eine virtuelle Tauchtour zu Schwarzen Rauchern. Da wohl nur wenige Menschen jemals die Chance haben werden, selbst in die Tiefen der Meere vorzudringen, will er ihnen so wenigstens die Möglichkeit geben, sie im Museum zu betrachten.

Seit kurzem ist sein Werk vollendet. Je zehn Besucher können im Museum nun im Nachbau eines U-Bootes Platz nehmen. Dann »tauchen« sie in die Tiefsee ab, begleitet von Videoeinspielungen und der Erzählstimme Cornel de Rondes. »Die Ingenieure haben tolle Arbeit geleistet«, freut er sich: »Das U-Boot wackelt und ächzt sogar, so wie die Tauchboote es unter dem Wasserdruck der Tiefsee auch in Wirklichkeit tun.« Kurz nach dem »Abtauchen« erscheinen auf den Videobildschirmen Aufnahmen von Schwarzen Rauchern. »Die Besucher sehen die rauchenden Schlote und die Tiere fast so, als wären sie selbst dort unten – und erfahren auf diese Weise, welche atemberaubenden Landschaften vor unseren Küsten liegen.«

Ich begleite Cornel de Ronde und Peter Herzig nach draußen, um an Deck für einen Moment frische Luft zu schnappen. Es ist stickig geworden im Kontrollraum. Mit frisch gebackenem Kuchen aus der Kombüse improvisieren wir ein Picknick auf einem Stapel festgezurrter Holzpaletten. Die tief stehende Nachmittagssonne blendet nach der Dunkelheit im Container, das Blau des Pazifiks leuchtet in dunklen Tönen. Kaum vorstellbar, dass in diesem Moment, 1600 Meter unter der wogenden Meeresoberfläche, das ROV eine Landschaft voller bizarrer Lebewesen unter die Lupe nimmt. Die Schwarzen Raucher lassen sich von Bord des Schiffes aus nicht einmal erahnen. »Genau das ist das Problem«, seufzt Peter Herzig. »Es ist ganz schön viel Aufwand notwendig, um sie überhaupt in der Tiefsee zu finden.«

Der Anblick der Tiere und Landschaften am Meeresboden hat mich vollkommen in seinen Bann gezogen. Doch eines ist mir noch nicht klar: Wie kommt es überhaupt dazu, dass solch heiße Quellen am Meeresboden entstehen?

Peter Herzig borgt sich mein Notizbuch und skizziert das Schema eines Schwarzen Rauchers: »Es ist im Grunde ein Kreislauf.« Er malt einen langen Pfeil vom Meerwasser aus in den Boden hinein: »Unter dem Druck der Tiefe wird ständig Meerwasser tief in die Erdkruste hineingepresst, es sickert durch Risse und Poren nach unten. Je nach Nähe zu einer Magmakammer oder zum Erdmantel herrschen dort Temperaturen zwischen 300 und 800 Grad Celsius.«

Herzig zeichnet weitere Pfeile und notiert daneben die Kürzel chemischer Elemente. »Das Wasser reagiert auf seinem Weg durch die Erdkruste mit Schwefelsauerstoff, der dort reichlich vorhanden ist. Je tiefer es sinkt, desto mehr heizt es sich auf. Dadurch beginnt das schwefelhaltige Wasser allmählich wieder nach oben zu steigen. Aus der Erdkruste löst es dabei Salze, Spurenelemente und Schwermetalle – und Mineralien wie Kupfer, Zink, Silber und Gold. Durch die enorme Hitze schießt das Gemisch schließlich nach oben und sucht sich eine Austrittsstelle am Meeresboden.« Er malt einen letzten Pfeil aus dem Boden heraus. »Dort sprudelt es in die kalte Tiefsee: Ein Schwarzer Raucher entsteht.«

Auf meine Frage, ob es überall in der Tiefsee Schwarze Raucher geben kann, schüttelt er den Kopf. »Nein, sie treten nur dort auf, wo die Erdkruste dünn und porös ist und das Wasser in die Nähe von Magmablasen kommt. Vor allem also in vulkanischen Gebieten, wie an den Bruchzonen der Kontinentalplatten.«

»So wie hier. Schließlich befinden wir uns direkt über einem Vulkan. Aber keine Sorge, er ist zur Zeit nicht aktiv«, grinst Cornel de Ronde. Erst jetzt erfahre ich, dass sich die

Forschungsexpedition auf den erkalteten Krater eines Tiefsee-Vulkans konzentriert. Sein Name: Brother's Volcano. De Ronde hatte ihn 1996 entdeckt und seither immer ausgiebiger untersucht. Zunächst wusste er nicht, dass an dem Vulkan auch Schwarze Raucher vorkommen. Heute hingegen gilt Brother's Volcano als einer der Orte mit den aktivsten Schwarzen Rauchern der Welt.

De Ronde zieht ein gefaltetes DIN-A4-Blatt aus der Hosentasche und breitet es auf dem Palettenstapel aus. Es ist eine Karte, die die Umrisse eines Bergs von oben zeigt. In Abstufungen von dunkelviolett bis grün sind Höhenstufen eingezeichnet. »Diese Karte haben wir mit Hilfe eines Schiffsecholots erstellt. Sie ist nicht sehr exakt, aber man sieht, dass die Caldera von Brother's Volcano« – Caldera nennen die Forscher besonders große Krater, das Wort kommt vom spanischen Ausdruck für Suppenschüssel – »zwischen 1600 und 1800 Meter tief unter dem Meeresspiegel liegt. Sie misst ungefähr drei Kilometer im Durchmesser.« Er deutet auf eine Stelle im Nordwesten, an der Innenseite der Caldera. »Und das ROV hält sich gerade ungefähr hier auf.«

De Ronde holt eine Schifffahrtskarte des südlichen Pazifiks aus dem Kontrollraum und breitet sie neben dem Ausdruck aus. Mit dem Finger fährt er einen dunkelblauen Strich entlang, der sich von der Nordinsel Neuseelands aus nach Nordosten erstreckt. »Brother's Volcano gehört zu einer ganzen Kette von Vulkanen vor Neuseelands Küste. Dreiunddreißig Stück haben wir bisher gezählt. Sie sind Teil des Kermadecbogens: ein 1200 Kilometer langer Gebirgszug unter Wasser; sozusagen die Verlängerung der neuseeländischen Alpen in der Tiefsee. Der Fuß des Kermadecbogens liegt in etwa 3000 Meter Meerestiefe, und seine Gipfel ragen in bis zu 1000 Meter Tiefe auf.«

Der Kermadecbogen zählt genau wie der weiter östlich gelegene, 10047 Meter tiefe Kermadecgraben zum Pazifischen Feuerring, erfahre ich, einer geologischen Bruchzone, die sich einmal rund um den Pazifik zieht, von Neuseeland über Japan und Alaska bis hinunter vor die Küste Südamerikas. Überall dort, wo die Pazifische Platte auf eine andere Kontinentalplatte trifft, haben sich Gräben, Gebirge und Vulkane gebildet – an Land und unter Wasser. Neuseeland liegt dabei an einer sogenannten Subduktionszone: Die Pazifische Platte schiebt sich hier langsam unter die Australische Platte und hebt sie an. Dadurch ist das Inselreich Neuseeland entstanden – und deswegen kommt es hier bis heute immer wieder zu Erdbeben und Vulkanausbrüchen.

Im Schnitt erschüttern jedes Jahr ganze 14000 schwächere und stärkere Erdbeben die Region. Die Neuseeländer haben ihrem Land einen Spitznamen gegeben: Shaky Islands, zitternde Inseln. »Mich erinnert es immer wieder daran, dass wir auf einem Planeten leben, der ständig in Bewegung ist und nur ganz allmählich erkaltet«, schwärmt der Geologe de Ronde.

Die Forscher vermuten, dass es vor allem entlang des Pazifischen Feuerrings noch viel mehr Schwarze Raucher zu entdecken gibt, als sie bisher kennen. Aber nicht nur dort. In fast allen vulkanischen Gebieten unter Wasser sind sie bereits auf Schwarze Raucher gestoßen. So auch am mittelozeanischen Rücken im Atlantik. Dort liegt eines der größten Gebiete voller Schwarzer Raucher, das je gefunden wurde. Forscher haben es auf den Namen »Lost City« getauft, weil seine vielen Türme und Schornsteine an die Skyline einer versunkenen Großstadt erinnern.

Bisher wurden weltweit an etwa zweihundert Orten Schwarze Raucher entdeckt. Und die Forscher werden nicht müde zu betonen, dass sie bisher gerade einmal ein bis zwei Prozent der Tiefsee – beziehungsweise etwa fünf Prozent der

Gesamtfläche aller Meeresböden – untersucht haben. Mit jeder Expedition wird die Liste der Fundorte länger.

»Jetzt kommt der Teil, der die Schwarzen Raucher auch für die Industrie interessant werden lässt«, fährt Peter Herzig fort. Ins Notizbuch malt er Pfeile, die aus den Schwarzen Rauchern heraus auf den Meeresboden zielen. »Rund um die Austrittsstelle des heißen Wassers setzen sich die aus der Erdkruste gelösten Mineralien am Boden ab. So wachsen innerhalb weniger Jahre die Schornsteine heran. Das Gleiche passiert um die Schornsteine herum. Auch am Meeresboden setzen sich die Mineralien ab. Auf diese Weise entstehen große Gebiete voller Gesteinsschichten, die weit über hundert Meter dick werden können. Wir Geologen nennen sie Massivsulfide, erkaltete Schwefelverbindungen.«

Auf diese Massivsulfide hat die Bergbauindustrie ein Auge geworfen, denn die Gesteinsschichten enthalten extrem hohe Konzentrationen an Kupfer, Zink, Silber und Gold. Rohstoffe, die an Land immer seltener und teurer werden.

Peter Herzig legt das Notizbuch beiseite, die Seite ist übersät mit Pfeilen, Zahlen und Kürzeln. »Jules Verne hatte eben doch recht«, schließt er seine Ausführungen. »Schon vor über 130 Jahren hat er seinen Kapitän Nemo in dem Buch *20 000 Meilen unter dem Meer* sagen lassen, dass es am Meeresboden Vorkommen von Zink, Kupfer und Gold gebe, die man möglicherweise recht einfach gewinnen könnte.« Er hält einen Moment lang inne und fügt dann hinzu: »Einfach wird es wohl nicht sein. Aber es ist definitiv möglich.«

Der Abenteuerroman des Franzosen Jules Verne erschien 1870, zu einer Zeit, als die Tiefsee noch vollkommen unerforscht war. Erst zwei Jahre später stachen britische Forscher in See und brachten erstmals Lebewesen aus der Tiefsee und Gesteinsproben vom Meeresboden mit, die in ihren Netzen hängen geblieben waren. Doch Jules Verne malte schon damals mit erstaunlicher Fantasie aus, was heute Realität zu werden beginnt: der Abbau von Bodenschätzen aus der Tiefsee.

Ihre Namen klingen nach Abenteuerlust und Ehrgeiz. Nautilus Minerals, benannt nach Kapitän Nemos U-Boot *Nautilus* in Jules Vernes' Buch *20000 Meilen unter dem Meer*, und Neptun Minerals, nach dem römischen Gott der Meere, heißen die beiden Unternehmen, die als Erste Lizenzen für die Erze der Schwarzen Raucher erworben haben. Das Interesse der Branche begann Ende der achtziger Jahre. Als eine Forschergruppe vor dem pazifischen Inselstaat Tonga einen Anteil von dreißig Gramm Gold pro Tonne im Gestein eines Schwarzen Rauchers fand, horchte die Industrie auf. Unter den Forschern war Peter Herzig, der sich schon damals auf die Schwarzen Raucher spezialisiert hatte. Er erinnert sich, dass der Fund alles in den Schatten stellte, was bis dahin über Erzlagerstätten bekannt gewesen war. »An Land gelten bereits Lagerstätten mit nur einem einzigen Gramm Gold pro Tonne als gewinnbringend abbaubar. Dreißig Gramm pro Tonne hielt man für praktisch unmöglich. Doch an den Schwarzen Rauchern waren sie Realität.«

Die dreißig Gramm pro Tonne blieben zwar ein bislang nicht wiederholter Rekord. Im Schnitt finden Forscher an Schwarzen Rauchern zwischen fünf und zwanzig Gramm Gold pro Tonne. Doch auch diese Werte gelten als extrem hoch, genau wie die Anteile der anderen Metalle: Bis zu 1200 Gramm Silber pro Tonne, 50 Prozent Zink und 15 Prozent Kupfer sind in den Massivsulfiden der Schwarzen Raucher enthalten. Im Durchschnitt ist es etwa die zehnfache Konzentration im Vergleich zu Erzminen, die an Land abgebaut werden.

Schon bald begannen Bergbaufirmen, mit Peter Herzig und

anderen Meeresgeologen Kontakt aufzunehmen. Bisher hatte die Tiefsee auf ihren Weltkarten keine Rolle gespielt. Nun entsandten sie Rohstoffexperten, die die Meeresforscher auf ihren Fahrten begleiten sollten. Mit je mehr Erfolgsmeldungen sie zurückkehrten, desto größer wurde das Interesse an den neu entdeckten, jedoch schwer zugänglichen Lagerstätten.

Peter Herzig und seine Kollegen nahmen die Unterstützung ihrer Expeditionen dankbar an. Auf diese Weise begannen sie, den Goldgräbern der Erde nach und nach den Weg in die Tiefsee zu weisen. »Ich finde, dass Forschung irgendwann auch mal zu etwas gut sein muss.« Mein Erstaunen angesichts seiner Zusammenarbeit mit der Bergbauindustrie kann Peter Herzig nur schwer nachvollziehen. »Viele Menschen scheinen zu glauben, dass die Rohstoffe, die sie jeden Tag benötigen, irgendwo vom Himmel fallen. Aber das stimmt eben nicht. Die Rohstoffe müssen in harter Arbeit gewonnen werden. Zurzeit passiert das in Sachen Erze hauptsächlich an Land. Aber schon bald könnte es eben auch in der Tiefsee stattfinden.«

Der Branchenriese Placer Dome (mittlerweile von der kanadischen Barrick Gold Corporation übernommen) war der Erste, der den Vorstoß wagte. Gemeinsam mit einigen anderen wagemutigen Investoren gründete das Unternehmen Mitte der neunziger Jahre die Firma Nautilus Minerals.

Schon im Jahr 1996 beantragte das neue kanadisch-australische Unternehmen die weltweit erste Erkundungslizenz für Erzvorkommen in der Tiefsee: Vor der Küste Papua-Neuguineas – das genau wie Neuseeland am Pazifischen Feuerring liegt – hatten Forscher vielversprechende Bodenproben gewonnen. Unter ihnen war wieder einmal Peter Herzig. Seit 1996 erforscht Nautilus Minerals den Meeresboden vor Papua-Neuguinea immer genauer. Und will dort nun das weltweit erste Tiefsee-Bergbauprojekt starten.

Für ein Gebiet namens Solwara 1 – »Salzwasser« in der Sprache der Eingeborenen – hat das Unternehmen bei der Regierung in Port Moresby inzwischen sogar eine Abbaulizenz beantragt. Auch ein Starttermin steht fest: Im ersten Quartal des Jahres 2012 will Nautilus Minerals vor der Küste Papua-Neuguineas mit dem Tiefsee-Bergbau beginnen.

Solwara 1 liegt an der Flanke eines Tiefsee-Vulkans, in 1700 Meter Meerestiefe. Die abbaubaren Gebiete umfassen eine Fläche so groß wie fünfzehn Fußballfelder. Bis zu 1,5 Millionen Tonnen Erzgestein hofft Nautilus Minerals dort zu gewinnen. »Das ist im Vergleich zu Tagebauten an Land eher wenig«, wägt Peter Herzig ab. »Die Tonnage, also die Menge des förderbaren Gesteins, ist an Schwarzen Rauchern oft nicht so groß. Aber der Abbau lohnt sich, weil die Konzentration der Metalle so extrem hoch ist.« Durchschnittlich 14 Gramm Gold pro Tonne, 224 Gramm Silber, 11 Prozent Kupfer und 4 Prozent Zink hat Nautilus Minerals in den Proben aus dem Meeresboden gefunden.

»Außerdem können die Firmen mit ihren Abbauschiffen von einem Gebiet zum nächsten fahren«, sagt Peter Herzig. Als schwimmende Erzminen sozusagen, die sich die Rosinen der Tiefsee herauspicken. »Auch dadurch werden sich die hohen Investitionen in teure, neuartige Tiefsee-Technik lohnen.«

Anfang 2010 zählen einige der größten Namen der Bergbauindustrie zu den Hauptgesellschaftern von Nautilus Minerals: Anglo American, Teck Resources und die russische Gazmetall teilen sich fast die Hälfte der Anteile. »Das ist alles Risikokapital, das die großen Konzerne angehäuft haben«, meint Peter Herzig. Noch nie hat die Bergbauindustrie so hohe Gewinne gemacht wie in den Jahren vor der Finanz- und Wirtschaftskrise von 2008/2009. Die Preise für Gold und Silber, aber auch für in der Stahl- und Elektroindustrie benötigte

Buntmetalle wie Kupfer und Zink sind so stark gestiegen, dass die Unternehmen sich erlauben können, auch in früher als zu riskant geltende Vorhaben zu investieren – wie die Tiefsee.

Als Nautilus Minerals 2007 an die Börse ging, erzielte das Unternehmen einen Wert von 250 Millionen Dollar. Es war mehr als erhofft, aber zu wenig, um damit langfristig wirtschaften zu können. »Nach den jahrelangen, kostspieligen Erkundungsarbeiten lastet auf der Firma inzwischen ein ungeheurer Erfolgsdruck«, berichtet Herzig. Noch wurde kein Gramm Gold aus der Tiefsee gefördert, noch hat Nautilus Minerals nicht bewiesen, dass es seine ehrgeizigen Ziele tatsächlich erreichen kann. Doch die Chancen dafür stehen nun, mit der beantragten Abbaulizenz, besser denn je.

Im Schatten von Nautilus Minerals wurde ein zweites Unternehmen gegründet, das ähnliche Pläne verfolgt – mit einem Unterschied: Die etwas kleinere Firma Neptune Minerals, mit Sitz in London und Sydney in Australien, will den Meeresbergbau nicht vor Papua-Neuguinea starten, sondern in der Tiefsee vor Neuseeland. Unter anderem an genau dem Ort, den *Kiel 6000* derzeit erkundet: in der Caldera von Brother's Volcano.

Das anfangs an der Londoner Börse gelistete Unternehmen untersucht die Schwarzen Raucher vor Neuseeland seit 1999. Man habe dieses Gebiet ausgewählt, weil es bereits sehr gut vorerkundet war, erklärt die Firma. Die Arbeit Cornel de Rondes und seiner Kollegen trägt also erste Früchte. De Ronde schätzt, dass die Vorkommen an Gold, Silber, Kupfer und Zink am neuseeländischen Meeresboden insgesamt ganze 500 Milliarden Dollar wert sein könnten. Kein Wunder, dass solche Zahlen die Industrie anlocken. Und dass Peter Herzig und Cornel de Ronde auf ihre Rolle als Tiefsee-Pioniere durchaus stolz sind.

Im Juli 2008 hat Neptune Minerals ebenfalls damit begonnen, Abbau- anstelle der bisherigen Erkundungslizenzen für die Tiefsee zu beantragen. An Brother's Volcano und zwölf weiteren Vulkanen entlang des neuseeländischen Kermadec-bogens wollen sie Metalle schürfen. Doch noch ist offen, wann das Unternehmen den Tiefsee-Boden tatsächlich abbaggern wird. Neptune Minerals hat im Jahr 2009 seine Notierung an der Londoner Börse zurückgezogen. Man wolle sich umstrukturieren und dann mit neuer Kraft weitermachen, heißt es. Cornel de Ronde berichtet außerdem, dass Neptune Minerals bisher weder über die nötige Technik für den Abbau verfüge noch genügend Bohrungen durchgeführt habe, um zu wissen, an welchen Stellen er sich lohnen würde.

Dennoch lässt Neptune Minerals verlauten, dass die Pläne, die Schwarzen Raucher vor Neuseeland abzubauen, bestehen bleiben. Man wolle so bald wie möglich beginnen.

Die meisten Experten sind davon überzeugt, dass die Preise für Metalle auf dem Weltmarkt langfristig weiter in die Höhe gehen werden, trotz des zwischenzeitlichen Einbruchs durch die globale Rezession. Vor allem die wachsende Bevölkerung und der rasant zunehmende Rohstoffbedarf in Schwellenländern wie China und Indien tragen dazu bei. Die Forscher an Bord der *Sonne* glauben zwar nicht, dass der Tiefsee-Bergbau die Erzgewinnung an Land jemals ersetzen wird. Denn auch dort werden noch immer neue Lagerstätten gefunden. Aber die Tiefsee könnte diese schon bald ergänzen.

Neueste Entwicklungen scheinen ihren Einschätzungen recht zu geben. Ende des Jahres 2009 bekommen Nautilus und Neptune Minerals unerwartet Konkurrenz von zwei Schwergewichten der Branche. Der südafrikanische Gold-produzent AngloGold Ashanti und der Weltmarktführer für Diamanten De Beers haben ein Joint Venture gegründet, das ebenfalls auf die Suche nach »wertvollen Metallen und Mineralien« der Tiefsee gehen soll, wie die Konzerne in Börsenmitteilungen verkünden.

Zwei Schiffe stünden bereit, um Schwarze Raucher und Massivsulfide in Tausenden Metern Tiefe zu erkunden. Entliehen wurden sie einem Projekt, das De Beers bereits einige Erfahrung in Sachen Meerestechnologie beschert hat: Vor den Küsten Namibias und Südafrikas schürft der Konzern schon seit Jahren nach Diamanten, in etwa 200 Meter Wassertiefe. Mit großem Erfolg. Das technische Know-how wollen sie nun für den Vorstoß in tiefere Gewässer nutzen.

Wo und wann das Vorhaben beginnen soll, verraten Anglo-Gold Ashanti und De Beers bisher nicht. Man befinde sich noch in Verhandlung mit verschiedenen Küstenstaaten, heißt es, die Zielgebiete lägen über die ganze Welt verstreut. Doch sie betonen noch einmal, dass es diesmal nicht um Diamanten gehe, sondern um die Metalle, die an Schwarzen Rauchern zu finden sind. Sollten dabei auch Diamanten gefunden werden, wäre das lediglich ein angenehmer Nebeneffekt, so De Beers.

Der Wettlauf um die besten Lagerstätten der Tiefsee nimmt an Fahrt auf. Nautilus Minerals hält inzwischen nicht nur Erkundungslizenzen vor den Küsten Papua-Neuguineas, sondern auch vor Tonga, den Fidschi- und den Salomon-Inseln im Pazifik. Die Fläche der beantragten und erteilten Lizenzgebiete umfasst insgesamt 510 000 Quadratkilometer, was in etwa der Größe Spaniens entspricht.

Neptune Minerals hat sogar Lizenzgebiete mit einer Fläche von insgesamt 611 000 Quadratkilometern beantragt oder gepachtet. Sie liegen vor Neuseeland, Mikronesien, Vanuatu und Papua-Neuguinea, beziehungsweise – im Fall der beantragten Gebiete – vor den Marianen-Inseln, Palau, vor der Küste Japans und am Meeresboden vor Italien.

»Ja, Italien«, bestätigt Peter Herzig. Er erzählt, dass vor einigen Jahren im Mittelmeer zwischen Sizilien und Neapel

Hinweise auf Erzvorkommen von Schwarzen Rauchern gefunden wurden, in bis zu 1000 Meter Tiefe. Was eigentlich nicht weiter erstaunlich sei. Auch an Land gibt es im südlichen Italien viele Vulkane – und unter Wasser sei das eben genauso. In dieser Region taucht die Afrikanische Platte langsam unter die Europäische ab. Die Gegend sei damit quasi prädestiniert für Schwarze Raucher.

Geologen des IFM-GEOMAR haben damit begonnen, die Erzvorkommen vor Italiens Küste zu erkunden. Von Beginn an hat sich Neptune Minerals daran finanziell beteiligt und eigene Experten mit an Bord geschickt. »Noch geht es dabei um absolute Grundlagenforschung«, berichtet Peter Herzig. »Wie hoch ist der Gehalt an Schwefel und anderen Gasen, welche Tiere leben dort, welche Metalle kommen vor.« Sobald sich herausstellt, dass sich die Erzvorkommen für den Abbau lohnen, könnte der Tiefsee-Bergbau auch im Mittelmeer Realität werden.

Colin Devey lugt aus der Tür des Containers und winkt uns in den Kontrollraum zurück. Das Bild auf den Monitoren hat sich verändert. Die Piloten steuern das ROV durch eine Landschaft, in der sich rot und gelb schimmernde Gesteinsformationen am Boden auftürmen. Tiere sind hier keine zu sehen. An manchen Stellen erinnern die Gebilde an riesige Kuhfladen, an anderen haben sie die Form von Kaminschloten. Nur vereinzelt ziehen dunkle Schwaden vorüber, die wohl von nahen, aktiven Schwarzen Rauchern stammen. Das ROV ist an einer der Stellen angekommen, auf die es Neptune Minerals abgesehen hat.

»Wenn die Schwarzen Raucher zu hoch werden, brechen sie in sich zusammen.« Colin Devey bittet die ROV-Piloten, näher an das Gestein heranzutauchen. Vor uns liegt ein umgestürzter Kaminschlot, dessen runde Öffnung noch zu erkennen ist. »Manchmal geschieht das nach wenigen Jahren, manchmal erst nach Jahrzehnten oder Jahrhunderten. Dann wächst entweder ein neuer Schwarzer Raucher heran, oder die heißen Quellen erlöschen und das gesamte Gebiet erkaltet langsam. Es sieht dann aus wie ein riesiger Kuhfladen.« Im Atlantik haben die Forscher eine Stelle gefunden, an der ein einziger solcher »Kuhfladen« einen Durchmesser von mehreren hundert Metern hatte und eine Dicke von bis zu 150 Metern.

»Die Tiere verschwinden dann übrigens ebenfalls«, ergänzt Cornel de Ronde, »weil ihre Nährstoffquelle versiegt. Wohin die Bewohner eines Schwarzen Rauchers dann wandern, wissen wir nicht. Auch nicht, wie sie das tun oder woher die Tiere überhaupt kamen. Wir wissen nur, dass sich in den erkalteten Gebieten äußerst wenige Lebewesen aufhalten.«

Diesen erkalteten Gesteinsablagerungen will die Bergbauindustrie mit Bohr- und Baggergeräten zu Leibe rücken. An aktiven Schwarzen Rauchern, so betonen die Geologen an Bord der *Sonne*, soll eigentlich gar kein Abbau betrieben werden. Eigentlich. Denn in einer soeben veröffentlichten Umweltstudie für das Projekt Solwara 1 beschreibt Nautilus Minerals, dass inmitten der kalten Gesteinsschichten sehr wohl auch aktive Schwarze Raucher gefunden wurden. In jedem Jahr entdeckten sie an neuen Stellen heiße Quellen, andere Schwarze Raucher waren dafür verschwunden. Noch sei unklar, wie sie mit den zahlreichen Biotopen umgehen werden, die ihren Abbaugeräten im Weg stehen. Zwar wolle man eine Berührung mit dem heißen, korrosiven Wasser der Schwarzen Raucher vermeiden – allein schon, um die teuren, neu entwickelten Tiefsee-Bagger zu schonen. Aber einige Schwarze Raucher könnten dem Bergbau durchaus zum Opfer fallen – mitsamt ihren Bewohnern.

Solche Ankündigungen lösen bei vielen Meeresforschern Alarm aus, denn selbst wenn die aktiven heißen Quellen umgangen würden: Noch ist völlig unklar, wie die fremdartigen Tiere am Meeresboden auf die Eingriffe der Bergbauindustrie reagieren würden, ob sich die Ökosysteme davon erholen, wenn ganz in ihrer Nähe gebohrt und gebaggert wird. Welche Bedeutung die Schwarzen Raucher für das sonstige Leben in den Ozeanen haben, ist noch nicht abschließend erforscht. Und welche Folgen mögliche Veränderungen auch für die Nahrungskette und die Fischerei hätten, ist ebenfalls unklar.

Dass es zu den Umweltfolgen des Tiefsee-Bergbaus mehr Fragen als Antworten gibt, wissen auch Peter Herzig, Colin Devey und Cornel de Ronde. Gänzlich vermeiden lässt sich ein Eingriff in die Lebensräume der Tiefsee ihrer Ansicht nach nicht. Doch sie sind überzeugt, dass es möglich ist, die Rohstoffe am Meeresboden zu nutzen und dessen Bewohner dennoch zu schützen. Um dafür konkrete Handlungsempfehlungen geben zu können, müssen sie zunächst noch mehr über die Ökosysteme am Meeresboden herausfinden, sagen sie.

Spätabends ist das Deck der *Sonne* von Strahlern hell erleuchtet. Forscher und Matrosen warten am Heck des Schiffes darauf, dass *Kiel 6000* wohlbehalten aus der Tiefe auftaucht. Die Stimmung an Bord ist gelöst. Bis auf das ausgefallene Navigationssystem *Posidonia* und ein paar leichte Störungen in einem Videosignal war der erste Tauchgang des neuen Roboters ein Erfolg. Nicht nur aus technischer Sicht: Niemand hatte damit gerechnet, dass sie gleich beim ersten Mal Schwarze Raucher finden würden.

Die riesige Winde rollt das Kabel des Roboters langsam und stetig auf. Im Kontrollraum zeigt der Tiefenmesser noch 1200 Meter an. Auf den Monitoren ist es schwarz, bis auf vereinzelte weiße Partikel, die wie Schnee in Richtung Boden sinken. Noch etwa eine halbe Stunde wird es dauern, bis das ROV an der Oberfläche erscheint.

Thomas Kuhn und Martin Pieper gehen mit Colin Devey den Arbeitsplan für die nächsten Tage durch. Nachdem sie diesmal die Grundfunktionen des Roboters getestet haben, sollen beim nächsten Tauchgang erstmals seine Greifarme zum Einsatz kommen. Es ist die wichtigste Funktion des Roboters. In einem Gebiet voller Schwarzer Raucher wollen die ROV-Piloten beim nächsten Mal Gesteinsproben vom Meeresboden heben. Nur so – oder mit Hilfe von Bohrungen – können sie feststellen, wie wertvoll die Metallablagerungen an den einzelnen Stellen wirklich sind. Auch für andere Untersuchungen sind die Arme des ROVs unentbehrlich: Die Forscher können sie mit Netzen, Glaskolben oder Gas- und Temperaturmessern ausstatten. Auf diese Weise wollen sie den Lebensraum der Schwarzen Raucher – genau wie den in anderen Tiefsee-Gebieten – immer besser einzuschätzen lernen.

Die Forscher wissen, dass sie sich beeilen müssen, um die drängenden Fragen rund um die Ausbeutung der Tiefsee zu beantworten; denn das Tempo der Industrie, die es auf die Rohstoffe am Meeresgrund abgesehen hat, zieht immer weiter an – und die Geologen selbst haben mit ihrer Grundlagenforschung das Tor zur Tiefsee geöffnet. Lange Zeit haben sie sich vor allem auf die Metallgehalte am Meeresboden konzentriert. Nun hoffen Peter Herzig, Colin Devey, Cornel de Ronde und ihre Kollegen auf eine Art goldenen Mittelweg: die schonende Ausbeutung der Tiefsee nach gründlicher Abwägung aller Risiken. Doch ihre Arbeit gerät zu einem Wettlauf gegen die Zeit.

In zwei Tagen soll der nächste Tauchgang von *Kiel 6000* beginnen.

Volkszählung in der Tiefsee
Bizarre Entdeckungen in ewiger Dunkelheit

Ein stechender Geruch nach Alkohol und Meerwasser durchzieht den Raum. Die Tür am hinteren Ende öffnet sich, und eine junge Frau in weißem Kittel kommt herein. Sie trägt eine etwa einen Meter breite und einen halben Meter hohe graue Plastikkiste, setzt sie neben mir ab und hebt den Deckel an. Der Geruch wird stärker. Etwa zwanzig runde Glasbehälter stehen am Boden der Kiste, größere und kleinere, mit Flüssigkeit gefüllt und mit weißen und roten Deckeln verschraubt. Carole Decker hebt eines der Gläser zwischen unsere Gesichter. Dünne schwarze Äste schwanken darin sacht hin und her. Ihre Enden zieren fingerkuppengroße, orangefarbene Knubbelwesen.

»Das sind Korallen«, erklärt Decker. »Die Äste sind Schwarze Korallen, und die orangefarbenen Wesen heißen Solitärkorallen.« Sie arbeitet an ihrer Doktorarbeit in Meeresbiologie und hat sich auf die Lebewesen der Tiefsee spezialisiert. »Die Proben sind gerade erst angekommen, von einer Expedition aus dem Mittelmeer. Die Tiere stammen aus etwa 1000 Meter Tiefe.« Ich blicke sie erstaunt an: Korallen im Mittelmeer? In 1000 Meter Tiefe, wo es kalt und dunkel ist? Leben Korallen nicht ausschließlich in lichtdurchfluteten, tropischen Gewässern?

»Ja, das dachten wir bis vor wenigen Jahren auch, und so stand es auch in den Lehrbüchern«, antwortet Decker. »Aber dann wurden vor der Küste Norwegens ganze Korallenriffe gefunden, in mehr als 300 Meter Tiefe und bei eisigen Temperaturen. Sie waren über und über bewachsen, und zahllose Fische schwammen darin herum. Offenbar gibt es solche Kaltwasserkorallen schon seit mehreren hunderttausend Jahren. Nur haben wir sie eben gerade erst entdeckt.«

Sie platziert das Glas in einem weißen Regal, dessen Bretter vom Boden bis zur Decke reichen. Der gesamte Raum ist mit solchen Regalreihen zugestellt, auch die Wände. Im hellen Neonlicht glitzert und leuchtet es: Die Regale sind über und über gefüllt mit Gläsern, durchsichtigen Schalen und Plastikbehältern. Kaum ein Zentimeter ist noch frei, auch nicht am Boden. Das Tiefsee-Labor des französischen Meeresforschungsinstituts Ifremer in Brest ist eine Schatzkammer merkwürdiger Kreaturen.

Wir gehen eine der Reihen entlang. In einem Glas kringeln sich lange Tentakel neben dem faustgroßen Kopf eines Kraken. Daneben drückt der zerfurchte Panzer einer Riesengarnele von innen gegen ein Glas. Ein Stück weiter stapeln sich handtellergroße, dickliche Wesen, die rundherum mit kurzen Armstumpen versehen sind. Auf dem Brett darüber starren mich die toten Augen eines farblosen Fisches an. Hinter seinen wulstigen Lippen ragen lange Reihen kurzer, spitzer Zähne in die Höhe. Zwischen zwei Hautlappen entlang der Stirn ragt ein Stachel hervor, der an seiner Spitze eine runde Kugel umhüllt. Der Körper des Fisches wirkt rund und schwerfällig.

»Ein Anglerfisch«, Carole Decker deutet auf das kugelförmige Ende des Stachels. »Dadrin sind leuchtende Organismen, die der Fisch wie eine Angel vor sich her trägt. So lockt er seine Opfer direkt in sein Maul.« Sie lächelt: »Viele Leute glauben, dass in der Tiefsee lauter furchterregende Monster wohnen. Ich gebe zu: Manche der Tiere dort unten sehen wirklich ziemlich bizarr aus. Aber viele von ihnen sind auch wunderschön.«

In den nächsten Gängen stehen Gläser voller gelblicher Muscheln, blassroter Krabben oder silbriger Fische. Alle Behälter haben eines gemeinsam: Sie sind bis zum Rand mit einer durchsichtigen Flüssigkeit gefüllt. »Formalin«, erklärt Decker. »In Wasser gelöstes Formaldehyd, eine Art Alkohol. Es riecht ein bisschen gewöhnungsbedürftig. Und leider nimmt es den Tieren über die Jahre ihre Farbe. Wir suchen noch nach besseren Aufbewahrungsmöglichkeiten. Aber Formaldehyd stoppt alle biologischen Prozesse.« Es ist deshalb ideal dafür geeignet, organisches Material jahrzehntelang zu lagern, ohne dass es zerfällt.

An den Regalbrettern kleben gelbe Zettel, von Hand beschriftet mit Namen wie Medeco, Viking oder Exomar. »Das sind die Namen von Forschungsexpeditionen«, erläutert Carole Decker. »Medeco zum Beispiel ging ins südliche Mittelmeer, Viking in den nördlichen Atlantik vor der Küste Norwegens und Exomar zum mittelatlantischen Rücken.« Bei Viking war sie selbst wochenlang mit an Bord. »Während der Fahrten sammeln wir so viele verschiedene Tiere, wie wir können. Mit den Greifarmen von Robotern, mit Netzen oder anderen Behältern. Dann lagern wir sie hier, bis wir die Zeit finden, sie zu untersuchen.«

Die Tür am hinteren Ende des Raums öffnet sich erneut: »Entschuldigen Sie die Verspätung.« Ein verschmitzt blickender, etwa sechzigjähriger Mann mit braunem Cordjackett und runder Brille kommt auf uns zu und schüttelt mir die Hand. »Daniel Desbruyères, angenehm. Wie ich sehe, hat Carole Sie bereits mit einigen unserer Haustiere vertraut gemacht. Nun, herzlich willkommen im Laboratoire de l'Environnement Profond, unserem Tiefsee-Labor. Es ist das Herzstück unserer Arbeit hier bei Ifremer.«

»Sie haben Glück, dass wir einen Termin mit Daniel Desbruyères gefunden haben.« Brigitte Millet hatte darauf bestanden, mich vom Hotel in der Innenstadt von Brest abzuholen. Während die Pressesprecherin des staatlichen französischen Meeresforschungsinstituts Ifremer ihren winzigen Renault aus der Stadt herauslenkt, nimmt mich die Landschaft der Bretagne mehr und mehr gefangen. Brest liegt im äußersten Nordwesten Frankreichs, graubraune Steinklippen fallen neben uns zum Meer hin ab, weit unten peitscht der Wind den Atlantik gegen die Felsen. Am Horizont, auf der gegenüberliegenden Seite der Bucht, erstrecken sich sattgrüne Hügel, auf denen einzelne Steinhäuser und ein Leuchtturm zu erkennen sind.

»Wenn er nicht gerade auf See ist, reist Daniel Desbruyères zu Kongressen rund um die Welt. Alle wollen mit ihm diskutieren, vor allem über die Schwarzen Raucher. Er ist einer der international führenden Forscher auf diesem Gebiet.« Sie macht eine ausladende Armbewegung. »Aber er ist überhaupt ein wandelndes Tiefsee-Lexikon, schließlich leitet er seit Jahren unser Tiefsee-Labor.«

Der Ruf des Biologen Desbruyères und seiner Kollegen haben mich hierhergelockt. Bei Ifremer hoffe ich Antworten zu finden auf die vielen Fragen, die sich in mir sammeln, je mehr ich über den weltweiten Vorstoß in die Tiefsee herausfinde: Was ist das für ein Lebensraum, der über die Hälfte der Erde bedeckt und in den bisher nur wenige Menschen vorgedrungen sind? Wie ist er beschaffen, was für Tiere leben dort, und wie bedroht ist er durch die neue Jagd nach Rohstoffen? Viele Institute versuchen inzwischen Antworten auf diese Fragen zu finden, auch in Deutschland. Doch an kaum einem Ort Europas laufen so viele verschiedene Stränge der Meeresforschung zusammen wie bei Ifremer.

In einem Kreisverkehr biegt Brigitte Millet ab in Richtung

Technologiepark Brest-Iroise. Kurz darauf halten wir an einer Schranke, dann werden wir auf das Gelände des Forschungsinstituts durchgewinkt. Ein großes Schild mit einem Delfin darauf prangt neben der Auffahrt. Unter dem Instituts-Emblem und der Abkürzung »Ifremer« steht sein voller Name: Institut Français de Recherche pour l'Exploitation de la Mer, Französisches Forschungsinstitut für die Nutzung der Meere.

Als der erste Vorläufer des staatlichen Instituts, das Office Scientifique et Technique des Pêches Maritimes, 1918 gegründet wurde, ging es der französischen Regierung vor allem darum, die Fischbestände zu erforschen und die Fischereimethoden zu verbessern. Eine Aufgabe, der Ifremer noch heute an seinen vier Niederlassungen in Frankreich und einer im Übersee-Departement Tahiti nachkommt. Ab den sechziger Jahren widmete sich mit dem Comité pour l'Exploitation des Océans ein weiteres staatliches französisches Institut den Rohstoffen und der Meeresumwelt – und dabei zunehmend auch den lichtlosen Bereichen der Tiefsee.

Heute verfügt das 1984 aus beiden Instituten entstandene Ifremer über ein jährliches Budget von 235 Millionen Euro. Das entspricht fast dem Vierfachen dessen, was dem Kieler IFM-GEOMAR zur Verfügung steht. Ifremer hat 1500 Mitarbeiter, sieben Forschungsschiffe, zwei bemannte Tiefsee-Tauchboote (die *Cyana* und die *Nautile*) und einen Tiefsee-Roboter namens *Victor,* der ebenfalls auf 6000 Meter tauchen kann. Diese Dimensionen haben dazu beigetragen, dass Ifremer sich weltweit in der Tiefsee-Forschung einen Namen machen konnte.

Wir fahren an langen Reihen zweigeschossiger Betonbauten vorbei, die sich zu beiden Seiten des Hauptweges erstrecken. Das Institut macht einen eher tristen Eindruck. »Das mag wohl sein«, lacht Brigitte Millet, »aber der Blick entschädigt ein wenig dafür, meinen Sie nicht?« Am Ende des Weges ist hinter einer Baumreihe die weitläufige Bucht von Brest zu sehen. Tatsächlich, ein passender Ort für ein Meeresforschungsinstitut. Millet parkt an der hintersten Gebäudereihe. »Durch diese Tür geht es zum Labor. Sie werden dort Daniel Desbruyères treffen.«

Langsam geht der Leiter des Tiefsee-Labors vor mir die Regalreihen entlang. »Was Sie hier sehen, ist die Arbeit, die in den nächsten Monaten auf uns wartet«, sagt Desbruyères, als er sich schließlich umdreht. Noch wissen die Forscher nicht, ob in den Gläsern bereits bekannte Tierarten lagern oder ob es sich um Wesen handelt, die bisher nicht einmal einen Namen haben. In der Regel ist Letzteres der Fall: Bei jeder Expedition, berichtet Desbruyères, holen die Forscher Hunderte noch unbekannter Lebewesen an Bord. Manche von ihnen seien mikroskopisch klein, andere ähnelten Fischen oder Krabben aus flacheren Gewässern, hätten jedoch völlig andere Fortpflanzungsmechanismen, Kauwerkzeuge oder Sinnesorgane. Die Vielfalt der Tiefsee-Bewohner überwältigt die Forscher stets aufs Neue.

Dabei erkunden die Biologen bei Ifremer die Tiefsee nicht nur im Dienste ihres eigenen Instituts. Ihre Arbeit ist Teil eines der größten Forschungsvorhaben weltweit: dem Census of Marine Life, einer Art Volkszählung im Meer. Über zweitausend Meeresforscher aus achtzig Staaten haben sich seit dem Jahr 2000 für dieses Projekt zusammengeschlossen. In Deutschland ist das Forschungsinstitut Senckenberg für den Census of Marine Life federführend. In seiner Außenstelle in Wilhelmshaven – dem Deutschen Zentrum für Marine Biodiversitätsforschung – sammeln und katalogisieren Biologen sämtliche Funde, die alle deutschen Forschungsinstitute in den Ozeanen der Welt machen. Ziel der Meeresforscher ist es, sämtliche Lebewesen in den Ozeanen zu zählen und ihnen einen Namen zu geben. Ein gigantisches Vorhaben.

»Kommen Sie, ich möchte Ihnen etwas zeigen.« Daniel Desbruyères hält mir die Labortür auf. Im Nachbargebäude folge ich ihm durch einen langen Flur und drei miteinander verbundene Büros. Auf Regalbrettern entlang der Wände stehen großformatige Videokassetten in Plastikhüllen. Auch sämtliche Tische, Stühle und selbst die Fensterbänke sind mit Kassetten bedeckt.

Am Ende des letzten Büros erreichen wir die Tür zu einem abgedunkelten Raum. »Unser Schneideraum, hier sichten wir die Videoaufnahmen von unseren Expeditionen«, erklärt Desbruyères, als aus dem Halbdunkel ein Mann tritt. »Darf ich vorstellen?«, begrüßt ihn Desbruyères: »Michel Gouillou. Er leitet die Videoabteilung unseres Instituts. In seinen Händen ruht alles, was wir in den vergangenen Jahrzehnten in der Tiefsee fotografiert und gefilmt haben.« Michel Gouillou fügt lächelnd hinzu: »Und ich versichere Ihnen: Das ist nicht wenig.« Er deutet auf fünf Kassetten auf dem Schneidetisch, dahinter stehen zwei große Monitore und ein Computer. »Ich habe Zusammenschnitte herausgesucht, die ich von einigen Expeditionen gemacht habe. Auf diese Weise muss ich Sie nicht mit den stundenlangen Originalaufnahmen langweilen, die während der Forschungsfahrten entstehen«, schmunzelt er. »Für die Forscher ist es wichtig, das Material immer wieder komplett durchgucken zu können; denn vielleicht ist ihnen beim ersten Mal ja doch ein Tier durch die Lappen gegangen. Aber für einen Gesamteindruck ist das hier besser.« Desbruyères und ich setzen uns, während Gouillou die erste Kassette in das Abspielgerät schiebt.

Ein mit glockenförmigen Anhängseln besetzter Stab in grellem Orange schlängelt sich durch das Wasser. Er zieht einen Strauß aus buschigen Tentakeln hinter sich her, die Anhängsel sehen aus, als seien sie aus flüssigem, noch glühendem Glas. Wie groß das Wesen ist, lässt sich schwer sagen: Die Umgebung ist vollkommen schwarz, keinerlei Anhaltspunkte helfen bei der Orientierung. »Das ist eine Staatsqualle«, klärt mich Daniel Desbruyères auf, »und eigentlich eine Ansammlung mehrerer Quallen. Jede der ›Glocken‹ ist ein einzelnes Tier, aber sie treten nur in Gemeinschaft auf.« Diese Staatsqualle ist um die 40 Zentimeter lang, erfahre ich. Doch manche Vertreter dieser Art können ganze 50 Meter lang werden – die Staatsqualle gehört zu den gefräßigsten Räubern im Meer.

Dann taucht ein lilafarben glänzendes Wesen auf, krümmt und streckt sich. Dünnes Gewebe wallt wie ein Ballettkleid um seinen drallen Körper. »Eine Seegurke«, erklärt Daniel Desbruyères. Ich staune nicht schlecht: Mit den eher langweilig wirkenden, graugrün gekrümmten Leibern, als die ich Seegurken vom Schnorcheln im Mittelmeer her kenne, hat dieses bezaubernde Wesen nichts zu tun. Anmutig verschwindet es in der Dunkelheit.

Als Nächstes folgen Aufnahmen von roten Kraken mit majestätischen Bewegungen, goldfarben-spiralförmigen Fächern, die mir Desbruyères als Korallen vorstellt, und Wesen mit langen Armen und blauen Bällen an deren Enden, die wie Designerlampen auf Felsvorsprüngen stehen. Ein Fisch stakst auf drei verlängerten Bauchflossen wie auf Stelzen vorwärts, eine weiße Krabbe öffnet ihre Zangen, die aussehen wie überdimensionierte Plüschhandschuhe.

Innerhalb der nächsten halben Stunde schwimmen, krabbeln, zucken oder tanzen so viele verschiedene und fremdartige Tiere über die Mattscheibe, dass ich zu verstehen beginne, wie schwierig es sein muss, einen Überblick über diesen gigantischen Lebensraum zu gewinnen. Wie lassen sich Tiere beschreiben, die nie zuvor gesichtet wurden? Die außerirdischen Wesen mehr zu ähneln scheinen als Fischen, Würmern

oder Quallen? Bei denen unklar ist, wie und wo sie genau leben, weil sie nur durch Zufall im Scheinwerferlicht eines Roboters oder Tauchboots auftauchen, um anschließend wieder
in die Dunkelheit zu schwimmen?

»Es stimmt, bei jeder neuen Fahrt stoßen wir auf Wesen,
für die uns erst einmal die Worte fehlen.« Daniel Desbruyères
nickt mit dem Kopf in Richtung Monitor. »Wenn Sie wollten,
könnten Sie Tage damit verbringen, sich solche Aufnahmen
anzusehen. Und genau das ist eine der großen Herausforderungen für den Census of Marine Life: Wir können gar nicht
so schnell arbeiten, wie wir neue Tierarten entdecken.«

In der Tiefsee sind die Forscher auch auf ein Phänomen gestoßen, das sie sich zunächst nicht erklären konnten: In der
ewigen Dunkelheit gibt es Licht! Ein ständiges Blinken und
Leuchten begleitet ihre Tauchgänge bis heute, auch noch in
Tausenden Metern Tiefe. »Bei näherem Hinsehen wurde uns
klar: Das Licht stammt von Tieren«, erinnert sich Desbruyères. Mal entdeckten sie Quallen, die grellblau leuchtende
Substanzen ausstießen oder wegen ihrer rot leuchtenden
Krallen den Beinamen »Vampirqualle« erhielten. Dann wieder waren es Ansammlungen von kleinsten Flohkrebsen, auf
deren Körpern helle Punkte strahlten, oder von Asseln, die
mit knallroten Fühlern und grün leuchtenden Füßen für bizarre Lichteffekte sorgten.

»Am meisten beeindruckt waren wir von der Rippenqualle.« Daniel Desbruyères bittet Michel Gouillou, ein wenig vorzuspulen. Vor meinen Augen wird die Tiefsee plötzlich
zur Disco. Blinkende Leuchtstränge durchziehen die Körper
zweier Quallen, an denen wie bei einer Lichtorgel manche
Farben an- und andere dafür ausgehen. Die Quallen plustern
sich auf, ziehen sich wieder zusammen und schwimmen so, in
allen Farben des Regenbogens leuchtend, durch das dunkle
Meer.

Schon William Beebe hatte bei seinen Tauchgängen in den dreißiger Jahren ein »phosphoreszierendes Funkeln« in der Tiefsee beschrieben. Doch erst neueste Untersuchungsmethoden konnten das Phänomen enträtseln. »Wir nennen es Biolumineszenz«, sagt Desbruyères. Die Leuchtkraft basiert auf chemischen Reaktionen im Körper der Tiere, die Energie in Form von Licht freisetzen. Oder auf Bakterien, die mit den Tieren in Symbiose leben und Licht erzeugen. »Das Phänomen gibt es auch an Land, zum Beispiel bei Glühwürmchen«, erinnert mich Desbruyères. »Doch die Biolumineszenz der Tiefsee ist weitaus stärker und vielfältiger.«

Das Leuchten dient unterschiedlichen Zwecken, erfahre ich: So locken die Tiefsee-Flöhe mit ihren gepunkteten Körpern ihre Partner an. Die Atollaqualle hingegen sondert einen blauen Lichtschwall ab, wenn sie angegriffen wird. Wie mit einer Alarmanlage macht sie größere Tiere auf sich aufmerksam, in der Hoffnung, dass diese ihren Angreifer verspeisen, während sie selbst in der Dunkelheit entwischt. Manchem Tier dient das Licht auch als Köder: So führt der Anglerfisch ganze Kolonien aus Leuchtbakterien in seiner Hautfalte am Ende der Stirnflosse spazieren. Er macht sich die Tatsache zunutze, dass auch das im Meer weit verbreitete, nahrhafte Plankton phosphoreszierend leuchtet. Mit ihrem planktonähnlichen Licht sollen die Bakterien in seiner »Angel« die Beute direkt vor sein aufgerissenes Maul locken – und er muss nur noch zuschnappen.

Daniel Desbruyères erklärt, dass die Biolumineszenz wohl eines der wichtigsten Überlebens- und Kommunikationsmittel in der Tiefsee ist. Zwischen 80 und 90 Prozent aller Tiefsee-Tiere leuchten in irgendeiner Form – aber nur einen Bruchteil von ihnen kennen sie bisher genauer. Ihre jüngsten Untersuchungen richten sich auch auf Augen und andere Sinne der Tiefsee-Bewohner: Vielleicht sind viele von ihnen doch nicht so blind, wie man bisher angenommen hatte. Sonst hätte die Light-Show in der Dunkelheit ja kaum einen Sinn.

»Wir befürchten allerdings, dass die Tiere es mit ihrer Biolumineszenz in Zukunft immer schwerer haben werden.« Die Verschmutzung der Ozeane durch die Schifffahrt sowie durch Giftstoffe aus Landwirtschaft, von Müllkippen und aus der Industrie hinterlässt schon heute ihre Spuren. Das Meerwasser wird immer trüber, und Desbruyères befürchtet, dass die Rohstoffvorhaben am Meeresboden diese Entwicklung noch verstärken werden. Mit ungewissen Folgen für die Tiere, die in der Tiefsee darauf angewiesen sind, oft über Hunderte von Metern lebenswichtige optische Signale auszusenden oder zu erkennen.

Carole Decker schüttet den sandigen Inhalt eines Probenglases in ein Metallsieb. Sie lässt es über einem Waschbecken abtropfen und verteilt die Masse dann in einer flachen Glasschale, die sie mit neuer Flüssigkeit auffüllt. »Das hier ist der wenig spektakuläre Hauptteil unserer Arbeit am Census of Marine Life«, lächelt sie. »Die Proben zu sortieren und die Exemplare zu zählen, nachdem wir von einer Expedition zurückgekehrt sind.«

Decker deutet in den Raum hinein. Entlang der Wände und in der Mitte des Raums sind Mikroskope, Probengläser und Plastikboxen auf Labortischen platziert, es herrscht ein stetiges Kommen und Gehen. Studenten in weißen Kitteln tragen Kisten aus dem Lagerraum herein, füllen Probengläser um oder diskutieren leise. Decker setzt ihre Glasschale unter einem Mikroskop ab, zieht einen Stuhl heran, blickt durch das Okular und beginnt, den Inhalt der Schale mit einer Pinzette zu sortieren.

Ich nehme neben ihr Platz. Von der Seite aus erkenne ich

bräunlichrote Kügelchen, die sie aus einem Gewirr pinkfarbener Fäden herauslöst. »Wir färben die Proben ein, um die Lebewesen vom Sand zu trennen«, sagt sie, während sie die Kügelchen auf die linke Seite der Schale schiebt. »Alles, was rot oder pink ist, ist organisches Material – nur dieses hat die Farbe angenommen.« Mit dem linken Zeigefinger drückt sie den Hebel eines flachen Zählgeräts herunter. Klick, klick, immer wieder. Als das Gerät »0066« anzeigt, liegen alle Kügelchen in der Schale links und die roten Fäden rechts.

»Wollen Sie mal durchgucken?« Erst durch die Vergrößerung des Mikroskops erkenne ich, dass die Kügelchen winzige Schneckenhäuser sind. Die roten Fäden kann ich nicht zuordnen. »Das sind Bartwürmer, die sind meist sehr dünn und kurz. Bis auf die Unterart, die an den Schwarzen Rauchern lebt: Die Riesenröhrenwürmer werden bis zu anderthalb Metern lang.« Deckers Aufgabe ist es, die Tiere in grobe Gruppen einzuteilen und die jeweiligen Exemplare zu zählen. »Dann gehen die Proben an Experten, die in der Lage sind zu erkennen, um welche Tierarten es sich genau handelt.«

Der Census of Marine Life hat geschafft, was bis dahin in der Meeresforschung völlig unüblich war: die Arbeit von Instituten aus aller Welt zu vernetzen. Das Programm finanziert zusätzliche Expeditionen und deren Auswertungen. Es ist auf einen Zeitraum von zehn Jahren angelegt und umfasst ein Gesamtbudget von sage und schreibe einer Milliarde Dollar. Die enorme Summe kommt von einer amerikanischen Privatstiftung, der Alfred P. Sloan Foundation. Gegründet 1935 vom damaligen General-Motors-Vorstandschef Sloan, hat die Stiftung im Laufe der Jahre zahlreiche Wissenschaftsprojekte unterstützt, mit Schwerpunkt auf der Evolution und der Entstehung des Weltalls.

Amerikanische Meeresforscher traten Ende der neunziger Jahre mit einer neuen Idee an die Sloan Foundation heran. Es sei höchste Zeit, nicht nur die Sterne am Himmel zu zählen, sondern auch die Tiere im Meer, sagten sie – schließlich sei die Tiefsee noch immer so unerforscht wie das Weltall. Und es erscheine ihnen immer wichtiger herauszufinden, welche Rolle ihre Bewohner für das Leben auf der gesamten Erde spielen. Die Stiftung ließ sich überzeugen. Sie beschloss, sich einem bisher kaum beachteten Thema zu widmen, und begann, die Erforschung der Ozeane großzügig zu unterstützen. Im Jahr 2000 fiel der Startschuss für den Census of Marine Life.

Drei Grundfragen haben sich die Forscher gestellt: 1. Welche Arten leben in den Ozeanen? 2. Wo halten sie sich auf? 3. Wie verbreitet sind sie? Sobald diese Bestandsaufnahme erreicht ist, soll die zeitliche Dimension hinzukommen: Was hat früher im Meer gelebt? Und was wird dort in Zukunft leben?

Sämtliche Ergebnisse des Census of Marine Life sollen in einer zentralen Datenbank gesammelt werden, über das Internet für jeden frei zugänglich.

In insgesamt siebzehn Einzelprojekten begannen Forscher aus aller Welt zu arbeiten. Jedes der Projekte widmet sich bis heute einer bestimmten Region oder einem Ökosystem im Ozean. So erkundet der Census of Coral Reefs die Tierarten an tropischen und an Kaltwasser-Korallenriffen, ein Projekt widmet sich der Arktis und eines der Antarktis, und der Census of the Diversity of Abyssal Marine Life (CeDAMar) spürt die Bewohner der ausgedehnten Tiefsee-Ebenen auf, in 4000 bis 5000 Meter Tiefe.

Man betreibe Forschung »am Limit des Wissens«, heißt es in einem Prospekt, den Daniel Desbruyères mir gegeben hat. Dafür begebe man sich in die »größten, ältesten, heißesten, dunkelsten, tiefsten und reichhaltigsten« Lebensräume der Welt und entdecke Dinge, die die Welt noch nicht gesehen habe. Die Forscher übertreiben nicht mit ihren Formulierungen.

Decker zieht die kleinen Schneckenhäuser mit einer Pipette auf und lässt sie in ein Gläschen gleiten. »Gastéropodes, 66«, schreibt sie darauf und stellt es zu einer Reihe weiterer Gläschen in einer Plastikbox. Gastropoda oder Schnecken bilden eine eigene Tierklasse. Die Box reicht sie ihrem Kollegen Olivier Mouchel, der die Beschriftungen der Gläschen in einen Computer eingibt. »66 gastéropodes«, notiert er in einer Liste, die mit »Viking« überschrieben ist, dem Namen der Expedition, von der die Tiere stammen. In einer weiteren Spalte trägt er »Meiophaune« ein, was die Größe der Tiere angibt. »In die Kategorie Meiofauna fallen alle Tiere, die zwischen 0,3 und 1 Millimeter groß sind«, erklärt er. »Alles was größer ist, heißt Makrofauna, alles was kleiner ist, Mikrofauna.«

Mouchel scrollt die Liste herunter. An die hundert Einträge beinhaltet sie bereits. »Sämtliche der im Rahmen von Viking vor der norwegischen Küste gesammelten Tiere gehören zum im Rahmen des Census of Marine Life angestoßenen Projekt Continental Margin Ecosystems oder COMARGE«, sagt Daniel Desbruyères, der Mouchel über die Schulter blickt. Das bei Ifremer koordinierte Projekt untersucht die Kontinentalhänge vor den Küsten der Welt. Daneben sind Ifremer-Forscher an sechs weiteren Projekten des Census of Marine Life beteiligt: Für CeDAMar erforschen sie – gemeinsam mit deutschen Forschern – die Ebenen der Tiefsee in Atlantik und Pazifik, in einem weiteren Projekt erkunden sie die artenreichen Seeberge und Korallenriffe und in noch einem weiteren tragen sie mit Expeditionen zur Erforschung des mittelatlantischen Rückens bei.

Daniel Desbruyères selbst widmet einen Großteil seiner Arbeit dem International Census of Marine Microbes und dem Projekt Biogeography of Deep-Water Chemosynthetic Ecosystems, kurz: ChEss. »ChEss hat sich die Lebensgemeinschaften an Schwarzen Rauchern vorgenommen – und die an anderen Ökosystemen, die ebenfalls auf Chemosynthese basieren«, sagt er. So wie die sogenannten Cold Seeps: kalte Methan-Austrittsstellen, die erst vor wenigen Jahren am Meeresboden entdeckt worden sind. Auch Schlamm und Vulkane, die – man glaubt es kaum – Asphalt spucken, sind Untersuchungsgebiete von ChEss. An all diesen Phänomenen tummeln sich unbekannte Tierarten. Die Überraschungen in der Tiefsee nehmen kein Ende.

Olivier Mouchel bewegt den Mauszeiger in die letzte Spalte der Liste. »Hier notieren wir, wo wir die Proben hinschicken, um sie klassifizieren zu lassen.« – »Viele Exemplare sehen nämlich nur auf den ersten Blick gleich aus«, erklärt Desbruyères. »So wie die Würmer und Schnecken, die Carole eben sortiert hat«, werfe ich ein. »Genau«, bestätigt er. Doch das sei nur für den Laien so. Experten fänden in jeder Probe aus der Tiefsee im Schnitt 90 Prozent unbekannte Spezies. Dabei handele es sich nicht immer um atemberaubende Skurrilitäten: Schon eine andere Drehung im Schneckenhaus, die Anordnung der Organe oder unterschiedlicher Haarwuchs können ein Hinweis auf eine neue Art sein.

Carole Deckers Schnecken sind für das nationale Naturkundemuseum in Paris bestimmt. Die winzigen Bartwürmer wird sie nach Deutschland schicken, zum Zentrum für Marine Biodiversitätsforschung in Wilhelmshaven. »Wir arbeiten vor allem in Wilhelmshaven und Paris eng mit sogenannten Taxonomen zusammen: Leuten, die sich auf die Bestimmung von Tierarten spezialisiert haben«, erklärt Desbruyères. Bei Ifremer gibt es keine solchen Experten. »Sie nehmen jedes einzelne Exemplar unter die Lupe und untersuchen, um welche Tierart es sich handelt. Dabei dürfen die Taxonomen am Ende auch kreativ werden: Sie sind diejenigen, die neuen Tierarten ihren Namen geben.«

Einen Eindruck von dieser mühevollen Arbeit erhalte ich einige Wochen später: bei einem Besuch am Hauptsitz des Forschungsinstituts Senckenberg in Frankfurt am Main. Dort bin ich mit dem Leiter der Abteilung für Meereszoologie Michael Türkay verabredet. Ihm eilt der Ruf voraus, einen besonders guten Überblick über die weltweiten Aktivitäten in der Tiefsee zu haben – sowohl die der Forscher als auch die der Industrie.

Das Skelett eines *Tyrannosaurus rex* ragt über mir in die Höhe. Ein Flugsaurier, nur von Nylonfäden gehalten, scheint sich jederzeit auf mich stürzen zu wollen. Das Geschnatter aufgeregter Kinderstimmen dringt in die Haupthalle des altehrwürdigen Senckenberg-Naturkundemuseums. Es ist kurz nach neun Uhr morgens, die Pforten des Museums haben soeben geöffnet. An die tausend Besucher strömen täglich in den roten Jugendstilbau neben der Frankfurter Universität, angelockt von seltenen Fossilien aus der Urzeit und einer der größten Sammlungen von Dinosaurierskeletten in Europa. Nur wenige Besucher verirren sich dabei in einen der hinteren Räume im ersten Stock des Museums. Dorthin, wo leuchtende Quallen, überdimensionierte Krabben und furchteinflößende Tiefsee-Spinnen ausgestellt sind. Kaum jemand weiß, dass das Forschungsinstitut Senckenberg über eine der größten Abteilungen für Meereszoologie in Deutschland verfügt.

»Ich sage immer: Frankfurt a. M. steht nicht für Frankfurt am Main, sondern für Frankfurt am Meer«, freut sich Michael Türkay mit tiefer Stimme. Der kräftige, sechzigjährige Professor führt mich aus der Haupthalle des Museums heraus in die für Besucher nicht zugänglichen Bereiche. Durch Gewölbesäle mit ausgestopften Tropenvögeln und vorbei an riesigen Vitrinen voller Schmetterlings- und Käfersammlungen gelangen wir in einen langgezogenen Anbau hinter dem Hauptgebäude. In dessen oberen Etagen riecht es ähnlich stark nach Formalin wie im Labor von Ifremer. »Willkommen in unserer Tiefsee-Abteilung«, verkündet Michael Türkay.

Die Frankfurter Meeresforscher unterteilen ihre Arbeit nach Tiergruppen: Im obersten Stockwerk des Anbaus widmen sie sich Fischen, eine Etage tiefer sitzen die Experten für wirbellose Tiere wie Schnecken, Würmer und Schwämme, und die Michael Türkay unterstellte Abteilung, noch eine Etage weiter unten, ist zuständig für sein Fachgebiet: Crustaceen, Krustentiere. Vor allem solche, die an Schwarzen Rauchern leben.

Am hinteren Ende eines mit Probengläsern, Mikroskopen und Büchern vollgestellten Laborraums beugt sich eine junge Studentin über ein Blatt Papier. Dann blickt sie durch ein Mikroskop, beugt sich wieder herunter zum Papier und wieder zum Mikroskop. Sie vergleicht eine Zeichnung vor ihr mit dem, was sie durch das Okular sieht.

Eine etwa daumenlange Krabbe liegt unter dem Mikroskop. Auf dem Papier ist sie bereits in Umrissen aus dünnen schwarzen Linien zu erkennen. »Was Sie hier sehen, ist das A und O der Taxonomie: das Zeichnen«, erklärt Michael Türkay ihre Arbeit. »Viele Meeresbiologie-Studenten glauben, sie kämen um diese aufwendige Arbeit herum, weil es heutzutage ja digitale Fotografie, Computer und Gen-Datenbanken gibt. Aber das menschliche Auge ist noch immer unser wichtigstes Werkzeug. Beim Zeichnen fallen einem die entscheidenden Merkmale im Körperbau eines Tieres erst auf. Wir arbeiten im Grunde gar nicht so anders als die Forscher vor über hundert Jahren.«

Er deutet auf die winzigen schwarzen Punkte, mit denen die Studentin Schattierungen im Panzer der Krabbe kenntlich macht und auf die mit säuberlichen Linien getrennten Segmente der Fühler. In parallelen Strichen malt sie nun kleinste

Härchen an den Seiten des Körpers der Krabbe nach, anschließend kommen die sanft gebogenen Konturen und scharfen Zacken der Scheren und Kauwerkzeuge des Tieres dran. Michael Türkay nickt zufrieden. »Nur wenn man so genau hinsieht und das Tier quasi verinnerlicht, kann man unter den vielen gefundenen Exemplaren eine neue Art entdecken. Allerdings nimmt diese Arbeit manchmal mehrere Tage in Anspruch.«

Die Taxonomen vergleichen jedes gefundene Tier einer Expedition zunächst mit bereits bekannten Arten, die in biologischen Lehrbüchern, Veröffentlichungen von Kollegen oder manchmal auch im Internet verzeichnet sind. Wenn sie ihr Exemplar nirgendwo finden können, liegt der Verdacht nahe, dass es sich um eine neue Art handelt. Sind sie unsicher, nehmen die Taxonomen eine genetische Analyse vor. Das aufwendige und teure Verfahren ist die genaueste Möglichkeit zu überprüfen, ob sich Tier A von Tier B oder C unterscheidet. Wenn ja, ist es Zeit für eine wissenschaftliche Veröffentlichung sowie einen neuen Eintrag in der Datenbank des Census of Marine Life. Etwa fünfhundert neue Tierarten aus 4000 bis 6000 Meter Meerestiefe haben allein die Biologen am Senckenberginstitut in Wilhelmshaven auf diese Weise seit dem Jahr 2000 beschrieben.

Weltweit haben die Forscher seit Beginn des Census of Marine Life bis zum Jahr 2010 etwa 5600 neue Tierarten in den Ozeanen entdeckt, im Schnitt zwölf neue Spezies pro Woche. Kaum eine andere Disziplin der Biologie konnte je mit so vielen neuen Erkenntnissen in so kurzer Zeit aufwarten. Bis zum Jahr 2010 – von den Vereinten Nationen als Jahr der Artenvielfalt ausgerufen – hätte der Census of Marine Life laut ursprünglichem Plan eigentlich abgeschlossen sein sollen. Doch schon nach der Hälfte der Zeit war den meisten Forschern klar, dass sich ihr ehrgeiziges Ziel bis dahin nicht erreichen lassen würde. Zu groß sind die Ozeane, zu unerforscht die dunkle Tiefsee, zu langsam ihr Vorankommen. Der Census entpuppte sich als Sisyphosarbeit.

»Neben der schieren Größe der Ozeane ist das Hauptproblem der Mangel an Experten«, sagt Michael Türkay. Weltweit gibt es nur wenige ausgebildete Taxonomen, »und kaum ein Student entscheidet sich noch für diese Fachrichtung. Kein Wunder: Sie gilt als langwierig, mühsam, und es gibt sicher besser bezahlte Jobs.« Dabei erinnert sich Michael Türkay selbst an zahlreiche Erfolgserlebnisse, wenn er wieder einmal eine bis dahin unbekannte Krebsart entdeckt hatte. Er kritisiert, dass für die Auswertung der Expeditionen und die Ausbildung von Taxonomen noch weniger Geld zur Verfügung steht als für die Forschungsfahrten.

Dabei sei der Bedarf immens. »An den Standorten des Senckenberginstituts in Frankfurt und Wilhelmshaven arbeiten insgesamt etwa 25 Taxonomen«, zählt Türkay auf. »Das ist im europäischen Vergleich schon viel. Aber für die Arbeit, die in der Tiefsee auf uns wartet, ist es bei weitem zu wenig. Wir könnten Heerscharen von Taxonomen beschäftigen allein mit dem, was wir hier in Frankfurt sammeln.« Nur halb im Scherz fügt er hinzu: »Wir Taxonomen sind schon selbst so etwas wie eine aussterbende Art.«

Bis alle Proben einer einzigen Tiefsee-Expedition sortiert und gezählt worden sind, dauert es bis zu drei Jahre. Bis die einzelnen Tiere dann auch klassifiziert und die Forschungsergebnisse publiziert werden, können bis zu zehn Jahre vergehen. Eine kleine Ewigkeit. Vor allem in Anbetracht der Pläne der Bergbauindustrie, die auch wenig erforschte Tiefsee-Regionen wie die vor Neuseeland innerhalb der kommenden Jahre abbauen will.

»Wir sehen noch keine Anzeichen dafür, dass wir in der Tiefsee so langsam das meiste entdeckt haben«, bilanziert

denn auch Brigitte Ebbe, Pressesprecherin des beim Senckenberginstitut angesiedelten Census-Projekts CeDAMar, die
bisherige Arbeit. Dennoch ist sie optimistisch. Das systemati-
sche Aufspüren neuer Lebewesen in den Ozeanen werde auch
nach 2010 weitergehen – dann allerdings ohne die Finanzierung der Sloan Foundation, die nur auf zehn Jahre angesetzt
war: »Wir haben wertvolle Kontakte zu anderen Forschern
geknüpft. Und es gibt zahlreiche Projekte, die wir gemeinsam
fortführen wollen – finanziert aus unseren eigenen Töpfen.
Dadurch werden wir zunächst sicher nicht mehr in so einem
Tempo und Umfang vorankommen wie bisher. Aber ich
würde sagen: Wie so oft ist auch in diesem Fall der Weg das
Ziel.«

Michael Türkay fügt hinzu, dass man sich mit der vom Census angeschobenen Arbeit dennoch beeilen müsse. Er glaubt,
dass eine vollständige Bestandsaufnahme der Tier- und Pflan-
zenarten im Ozean durchaus möglich wäre. Ein Kollege habe
einmal berechnet, wie lange es dauern würde, um die gesamte
Artenvielfalt der Erde zu bestimmen. »Wirklich alle Lebewesen, egal ob an Land, im Meer, im Eis oder in der Luft.« Ursprünglich habe er das Ergebnis immer nur zum Spaß zitiert.
Doch inzwischen ist die Hochrechnung für Michael Türkay
ein politisches Pamphlet. Am Computer sucht er nach dem
Dokument und druckt es aus. »Weltweit 25 000 Wissenschaftler wären nötig, um in ihrer vollen Lebensarbeitszeit die Ge-
samtheit der Arten unserer Erde weitestgehend zu beschreiben«, liest er vor. Das Ziel des Census of Marine Life wäre
also durchaus zu schaffen. Die dafür notwendigen finanziel-
len Mittel sind laut Michael Türkay gering im Vergleich zu
den Summen, die in der Astrophysik oder auch der Moleku-
larbiologie üblich sind. Seiner Meinung nach fehlt lediglich
der politische Wille.

»Und das, obwohl die Ozeane ein zentraler Bestandteil des

Lebens auf dem Planeten Erde sind«, betont er. Das Meer ist nicht nur einer der wichtigsten Nahrungslieferanten, bietet Arbeitsplätze in der Fischerei und im Tourismus und bildet neuerdings die Grundlage für Kosmetika und Medikamente. Es spielt außerdem für sämtliche Abläufe der Natur eine zentrale Rolle: Es speichert die Wärme der Sonne. Es nimmt Abfallstoffe und giftige Gase aus der Luft, den Flüssen und dem Regen auf. Es produziert Sauerstoff. Es ist das größte Wasserfilterungssystem des Planeten. Und es beeinflusst das Klima: Ungefähr ein Drittel allen Kohlendioxids, das Autos, Kohlekraftwerke oder Industrieanlagen an Land ausstoßen, wird von den Ozeanen absorbiert. Und so davor bewahrt, in der Atmosphäre den Treibhauseffekt zu verstärken.

»Dabei darf man sich das Meer nicht vorstellen wie eine Badewanne voller Wasser, in der irgendetwas passiert«, erläutert Michael Türkay. »Sondern es sind Organismen, die all das tun: Sie verarbeiten Kohlendioxid, sie reinigen das Wasser, sie produzieren Sauerstoff.« Er macht eine kurze Pause. Ihm ist wichtig klarzustellen, dass die Tiefsee-Forschung niemandem egal sein kann. Dass sie uns alle betrifft, unser Zusammenleben, das Klima, den Planeten. »Deshalb ist es von so ungeheurer Bedeutung herauszufinden, was das für Organismen sind. Was ihre Rollen sind, was sie tun, wie sie leben – und vor allem: was sie gefährdet.«

Um diese Fragen zu beantworten, arbeiten Michael Türkay und seine Kollegen nicht nur mit neuesten Funden aus Meeresgebieten in aller Welt. Das Senckenberginstitut verfügt zudem über einen seltenen historischen Schatz.

Michael Türkay dreht an einem aus drei langen Armen bestehenden Chromhebel. Der deckenhohe Schrank dahinter rollt leise zur Seite und gibt einen Gang voller Probengläser frei, ähnlich wie bei Ifremer. Der ganze Raum ist voller Rollschränke, deren Regale bis zum Rand mit Gläsern voller

Krebsen, Krabben und Garnelen gefüllt sind. Türkay nimmt ein hohes Glas aus dem Regal. Eine dunkelrote Krabbe ruht darin, ihr Körper ist so breit, wie meine Hand lang ist. Das Glas wirkt altmodisch. Statt der sonst üblichen Plastikverschraubung hat es einen schweren Glasdeckel mit tropfenförmigem Griff.

Der Biologe hebt es in die Höhe. »Können Sie lesen, was auf dem Zettel steht?« Am Boden unterhalb der Krabbe schwimmt ein gelbliches Stück Papier, von Hand beschrieben. »Geryonidae, Valdivia 1898, 1300 m«, lese ich vor und blicke ihn fragend an.

»Geryonidae sind Tiefsee-Krabben. Und dieses Exemplar wurde im Jahr 1898 aus 1300 Metern im Südostatlantik gezogen. Während der ersten deutschen Tiefsee-Expedition, die es gab. Sie war auf dem Schiff *Valdivia* unterwegs.« Er stellt die Krabbe vorsichtig auf einen mitgebrachten Rollwagen. »Das ganze Regal hier ist voller Funde, die auf der *Valdivia* gemacht wurden. Dank des Alkohols sind die Tiere noch recht gut erhalten, wenn auch zum Teil ausgeblichen. Die Fahrt ist zwar über hundert Jahre her. Aber sie bildet bis heute eine der wichtigsten Grundlagen unserer Arbeit.«

In einem schmalen, dunklen Raum zieht Michael Türkay mehrere großformatige Bücher aus einem Regal. Einige sind in braunes Leder gebunden, andere mit grauer Pappe umgeben. Aus manchen drohen Fotos und Papiere herauszufallen, während wir sie sorgsam neben dem Krabbenglas auf dem Rolltisch deponieren. Die Bücher stammen aus den Jahren 1898 und 1899. Es sind Logbücher, Zeichnungssammlungen und Fotoalben der ersten deutschen Tiefsee-Expedition auf der *Valdivia*. Ihre Hinterlassenschaften verwaltet das Senckenberginstitut gemeinsam mit dem Naturkundemuseum der Berliner Humboldt-Universität.

Nur eine andere Expedition hatte sich zuvor daran gewagt,

die unerforschten Tiefen der offenen Ozeane zu erkunden: Von 1872 bis 1876 waren britische Forscher auf dem Kriegsmarineschiff *Challenger* in See gestochen. Sie hatten erstmals Tiere und Bodenproben mitgebracht, die in Tausenden Metern Meerestiefe in ihren Netzen hängen geblieben waren. Die Fahrt versetzte die Welt in Erstaunen.

»Es war ein unglaubliches Wagnis für damalige Zeiten«, berichtet Türkay, während er Bildbände, Logbücher und Probengläser auf einem Tisch im Labor ausbreitet. »Die Tiefsee galt noch immer weithin als unbekannte, lichtlose Wüste.« Seit Ferdinand Magellan bei seiner Weltumseglung im Jahr 1521 ein 700 Meter langes Seil ins Meer hinabgelassen und dieses den Boden nicht berührt hatte, hielt man es für erwiesen: Die Meere sind unendlich tief und lediglich besiedelt von den Ungeheuern aus Seefahrerfantasien. Erst die Fahrten auf der *Challenger* und der *Valdivia* begannen mit dieser Vorstellung aufzuräumen.

Türkay schlägt ein graugebundenes Buch auf. Sein Deckel ist mit schlangenförmigen Ornamenten verziert. Suchend blättert er darin. »Es gab einen Wissenschaftler in Deutschland, der damals schon seit langem darauf brannte, diese fremde Welt zu erforschen.« Wenig später hat er die Stelle gefunden und deutet auf das Schwarz-Weiß-Foto eines entschlossen dreinblickenden Mannes mit langem Bart. Dann liest er den Titel des Buches vor: *Aus den Tiefen des Weltmeeres. Schilderungen von der deutschen Tiefsee-Expedition* von Carl Chun.

Der 1852 geborene Zoologe Chun hatte in Leipzig studiert und jahrelang vor allem die flachen Küstengewässer des Mittelmeers auf Plankton untersucht. Dabei war er zu der Überzeugung gelangt, dass es auch in viel tieferen Wasserschichten Plankton geben musste als bisher angenommen. Er sah keinen Grund, warum die winzigen Floh- und Manteltiere, Insekten und Krebslarven, aus denen das Plankton besteht, nicht auch dort leben und die Nahrungsgrundlage für weitere Lebewesen bilden sollten.

Mit großem Interesse hatte der junge Carl Chun die Auswertung der britischen *Challenger*-Expedition verfolgt. Das Team um den Botaniker und Geologen Charles Wyville Thomson hatte genau 4717 bis dahin unbekannte Organismen aus der Tiefsee an Bord geholt. Carl Chun war überzeugt, dass der Erkundung der Ozeane die Zukunft gehören würde. Und dass auch das kaiserliche Deutsche Reich endlich in die Tiefsee-Forschung einsteigen sollte.

Der Zoologe suchte Unterstützung bei der damals in wissenschaftlichen Belangen tonangebenden Gesellschaft Deutscher Naturforscher und Ärzte – mit einer mutigen Forderung. Im Jahr 1897 schlug er vor, »aus Kaiserlichen Depositionsfonds die Summe von 300 000 Mark behufs Ausrüstung einer deutschen Tiefsee-Expedition zur Verfügung zu stellen«, liest Michael Türkay aus Chuns Schilderungen vor. Ein Betrag, der heute mehreren Millionen Euro entspräche und die bis dahin üblichen Mittel der sich auf die flache Nord- und Ostsee beschränkenden deutschen Meeresforschung um ein Vielfaches überstieg.

Chun machte »wissenschaftliche und patriotische Gründe« geltend: Die Erforschung der Tiefsee sei wichtig, »damit wir hinter den anderen Nationen nicht zurückstehen und uns einen Ehrenplatz in der Erforschung jener Regionen sichern, über denen so lange der Schleier des Unzulänglichen und Geheimnisvollen schwebte«. Michael Türkay blickt triumphierend vom Expeditionsbericht auf. »Kein schlechtes Argument, nicht wahr? Und höchst aktuell! Schließlich ist die Tiefsee-Forschung bis heute auch ein Wettlauf zwischen Forschungs- und Industrienationen.«

Ich erinnere mich an Peter Herzigs Worte an Bord der

Sonne. Er betonte, dass Deutschland dank des Roboters *Kiel 6000* endlich in der »Champions League« der weltweiten Meeresforschung mitspielen könne. Ähnlich wie in der Weltraumforschung geht es auch in der Tiefsee darum, international unter den Ersten, Schnellsten und Besten zu sein. Nur dass die Öffentlichkeit davon bisher nur wenig mitbekommt.

Die Antwort des Kaisers Wilhelm II. kam prompt, wie Carl Chun sich in seinem Bericht erinnert: »Seine Majestät unterzog das Gesuch einer eingehenden Prüfung und sprach die Erwartung aus, dass die Expedition in würdiger Weise ausgerüstet werde, ohne Rücksicht auf Ersparnisse, welche die Sicherheit und den Erfolg gefährden könnten.« Mit solcher Fürsprache von kaiserlicher Seite hatte niemand gerechnet. Der Berliner Reichstag nahm Chuns Antrag auf Fördergelder Ende Januar 1898 einstimmig an, und sechs Monate später verließ der eiligst zum ersten deutschen Tiefsee-Forschungsschiff umgerüstete Dampfer *Valdivia* unter dem Jubel zahlreicher Schaulustiger den Hamburger Hafen.

Die neunmonatige Expedition entwickelte sich für die zwölf Wissenschaftler und die Seeleute an Bord zur Strapaze. Rauer Seegang, extreme Hitze und Kälte, Eisberge und plötzliche Untiefen stellten die auf See kaum erfahrenen Forscher vor ständige Bewährungsproben. Auf den gut erhaltenen Schwarz-Weiß-Fotos der Expedition sind ihre Gesichter angespannt. Doch es gelang mehr, als Chun sich erhofft hatte: Die Fahrt wurde zur wissenschaftlichen Sensation.

Carl Chun hatte für die *Valdivia* Meeresgebiete ausgewählt, in denen die britische *Challenger* nicht gewesen war: den südlichen Atlantik, die antarktischen Gewässer und weite Teile des Indischen Ozeans. Erstmals wurden zwischen Afrika und der Antarktis die Meerestiefen ausgelotet, fand man die 1739 entdeckte und später für »verloren« gehaltene Bouvetinsel im südlichen Atlantik wieder und holten die Forscher

Gesteinsbrocken vom Meeresboden an Bord, die bewiesen, dass die Ostantarktis nicht vulkanischen Ursprungs war, wie bis dahin angenommen worden war.

Was die von Carl Chun vor Beginn der Reise selbst konstruierten Schließnetze, die in genau festgelegter Tiefe zuschnappen konnten, bei über hundert Tauchgängen aus der Tiefsee ans Licht brachten, übertraf alle Erwartungen: kunstvoll gekringelte Seesterne, Tintenfische mit Leuchtorganen, gigantische Krabben und Krebse, Fische mit nach oben gerichteten Teleskopaugen sowie massenhaft kleinstes Plankton, auch noch aus 4500 Meter Meerestiefe. »Man war in ständiger Erregung über diese ungeahnte Pracht bei dem Aufkommen der Netze; alle Hände hatten voll zu tun, um sie zu zeichnen und zu konservieren«, liest Michael Türkay aus dem mit Originalzeichnungen und -fotos verzierten Buch vor.

Der erfahrene Meeresforscher staunt noch heute über die Ergebnisse der Forschungsfahrt. »Die Fahrt der *Valdivia* hat das Wissen über die Ozeane grundlegend verändert«, sagt Türkay. »Seit der *Challenger* war zwar erwiesen, dass es am Boden der Tiefsee Leben gibt. Aber in den Wasserschichten zwischen Oberfläche und Boden war die Existenz von Leben noch immer umstritten.« Erst Chun und seine Leute auf der *Valdivia* haben nachweisen können, dass die Tiefsee in allen Stufen und in allen Regionen belebt ist. Und sie haben es mit glänzenden Methoden getan.

Michael Türkay deutet auf das Gemälde eines silbrigen Fisches, das er in einem der Lederbände aus der Bibliothek aufgeschlagen hat. Mit glupschigen Augen blickt der Fisch nach oben, an seinem Bauch hat er bläulichgrüne Schuppen und kleine blasenartigen Organe. Die dünnen Farbschichten, mit denen der sogenannte Beilfisch porträtiert worden ist, sind so raffiniert übereinandergeschichtet, dass der Eindruck entsteht, die Fischhaut selbst sei auf das Blatt geklebt worden.

Türkay öffnet eines der Probengläser, die er aus der Abteilung für Tiefsee-Fische zwei Etagen weiter oben hat bringen lassen. Es sind neue Funde aus der Tiefsee. Mit einer langen Pinzette packt er einen Beilfisch an der Schwanzflosse und hebt ihn ans Licht. Er ist nur wenige Zentimeter lang. Seine silbrigen Schuppen glänzen, die bläulich grünen Blasen am Bauch erkannten die Forscher schon damals als Leuchtorgane. Die Genauigkeit der über hundert Jahre alten Zeichnung ist erstaunlich, bis ins Detail ist der kleine Fisch originalgetreu wiedergegeben. »Es hat sage und schreibe vierzig Jahre gedauert, bis die Forscher alle ihre Funde beschrieben und identifiziert hatten«, bemerkt Türkay. »Kein Wunder: Es gab damals ja noch niemanden, der sich mit den Lebewesen der Tiefsee auch nur ansatzweise auskannte.«

Türkay blättert zu einer Seite voller Fische mit furchterregenden Mäulern. Einer von ihnen, der Pelikanaal, scheint nur aus Maul zu bestehen, lediglich eine dünne, dehnbare Membran verbindet den riesigen Unterkiefer mit dem bräunlichschwarz getupften, langen Körper. Türkay hält den mehrfach gekringelten, länglichen Körper eines weiteren Fisches neben das Buch. »Dieser Schnepfenaal stammt von einer neueren Expedition, aus etwa 800 Meter Tiefe.« Türkay vergleicht das Tier mit der Zeichnung. »Heute wissen wir, dass dieser Fisch relativ oft in der Tiefsee zu finden ist. Aber als sie seinen Urgroßvater damals entdeckten, war das Tier vollkommen unbekannt.«

Auf der folgenden Seite hält ein Anglerfisch seine Leuchtangel über sein weit geöffnetes Maul. Mit spitzen Zähnen und durchsichtigen Flossen am braunen, rundlichen Körper wurde der Fisch für die Nachwelt verewigt. Die Forscher der *Valdivia* hatten den heute wohl berühmtesten Fisch der Tiefsee als Erste entdeckt. »Dies ist eine von vielen Arten des Anglerfischs, die wir mittlerweile kennen. Bei seiner Namensgebung haben sich die Forscher einen kleinen Spaß erlaubt«, schmunzelt Türkay. »Er trägt den lateinischen Namen *Melanocetus krechi* – nach dem Kapitän der *Valdivia*, Adalbert Krech.« Er deutet auf ein Foto, das einen wuchtigen, leicht erregbar wirkenden Mann zeigt, der mit Pfeife im Mund und wildem Blick in den Augen das Steuerrad hält. »Offenbar sahen die Forscher beim Anglerfisch eine gewisse Ähnlichkeit mit Kapitän Krech«, mutmaßt Türkay. »Bleibt zu hoffen, dass dieser den kleinen Streich mit Humor nahm.«

Wann immer die Forscher heutzutage eine neue Tiefsee-Art untersuchen, vergleichen sie ihren Fund mit den Exemplaren, Zeichnungen und Notizen, die auf der *Valdivia* gesammelt und in den Folgejahren angefertigt wurden. Hunderte Tierarten haben die mit der Auswertung der Forschungsfahrt beschäftigten Zoologen damals zum ersten Mal bestimmt. Sie bilden bis heute die Wissensgrundlage für Tiefsee-Biologen aus aller Welt.

»Manchmal taucht plötzlich ein Exemplar auf, das seit Carl Chuns Zeiten nie mehr einem Forscher ins Netz gegangen war«, berichtet Michael Türkay. »Das ist natürlich ein Highlight.« Doch mit ihrem eigentlichen Vorhaben konnten sie bisher noch nicht einmal beginnen: die Proben und Aufzeichnungen der *Valdivia*-Expedition auch auf die Frage hin zu untersuchen, was sich seit damals in den Ozeanen verändert hat.

Die Forscher wollen herausfinden, ob einzelne Tierarten ihren Lebensraum womöglich gewechselt haben und heute in anderen Regionen leben. Ob manche Arten sich womöglich besonders stark vermehrt haben und andere dagegen ausgestorben sind. Auch den Einfluss des Menschen wollen sie genauer beziffern: Wie sahen die Meere aus, bevor Industrieabwässer, Atommüllfässer und gigantische Mengen Plastikmüll in ihnen versenkt wurden? Und wie hat die massive Fischerei der vergangenen Jahrzehnte die tiefen Bereiche der Ozeane verändert?

Die Hinterlassenschaften historischer Tiefsee-Expeditionen wie der *Challenger-* und der *Valdivia*-Fahrt sind für die Forscher die einzige Chance, die Vergangenheit der Tiefsee mit dem heutigen Zustand zu vergleichen und um Vorhersagen für die weitere Entwicklung machen zu können. Neueste Funde und Erkenntnisse allein reichen dafür nicht aus. Für Hochrechnungen, Modelle und Simulationen ist auch der Blick in die Vergangenheit nötig.

Bisher stehen die Forscher mit diesen Vorhaben noch ganz am Anfang. Zu sehr sind sie damit beschäftigt, eine aktuelle Bestandsaufnahme des Lebensraums Tiefsee zu machen. Dabei wird der Bedarf an verlässlichen, aktuellen wie historischen Daten immer dringender, betont Michael Türkay. »Das Tempo der Industrie bei der Erschließung der Tiefsee nimmt stetig zu. Während wir Biologen mit der Erforschung neu entdeckter Lebensräume in der Tiefsee kaum hinterherkommen.«

Die kleine Krabbe zum Beispiel, die die Studentin im hinteren Bereich des Labors konzentriert weiter zeichnet, sei erst kürzlich zum ersten Mal gefunden worden, so Türkay. Bei einer Expedition nach Papua-Neuguinea. Die Krabbe sei vollkommen blind und lebe an Schwarzen Rauchern. Nirgendwo sonst ist sie bisher aufgetaucht, die Art ist vermutlich äußerst selten. Ihre Heimat liegt genau in dem Gebiet, das Nautilus Minerals wegen seiner reichen Gold- und Kupferablagerungen am Meeresboden so bald wie möglich abbauen will.

In diesem Hinterzimmer eines Frankfurter Museums, weit entfernt vom Meeresboden Neuseelands oder Papua-Neuguineas, zeichnet sich eine erste Antwort ab. Eine Antwort auf die Frage, welche Folgen die Eingriffe der Bergbauindustrie für die Bewohner der Tiefsee haben könnten. Was ich erfahre, lässt mich nicht gerade aufatmen.

»Wir entdecken an jedem neuen Schwarzen Raucher Arten, die offenbar endemisch sind, das heißt, sie leben höchstwahrscheinlich nur dort und sonst nirgendwo«, berichtet Michael Türkay. »Woher die Larven kommen, wie die Ökosysteme ihre Lebewesen rekrutieren, wissen wir noch nicht. Es ist eines der vielen ungelösten Rätsel an diesen Oasen der Tiefsee.« Manche Tierarten, so Türkay, seien wahrscheinlich recht weit verbreitet, denen werde man relativ wenig anhaben können, wenn an einzelnen Orten industrielle Förderung betrieben werde. Aber einzelne Arten könnten von den Baggerschiffen der Bergbaukonzerne durchaus ausgerottet werden.

»Das Problem ist, dass wir die Bedrohung nicht genau kennen, weil die Bestandsaufnahme des Lebens auch an den Schwarzen Rauchern noch nicht abgeschlossen ist«, hat auch Daniel Desbruyères in Brest berichtet. »Wir haben nur eine grobe Vorstellung davon, welche Arten wo vorkommen. Zum Beispiel ist inzwischen klar, dass an Schwarzen Rauchern im Atlantik oft riesige Garnelenschwärme vorkommen, während an denen im Pazifik eher Röhrwurmkolonien leben. Aber wir wissen nicht, wie sich diese und die zahllosen weiteren Tierarten von einem derart massiven Eingriff, wie die Bergbaufirmen ihn planen, erholen würden.«

Michael Türkay und Daniel Desbruyères werden immer öfter zu Mahnern. Zu warnenden Stimmen, die auf die kaum bekannten Gefahren am Meeresboden aufmerksam machen. Allzu euphorischen Meeresgeologen rufen sie in Erinnerung, wie wenig sie über die Ökosysteme der Tiefsee wissen. »Es soll industrielle Förderung betrieben werden in Gebieten, von denen wir gar nicht sagen können, was genau dort vorhanden ist«, stellt Türkay in eindringlichem Tonfall fest. »Ein solches Vorgehen bedeutet für mich Alarmstufe Rot!«

Die Forscher sorgen sich um den gesamten Lebensraum Meer. »Es könnte passieren, dass mit dem Vordringen der Industrie in der Tiefsee Organismen verschwinden, bevor wir sie überhaupt entdeckt haben«, sagt Türkay. Organismen, von denen man niemals wissen werde, welche Bedeutung sie hatten, welchen Nutzen wir aus ihnen hätten ziehen können oder was durch ihr Fehlen alles aus dem Gleichgewicht gerät.

In seinem Büro mit Blick auf die Bucht von Brest ruft Daniel Desbruyères eine blau unterlegte Seite im Internet auf. In ihrer Mitte prangt eine Weltkarte. In den Ozeanen auf der Karte sind Tiefen, ozeanische Rücken und Küstengebiete in ungewöhnlichem Detailreichtum zu erkennen. An der Oberseite der Weltkarte steht »OBIS – Ocean Biogeographic Information System«. »Hier werden alle Informationen des Census of Marine Life gesammelt«, erklärt Desbruyères. »Die Datenbank wird mit Einträgen in über siebenhundert kleineren Datenbänken aus aller Welt abgeglichen und auf diese Weise ständig aktualisiert. Sie wird eines der großen Vermächtnisse des Census sein.«

Desbruyères klickt auf ein Feld oberhalb der Karte und wählt die Kategorie »alle Einträge anzeigen«. Binnen Sekunden sind die Meere übersät mit roten Punkten. »Jeder davon steht für eine im Meer gefundene Tierart.« Theoretisch kann man sich nun sämtliche Informationen anzeigen lassen, die es zu der jeweiligen Spezies gibt: Name, Größe und Farbe, Verbreitung, Nahrung und Wanderwege. Auch Gewicht und Alter der gefundenen Exemplare sollen verzeichnet sein. OBIS ist allerdings noch im Aufbau. Bald soll es mit zwei weiteren Datenbanken, dem World Register of Marine Species und der Encyclopedia of Life vernetzt werden. Und für alle verzeichneten Arten einen umfassenden Überblick bieten.

Im Nordatlantik besteht die Weltkarte schon jetzt aus dichten roten Sprenkeln, ebenso entlang vieler Küsten sowie im antarktischen Gebiet südlich Australiens. Überall dort, wo viele Expeditionen unterwegs waren, wurden zahlreiche Funde verzeichnet. An anderen Orten, vor allem in den offenen Gebieten der Ozeane, sind nur wenige rote Punkte in regelmäßigen Abständen eingetragen. Sie markieren die Stellen, an denen bisher nur Stichproben aus der Tiefsee genommen wurden.

Auf einen weiteren Klick erscheinen in der Karte gelbe Punkte. Sie zeichnen die Wanderrouten von Walen, Lachsen oder Seelöwen nach, die sich über Tausende von Kilometern erstrecken. Dank winziger neuartiger Akustiksender, deren Signal von Messstationen entlang der Küsten aufgefangen wird, verfolgen und kartieren die Forscher des Census of Marine Life die Wege der Tiere.

»Bisher liegen dem Census of Marine Life die Daten von insgesamt 240 000 marinen Lebewesen vor«, berichtet Desbruyères nicht ohne Stolz. 5600 davon sind das direkte Ergebnis der Projekte des Census. Die übrigen Arten waren schon bekannt, wurden aber genauer zugeordnet, ihre Benennung vereinheitlicht oder dank des Census erstmals auf internationaler Ebene veröffentlicht. In OBIS wurden bis 2010 rund die Hälfte aller bekannten Meeresbewohner verzeichnet, 115 000 Einträge zählt die Datenbank. Doch all das ist nur der Anfang.

Die 240 000 Arten stellen nur einen Bruchteil der Gesamtzahl aller Lebewesen dar, die Forscher in den Ozeanen vermuten, sagt Desbruyères. »Nach allem, was uns bisher an Erkenntnissen vorliegt, gehen wir davon aus, dass es in den Ozeanen bis zu hundert Millionen verschiedene Arten von Lebewesen geben könnte.« Über die genaue Zahl lasse sich derzeit nur spekulieren, daher sprächen eher konservative Forscher oft nur von bis zu zehn Millionen Arten. Mindestens sei es eine Million, darin sei man sich einig. »Aber nach oben hin ist diese Skala offen, denn noch gibt es zu viele Unbekannte: Vor allem die Gruppe der Meiofauna, also aller Lebewesen zwischen 0,3 und 1 Millimeter Größe, ist für uns wie eine ›Black Box‹.« Hochrechnungen seien für diese Gruppe fast unmöglich, weil man selbst in den undenkbarsten Regionen der Ozeane immer wieder auf zahllose Vertreter stieße. Genauso gehe es den Forschern mit Bakterien und anderen Mikroorganismen sowie mit Parasiten und symbiotisch lebenden Wesen.

Bis zu hundert Millionen Arten. Selbst wenn es »nur« zehn Millionen wären: Das wären achtmal so viele verschiedene Arten, wie bisher an Land bekannt sind. Dort sind insgesamt etwa 1,6 Millionen Arten verzeichnet. Fast 500000 davon sind Pflanzen, 80 Prozent der Tierarten wiederum entfallen auf Insekten. »Auch an Land werden allerdings immer wieder neue Arten entdeckt, vor allem in den tropischen Regenwäldern«, gibt Daniel Desbruyères zu bedenken. »Die Zahl dürfte also auch dort in Zukunft nach oben korrigiert werden.« Doch während an Land fast nur noch neue Insekten gefunden werden, stoßen sie in der Tiefsee auf immer neue Vertreter sämtlicher Verästelungen des Baums der Evolution. Fast immer sind es Tiere oder Bakterien, nur in den lichtdurchfluteten Bereichen bis zu 200 Meter Tiefe finden die Forscher auch Pflanzen: Etwa 4000 bis 5000 verschiedene Plankton- und Algenarten haben sie bisher gezählt. In den Tiefen der Ozeane leben Spezies, die sich bereits vor Millionen von Jahren entwickelt haben und von denen niemand ahnte, dass sie überhaupt existieren.

»Die Lehrbücher der Biologie müssen neu geschrieben werden«, davon ist Daniel Desbruyères überzeugt. Die Lebewesen der Tiefsee setzen in Sachen Artenvielfalt vollkommen neue Maßstäbe. »Und mit ihrer Erkundung werden unsere Enkel und Urenkel noch jede Menge Arbeit haben.« Für die Entdeckungen der kommenden Generationen den Grundstein gelegt zu haben, darin sieht Desbruyères das wichtigste Erbe seiner Forschertätigkeit – und das des Census of Marine Life.

Immerhin wissen sie nun, welche Wanderrouten große Raubtiere in den Meeren nehmen. In welch langatmigen Zyklen sich bestimmte Arten vermehren. Oder wo sich einige der wichtigsten »Hot Spots« der Tiefsee wie die artenreichen Seeberge – die von der amerikanischen Wetter- und Ozeanografiebehörde NOAA inzwischen sogar für die »vorherrschenden Ökosysteme auf unserem Planeten« gehalten werden –, Korallenriffe oder Schwarze Raucher befinden.

Auch die Bedrohung der Meere können sie immer genauer beschreiben – wenn auch dadurch nicht verhindern: Sie wissen, wo kilometerlange Schleppnetze der Fischtrawler Korallenriffe und das Leben auf Seebergen zerstört haben. Wie stark die Bestände bestimmter Fischarten bereits dezimiert sind. Oder wo die Verschmutzung dazu geführt hat, dass die Meeresoberfläche oder der Grund von einer dicken Schicht aus Plastikflaschen, -tüten und anderem Müll bedeckt sind. So wurde erst vor wenigen Jahren ein gigantischer Müllstrudel aus zermahlenen Plastikteilen mitten im Pazifik entdeckt. Auch im Atlantik und dem Indischen Ozean werden solche Strudel vermutet. Die Reste der Industriegesellschaften sammeln sich dort genauso wie beispielsweise am Boden des bis zu 5267 Meter tiefen, von Touristenstränden gesäumten Mittelmeers – nur dass sie dort außer den Tiefsee-Forschern niemand sieht.

Ebenso ist den Forschern inzwischen in groben Zügen bekannt, wie sich der Klimawandel auf die Ozeane auswirkt: Nicht nur lässt die Erwärmung von Wasser und Meeresböden

Fische in kühlere Regionen ziehen, Korallen ausbleichen, den Meeresspiegel ansteigen und in Zukunft möglicherweise die Methanhydrate schmelzen. Die Meere drohen wegen des vielen Kohlendioxids, das sie aus der Luft aufnehmen, auch regelrecht zu versauern. Lebewesen wie Kieselalgen, Muscheln und Korallen, die einen leicht basischen pH-Wert des Wassers benötigen, um ihre kalkhaltigen Gehäuse und Skelette zu bilden, sind dadurch in ihrer Existenz bedroht. Das Meerwasser ähnelt zunehmend kohlensäurehaltigem Sprudelwasser: Es wird im wahrsten Sinne des Wortes sauer, die Tiere können ihre Skelette nicht mehr bilden und geraten mitsamt der von ihnen abhängigen Nahrungskette in Gefahr.

Vom Menschen »unberührt« sind die Ozeane also schon längst nicht mehr – auch nicht die Tiefsee. Ohne es zu wissen, nehmen wir mit jeder Autofahrt, jedem gefüllten Müllsack und jedem verzehrten Fisch Einfluss auf die Lebensräume der Tiefsee. Und nun kommt auch noch die industrielle Ausbeutung der Rohstoffe am Meeresboden hinzu.

Auch Daniel Desbruyères fürchtet, dass die Meeresforscher in manchen Regionen womöglich schon bald zu spät kommen werden. »In der Tiefsee könnten Tierarten verschwinden, bevor wir überhaupt eine Chance haben, sie zu erforschen«, sorgt er sich. Denn obwohl es eilt, sind Umweltstudien in der Tiefsee bisher rar gesät. »Wir benötigen mehr Zeit«, sagt Desbruyères, »um die Organismen der Tiefsee besser kennenzulernen. Dabei ist es nicht unser Ziel, jeglichen industriellen Nutzen der Tiefsee zu stoppen. Das nicht. Aber wir müssen abschätzen können, wie sich die Eingriffe auf die Artenvielfalt und auf das Gesamtsystem Ozean auswirken.« Erst dann sind Empfehlungen möglich, wie man die Rohstoffe auf umweltschonende Weise nutzen kann.

Bei Ifremer ist eine Handvoll Forscher seit kurzem auf genau diesem Gebiet aktiv, erfahre ich. Es sind mutige Biologen, die sich auf die Fahnen geschrieben haben, der Ausbeutung der Tiefsee nicht tatenlos zuzusehen. Ich war so erstaunt wie neugierig, als ich hörte, wohin sie ihre Expeditionen unter anderem gelenkt haben: zu rätselhaften Manganknollen am Grund des Pazifiks und in eine Region, in der schon heute der Meeresboden in Tausenden Metern Tiefe ausgebeutet wird.

Vor Angola, einem der ärmsten Länder Afrikas an der südlichen Westküste des Kontinents, wurde im Meeresboden der Tiefsee Erdöl gefunden. Seit einigen Jahren wird es unter anderem durch den französischen Mineralölkonzern Total gefördert. In Werbebotschaften und Pressemitteilungen lässt Total stolz verlauten, dass es als eines der ersten Unternehmen der Welt in solch große Meerestiefen vordringt.

Je mehr ich über die Erdölförderung vor Angola erfahre, desto klarer wird: Die Eroberung der Tiefsee ist an kaum einem Ort der Welt so weit fortgeschritten wie dort. Das Land an der Westküste Afrikas ist daher das nächste Ziel meiner Reise. Ich will herausfinden, was es mit den ehrgeizigen Projekten auf sich hat – denn was vor Neuseeland noch Zukunftsmusik ist, hat an Orten wie dem Golf von Mexiko und vor Angola bereits begonnen. Vielleicht kann ich dort erfahren, wie sich der Eingriff der Industrie tatsächlich auf die Artenvielfalt der Tiefsee auswirkt. Und ob Total am Meeresboden so behutsam vorgeht, wie der Konzern es in seinen mit Tiefsee-Fischen geschmückten Werbeanzeigen behauptet.

In wenigen Wochen werde ich in ein Land fliegen, in dem bis vor wenigen Jahren noch Bürgerkrieg herrschte. Und das von kaum jemandem bereist wird. Dabei gelangt Angola durch die Ausbeutung der Tiefsee seit kurzem nicht nur zu ungeahntem Reichtum. Das Land beginnt auch, eine wichtige Rolle auf der politischen Weltbühne zu spielen.

Die Zukunft hat begonnen

Erdölförderung aus der Tiefsee – und die Folgen

Nach einer halben Stunde Flug tippt mir mein Sitznachbar auf die Schulter und bewegt den Mund. Ich hebe eine Muschel des Schallschutz-Kopfhörers an, den uns der Kopilot beim Einsteigen in die Hand gedrückt hat. »Wir sind fast da!«, ruft mir mein Nachbar ins Ohr, um den flappenden Rotorlärm des Hubschraubers zu übertönen. Ich nicke, rücke den Kopfhörer zurecht und blicke wieder aus dem Fenster. Seit wir die Küste hinter uns gelassen haben, ist die Welt um uns herum blau. Ein endloses, dunkelblaues Meer, ein endloser, hellblauer Himmel, dazwischen am Horizont ein grauer Streifen aus Hitze und Dunst. Jetzt, etwa 150 Kilometer von der Küste entfernt, auf dem offenen Atlantik, tauchen unter uns auf der Wasseroberfläche die ersten bunten Punkte auf.

Von hier oben betrachtet wirken die Anlagen wie Spielzeugboote. Doch je näher wir kommen, desto größer und imposanter werden sie. Während der Hubschrauber seine Flughöhe verringert, zieht unter uns ein Schiff vorbei, aus dessen Mitte sich ein wuchtiges Stahlgerüst erhebt. »Das ist die *Pride Africa*, eines unserer Bohrschiffe!«, ruft mein Sitznachbar. Kurz danach taucht ein weiteres Schiff auf, ein roter Arbeitskran dreht sich darauf langsam zur Seite. »Ein Spezialschiff für Arbeiten am Meeresboden«, erfahre ich. Ein Schnellboot legt von dem Schiff ab. Es wirkt winzig neben dem großen

Schiff mit Kran, zieht einen weißen Gischtstreifen durchs Wasser und eilt davon.

Wenig später schießt neben uns eine Stichflamme in die Höhe. Die meisten Insassen des Hubschraubers heben nur kurz den Blick von ihren Büchern oder Zeitungen, während ich mich mit großen Augen noch näher ans Fenster lehne. Der Hubschrauber umkreist einen aus Stahlstreben bestehenden Turm, aus dem die Flamme weiter flackert und dunkle Rußwolken absondert. Der Turm markiert das Ende eines Schiffes von gigantischen Dimensionen. Über eine Länge von drei Fußballfeldern winden sich dicke gelbe Rohre über sein Deck. Ein Dickicht aus Treppen und Stahlgerüsten gibt an einigen Stellen den Blick auf runde Stahlbehälter frei. An den Seiten des Schiffes ragen rote und schwarze Rohre senkrecht aus dem Meer, machen einen Knick und verschwinden im Schiffsbauch. Ein Stück davon entfernt legt soeben ein Schnellboot an, Menschen steigen aus und erklimmen die Leitern des Röhrenungetüms.

Wir fliegen bis zum anderen Ende des Schiffes, dem Flammenturm gegenüber. Dort überragt ein breites, weißes Hochhaus das Rohrlabyrinth, mit zahllosen kleinen Fenstern reicht es acht Etagen hinauf. Auf seinem Dach ist schon von fern ein grün markierter Hubschrauberlandeplatz zu erkennen.

»Warum sind wir nicht gelandet?«, frage ich meinen Sitznachbarn, als wir an dem Hochhaus vorüberfliegen. »Das ist die *Girassol*, wir wollen aber zur *Dalia*«, ruft er zurück und zeigt geradeaus. Durch die Frontscheibe des Helikopters erkenne ich eine zweite Gasflamme, die langsam näher kommt.

Wir sind unterwegs zwischen zwei der größten Ölförderschiffe der Welt: Die *Dalia* und die *Girassol* sind der ganze Stolz des französischen Mineralölkonzerns Total. Je zwölf Anker halten die schwimmenden Fabriken an ihren Plätzen, während das schwarze Gold der Tiefsee in ihre Bäuche strömt: Erdöl, das aus dem zwischen 1200 und 1500 Meter tiefen Meeresboden stammt. Als einer der ersten Konzerne der Welt hat Total im Jahr 2001 damit begonnen, es zu fördern. Das Förderschiff *Girassol* wurde im Dezember 2001 in Betrieb genommen, die *Dalia* folgte fünf Jahre später.

Die Schiffe liegen an einem Ort, den manche bereits für den neuen Persischen Golf halten: im Golf von Guinea. Er umfasst das Meeresgebiet entlang der Westküste Afrikas und erstreckt sich von der neben Ghana gelegenen Elfenbeinküste bis hierher, vor die Küste des Staates Angola.

Was Bergbaukonzerne vor den Küsten Neuseelands und Papua-Neuguineas erst noch planen, hat hier bereits begonnen: Die Ausbeutung der Tiefsee ist in Angola keine Zukunftsvision mehr, sondern tägliche Realität. Bohr- und Arbeitsschiffe, Fördergiganten und Schnellboote bilden 150 Kilometer vor der Küste regelrechte Städte auf dem Wasser.

Mein Sitznachbar und die übrigen Insassen in dem geräumigen Helikopter sind Angestellte von Total. Etwa die Hälfte von ihnen sind Angolaner. Total – der viertgrößte Ölmulti der Welt – ist einer der wichtigsten Arbeitgeber im Land, seit der französische Konzern mit der Erdölförderung aus der Tiefsee begonnen hat. Angola, eines der ärmsten Länder der Welt, gilt unter Experten als das neue Eldorado der Erdölindustrie.

Beim Landeanflug auf die Hauptstadt Luanda war davon noch nichts zu spüren. Bevor der Flughafen in Sicht kam, zog unter mir eine dichte Ansammlung brauner und grauer Hütten dahin. Über eine halbe Stunde lang änderte sich der Anblick kaum. Ich betrachtete die Ausläufer Luandas: provisorisch errichtete Slums, die zahllose Bewohner der Hauptstadt Angolas ihr Zuhause nennen. Straßen, Häuser, die gesamte Infrastruktur Luandas ist im Laufe der vergangenen Jahrzehnte erweitert worden, um Raum für etwa 700 000 Bewohner zu bieten. Doch inzwischen leben in der Stadt drei, inoffiziell sogar über fünf Millionen Menschen.

Die meisten Einwohner Luandas sind während und nach dem Krieg in die Hauptstadt gekommen. Nachdem sie 1975 die Unabhängigkeit von der Kolonialmacht Portugal erkämpft hatten, entbrannte zwischen zwei rivalisierenden Gruppen in Angola einer der brutalsten Bürgerkriege des Kontinents. Fast dreißig Jahre lang fochten die ursprünglich marxistische Regierungspartei MPLA und die Guerillaorganisation UNITA um die Vormachtstellung im Land. Während die MPLA von der Sowjetunion und Kuba unterstützt wurde, geriet die UNITA bald unter den Einfluss der USA und Südafrikas. Der Bürgerkrieg wuchs sich zum erbitterten Stellvertreterkrieg der zwei verfeindeten Großmächte des Ost-West-Konflikts aus. Überall im Land tobten die Kämpfe, nur Luanda selbst blieb weitestgehend verschont. Erst als 2002 Jonas Savimbi, der Anführer der UNITA, erschossen wurde und die beiden Parteien einen Waffenstillstand schlossen, konnte in Angola ein bis heute einigermaßen stabiler Friedensprozess seinen Anfang nehmen. Präsident José Eduardo dos Santos ist seit inzwischen fast dreißig Jahren im Amt.

Neben den vielen Wunden, die der Krieg im Land geschlagen hat, ist Angola noch immer übersät mit Landminen. Auf jeden Bewohner kommt eine Mine, sagt man in Luanda. Das wären knapp 13 Millionen Minen, die vor allem dort versteckt wurden, wo sie am meisten Schaden anrichten sollten: auf Straßen und Wegen, entlang der Eisenbahnlinien und auf landwirtschaftlich genutzten Feldern. Zahlreiche Hilfsorganisationen sind bis heute in Angola damit beschäftigt, Opfer von Landminen zu verarzten und die verbliebenen Sprengsätze nach und nach zu entfernen. Eine schwierige, mühsame, gefährliche Arbeit. Täglich werden Kinder und Erwachsene in die Luft zerrissen, weil sie versehentlich auf eine Mine getreten sind.

Der »Garten Afrikas« sei Angola einmal gewesen, berichtet unser Taxifahrer, während er seinen Wagen vom Flughafen in die staubigen, restlos überfüllten Straßen der Stadt lenkt. Das tropische Klima machte den Boden fruchtbar, das Land produzierte und exportierte Kaffee und Baumwolle, Zuckerrohr, Tabak und Gemüse. Hinzu kamen reiche Gold- und Diamantenvorkommen, die abgebaut wurden. Heute liegt die Landwirtschaft danieder, die meisten Goldminen stehen still, nur wenige Eisenbahnlinien und Überlandstraßen wurden bisher wiederhergestellt. Viele Regionen des Landes, das viermal so groß ist wie Deutschland, sind nur mit Mühe und unter hohem Risiko zu erreichen.

Immer mehr Menschen zieht es deshalb in die Hauptstadt Luanda. Dort gibt es Arbeit, so hoffen sie, und keine Minen. Dort wollen sie ihrer Familie ein Auskommen und ihren Kindern eine Zukunft sichern.

Während unser Fahrer mal bremst und hupt, mal in eine Lücke vorprescht und mal geduldig abwartet, bis der Strom von Autos und Minibussen ein paar Wagenlängen weiter vorankommt, berichtet er, dass er oft fünf Stunden braucht, um mit seinem Taxi von einem Ende der Innenstadt bis zum anderen zu gelangen. Zu Fuß ist diese Strecke in einer Viertelstunde zu schaffen.

Durch das Verkehrschaos schieben sich Händler mit Körben voller Brot oder Obst auf dem Kopf, andere verkaufen Kaugummis, Zigaretten oder Wasser in Plastikbeuteln. Nach und nach werden die Pisten der Vorstadt von asphaltierten Straßen abgelöst. Wir nähern uns dem langgezogenen Küstenboulevard, der Luanda am Ufer des Atlantiks säumt. Der Anblick, der sich mir dort schließlich bietet, scheint die Barackensiedlungen der Vorstädte vergessen machen zu wollen.

Hinter blassrosa oder hellgelb gestrichenen hübschen Bauten aus der portugiesischen Kolonialzeit ragen moderne Bürogebäude in die Höhe. Nicht einige wenige, sondern etliche Hochhäuser drängen sich in der am Küstenboulevard beginnenden Innenstadt. Wir fahren an Baustellen vorüber, auf denen die Grundsteine gelegt werden für weitere Wohn- und Geschäftshäuser. Kleinere Slum-Siedlungen, die das Bild noch stören, sollen in den kommenden Jahren verschwinden, berichtet der Fahrer. Besonders fällt uns ein nagelneues, hoch in den Himmel ragendes Gebäude auf, das soeben mit aufwendigen Glasfassaden vollendet wird.

»Das ist der neue Sitz von Sonangol, der staatlichen angolanischen Ölgesellschaft«, erfahre ich von meinem Sitznachbarn Burkhard Reuss. Der eigens aus Paris angereiste, für die internationale Presse zuständige Sprecher von Total wird mich in der nächsten Zeit an Land und auf dem Wasser begleiten. »Die meisten der neueren Gebäude in der Innenstadt gehören Erdölunternehmen«, bestätigt auch Amelia Santana, die sich vom Beifahrersitz zu uns umdreht. Die angolanische Pressesprecherin von Total hat uns am Flughafen abgeholt und vorsorglich ein Hotel gebucht. Die Infrastruktur in Angola ist noch nicht auf Alleinreisende ausgelegt, die nicht Mitarbeiter einer internationalen Organisation oder einer großen Ölfirma sind.

Während der Wagen sich im nicht enden wollenden Stau zum Hotel durchkämpft, nennt Amelia Santana die Namen der Konzerne, deren Niederlassungen wir passieren. Exxon Mobil, BP, ChevronTexaco – alle großen Olmultis sind in Luanda vertreten. An einem Kreisverkehr liegt das weiße, dreißigstöckige Gebäude von Total. Das größte Hochhaus, ein gelber Klotz direkt am Boulevard, gehört chinesischen Öl- und Bauunternehmen. »Die ausländischen Erdölkonzerne bieten derzeit die besten Arbeitsplätze in Angola«, erklärt Amelia Santana. Wer dort unterkomme, habe ausgesorgt, heiße es unter Angolanern. Denn nur dort gebe es eine sichere Anstellung, ein ordentliches Gehalt und sogar eine Zukunftsperspektive.

Während der beiden Tage vor unserem Abflug zu den Öl-förderschiffen verstärkt sich mein Eindruck, dass in Luanda eine eigenartige Goldgräberstimmung herrscht. Als er vor zehn Jahren hier anfing, habe es noch nicht einmal Straßen-beleuchtung gegeben, berichtet auch der Leiter der angolani-schen Niederlassung von Total, Olivier de Langavant. Ge-schweige denn moderne Geschäfte oder Cafés.

Heute laden entlang der Innenstadtstraßen immer neue, teure Boutiquen und Restaurants zum Shoppen und Schlem-men ein. Auf unseren Wegen durch die Stadt sehen wir mo-derne Geländewagen mit verdunkelten Scheiben, ich erfahre von ausgedehnten Villenvierteln am Stadtrand, und nach dem Besuch eines Straßenmarktes stehen wir plötzlich vor ei-ner Porsche-Filiale, die mitten in dem heruntergekommenen Wohngebiet eröffnet hat. Yachten dümpeln im neuen Sport-hafen, und südlich der Innenstadt Luandas hat mit dem Belas Shopping Center soeben der größte Konsumtempel Afrikas eröffnet, mit über hundert Geschäften und zwanzig Restau-rants.

Mittags und abends treffen sich entlang des Küstenboule-vards und auf der vorgelagerten Halbinsel La Ilha die Mitar-beiter von Ölkonzernen und internationalen Organisationen. In Lokalen, die von Lage, Design und Menüumfang her auch an den Stränden von Barcelona bis Los Angeles liegen könn-ten und in denen ein Abendessen schnell mehrere hundert Dollar kostet, erholen sie sich von der lauten, überfüllten Stadt. Mitarbeiter ausländischer Hilfsorganisationen berich-ten, dass die Miete für eine Zweizimmerwohnung in Luanda inzwischen auf unfassbare 15 000 Dollar im Monat gestiegen ist. Die Hauptstadt eines der ärmsten Länder Afrikas über-trifft damit London, New York und Tokio. Es ist kaum zu glauben, aber Luanda ist im Jahr 2009 auf der Liste der teu-ersten Städte der Welt auf Platz eins vorgerückt.

Einer der wichtigsten Gründe für den neuen Reichtum liegt weit vor der Küste. Zu weit, als dass man ihn von den idyllischen Strandlokalen der Ilha aus sehen könnte. Nur vereinzelte Supertanker, die am Horizont ihre Bahnen ziehen, lassen erahnen, dass der Grund für den Reichtum das Erdöl aus der Tiefsee ist.

»Da unten kommt das Öl an, in den roten Leitungen.« Ich beuge mich über die gelb lackierte Reling und blicke hinunter auf die Gischt des Atlantiks. Die Wellen brechen sich an den roten Stahlrohren, die dort senkrecht aus dem Wasser ragen. Auf halber Strecke zwischen Oberfläche und der Reling münden sie in graue und gelbe Rohre, die nach einem Knick im schwarz lackierten Bauch des Förderschiffs *Dalia* verschwinden.

João Cangunga ist bereits weitergegangen und wartet an einer der vielen Gittertreppen auf mich. Der 38-jährige Angolaner führt mich seit einer Stunde über das Förderschiff. Als studierter Petroingenieur trainiert er neue Mitarbeiter von Total an Bord der Offshore-Anlagen. Je vier Wochen am Stück arbeitet er auf See, dann wieder im Büro in Luanda, immer im Wechsel. Alle Mitarbeiter der Ölunternehmen haben hier einen solchen Arbeitsrhythmus, je nach Job sind sie mal zwei Wochen, mal bis zu drei Monate lang auf See. Für die kommenden Tage ist João Cangunga dafür zuständig, den Pariser Pressesprecher und mich auf den Bohrschiffen und Förderanlagen vor der Küste zu begleiten.

Vor unserer Tour haben wir im Hauptgebäude des Schiffes eine Sicherheitseinweisung erhalten. Das weiße Hochhaus beherbergt Büros und Kontrollräume, einen großen Ess- und Schlaftrakt für die etwa 140 Mitarbeiter an Bord, einen Fitnessraum, einen Videosaal und eine Bar – ohne alkoholische Getränke. Ein Videofilm erklärt mir, dass ich an Deck stets

Helm, Ohrenstöpsel und Arbeitsschuhe zu tragen habe. Dass ich die Arbeitskleidung ablegen muss, bevor ich den Ess- und Schlaftrakt betrete. Und dass ich mich im Falle eines Alarms oder einer Explosion sofort zum Sammelpunkt im obersten Stock begeben muss. Der Sicherheitchef des Schiffes begleitet uns dorthin.

Eine Tür führt hinaus auf eine Brüstung, wir stehen auf der Rückseite des weißen Hauptgebäudes. Wie überdimensionierte rote Torpedos ragen dort vier Rettungsboote schräg über das Wasser hinaus. Jedes von ihnen ist so groß wie ein Lkw-Anhänger. Wir klettern in eines der Boote hinein, bis zu sechzig Personen finden darin in Zweierreihen Platz. Bei Gefahr lassen sich die Boote sofort entsichern, erklärt der Sicherheitchef. Durch ihr Gewicht schießen sie erst einmal weit hinab ins Meer, erfahre ich. Sollte das Förderschiff also in die Luft gehen, sei man darin bestens geschützt. Zumindest fürs Erste.

Ich folge João Cangunga zwei Treppenabsätze weiter hinauf, immer tiefer laufen wir hinein in den Dschungel aus Rohren, die sich über das Deck winden. An ihren Abzweigungen sind Ventile und Drehräder montiert. Alles ist sehr sauber, nirgendwo ist auch nur ein Tropfen schwarzes Erdöl zu sehen. Cangunga lacht: »Wenn hier irgendwo Öl zu sehen wäre, hätten wir ein Problem! Aber kommen Sie, ich zeige Ihnen das Öl!«

Es zischt, pumpt und dröhnt um uns herum, ein ohrenbetäubender Lärm, dessen Ursprung ich nicht ausmachen kann. Cangunga deutet auf dicke graue Leitungen – Lüftungsschächte – und drei runde Metalldächer, die zwischen den gelben Röhren hervorragen: Darunter stehen gasbetriebene Generatoren. Sie bilden ein eigenes Kraftwerk an Bord, das eine Stadt mit 50 000 Einwohnern mit Strom versorgen könnte. An Bord dient es vor allem dem Betrieb der Förderanlagen. Das

Erdgas für die Generatoren kommt mit dem Öl aus der Tiefsee nach oben.

Wir erreichen eine Aussichtsplattform, von der aus wir auf fünf gelbe Stahlsilos hinabblicken, aus denen es ebenfalls wummert und dröhnt. »Dadrin wird das Öl gesäubert«, ruft Cangunga über den Lärm hinweg. »Wenn es durch die Leitungen nach oben steigt, ist es mit Sand, Wasser und Salz aus den Tiefen des Meeresbodens vermischt. Manchmal auch noch mit Schwermetallen. Wir müssen es hier an Bord daher zunächst reinigen und entsalzen.«

Nachdem wir zwei Treppen hinuntergestiegen und um mehrere Ecken des Rohrlabyrinths gebogen sind, erhalte ich den Beweis, dass sie hier wirklich Erdöl fördern. Zwei Mitarbeiter schrauben eines der Ventile auf und lassen die schwarze, schwere Flüssigkeit in einen Glasbehälter fließen. Sorgfältig wird der Behälter anschließend wieder verschlossen. »Die tägliche Probennahme«, sagt Cangunga.

Ich begleite ihn und die beiden Mitarbeiter in einen von mehreren an Deck untergebrachten Laborräumen, wo sie ihre Ölprobe in eine Zentrifuge stellen. Durch das Schleudern setzen sich Wasser, Salz und Sand ab, und sie können die Qualität des Öls kontrollieren, erklärt Cangunga. Anschließend wissen sie, wie viel Erdöl sie aus der Masse gewinnen können, die sie heute aus dem Boden pumpen werden. Die Menge an Sand, Gas und Wasser im Öl schwankt von Tag zu Tag.

Im Labor erfahre ich auch, woher die Förderschiffe ihre Namen haben: *Dalia* (portugiesisch für Dahlie), das Schiff, auf dem wir uns befinden, ist benannt nach dem größten von mehreren Ölfeldern im Meeresboden, das es anzapft. Das im Feld Dalia enthaltene Rohöl ist vergleichsweise schwer, dickflüssig und sauer, erklärt Cangunga. Das Schwesterschiff, das nach dem dazugehörigen Ölfeld *Girassol* (Sonnenblume) benannt ist, produziert eher leichtes Öl, das als wertvoller gilt.

Die Qualität des Öls hängt davon ab, in welchem Erdzeitalter das Reservoir im Boden entstanden ist: Dalia hat sich vor rund zwanzig Millionen Jahren, im Miozän, gebildet. Das noch tiefer liegende Girassol-Feld wiederum entstand im Oligozän, also schon vor etwa dreißig Millionen Jahren.

Als wir aus dem Labor treten, gibt eine Lücke im Rohrlabyrinth den Blick auf die Gasflamme frei, die weit über unseren Köpfen lodert und schon beim Anflug zu sehen war. Die Flamme verbrennt stets kleinste Mengen Erdgas, erklärt Cangunga, während er den Rückweg zum Hauptgebäude einschlägt. Wenn in einer der Leitungen Überdruck entstehe, könne man das überschüssige Gas dadurch sofort abfackeln. »Aber das meiste Gas pumpen wir wieder dahin, wo es hergekommen ist: ins Reservoir unter der Erde. Um den Druck im Reservoir zu erhöhen. Das Öl steigt dadurch leichter nach oben.«

Wenn das Öl fertig aufbereitet ist, wird es im Bauch des Schiffes gespeichert. Vor dem Eingang zum Hauptgebäude deutet Cangunga auf den Boden unter unseren Füßen. Darunter befinden sich riesige Tanks, die bis zu zwei Milliarden Fass Öl aufnehmen können. Die Ladung eines Supertankers. Alle vier Tage kommt so ein Riesenschiff vorbei, um das Öl abzuholen, erfahre ich. Daher auch ihr Name: FPSO steht in großen weißen Lettern auf ihren Bordwänden, die Abkürzung für »Floating Production Storage and Offloading Vessel«, schwimmendes Produktions-, Lager- und Abholschiff. Die in den siebziger Jahren erstmals aufgekommene Technologie hat Total für die Tiefsee-Förderung zu ungekannten Dimensionen weiterentwickelt. Als die *Girassol* im Dezember 2001 die Arbeit aufnahm, war es das größte Ölförderschiff der Welt. Inzwischen liegen vor Angola insgesamt sieben solcher FPSO, betrieben von Total, Exxon Mobil, Chevron, BP und Sonangol. Fünf weitere Schiffe befinden sich im Bau oder in Planung, eines davon für Total: Die *Pazflor* soll Ende 2011 die Produktion aufnehmen.

»Und von hier aus wird alles gesteuert.« Den Helm in der Hand, öffnet Cangunga eine Tür auf der mittleren Etage im weißen Hauptgebäude. Eine Fensterfront an der gegenüberliegenden Seite des weitläufigen Raums gibt den Blick auf das gelbe Rohrgeflecht des Schiffes frei. An einem etwa zehn Meter langen Tisch sitzen Mitarbeiter vor Monitoren, weiter hinten beugt sich eine Gruppe Männer über Zettel und Aktenordner. Überall leuchten Bildschirme und Schaltknöpfe, auf der Arbeitsplatte liegen Funkgeräte und Telefone. Oberhalb der Fensterfront zeigen kleine Fernseher die Bilder von Überwachungskameras, die jeden Winkel des Schiffes beobachten. An einer Wand hängt ein breiter Flachbildschirm, dessen Anzeige wie auf einer Flughafentafel ständig aktualisiert wird. Cangunga erklärt, dass anstehende Aufgaben und Schichtwechsel auf dem FPSO dort vermerkt sind sowie die jeweilige Position und Tätigkeit der das FPSO umgebenden Arbeits- und Bohrschiffe – und der Zeitpunkt, an dem der nächste Tanker am Förderschiff eintreffen wird, um Öl abzuholen.

Ein etwa fünfzigjähriger, drahtiger Franzose mit zerzausten, dunkelblonden Haaren richtet sich vom Tisch auf und kommt auf uns zu. »Willkommen in den ›heiligen Hallen‹ der *Dalia*«, begrüßt mich Lionel Ramat, der Kapitän des Förderschiffs. »Offshore Installation Manager« stand auf dem Schild an seinem Büro, als er mir dort am Vormittag einen Überblick über die Arbeit an Bord gab. »Als Offshore Installation Manager ist man Kapitän auf einem der größten Schiffe der Welt. Nur dass sich dieses nie vom Fleck rührt«, schmunzelte er. Zusätzlich zur Arbeit auf dem FPSO koordiniert Ramat eine ganze Flotte aus Transport-, Arbeits- und Bohrschiffen um das Förderschiff herum.

Nun deutet er auf die Monitore und Schalthebel im Kontrollraum. »Hier sehen Sie, was ich heute Vormittag meinte: dass wir vom Schiff aus lediglich kontrollieren, was am Meeresboden vollautomatisch passiert.« Auf einem Monitor fährt er mit dem Finger eine schematische Zeichnung ab. In vier Reihen sind je zehn schwarze Kästchen zu sehen, in deren Mitte Zahlen aufblinken. Alle paar Sekunden ändert sich die Anzeige. »Jedes Kästchen ist ein Förderkopf am Meeresboden, in 1200 bis 1500 Meter Tiefe. Siebenunddreißig Stück sind es bisher hier bei der *Dalia*, es können aber noch mehr werden.« Die blinkenden Zahlen, erklärt er, zeigen den Druck an, mit dem das Öl aus dem Boden strömt. Ramat deutet auf eine Reihe blauer Kästchen in der Mitte des Bildschirms, die mit den schwarzen Kästchen verbunden sind. »Das hier sind sogenannte Manifolds. Sie müssen sie sich wie Mehrfachstecker vorstellen. Darin werden je vier bis sechs Ölleitungen gebündelt, die von den Förderköpfen kommen. Das Öl wird dann über je eine Pipeline zu langen Steigleitungen geführt, die es nach oben transportieren, zum FPSO an der Wasseroberfläche.«

Mir schwirrt der Kopf. Dass es nicht leicht ist, Öl aus der Tiefsee zu fördern, hatte ich mir gedacht. Aber im Gewirr der technischen Details beginne ich den Überblick zu verlieren.

Am anderen Ende des Tisches dreht João Cangunga einen Bildschirm in unsere Richtung. »Vielleicht macht es das hier ein wenig anschaulicher?« Er startet einen Film, der die Arbeitsweise des FPSO für Laien erklären soll – computeranimiert und für die Öffentlichkeitsarbeit von Total produziert. Ich setze mich und gucke dankbar zu.

Das Förderschiff ist zu sehen, in einer aufwendigen, fast realistisch wirkenden Computerzeichnung. Dann taucht der Blick ins Wasser ein, sinkt hinab, die Unterseite des FPSO wird sichtbar. Von den Seiten des Schiffes ragen Dutzende Ölleitungen tief ins Meer hinab. Während das FPSO an der

Oberfläche immer winziger wird, verdunkelt sich langsam die Umgebung. Der Film taucht ab in die Tiefsee. Nach einer Weile schwenkt die »Kamera« entlang der Ölleitungen nach unten. Ein bräunlich gemalter Meeresboden kommt ins Blickfeld. Tiere oder Unebenheiten sind nicht zu sehen. Der Boden ist als glatte braune Fläche gezeichnet, auf der sich die Ölleitungen in alle Richtungen verteilen.

»Über 175 Kilometer Pipelines und Kabel liegen dort, um die Ölförderköpfe mit den Pumpen und dem Förderschiff zu verbinden.« Lionel Ramat blickt mir über die Schulter. Die »Kamera« fährt nun ein Spinnennetz aus Pipelines ab. »Die Anlagen erstrecken sich über eine Gesamtfläche von 230 Quadratkilometern«, erklärt er. Ein mehr als doppelt so großes Gebiet wie die Stadtfläche von Paris. Der Film umkreist eine gelbe Apparatur, aus der an allen Seiten dicke Rohre ragen. »Das ist einer der ›Mehrfachstecker‹, von denen ich eben gesprochen habe«, erklärt Lionel Ramat.

Auf dem Monitor sieht die computeranimierte, quietschgelbe Anlage fast niedlich aus. Dabei ist jedes dieser Manifolds mit sechs Metern Höhe so groß wie ein zweigeschossiges Wohnhaus. Die Anlagen ruhen auf Sockeln, die zwölf Meter tief in den Boden gerammt wurden.

Der Film zeigt nun eine Reihe kleinerer gelber Apparaturen, unter denen schwarze Rohre im Meeresboden verschwinden. »Das sind die Bohrlöcher. Und die gelben Aufsätze sind die Förderköpfe«, erklärt Ramat. »Insgesamt arbeiten wir bei der *Dalia* mit bisher einundsiebzig Bohrlöchern. Aus über der Hälfte davon fließt Öl nach oben. Durch die übrigen Löcher pumpen wir Wasser und Gas zurück ins Reservoir.«

Die gelben Apparaturen und Pipelines sind nur der sichtbare Teil der Förderanlagen. Vom Grund aus reichen die Bohrungen noch weiter hinab, bis in 1000 Meter unter dem Meeresboden und mehr. Dorthin, wo das Erdöl liegt. Die

Installationen am Meeresboden gleichen großen Industriekomplexen an Land. Mit dem Unterschied, dass sie in einem Gebiet stehen, das noch kaum erforscht wurde. Was unter unseren Füßen stattfindet, lässt sich von Bord des Schiffes aus nur vermuten. Dennoch schafft Total am Meeresboden Fakten.

Noch vor zehn bis fünfzehn Jahren, erinnert sich Lionel Ramat, wurde Total für diese Tiefsee-Pläne verlacht. Selbst optimistische Experten der Branche hielten es für unmöglich, Erdöl aus Wassertiefen von mehr als 500 Metern zu fördern. Es galt als zu teuer und zu kompliziert. Der Wasserdruck, die absolute Dunkelheit, die Unerreichbarkeit für den Menschen und die eisige Kälte schienen die Tiefsee zu einer unüberwindbaren Barriere zu machen.

Heute pumpen die *Dalia* und die *Girassol* fast 80 Millionen Liter Öl aus dem Meeresboden vor Angola, Tag für Tag. Das entspricht 500 000 Barrel per Day – Fass am Tag, der in der Ölbranche gängigen Einheit für Erdöl. Ein Barrel, so wurde in den Gründertagen des Erdöl-Booms festgelegt, fasst 159 Liter. Und diese 500 000 Fass am Tag entsprechen dem täglichen Dieselverbrauch aller deutschen Tankstellen zusammen. Was Total in der Tiefsee fördert, macht Anfang des Jahres 2010 ein Viertel der gesamten Erdölproduktion Angolas aus.

Als im Sommer 2007 auf der *Dalia* plötzlich wegen technischer Probleme nur die Hälfte der sonst üblichen Ölmenge gefördert werden konnte, wirkte sich das weltweit aus. Lionel Ramat erinnert sich, dass der Preis für ein Barrel Rohöl an den Rohstoffbörsen von London bis Tokio sofort um 50 Cent stieg. Die Händler warteten gebannt auf jede neue Nachricht aus Angola. Die Erleichterung, als die *Dalia* schließlich wieder die gewohnte Menge zu fördern begann, machte klar: Das Öl aus der Tiefsee war zu einem festen Bestandteil des Weltmarkts geworden. Und Totals Konkurrenz war das Lachen längst vergangen.

Ihre Erfolge in der Tiefsee machen die Mitarbeiter von Total selbstbewusst. Das spüre ich schon bei meinem ersten Besuch am Hauptsitz des Konzerns in Paris, einige Monate vor meiner Abreise nach Angola. »Wir haben den Schlüssel für die Tiefsee gefunden und das Tor zu dieser neuen Welt geöffnet«, lese ich in einer Hochglanzbroschüre des Konzerns, während ich in der Eingangshalle auf den Pressesprecher warte. Total ist stolzer Besitzer des mit 187 Metern höchsten Gebäudes im edlen Pariser Hochhausviertel La Défense. Für den Konzern gibt es schon seit Jahrzehnten nur ein Ziel: Wachstum. Mit Erfolg. Total ist zum viertgrößten Mineralölkonzern der Welt aufgestiegen, mit knapp 97 000 Mitarbeitern in 130 Ländern und einem Umsatz von 130 Milliarden Euro im Jahr 2009.

Ein mittelgroßer, dunkelhaariger Mann in grauem Anzug begrüßt mich. Er drückt mir einen Besucherausweis für das aus drei verglasten Bürotürmen bestehende Hochhaus in die Hand und bittet mich, meine Taschen am Durchgang kontrollieren zu lassen. Seit den Anschlägen vom 11. September 2001 in New York wurden die Sicherheitsvorkehrungen auch bei Total verschärft.

Seit Monaten schon bin ich mit Pressesprecher Burkhard Reuss in Kontakt, seit Monaten sondieren wir die Möglichkeiten, die Anlagen von Total vor Angolas Küste zu besuchen und dort Filmaufnahmen zu machen. Nun begleitet mich Reuss zu einem Termin mit dem Direktor der Forschungsabteilung und Tiefsee-Beauftragten des Konzerns, Jean-François Minster. Er soll entscheiden, ob es für den Konzern opportun ist, ein Fernsehteam tagelang auf seinen Ölförderschiffen drehen zu lassen.

Total kämpft mit einem schlechten Ruf. Als der für das Unternehmen fahrende Öltanker *Erika* 1999 vor der Küste der Bretagne zerbrach und eine Ölpest auslöste, wurde Total für die Öffentlichkeit zum skrupellosen Umweltzerstörer. Zudem wird Total dafür kritisiert, dass es als einziger westlicher Ölkonzern mit der Militärjunta in Myanmar kooperiert und dort Öl fördert. Journalisten gegenüber gilt der französische Konzern als verschlossen.

Wir fahren mit dem Aufzug in eine der obersten Etagen des Gebäudes, zweimal müssen wir umsteigen. Ein einzelner Aufzugschacht ist nicht lang genug, um bis an die Spitze zu gelangen.

»Das Erdöl aus den tiefen Meeresbereichen macht heute schon zehn Prozent der gesamten Ölförderung von Total aus.« Jean-François Minster lehnt sich im Lederstuhl zurück und legt die Fingerspitzen aneinander. Der grau melierte und gelockte Mittfünfziger hat ein wenig Ähnlichkeit mit Frankreichs Staatspräsident Nicolas Sarkozy. Sein Büro bietet einen majestätischen Ausblick auf Paris. »In Zukunft soll dieser Anteil auf mindestens 35 Prozent steigen.«

Burkhard Reuss legt einige DIN-A4-Ausdrucke auf den Tisch, auf denen Kurven, Balken und andere Diagramme zu sehen sind. Es sind Auszüge aus einer Präsentation für die Hauptversammlung der Aktionäre des Konzerns. Auf dem obersten Blatt steigt eine rote Kurve von der Markierung 0 Prozent im Jahr 2000 auf 20 Prozent im Jahr 2008. »Deepwater oil production: a dramatic increase for Total« steht darüber, »ein dramatischer Anstieg für Total«. Der Anteil von 20 Prozent wurde noch nicht ganz erreicht, doch mit den geplanten neuen Förderschiffen sei er bald Realität, erfahre ich.

Jean-François Minster beugt sich vor. Ich muss nicht viele Fragen stellen, er redet von selbst. »Wir waren unter den Ersten, die in diesen Bereich investiert haben. Als noch niemand daran glaubte. Wissen Sie auch, warum? Weil dieser Weg es uns ermöglicht, unsere Position als einer der führenden Mineralölkonzerne der Welt auch in Zukunft zu behalten.« Total will sich mit Technologie und Know-how für die Tiefsee unentbehrlich machen.« »Wir wollen die Menschen auch weiterhin mit einem Rohstoff versorgen, den sie für ihren Alltag, für die Industrie, für ihre gesamte weitere Entwicklung brauchen«, formuliert Minster druckreif. Von Totals Verschlossenheit spüre ich bisher nicht viel. Über den Vorstoß in die Tiefsee reden die Konzernstrategen offenbar gern.

Im Laufe der nächsten halben Stunde wird klar, warum: Total macht sich um die Erdölversorgung der kommenden Jahrzehnte kaum noch Sorgen. Während Experten aus aller Welt warnen, dass die Lagerstätten an Land langsam, aber sicher zur Neige gehen, sieht der Konzern das Erdöl-Zeitalter noch lange nicht als beendet an, sondern setzt auf die Felder in mehr als 500 Meter Meerestiefe. Ab dieser Grenze beginnt für die Ölbranche der Deep-Offshore-Bereich. Ab 1500 Metern wird er zum Ultradeep-Offshore-Bereich, eine Grenze, die Total nach eigenen Angaben ebenfalls längst überschritten hat. »Wir sind in der Lage, Felder in bis zu 3000 Meter Meerestiefe auszubeuten«, lässt mich Jean-François Minster wissen. »Wir haben die Technologie, das Know-how, und wir tun es.«

Er zieht ein Blatt mit einer Weltkarte aus dem Papierstapel. Ein goldgelb gefärbtes Dreieck prangt in der Mitte der Karte. Seine Spitzen reichen in den Golf von Mexiko sowie vor die Küsten Südamerikas und Westafrikas. »Das hier ist das ›goldene Dreieck der Tiefsee‹«, erklärt Minster. »Es markiert die drei wichtigsten Regionen, in denen Erdöl in tiefem oder ultratiefem Wasser gefunden wurde.«

Zwischen 100 und 120 Milliarden Barrel Erdöl, so schätzen Experten, liegen allein vor der Westküste Afrikas unter dem Meeresboden ab 500 Meter Tiefe. Nicht nur vor Angola, sondern auch vor Nigeria, Gabun, der Demokratischen Republik Kongo, Kamerun – und vor der Küste Ghanas. Dort wurden innerhalb der vergangenen Jahre gleich mehrere neue

Ölfelder gefunden. Seither gehen die Schätzungen sogar auf insgesamt 200 Milliarden Barrel Öl in der Tiefsee vor der Westküste Afrikas hinauf. Eine Menge, die fast 17 Prozent der Erdölvorkommen entspricht, die Hochrechnungen nach auf der Erde insgesamt noch vermutet werden.

Allerdings löst auch die Tiefsee das Problem der zur Neige gehenden Erdölvorräte nicht langfristig. Bei einem weltweiten Jahresbedarf von derzeit 30 Milliarden Barrel Erdöl würden selbst die geschätzten 200 Milliarden Barrel Öl nur für knapp sieben Jahre reichen. Und Prognosen besagen, dass der weltweite Erdölverbrauch in den kommenden Jahren weiter steigen wird. Die Tiefsee schiebt das Ende des Erdölzeitalters also lediglich ein wenig weiter hinaus.

Der Vorstoß in Richtung Ultradeep Offshore ist dennoch einer der wichtigsten neuen Geschäftsbereiche für Ölmultis wie Total. Seit leicht zugängliche, ertragreiche Ölquellen in Lateinamerika und Asien zunehmend von staatlichen Konzernen ausgebeutet und private Tochterunternehmen vor Ort kurzerhand verstaatlicht werden, schrumpfen die Anteile von »Big Oil« – den fünf bis sechs größten privaten Ölkonzernen – am Weltmarkt. Kontrollierten BP, Exxon Mobil und Co. in den sechziger Jahren rund 85 Prozent der weltweiten Ölförderung, sind es heute nur noch knapp 15 Prozent.

»Big Oil« sucht daher nach Nischen, in denen es sich behaupten kann, und investiert in aufwendige und risikoreiche Vorhaben wie Ölsand-Lagerstätten in Venezuela und Kanada – oder die Tiefsee. Kaum ein Konzern kennt sich mit der Förderung aus großen Wassertiefen inzwischen so gut aus wie Total. Der französische Multi gehört im Tiefsee-Bereich zu den Marktführern. Die Nische soll eine Lebensversicherung sein für die kommenden Jahrzehnte – denn nicht nur vor Westafrika, im Golf von Mexiko und vor der Küste Brasiliens wurden in den vergangenen Jahren immer neue, lukrative Lagerstätten entdeckt. Inzwischen, so fügt Jean-François Minster hinzu, stößt Total auch vor den Küsten Australiens, Norwegens, Ägyptens, Großbritanniens und Indonesiens auf Erdöl in der Tiefsee. Das »goldene Dreieck« könnte bald zu einem Fünf- oder Sechseck anwachsen.

Minster legt das Blatt zurück auf den Stapel. »Es ist schwer zu sagen, wie groß die Vorkommen in der Tiefsee insgesamt wirklich sein werden. Wir entdecken ständig neue Lagerstätten in Größenordnungen, mit denen wir nicht gerechnet hatten. Von den Ölfeldern, die wir heute kennen, ahnte man vor zwanzig Jahren ja auch noch nichts.« Mit dem Erdöl verhält es sich ähnlich wie mit den Schwarzen Rauchern: Je intensiver nach neuen Lagerstätten gesucht wird, desto mehr werden gefunden.

Der Forschungsdirektor hat nichts dagegen einzuwenden, dass wir die Ölförderung in der Tiefsee vor Angola filmen. Obwohl ich kein Geheimnis daraus mache, dass ich auch die Meeresbiologen von Ifremer interviewen werde, die in der Tiefsee vor Angola Umweltstudien durchgeführt haben. Ebenso erwähne ich meinen Eindruck, dass viele Forscher den Vorstoß der Industrie in die Tiefsee für äußerst bedenklich halten.

Minster sagt, Total habe nichts zu verbergen. Im Gegenteil: An der Erforschung der Tiefsee-Lebewesen beteilige man sich seit Jahren mit einer eigenen Stiftung, der Fondation Total. Im Übrigen sei sich der Konzern der Verantwortung, die er als Pionier der Tiefsee-Förderung trage, durchaus bewusst.

Meine Reise nach Angola wird in der Chefetage in Paris offenbar als Chance gesehen, der Welt zu beweisen, dass Total ein vorbildlicher Konzern ist – ökonomisch wie auch ökologisch.

Auf dem Gebiet der Meeresforschung ist Jean-François Minster tatsächlich selbst bewandert. Schon Peter Herzig hatte mir auf der *Sonne* vor Neuseeland geraten, ihn zu Fragen der Tiefsee-Erdölförderung zu kontaktieren. Minster hat vor seiner Zeit bei Total in der französischen Wissenschaftslandschaft Karriere gemacht. Der promovierte Geophysiker leitete nicht nur das nationale Forschungsinstitut CNRS – die größte Forschungseinrichtung Europas mit Schwerpunkten auf Kernphysik, Astronomie und Meereskunde. Minster gründete zudem ein Labor für Geophysik und Ozeanografie in Toulouse und leitete von 2000 bis 2005, bis kurz vor seinem Wechsel zu Total, das staatliche französische Meeresforschungsinstitut Ifremer als Direktor an dessen Verwaltungssitz in Paris. Dasselbe Institut, das später die Umweltstudien im Fördergebiet von Total durchführte.

Burkhard Reuss weist mich darauf hin, dass auch die Miteigentümer der Anlagen vor Angola noch ihre Zustimmung zu meiner Reise geben müssten. Total hält zwar mit 40 Prozent die meisten Anteile an den Ölfeldern Dalia und Girassol und ist Betreiber der Förderanlagen. Doch der amerikanische Konzern Exxon, die britische BP und die norwegische Statoil sind an Kosten und Gewinnen ebenfalls beteiligt. Eine in der Branche übliche Strategie, um Investitionen und Risiken auf mehrere Schultern zu verteilen.

Zum Abschluss des Gesprächs will ich wissen, was sich Total das Abenteuer Tiefsee eigentlich kosten lässt – und ob sich die Investitionen lohnen. Ein Fass Öl aus großen Wassertiefen zu fördern, sei etwa doppelt so teuer wie die Förderung an Land, erklärt Minster, es koste etwa zehn Dollar statt nur fünf. Die Investitionen zur Erschließung von Dalia betrugen insgesamt rund vier Milliarden Euro, inklusive aller Vorerkundungen und Testbohrungen, der Installation der Unterwasseranlagen und des Baus des Förderschiffes im fernen Korea. Girassol kostete rund drei Milliarden Euro. Die Summe entspricht den Kosten für ein mittelgroßes Atomkraftwerk.

Die Strategie lohnt sich vor allem in Zeiten eines hohen Öl-
preises, fügt Burkhard Reuss hinzu. Als Total in den neunziger Jahren mit den Investitionen in die Tiefsee begann, düm-
pelte er zwischen 30 und 40 Dollar pro Barrel – man hoffte
auf bessere Zeiten. Heute schätzt selbst das um Nüchternheit
bemühte Deutsche Institut für Wirtschaftsforschung, dass
der Ölpreis langfristig immer weiter steigen wird. Einen Spit-
zenwert von 200 Dollar pro Barrel hält das Institut innerhalb
der kommenden zehn Jahre sogar für realistisch. Zum Vergleich: Im Rekordsommer 2008 lag der Ölpreis zeitweise bei
über 140 Dollar pro Barrel, Ende 2009 bei knapp 80 Dollar.

»Erdöl ist eben extrem wertvoll«, sagt Jean-François Minster und hebt lakonisch die Schultern. Dazu lächelt er sieges-
gewiss. »Die Investitionen in die Tiefsee rentieren sich innerhalb weniger Jahre. Rein ökonomisch gesprochen *müssen* wir
also in die Tiefsee-Förderung investieren!«

Die Seile straffen sich, mit einem Ruck wird das Stahlunge-
tüm aus seinen Halterungen gehoben. Drei Männer in orangefarbenen Sicherheitsanzügen treten zur Seite und sehen zu,
wie die S-förmige Pipeline hoch über ihren Köpfen schwebt.
Die Männer wirken winzig neben dem Stahlrohr, das der
Schiffskran wie eine Marionette an vier Seilen hält. Er dreht
sich um die eigene Achse und senkt die Pipeline langsam über
der dunklen Wasseroberfläche des Atlantiks ab.

Ein Schnellboot hat uns vom Förderschiff *Dalia* auf die
Bourbon Jade gebracht. Von dem Arbeitsschiff aus soll heute
Nacht ein neues Bohrloch mit dem FPSO verbunden werden.
In den vergangenen Wochen hat ein Bohrschiff das Ölfeld an
dieser Stelle angezapft, nach und nach lange Stahlrohre im
Meeresboden versenkt und das Loch anschließend mit einem
Förderkopf samt Ventil verschlossen. Die ins Wasser versin-
kende Pipeline ist das noch fehlende Zwischenstück zwischen

dem Förderkopf und einem der »Mehrfachstecker« am Meeresboden.

Zahlreiche Spezialfirmen sind für Total auf Schiffen wie der *Bourbon Jade* vor Angolas Küste im Einsatz. Wie Taxis eilen Schnellboote und Hubschrauber zwischen Bohr- und Arbeitsschiffen und den zehn Kilometer voneinander entfernten FPSO *Dalia* und *Girassol* hin und her. Sie transportieren Menschen und Material, vierundzwanzig Stunden am Tag, sieben Tage die Woche. Der Atlantik vor Angola ist eine Dauerbaustelle.

Inzwischen ist es Nacht geworden, helle Strahler beleuchten das Deck der *Bourbon Jade*. In der Ferne flackert die Gasflamme der *Dalia*. An der Temperatur hat sich nicht viel geändert, seit die Sonne untergegangen ist. Noch immer ist es knapp 30 Grad heiß und schwül.

Während die Pipeline im nachtschwarzen Meer versinkt, ertönt ein sirrender Pfeifton, den ich bereits von der *Sonne* kenne: das Signal für Starkstrom. An der Seite des Schiffes setzt sich ein Gerät in Bewegung, das *Kiel 6000* ähnlich sieht: ein Tauchroboter. Das ROV ist zwar ein wenig kleiner und mit weniger Instrumenten ausgestattet als das Kieler Gerät, vom Prinzip her jedoch identisch. Auch dieser gelbe Roboter hat zwei Greifarme, mehrere Scheinwerfer und Videokameras und ist über ein langes Kabel mit dem Schiff verbunden. Nur zwei Mitarbeiter sind nötig, um den Roboter über Knopfdrücke anzuheben. Ein Stück neben der Pipeline taucht ihn eine Stahlvorrichtung behutsam ins Wasser ein.

Das Pfeifen ertönt erneut, ich blicke mich um. Als habe man in der Mitte der *Bourbon Jade* einen Spiegel eingebaut, wiederholt sich dieselbe Prozedur nun auf der gegenüberliegenden Seite des Decks. Dort wird soeben ein weiterer Tauchroboter ins Wasser gelassen. Zwischen mannshohen Kabelwinden hindurch zwänge ich mich zu den Arbeitern, die dort die Schaltknöpfe bedienen. Ihren wenig aufgeregten Gesichtern nach zu urteilen ist die Arbeit mit den Tauchrobotern für sie kein Abenteuer mehr, sondern Routine.

Jedes der Bohr- und Arbeitsschiffe, die für Total im Einsatz sind, verfügt über mindestens zwei Tauchroboter, erfahre ich. Die Hersteller sind dieselben, die auch die Forschungsinstitute beliefern. Ihre Auftragsbücher sind seit einigen Jahren gut gefüllt. Allein der Hersteller von *Kiel 6000*, Schilling Robotics, sei innerhalb weniger Jahre auf seine dreifache Größe gewachsen, hatte Colin Devey mir auf der *Sonne* erzählt. Hauptabnehmer sind allerdings nicht die Forscher, sondern die Ölindustrie. Man schätzt, dass alle Ölkonzerne zusammen inzwischen über 400 der Hightech-Geräte verfügen. Im Gegensatz zu den gerade einmal etwa dreißig Tauchrobotern, die sich die Forschungsinstitute weltweit leisten können.

Die meisten der Industrieroboter können allerdings nur bis auf 1000 oder 2000 Meter hinabtauchen. Damit sind sie billiger als viele Forschungsgeräte. Auch feinste Messapparate oder hochauflösende Videokameras, wie in der Meeresforschung üblich, fehlen an den Industrie-ROVs. Dafür seien sie robuster ausgelegt, mit besonderem Augenmerk auf den Greifarmen aus Titan, meint einer der Arbeiter auf der *Bourbon Jade*, auf dessen rotem Overall der Schriftzug der kalifornischen Tauchgerätefirma Oceaneering prangt. »Die müssen einwandfrei funktionieren, denn nur mit ihrer Hilfe können wir in der Tiefsee Pipelines verlegen und die Förderanlagen installieren. Ohne die Roboter könnten wir dort unten nicht einmal eine Schraube nachziehen.«

Mich erstaunt, mit welcher Selbstverständlichkeit die Mitarbeiter der Spezialfirmen und von Total über ihre Arbeit in der Tiefsee sprechen. Als sei es ein Kinderspiel, dem Druck, der Kälte und der Dunkelheit dort unten zu trotzen. Und als gebe es dort außer ihnen niemanden. Von Neugier, offenen Fragen oder gar Vorsicht angesichts der kaum erforschten Welt am Meeresboden ist auf der *Bourbon Jade* nicht viel zu spüren. Hier geht es darum, teure Ölanlagen zu installieren. In so kurzer Zeit und so kostengünstig wie möglich.

Der Greifarm nähert sich einem roten Griff an einer Stahlplatte. Noch einen Meter, einen halben, dann umfasst die silbrige Klaue mit sicheren Bewegungen den roten Griff. Im Kontrollraum der *Bourbon Jade* löst einer der zwei ROV-Piloten kurz die Hand vom Steuerknüppel. Er drückt einen der Knöpfe vor sich, ein Monitor schaltet von der Nahaufnahme des Griffs auf eine Gesamtansicht der Stahlplatte. Dann umfasst er wieder den Steuerknüppel.

Die Stahlplatte bildet das Ende eines langen, S-förmig gebogenen Rohres, das sich in der Dunkelheit verliert. Die neue Pipeline vom Deck des Schiffes ist am Meeresboden angekommen – in 1257 Meter Tiefe, wie einer der Monitore anzeigt.

Die beiden Kontrollräume der *Bourbon Jade* sind ebenfalls in Containern untergebracht – sie sind noch kleiner und beengter als derjenige auf der *Sonne*. Ihre technische Ausstattung wurde auf das Nötigste reduziert: Hinter dem Steuerpult sind vier kleine Monitore angebracht, eine Sonaranzeige und ein Computerbildschirm. Trotz der Enge herrscht ein ständiges Kommen und Gehen. Auf Bitten der Piloten schließe ich die Tür immer wieder, denn sobald sie auch nur ein paar Sekunden lang offen steht, wird die Kühle der ratternden Klimaanlage von der schwülheißen Nachtluft Angolas verdrängt.

»Sieht gut aus, ich bin bereit.« Der Pilot am Steuerknüppel nickt seinem Nachbarn zu, der am Computer minutiös vermerkt, welche Aktionen am Meeresboden ausgeführt werden.

Die Liste ist lang, seit zwei Stunden arbeiten die Männer bereits an der neuen Pipeline. Sie haben mit Hilfe des ROVs die Seilschlaufen des Krans gelöst, Kabel ineinandergesteckt und Leitungen miteinander verbunden, durch die Chemikalien und hydraulische Flüssigkeiten laufen. Anschließend haben sie die Pipeline am Förderkopf und am Mehrfachstecker einrasten lassen. Nun müssen nur noch die Ventile geöffnet werden.

»Okay, ROV zwei am Manifold ist nun auch bereit«, ertönt im Kontrollraum eine Durchsage. Sie stammt vom Einsatzleiter auf der Brücke der *Bourbon Jade*. Bei ihm laufen alle Fäden zusammen, über Monitore und Funk koordiniert er die Arbeit der beiden Tauchroboter am Meeresboden. »Ihr könnt die Ventile nun öffnen.«

Auf dem Monitor bewegt sich der Roboter langsam nach oben, den roten Griff am Ende der Pipeline hält er noch immer fest in der Klaue. Schließlich gibt der Griff mit einem leichten Ruck nach, bewegt sich nach oben, der Roboter zieht ihn weiter, bis zum Anschlag. »Ventil geöffnet«, gibt der ROV-Pilot durch. Wenig später knackt es erneut im Lautsprecher: »Ventil am Manifold ist nun auch offen. Gratulation, das Öl fließt!« Ohne die Miene zu verziehen, steuern die Piloten den Roboter von der Pipeline weg, tauchen an zwei weiteren Pipelines entlang, die über den Meeresboden verlaufen und an großen, gelben Förderköpfen enden. Darunter ist der Meeresboden nur schemenhaft zu erkennen. Über Funk geben die Piloten durch, dass sie nun mit dem Aufstieg beginnen. Für heute ist der Einsatz der ROVs beendet.

Zehn Jahre habe es gedauert, die Technologie für den Meeresboden zu entwickeln, erklärt mir Thibaud Huyghues-Despointes bei einem Mittagessen in der Nähe des Total-Hochhauses in Paris. Einige Monate vor meinem Treffen mit Jean-François Minster schildert mir der Ingenieur, welche Herausforderung die Tiefsee für Total bedeutet hat. Schon bald merke ich, dass der Mann ein wandelndes Lexikon in Sachen Erdölförderung aus der Tiefsee ist. Doch auch Huyghues-Despointes hat in Sachen Tiefsee einmal bei null angefangen.

Als Leiter der Abteilung »Exploration und Produktion« gab er zunächst zahlreiche Studien in Auftrag, um zu erkunden, ob es grundsätzlich machbar wäre, Öl auch aus tiefen Gewässern zu fördern. Erste Funde deuteten auf Vorkommen unter dem Boden der Tiefsee hin. Wenig später war klar: Es war machbar, aber sehr teuer. Dennoch wurden zahlreiche neue Abteilungen bei Total für diesen Geschäftsbereich gegründet, die Tiefsee zur Chefsache ernannt. Heute ist Thibaud Huyghues-Despointes einer der engsten Mitarbeiter von Jean-François Minster im Stab für Forschung und Entwicklung. Mit dem Erfolg der Tiefsee-Projekte kam sein Karrieresprung.

Dabei war Total nicht der einzige Konzern, den es in die Tiefsee zog. Lange Zeit hatte der brasilianische Ölkonzern Petrobras als Pionier im Deep-Offshore-Bereich gegolten. Auf langen Stelzen hatte Petrobras vor der brasilianischen Küste Ölbohrplattformen aufgestellt, in bis zu 1400 Meter Tiefe. Doch spätestens als im März 2001 die bis dahin weltgrößte freischwebende Plattform P-36 nach mehreren bis heute nicht aufgeklärten Explosionen sank und elf Menschen mit in den Tod riss, war für Total klar: Große Meerestiefen erfordern einen völlig neuen Ansatz. Schließlich wollte das Unternehmen seine Förderanlagen mindestens zwanzig Jahre lang betreiben können, damit sie sich auch bei einem niedrigen Ölpreis rentieren würden.

Die Idee eines Spinnennetzes am Meeresboden war geboren. Förderköpfe sollten direkt am Boden installiert und mit einer schwimmenden Plattform verbunden werden. So weit die Theorie. »Das Ganze erschien uns wirklich komplizierter als eine Mondlandung!«, erinnert sich Huyghues-Despointes. »Wir haben es in der Tiefsee mit eiskaltem Salzwasser, starkem Druck und völliger Dunkelheit zu tun. Kein Mensch kann dort hintauchen. Unsere Kontrollmöglichkeiten sind dort unten also äußerst schlecht.« Von dem »Kinderspiel« an Bord der *Bourbon Jade* war Total zu Beginn noch weit entfernt.

Zum Abschied drückt mir der Ingenieur mehrere DVDs in die Hand. Filme, in denen Total den Bau der Anlagen vor Angola dokumentiert hat. *Deep Offshore: The ultimate frontier* heißt einer, die ultimative Grenze, ein anderer *Parfum d'Aventure*, der Duft des Abenteuers. Ich beginne noch am Abend, die DVDs in meinem Hotelzimmer zu sichten.

Jeder der Berichte strotzt vor Superlativen: In Fabrikhallen stehen die ersten Tiefsee-Förderköpfe der Welt, sie werden von Kränen auf Schiffe gehievt und weit vor der Küste ins Wasser hinabgelassen. Riesige Spulen werden transportiert, von denen sich die bisher längsten, biegsamen, gegen die Kälte der Tiefsee isolierten Leitungen hinab ins Meer rollen. Das zu der Zeit weltgrößte Förderschiff *Girassol* verlässt die Werft in Südkorea – und überragt sämtliche Gebäude an Land. Vor Angola wird es mit sechzehn riesigen Ankerketten auf Position gehalten, von denen ein einzelnes Glied 300 Kilogramm wiegt. Schließlich wird mit Hilfe des größten Schwimmkrans der Welt der letzte Teil des an Land gefertigten, gelben Stahlrohrlabyrinths auf das FPSO gehievt. Trotz Wellengangs und mit nur je zwölf Zentimeter Platz an beiden Seiten. Eine Meisterleistung. An Bord der Einsatzschiffe und bei Total in Luanda und Paris knallen die Korken.

Immer wieder sind auf den DVDs auch Szenen zu sehen, in denen Tauchroboter zum Einsatz kommen. Unter Wasser schwenken ihre Kameras über zwanzig Meter hohe Bojen, an denen Berufstaucher in bis zu 200 Meter Tiefe die Ölleitungen des Förderschiffes befestigen. Dann ziehen die Roboter Leitungen, Pipelines und Kabel in die Tiefsee. Am Boden werden die Ankerketten mit tief in den Boden eingelassenen Fundamenten verbunden. Roboter verbinden »Mehrfachstecker« mit darunter montierten Stahlträgern, stecken Kabel und Ventile an ihre Plätze und lösen Halterungen und Schutzklappen von den Geräten.

In einer Szene sinkt ein runder Aufsatz auf einen Stahlträger am Meeresboden. Ich vermute, dass es sich um einen Förderkopf handelt. Eine leichte Erschütterung durchzieht das Gerüst. Der Roboter taucht weiter nach unten, wohl um nachzusehen, ob alles in Ordnung ist. Zum ersten Mal, seit ich vor etwa zwei Stunden mit dem Sichten der Filme begonnen habe, kommt der Meeresboden ins Bild.

Ich spiele den Film erst in normaler Geschwindigkeit ab, dann noch einmal in Zeitlupe. Das Beben hat sich beruhigt, die Erschütterung rührte wohl vom Aufprall des Aufsatzes her. Der Roboter filmt nun eine Nahaufnahme vom Tiefsee-Boden vor Angola. Das Bild ist krisselig, Farben sind kaum zu erkennen, die Qualität ist mit den stechend scharfen Aufnahmen der Meeresforschungsinstitute nicht zu vergleichen. Doch auch so lässt sich erahnen, dass rund um das Rohr, das unter dem Förderkopf im Boden versinkt, quirlige Betriebsamkeit herrscht. Dunkle, länglich geformte Fische schlängeln sich über den Meeresboden. Dazwischen liegen Ansammlungen heller Flecken, von den Umrissen her könnten es Muschelbänke sein. Oder auch Korallenstöcke. In was für einem Lebensraum die ROVs ihre Arbeit verrichten, ist kaum zu erkennen. Für Total spielte es offenbar keine Rolle.

Auf einer der letzten DVDs, die ich ansehe, befinden sich lange Sequenzen ungeschnittenen Materials. Es sind Aufnahmen, die von den Bohr- und Arbeitsschiffen aus in der Tiefsee vor Angola gemacht wurden – in Originallänge. Die meisten

Sequenzen wiederholen, was ich in Kurzform schon zuvor gesehen habe. Ich spule vor, doch plötzlich erscheint für kurze Zeit etwas anderes im Bild. Ich spule wieder ein Stück zurück, dann finde ich die Stelle. Hinter einem gelbgrauen Strang aus Kabeln, den ein ROV beleuchtet und mit seiner Metallklaue festhält, ist zunächst alles nur schwarz. Dann schiebt sich plötzlich eine dunkle Wand mit weißen Punkten ins Bild. Sie stößt von oben gegen den Kabelstrang, gerät ins Wanken, entfernt sich kurz, kommt dann noch einmal nah vor die Linse. Es ist das Seitenteil eines Wals, von den Punkten her könnte es auch ein Walhai sein. Offenbar hat er auf seinem Weg durch die Weiten des Ozeans nicht mit diesem Hindernis gerechnet. Er schlägt einmal kurz mit der Flosse gegen den Kabelstrang, der gefährlich zittert, und verschwindet dann wieder in der Tiefsee, ohne dass sein voller Körperumfang zu erkennen gewesen wäre.

Danach geht wieder alles seinen technisch-geordneten Gang. Erst gegen Ende der DVD halte ich den Film ein weiteres Mal wegen ungewöhnlicher Aufnahmen an. Was ich sehe, bringt mich erst zum Lachen, dann zum Kopfschütteln, dann zum Stirnrunzeln. Über den gräulichunscharfen Meeresboden tapst ein weißes, schwer zuzuordnendes Wesen. »Was ist das denn?« – »Keine Ahnung, sieht aber niedlich aus.« Auf der zuvor stummen Tonspur sind Stimmen zu hören, vermutlich von Mitarbeitern von Total, die das fremde Wesen ebenso ratlos betrachtet haben wie nun ich. Sein weißes Maul, über dem kleine dunkle Augen zu erkennen sind, ist breit und rund und mit groben Stoppeln versehen, als hätte es einen Bart. Der Körper ist ebenfalls rundlich. Am Hinterteil wackelt eine verlängerte Rückenflosse wie ein geflochtener Zopf hin und her, während das Wesen auf zwei entenfußartigen Flossen vorwärts läuft. Plötzlich bleibt es stehen und duckt sich ein wenig. In hohem Tempo schwimmt plötzlich ein Hai ins Bild. Er muss um die zwei Meter lang sein, umkreist das Wesen in einem weiten Bogen und verschwindet mit eleganten Bewegungen wieder in der Dunkelheit. Schnell nimmt das Tier seine Route wieder auf, tapst vorwärts, die Kamera verfolgt es weiter, zoomt heran und schwenkt mit, bis das Wesen unter einem Stahlträger am Meeresboden verschwindet.

Ich schüttle erneut den Kopf. Den Mitarbeitern von Total war dieses Wesen ebenso unbekannt wie mir. Wissen die Erdölunternehmen überhaupt, in was für eine Welt sie da vordringen?, frage ich mich. Welche Tiere am Meeresboden leben, auf dem sie ihre Pipelines verlegen und in den sie meterdicke Sockel und Bohrungen rammen? Und wie empfindlich diese Tiere womöglich auf die fremden Eindringlinge reagieren?

Umweltauflagen oder Kontrollen gibt es für Total vor Angola nicht. Am Meeresboden schaut keine Grünflächenbehörde vorbei, um zu sehen, welche Schäden verursacht werden. Kein Umweltamt fordert vom Konzern Ausgleichsflächen, auf denen er seine Umwelteingriffe kompensieren muss. So wie es an Land üblich ist. Auch im Golf von Mexiko oder vor Brasilien fehlen solche Vorschriften bisher – genauso wie vor Neuseeland und Papua-Neuguinea. Der Meeresboden der Tiefsee ist Pionierland ohne Regeln. Was hier lebt, ist dem Handeln der Konzerne schutzlos ausgeliefert.

Auf meine Fragen bezüglich der bizarren Lebewesen am Meeresboden erhalte ich zunächst weder bei meinen Besuchen in Paris noch während der Reise nach Angola befriedigende Antworten. Stattdessen verweisen mich die Mitarbeiter von Total auf die Arbeit des französischen Meeresforschungsinstituts Ifremer. Sie sprechen von den Kollegen von Daniel Desbruyères, die ich nach meiner Reise nach Angola ohnehin besuchen will. Die Forscher hätten die Tierwelt dort unten genau studiert, heißt es. Doch was ich bisher noch nicht wusste: Die Expeditionen von Ifremer nach Angola wurden zur Hälfte von Total bezahlt.

Der Kontakt zwischen Total und Ifremer ist seit Jahren eng – was sich nicht zuletzt in der Person des Forschungsdirektors Jean-François Minster widerspiegelt. Dessen Wechsel aus der Forschung in die Industrie überrascht nur auf den ersten Blick: Im Aufsichtsrat von Ifremer sitzen nicht nur Vertreter französischer Ministerien und der Fischereibranche, sondern seit Jahren stets auch ein leitender Mitarbeiter des ehemals ebenfalls staatlichen Unternehmens Total. Die Verbindungen zwischen Forschung und Rohstoffausbeutung sind in Frankreich traditionell eng geknüpft.

Wenige Wochen nach meiner Rückkehr aus Angola treffe ich daher in Brest drei der Forscher, die mit Total vor Angola zusammengearbeitet haben: den Geologen Bruno Savoye sowie die Biologen Joëlle Galéron und Lénaïck Menot. Mit Savoyes Arbeit fing im Jahr 1998 alles an.

Die Idee zur Zusammenarbeit, erinnert sich Bruno Savoye in seinem mit Papierstapeln, Büchern und Gesteinsproben vollgestellten Büro, kam von Total. Ebenso wie der Vorschlag, sich die Kosten des »Zaiango« getauften Projektes zu teilen. Sieben Expeditionen hätten sie zunächst geplant, in ein Meeresgebiet weit vor der Mündung des Kongo, des Grenzflusses im Norden Angolas. Es war das Gebiet, in dem später die Olfelder Girassol und Dalia angezapft wurden.

Total bat Ifremer damals um Hilfe bei der Erkundung der Tiefsee. Der Konzern hatte vor der Küste Angolas Erdöl gefunden, wusste aber noch nicht, wie er es fördern sollte. Zudem gestaltete sich die Suche nach weiteren Ölquellen in dem unbekannten Lebensraum als schwierig. Ifremer sollte Total bei der Exploration und bei der Entwicklung geeigneter Technik für die Ölförderung im Meer helfen.

Der französische Konzern war in Angola schon damals

kein neuer Gast. Seit den fünfziger Jahren fördert Total dort
Erdöl, vor allem in der Region Cabinda, einer umkämpften
Exklave etwa 100 Kilometer nördlich der Hauptstadt Luanda,
eingeklemmt zwischen der Republik Kongo und der Demokratischen Republik Kongo, dem ehemaligen Zaïre. Später
wich Total zunehmend in die flachen Küstengewässer vor Cabinda und Luanda aus, zum einen um dem im Land wüten-
den Bürgerkrieg zu entgehen, zum anderen um die in der
Nordsee entwickelte Offshore-Technik auch hier gewinnbringend einzusetzen.

Für Total war die im Schnitt knapp 100 Meter tiefe Nordsee seit den siebziger Jahren die Ölquelle Nummer eins. Bis
heute reihen sich dort an die 500 Bohrinseln aneinander, es ist
das größte Offshore-Ölfördergebiet der Welt. In Angola stieß
der Konzern dagegen zunächst auf keine größeren Lagerstätten, weder an Land noch im flachen Wasser. Der vom Krieg
zerrüttete Staat blieb für Total und andere Ölmultis vorerst
ein Nebenschauplatz.

Bis das angolanische Erdölministerium in den neunziger
Jahren meldete, es habe bei routinemäßigen Erkundungen
Hinweise auf große Erdölvorkommen in tieferen Gewässern
gefunden. Total wurde hellhörig. Könnte dies die Chance
sein, die absehbar schwindenden Reserven der Nordsee
durch neue Lagerstätten zu ersetzen? Die Strategen beschlossen, die Vorkommen vor Angola zu erkunden.

Spezialschiffe mit Luftkanonen an Bord sandten Schallwellen Tausende Meter tief in den Meeresboden vor Angola. Mit
dieser Technik hatte Total auch schon die Ölfelder in der
Nordsee gefunden. Die Gesteinsschichten im Boden werfen
die Schallwellen zurück, in unterschiedlicher Schnelligkeit
und in verschiedene Richtungen. Je nach Beschaffenheit der
Bodenschichten.

Im Forschungszentrum des Konzerns in Pau, einem hübschen Städtchen am Rande der französischen Pyrenäen, wird mir bei einem Besuch gezeigt, wie kompliziert die Auswertung dieser Daten ist. Total arbeitet dafür mit einem der leistungsfähigsten Computer der Welt. Mit 106 Teraflops pro Sekunde – der Recheneinheit solch gigantischer Prozessoren – ist der Superrechner in Pau rund 30 000-mal so schnell wie ein durchschnittlicher Computer. Mit Hilfe einer eigens entwickelten Software erstellt er aus den seismischen Daten der Erkundungsschiffe dreidimensionale Karten, die dann auf eine deckenhohe Wand aus Bildschirmen projiziert und von Experten abgesucht werden – vor allem auf Brüche im Meeresboden. In grün und rot markierten »Frakturen«, die sich durch die grau schattiert dargestellten Bodenschichten ziehen, so wird mir erklärt, könnten sich im Laufe der Jahrmillionen Erdöl und Gas angesammelt haben.

Immer wieder muss der Computer für seine Darstellungen der Ultraschallbilder dicke Salzschichten im Meeresboden »herausrechnen«. Das Salz verfälscht das Signal der Schallwellen, erfahre ich, »wie Spiegel, die in alle Richtungen zeigen«. Die darunterliegenden Bodenschichten sind dadurch zunächst nicht klar erkennbar. Trotz modernster Technologie dauert es daher etwa anderthalb Jahre, bis Total zu wissen glaubt, wo sich ein größeres Ölfeld befinden könnte.

Schließlich schickte Total ein Bohrschiff nach Angola. Dort wurden die Bohrungen millimetergenau in den Meeresboden gelenkt – in minutiöser Absprache mit den Experten in Pau. Der 3-D-Computer in den Pyrenäen ist beim Bohren das wichtigste Instrument, egal wo auf der Welt: Ein Sensor am Bohrkopf übermittelt die Daten nach Pau. In Echtzeit. Dort zeigt der Computer an, in welchem Bereich des Meeresbodens sich die Bohrung gerade befindet. Und kann exakte Korrekturen vornehmen, bis der Bohrkopf am gewünschten Ort angekommen ist. Ein extrem teures und aufwendiges Verfahren.

Das Ergebnis darf ich in einer Halle neben dem Rechenzentrum in Pau bewundern. Meterlange Bohrkerne lagern dort, in der Mitte durchgeschnitten und nach Herkunft sortiert. Sie bestehen mal aus sandigem, hellbraunem Gestein, mal aus verkrustetem Salz und mal aus einer dunkelbraunen bis schwarzen Masse. »Dies sind mit Erdöl vollgesogene Sandschichten«, erklärt mir die Leiterin des Lagers.

Als vor Angola immer neue Bohrkerne voller schwarzem, klebrigem Öl an Bord gezogen wurden, galt es als sicher: Total war auf das größte Erdölfeld gestoßen, das vor Angola je entdeckt worden war. Mit laut Hochrechnung 700 Millionen förderbaren Barrel Öl war es eines der begehrten Giant Fields, wie sie auch an Land nur alle paar Jahre gefunden werden. Das Ölfeld in der Tiefsee erhielt den Namen Girassol.

Heute hat Angola die Nordsee tatsächlich als wichtigstes Fördergebiet von Total abgelöst. Doch bis dahin war es noch ein weiter Weg.

Um das Ölfeld auszubeuten, fehlten dem Konzern wichtige Informationen. Niemand wusste, wie der Meeresboden über dem Feld beschaffen war. War er schlammig und rutschig? Herrschten in der Tiefsee starke Strömungen? Hatten sich Methanhydrate gebildet, die durch die Förderung abschmelzen und den Boden instabil machen könnten? Fragen, die für die Entwicklung der Fördertechnik von großer Bedeutung waren. Und bei deren Beantwortung Ifremer behilflich sein sollte.

Bruno Savoye erstellte mit seinem Team bei den ersten Expeditionen nach Angola zunächst Karten des Meeresbodens. Noch nie waren Forscher hier unterwegs gewesen. Nun staunten sie über das, was ihre Messungen ergaben: An den meisten Stellen fiel der Boden von der Küste zum offenen Meer hin in einer regelmäßigen Neigung immer weiter ab. Doch in einem Hunderte von Quadratkilometern umfassenden Gebiet, direkt vor der Mündung des Flusses Kongo, hatte sich eine tiefe Schlucht mit Nebenarmen und Verästelungen gebildet. »Es sah aus wie der Grand Canyon, nur unter Wasser«, erinnert sich Bruno Savoye. Wie es dazu gekommen war, wussten die Forscher nicht. Bis sie bei einem Tauchgang in eine äußerst brenzlige Situation gerieten.

Seit 1999 war Ifremer in Besitz des Tauchroboters *Victor*. Vor Angola setzten sie ihn erstmals ein, alles lief prächtig. Doch plötzlich zeigten die Monitore im Kontrollraum an Bord des Forschungsschiffes nur noch rotbraune Bilder, egal in welche Richtung die Kameras auch schwenkten. Eine Viertelstunde lang wussten sie nicht, was passiert war, der Roboter ließ sich kaum noch steuern, es war nicht klar, ob er nur einen Defekt hatte oder ob sie ihn soeben in der Schlucht verloren hatten.

Dann klarte die Sicht auf – und die Forscher begannen zu ahnen, was passiert war: Den Tauchroboter hatte eine unterseeische Lawine erfasst. Bisher kannten sie dieses Phänomen nur aus der Theorie. Nun hatte die Tiefsee ihnen bewiesen, welche enormen Kräfte in ihr wirken. Die Lawine lieferte die Erklärung dafür, wie sich der Canyon vor der Flussmündung des Kongo gebildet hatte: Durch die riesigen Mengen Schlamm sowie abgestorbene Tier- und Pflanzenreste, die der Fluss stetig vom Land ins Meer spülte, wuchsen die Bodenschichten vor der Küste immer weiter an. Am in dieser Region stark abschüssigen Kontinentalhang gerieten sie schließlich ins Rutschen, rasten in die Tiefe und rissen dabei einen Teil des darunterliegenden Meeresbodens mit. Doch die Forscher ahnten nun auch, wie die Eröllagerstätten in der Tiefsee entstanden waren.

Lange Zeit galt es als unvorstellbar, dass es in sehr großen Meerestiefen überhaupt Erdöl geben könnte. Woher sollten die für dessen Entstehung notwendigen Mengen an organischen Stoffen kommen, wenn dort seit Jahrmillionen keine Pflanzen wuchsen? Nun waren die Ifremer-Forscher auf des Rätsels Lösung gestoßen. Die vom Kongo ins Meer geschwemmten Sedimente wurden am Kontinentalhang von immer neuen Lawinen und Ablagerungen überdeckt. Die Bodenschichten wuchsen, der Meeresspiegel stieg und sank – und über Millionen von Jahren hinweg bildeten sich darunter dicke Schichten aus organischem Material, die durch bakterielle Zersetzung zu kohlenstoffhaltigem Erdöl wurden. Ein Prozess, der sich bis heute fortsetzt.

Bruno Savoye wurde im Kreis der Ölmultis zum gefragten Experten, denn was die Forscher für die Mündung des Kongo herausgefunden hatten, traf auch auf alle anderen großen Flüsse der Welt zu. Überall dort, wo organisches Material ins Meer geschwemmt wurde, konnten sich Erdöllagerstätten gebildet haben.

Die Funde der kommenden Jahre bestätigten die Theorie der Forscher. Wie auf einer Perlenkette reihen sich im Golf von Mexiko die Lagerstätten aneinander – genau im Mündungsgebiet des Mississippi. In flacheren Gebieten stehen dort schon seit Jahren ähnlich viele Plattformen wie in der Nordsee. Heute überbieten sich die Ölmultis mit Rekordmeldungen über Lagerstätten in Meerestiefen von bis zu 6000 Metern.

Ähnliches spielt sich vor der Mündung des Amazonas in Südamerika ab. Die brasilianische Regierung hat jüngst gemeldet, auf Lagerstätten in der Tiefsee gestoßen zu sein, in denen 50 Milliarden Fass Erdöl schlummern – die Hälfte dessen, was vor der gesamten Westküste Afrikas vermutet wird.

Bei ihren Tauchgängen machten die Ifremer-Forscher eine weitere für die Ölindustrie interessante Entdeckung. Überall dort, wo Total Erdöl im Boden gefunden hatte, blubbern Blasen aus dem Meeresboden hinauf. Sie fanden heraus, dass es sich um Methangas handelt, das tief aus dem Meeresboden stammt. Nicht nur in der Region des Ölfelds Girassol steigen die Blasen aus dem Boden, sondern auch an zahlreichen Stellen, an denen Total noch gar nicht nach Erdöl gesucht hatte.

Die Forscher glaubten, dass die Methanblasen ein Zeichen sein könnten für weitere Erdöllagerstätten im Meeresboden. Methan tritt im Untergrund oft in Verbindung mit Erdöl auf. Beide Stoffe haben wegen ihrer geringen Dichte die Eigenschaft, durch das meist poröse Gestein im Erdinneren nach oben zu steigen. Erst wenn sie von dichteren Gesteinsschichten gestoppt werden, beginnen sich größere Mengen anzusammeln: Eine Lagerstätte entsteht. Nach einiger Zeit wird das Methan immer weiter zu den Seiten gedrängt, bis es neue Aufstiegsmöglichkeiten findet und erneut die Wanderschaft in Richtung Oberfläche antritt. Gelegentlich treten auf diese Weise auch geringe Mengen Erdöls am Erd- oder Meeresboden aus.

Bei Total war man von diesen Ergebnissen begeistert. Die blubbernden Landschaften am Meeresboden konnten ihnen künftig als Wegweiser für weitere Erdölfelder in der Tiefsee dienen.

Doch die Ifremer-Forscher kehrten von ihren Expeditionen mit zahllosen Fragen nach Brest zurück. An den Gasaustritten am Meeresboden hatten sie jede Menge Lebewesen beobachtet. Es waren Tiere, die sie bisher nicht kannten – in großer Zahl. In ersten Proben aus dem Meeresboden fanden sie zudem Reste von Korallen- und Muschelbänken. Für Total waren diese Funde die Indikatoren für frühere oder aktuelle Gasaustritte – Korallenstöcke und Muscheln wachsen gern dort, wo viel Kohlenstoff im Boden ist – und damit für mögliche neue Ölfelder im Untergrund. Doch für die Forscher waren es Hinweise auf bisher unbekannte Ökosysteme in der Tiefsee.

Bruno Savoye zog seine Kollegen aus der Meeresbiologie zu Rate. Gemeinsam mit Myriam Sibuet, der damaligen Leiterin der Tiefsee-Abteilung bei Ifremer und späteren Vizepräsidentin des Census of Marine Life, trat er an Total heran und schlug vor, bei den letzten beiden noch ausstehenden Expeditionen auch Biologen mit an Bord zu nehmen. Savoye erinnert sich bei unserem Gespräch, dass man bei Total von dieser Idee erst ganz und gar nicht begeistert war. Schließlich ließ sich nicht absehen, was die Biologen vor Angola herausfinden würden. Im schlimmsten Fall hätte es den Ruf des Konzerns endgültig ruinieren können.

Dennoch stimmte der Konzern dem Vorhaben schließlich zu. Savoye vermutet, dass Total so kurz nach dem Unfall des Öltankers *Erika* an einem besseren Image arbeiten wollte. Zudem hoffte man wohl, dass auch die Ergebnisse der Biologen der eigenen Arbeit zugute kommen könnten. Je mehr sie über die Tiefsee wussten, so fand man bei Total, desto besser würden sie die extremen Bedingungen dort unten einschätzen und ihre Arbeitsweise daran anpassen können.

»Wir hatten im Grunde keine Ahnung, was wir dort unten genau finden würden«, schildert Lénaïck Menot den Beginn der beiden noch ausstehenden, nun von Biologen durchgeführten Expeditionen nach Angola. Unter der Leitung von Myriam Sibuet und Joëlle Galéron hat der Biologe die Biozaire 1 und Biozaire 2 benannten Forschungsfahrten begleitet und anschließend ausgewertet. Die mehrjährige Arbeit war Teil des Census-Projekts COMARGE – dem Projekt zur Erforschung der Kontinentalhänge – und wurde zum Thema seiner Doktorarbeit: Als wohl einziger Meeresbiologe weltweit hat Menot über die Auswirkungen der Erdölförderungen auf die

Tiefsee-Fauna promoviert, am Beispiel der Aktivitäten von Total vor Angola.

In seinem schmalen Büro in einem Seitentrakt bei Ifremer legt Menot eine DVD in das Schubfach seines Rechners. Die Aufnahmen von insgesamt vierzehn Tauchgängen mit dem Tauchroboter *Victor* hat er in der Videoabteilung auf einen dreißigminütigen Film kürzen lassen. »Wir hatten uns mit Total auf zwei Ziele geeinigt«, erklärt Menot, bevor er auf »Start« drückt. »Zum einen wollten wir die Lebensgemeinschaften an den Gasaustrittsstellen untersuchen, die unsere Kollegen entdeckt hatten. Zum anderen wollten wir den natürlichen Zustand der Ökosysteme am Tiefsee-Boden vor Angola untersuchen. Um ihn mit dem Zustand nach einem Eingriff durch die Ölindustrie vergleichen zu können.«

Wo sie ihre Proben nehmen und welche der bereits gebohrten Bohrlöcher sie untersuchen würden, hatten sie mit Total genauestens abgesprochen. »Natürlich hätten wir lieber frei von solchen Abhängigkeiten gearbeitet«, stellt Lénaïck Menot klar. »Aber da unser eigenes Budget keine solche Expedition nach Angola ermöglichte, waren wir bereit, in den sauren Apfel zu beißen.« Trotz der Kofinanzierung durch Total hätten sie während der Fahrten vollkommen autonom arbeiten können. Auch auf die Auswertung und den Inhalt ihrer Publikationen habe Total keinen Einfluss genommen.

Dass die Forscher die Interessen des Konzerns jedoch stets im Hinterkopf behalten mussten, streitet Menot nicht ab. Doch ihre Ergebnisse habe das nicht beeinflusst. In ihren Vorträgen und Veröffentlichungen sagten und schrieben sie genau das, was sie herausgefunden hätten, beteuert Menot. Zensur habe es keine gegeben. »Die Tiefsee-Forschung ist sehr teuer und aufwendig«, fügt er hinzu. »Da müssen wir jede Gelegenheit nutzen, die sich uns bietet. Nur wenn wir mit der Industrie zusammenarbeiten, können wir auch Gebiete untersuchen, zu denen wir sonst überhaupt keinen Zugang hätten.«

Er startet den Film. In etwa 1300 Meter Tiefe erscheinen erste Büschel aus weißlichgelbem Gestrüpp, die den Meeresboden bedecken. Dazwischen steigt an zahlreichen Stellen tatsächlich ein nicht abreißender Strom von Gasblasen auf. Weiße Krebse krabbeln durch das Gestrüpp und über den Boden, dann wieder ziehen schier endlose Muschelbänke unter dem sich vorwärts bewegenden Tauchroboter hinweg. Immer wieder schlängeln sich orangerote Fische mit plattem Kopf und runden Seitenflossen durch den Unterwasserwald. »Das sind Orange Roughies, Granatbarsche«, erklärt Menot. »Ein Tiefsee-Fisch, der wegen seines festen weißen Fleisches sehr beliebt ist.« Granatbarsche werden sehr alt und beginnen sich erst nach etwa dreißig Jahren fortzupflanzen. Die Art gilt schon jetzt als überfischt, weil ihr langsamer Lebenszyklus mit dem Tempo der Schleppnetze und Fischtrawler nicht mithalten kann.

Der Tauchroboter sinkt nun Richtung Boden und verharrt direkt vor einem Busch aus weißem Gestrüpp. Als ich genauer hinsehe, erkenne ich, dass der »Busch« aus langen, röhrenförmigen Organismen besteht. Weiche, gelbliche Köpfe schauen aus weißen Röhren hervor. »Röhrenwürmer, ähnlich wie die an Schwarzen Rauchern«, sagt Lénaïck Menot. Zwischen ihnen tummeln sich kleine Garnelen, schwarze Würmer und braune Muscheln. Als die Kamera des ROVs weiter heranzoomt, erkenne ich weitere Tiere: Winzige Asseln, Schnecken und Anemonen haben sich an den Muscheln und Würmern in großer Zahl niedergelassen.

Mit seinem Greifarm rupft der Tauchroboter *Victor* einzelne Büschel samt Bewuchs aus dem Boden. Er verstaut sie in einem unterhalb der Kameras montierten Kasten. Ein Stück weiter saugt er Garnelen, Würmer und kleine Fische mit langen Glasröhren aus dem Wasser. Dann hält der Greifarm einen gebogenen Metallstab in die aufsteigenden Blasen, »um ihre Temperatur und den Gasgehalt zu messen«, wie Menot erklärt. Zum ursprünglichen Erstaunen der Forscher sind die Gasaustritte nur wenige Grad Celsius kalt. Es sind Cold Seeps, kalte Austrittsstellen, die zuvor nur an wenigen Orten der Welt gefunden worden sind.

Die Lebensgemeinschaften an den Cold Seeps sind in ihrer Vielfalt mit denen an Schwarzen Rauchern vergleichbar, erfahre ich. Auch wenn man es auf den ersten Blick nicht ahnen würde: An den Cold Seeps leben ebenfalls mehr Tierarten als im Regenwald. Und auch diese Ökosysteme basieren auf Bakterien, die Chemosynthese betreiben. Anstelle von Schwefelwasserstoff, wie an den Schwarzen Rauchern, bildet an den Cold Seeps ein anderer Stoff dafür die Grundlage: Ausgerechnet das Methan aus organischen Abbauprodukten oder aus tief im Boden liegenden Öl- und Gasfeldern sorgt für reichhaltiges Leben am Meeresboden.

»Aber das ist noch nicht alles, was wir vor Angola fanden.« Menot lässt den Film weiterlaufen. Das Bild ändert sich. Kleine, bunte Fische schwimmen vorüber, der Tauchroboter folgt ihnen, bis sie inmitten fein verästelter, weißer Strukturen verschwinden. Die Kamera schwenkt lange Reihen weißer Gebilde ab: Korallenstöcke. Es sind Kaltwasserkorallen, die in der ewigen Dunkelheit der Tiefsee die Kinderstube vieler Fisch- und Krabbenarten bilden. Die Biologen wussten damals zwar bereits, dass es im Atlantik vor Norwegen Kaltwasserkorallen gibt. Doch dass die komplexen, empfindlichen Lebensgemeinschaften auch so weit südlich, vor der Küste Angolas, vorkommen, damit hatten sie nicht gerechnet.

»Wir gehen inzwischen davon aus, dass die Korallenstöcke dort unten einige Jahrtausende alt sind. Und dass es mehr

Korallen in der Tiefsee gibt als in warmen, flachen Meeresgebieten«, erzählt Menot. Wieder Neuigkeiten, von denen ich bisher nichts wusste. Doch welche Tiere genau an den Kaltwasserkorallen vor Angola leben, wie sie sich fortpflanzen und was sie fressen, können die Forscher bis heute nicht sagen.

Für Total, erinnert sich Lénaïck Menot, waren diese ersten Funde von großem Interesse. Dabei wollte der Konzern nicht nur mehr über die Cold Seeps erfahren, die möglicherweise den Weg zu darunter verborgenen Erdöllagerstätten weisen konnten. Total wollte auch wissen, ob und in welchem Ausmaß sie nach Ansicht der Forscher auf die Ökosysteme der Tiefsee Rücksicht nehmen sollten. Immerhin, denke ich.

Um die Fragen zu beantworten, stand für Menot und seine Kollegen der mühsamste Teil der Arbeit noch bevor: Sie mussten ihre Proben im Tiefsee-Labor in Brest sortieren, zählen und klassifizieren. Was ihnen bis heute nicht vollständig gelungen ist. In den Regalen warten dort noch immer Hunderte vor Angola gesammelte Lebewesen auf ihre Untersuchung, viele davon sind bisher unbekannt. Genau wie Michael Türkay und Daniel Desbruyères beklagt auch Lénaïck Menot, dass es an ausgebildeten Taxonomen fehlt, die in der Lage wären, die neu entdeckten Tiere zuzuordnen.

Ich erinnere mich an Michael Türkays Aussage, wie lange es in der Regel dauert, die Funde einer einzigen Expedition auszuwerten: zehn Jahre. Schon damals muss klar gewesen sein, dass Total nicht so lange auf die Ergebnisse der Biologen warten würde. Der Konzern fuhr mit der Erschließung der Ölfelder fort, obwohl die Forscher ihre Fragen noch nicht beantwortet hatten. War die Expedition der Ifremer-Biologen also lediglich eine Farce?

Nicht ganz. Total gestattete den Forschern, zwei Areale zu untersuchen, an denen sie mit Bohrschiffen den Meeresboden bereits nach Öl abgesucht hatten. Die Forscher wollten dort einen Vergleich vornehmen zwischen dem unberührten Meeresboden und dem Lebensraum nach einem Eingriff.

Menot spult den Film vor, bis zu einer Stelle, an der der Roboter über einen eintönig grau und schlammig wirkenden Meeresboden »fliegt«. Plötzlich erscheinen in der Mitte des Bildes die Umrisse eines Hügels. Erst nur schwach, dann immer klarer erkennbar, ragt aus dem braunen Erdhügel ein Rohr nach oben. Der Roboter fährt näher heran. Das Rohr ist gelb gestrichen und endet ein oder zwei Meter oberhalb des Hügels in einem dunkelroten Aufsatz. »Dies ist ein altes Bohrloch von Total.« Lénaïck Menot tippt mit einem Kugelschreiber gegen den Monitor. »Es stammt aus dem Jahr 1999 und ist von einer Probebohrung übriggeblieben. Danach wurde es verschlossen. Es wird heute nicht mehr genutzt.« Was Total einmal in der Tiefsee gebaut hat, bleibt einfach stehen.

Menot erklärt, dass der Erdhaufen aus sogenanntem Bohrklein besteht. Eine Mischung aus Bohrflüssigkeit und Erdreich, die sich während der Bohrungen am Meeresboden abgesetzt hat. Der Film läuft weiter. *Victors* Greifarm versenkt nacheinander mehrere Glasrohre im Erdhaufen, zieht sie samt Erdreich wieder heraus und sammelt sie in seinem Bauchladen. Die gleiche Prozedur wiederholt er in der Umgebung des Bohrlochs, in immer größeren Abständen zum Hügel aus Bohrklein. Bei späteren Tauchgängen untersuchten sie auf diese Weise noch zwei weitere Bohrlöcher. Sie stammten aus den Jahren 1995, kurz vor der Entdeckung des Ölfelds Girassol, und 1998.

»Das Problem ist, dass das Bohrklein viele giftige Chemikalien enthält«, erklärt Menot. Die Chemikalien stammen aus der Bohrflüssigkeit, die dabei hilft, das mitunter sehr harte Erdreich tief im Boden aufzuweichen. Außerdem kühlt sie den Bohrkopf, während der sich immer weiter nach unten frisst. »Bis vor wenigen Jahren bestand diese Bohrflüssigkeit vor allem aus Diesel, Wasser und Schlamm«, erzählt Menot. »Zusätzlich enthielt sie synthetische Stoffe und Schwermetalle.« Inzwischen sei die Zusammensetzung zwar ein wenig umweltfreundlicher geworden, doch das ändere nichts daran: Die giftigen Reste bisheriger Bohrungen liegen über viele Stellen des Meeresbodens verstreut.

Allein in der Nordsee und im Golf von Mexiko haben sich im Laufe der jahrzehntelangen Ölförderung schon in flacheren Regionen riesige Hügel aus Bohrklein gebildet, berichtet Menot. Auf zwei Millionen Kubikmeter schätzen Experten die Menge des Bohrkleins, die den Boden der Nordsee bedeckt – das entspricht dem Inhalt von zwei Millionen großen Müllcontainern.

»Das Bohrklein gefährdet das Leben am Meeresboden in hohem Maße«, erklärt Menot. Weil es die darunterliegenden Lebensräume erstickt, die Umgebung chemisch kontaminiert, den Meeresboden mit organischen Stoffen anreichert und das Wachstum von Larven und Kleinstlebewesen verhindert.

In ihren Proben, die sie rund um die Bohrlöcher genommen hatten, fanden Menot und seine Kollegen tatsächlich zahlreiche Schwermetalle sowie Schwefel- und Kohlenstoffe – die Reste des Diesel-Giftcocktails für die Bohrungen. Auch in 20 und 50 Meter Entfernung vom Bohrloch war die Belastung des Bodens noch sehr hoch, berichtet Menot. Erst 200 Meter von den Erdhügeln entfernt haben sie keine Chemikalienreste mehr im Meeresboden gefunden.

Im Labor nahmen sie die Tierwelt aus den untersuchten Gebieten unter die Lupe. Obwohl der Erdhügel auf dem Video völlig unbelebt wirkt, fanden sie in ihm zahlreiche Lebewesen. Genauso wie im eintönig wirkenden Meeresboden um die Bohrköpfe herum. Bisher können sie weder sagen, um welche Arten es sich dabei handelt, noch wie verbreitet diese sind. Nur eines fiel ihnen sofort auf: Je näher sie den Bohr-köpfen kamen, desto weniger Tierarten fanden sie. Die Che-mikalien im Bohrklein zogen dafür vor allem eine Sorte von Lebewesen an: sogenannte Hesioniden, eine Wurmfamilie. Tiere, die im Meeresboden rund um die Bohrlöcher sonst nicht vorkamen. »Wir nennen sie Opportunisten«, erklärt Lénaïck Menot. »Denn Hesioniden siedeln sich auch unter vermeintlich lebensfeindlichen Bedingungen schnell an. Da-bei verdrängen sie heimische Tierarten. Sie sind ein Indikator dafür, dass ein Ökosystem gestört ist.«

Lénaïck Menot sieht für die Tiefsee vor Angola dennoch nicht schwarz. »Wir wissen, dass der Meeresboden grund-sätzlich in der Lage ist, zu seinem natürlichen Zustand zu-rückzukehren.« In flachen Gebieten wie der Nordsee dauere das zwischen einigen Monaten und einigen Jahren. Die Che-mikalien werden in dieser Zeit von kleinsten Organismen ab-gebaut, und die Tiere, die ursprünglich dort gelebt haben, sie-deln sich nach und nach wieder an. »In der Tiefsee würde dieser Prozess sicher einiges länger dauern«, gibt Menot zu. Sämtliche Stoffwechselprozesse laufen dort wegen der Kälte und der geringen Strömungen etwa 25-mal langsamer ab als in flachen Gewässern. Doch irgendwann würde sich auch die Tiefsee von den Eingriffen erholen, glaubt Menot.

»Zudem sprechen wir hier über eine insgesamt eher kleine Fläche, die betroffen ist. Auch wenn weltweit an immer mehr Orten Erdöl aus der Tiefsee gefördert wird: Die Gebiete sind im Vergleich zur riesigen Ausdehnung der Tiefsee ziemlich überschaubar.« Lénaïck Menot startet den Drucker. Er will mir einige Fachartikel mitgeben, die er und seine Kollegen zu dem Thema veröffentlicht haben. Dabei hebt er die Augen-brauen: »Aber man darf eines nicht vergessen: All diese Aus-sagen treffen nur zu, solange kein Bohrloch explodiert oder eine Pipeline in der Tiefsee ein Leck hat – denn das wäre der

GAU – der größte anzunehmende Unfall.« Welche Folgen eine solche Katastrophe für die Ökosysteme der Tiefsee und das Meer insgesamt hätte, ließe sich bisher nicht abschätzen, sagt Menot.

Am Abend des 20. April 2010 werden die Befürchtungen der Meeresforscher von der Realität eingeholt. Der GAU am Meeresboden tritt ein – nicht vor der Küste Angolas, sondern im Golf von Mexiko, knapp 70 Kilometer vor der Südküste der USA. Dort sind die Arbeiter auf der Bohrplattform *Deepwater Horizon* – eine der modernsten ihrer Art – seit Tagen damit beschäftigt, ein Bohrloch in 1522 Meter Tiefe zu verschließen. Später soll ein Förderschiff das darunterliegende, vielversprechende Ölfeld für den britischen Multi BP anzapfen. Doch plötzlich gibt es eine Explosion. Die Plattform gerät in Brand. Zwei Tage lang versuchen Löschschiffe und Küstenwache, die *Deepwater Horizon* zu retten – vergebens. Die riesige Bohrplattform versinkt am 22. April 2010. Die meisten der hundertdreiundvierzig Mitarbeiter können gerettet werden, elf Männer fehlen und werden für tot erklärt.

Die Aufregung ist groß, Präsident Barack Obama entsendet die Heimatschutzministerin, den Innenminister und die Leiterin der Umweltschutzbehörde EPA (Environmental Protection Agency) an die Küste des Golfs von Mexiko, der Vorfall wird zur »nationalen Katastrophe« erklärt. Neben der Trauer um die Gestorbenen treibt Politiker, Fischer und Tourismusmanager sowie die Bosse von BP und Transocean – des Schweizer Betreibers der Bohrplattform und nach eigenen Angaben weltgrößten Unternehmens für Offshore-Bohrungen – vor allem eine Sorge um: Wie groß wird der Schaden an der Küste sein? Werden riesige Mengen Öl die Strände, Vogelschutzgebiete und Mangrovenwälder der Golfküste verkleben? Werden Fischer und Austernzüchter auf Jahre hinaus ihren Lebensunterhalt verlieren? Welche Kosten entstehen durch die Aufräumarbeiten? Man fürchtet, dass wieder einmal Bilder einer »schwarzen Pest« um die Welt gehen werden, so wie nach den verheerenden Tankerunfällen der *Exxon Valdez* 1989 in Alaska, der *Erika* 1999 in der Bretagne oder der *Prestige* 2002 im Golf von Biskaya.

Das Ausmaß der Katastrophe ist bei Redaktionsschluss dieses Buches noch nicht abzusehen. Die zähe Rohölmasse hat die Küste zwar inzwischen erreicht. Teerklumpen und rötlich braune Schlieren bedecken zahlreiche Strände sowie die Gummihandschuhe und Schutzanzüge der vielen Tausend freiwilligen Helfer, die sich um verklebte Pelikane, Meeresschildkröten und andere Tiere kümmern. Immer mehr tote Zackenbarsche, Schnapperfische und Krebse werden an die Strände geschwemmt, in den schwer zugänglichen Marschlanden der Küste Louisianas breitet sich der Ölteppich ebenfalls aus. Doch die größten Mengen des Öls schwimmen noch immer auf hoher See. Und während bereits über 2600 Boote im Einsatz sind, um mit künstlichen Barrieren, kontrollierten Abbrennversuchen und dem Abschöpfen ölhaltiger Wassermassen das Schlimmste zu verhindern, sieht in der Tiefsee in den ersten Wochen nach dem Unfall nur eine einzige Expedition nach dem Rechten – und auch das eher aus Zufall und auf eigene Faust.

Forscher des National Institute for Undersea Science and Technology (NIUST) – einer Einrichtung der Wetter- und Ozeanografiebehörde NOAA – lenken eine ohnehin für den Golf von Mexiko geplante Expedition kurzerhand in die Unfallregion. Zehn Tage lang nehmen sie Wasser- und Bodenproben aus großen Meerestiefen rund um »Ground Zero«, wie sie den Unfallort inzwischen nennen. Schon ihre ersten Beobachtungen, die sie zunächst nur in einem Internet-Blog schildern, lassen nichts Gutes ahnen.

Sie finden heraus, dass aufgrund der Chemikalien, die inzwischen großflächig auf dem Meeresspiegel versprüht werden, das Öl nach unten zu sinken beginnt. Es ist der von BP, der Küstenwache und der Umweltbehörde gewünschte Effekt: So bleibt die Wasseroberfläche scheinbar sauber, was vorerst Zigtausende von Seevögeln vor einem verklebten Gefieder bewahrt. Das eingesetzte Präparat Corexit löst das Öl ähnlich wie ein Spülmittel in kleinste Tröpfchen auf, die dann – so die Theorie – leichter von Mikroben abgebaut werden können. Doch die Forscher stellen fest, dass das Wasser dadurch an vielen Stellen zwar klar wirkt, aber hohe Werte an Spurenmetallen enthält – Reste des Chemiecocktails und des gelösten Öls. Zudem finden sich offenbar die Öltröpfchen wider Erwarten oft zu riesigen Klumpen oder einem schleimigen Film zusammen. Wie sich das chemieverseuchte Öl auf die Lebewesen in tiefen Wasserschichten und die Ökosysteme am Meeresboden auswirkt, ist völlig unklar.

Während der letzten Tage ihrer Expedition entdecken die Forscher schließlich, dass sich in 700 bis 1300 Meter Tiefe eine trübe, sauerstoffarme Masse ausbreitet. Sie nehmen an, dass es sich dabei um Öl handelt. Genau überprüfen können sie es nicht, sie haben weder ein ROV noch eine umfassende Laborausstattung an Bord. Die trübe Masse zieht sich bis in 16 Kilometer Entfernung vom Bohrloch, mal sind es vier, mal fünf Schichten übereinander, bis zu sechs Kilometer breit. An vielen Stellen messen die Forscher einen bis zu 30 Prozent niedrigeren Sauerstoffgehalt. Sie sammeln immer mehr Proben der »Salatdressing«-ähnlichen Brühe und befürchten immense Schäden für die Tierwelt. Trotz der Restunsicherheit ihrer Messergebnisse gehen sie damit an die Öffentlichkeit.

Die zuvor kaum beachtete Expedition auf dem Forschungsschiff *Pelican* macht Schlagzeilen. Weitere Forscher melden sich zu Wort, befürchten, dass die Ölmasse in den sogenannten Loop Current und von dort aus in den Golfstrom gelangen und hinaus in den offenen Atlantik getragen werden könnte. Wenig später sticht auch eine Expediton der Universität von Südflorida – in Zusammenarbeit mit der Behörde NOAA – sowie ein Schiff der Universitäten von Georgia, North Carolina und Southern Mississippi in See. Die Meeresforscher finden weitere Öllachen unter Wasser, auch nordöstlich des Lecks. Zwei riesige Schwaden ziehen dort offenbar in Richtung Küste. Eine befinde sich in 400 Meter, eine weitere in 1000 Meter Tiefe, berichten die Forscher alarmiert.

Zunächst ist unklar, ob sich die kilometerlangen Ölfilme in der Tiefsee aus Tröpfchen gebildet haben, die von der Wasseroberfläche abgesunken sind, oder ob sie direkt aus dem Bohrloch stammen. Die Konzentration des Öls ist zudem an vielen Stellen sehr gering, und nicht alle Ölfunde lassen sich dem Leck der Deepwater Horizon zuordnen. Doch BP hat inzwischen damit begonnen, das Lösungsmittel Corexit auch direkt am Unfallort in 1522 Meter Tiefe zu verteilen, um das Öl am Aufsteigen zu hindern. Von der Umweltbehörde wurde das erst unterbunden, dann jedoch genehmigt, obwohl die ökologischen Folgen so unerforscht wie umstritten sind. Es ist ein gewagtes Experiment: Wie sich die in Corexit enthaltenen Stoffe in der Tiefsee verhalten, ist gänzlich unbekannt. Sie kommen im Meer natürlicherweise nicht vor und können kaum abgebaut werden. Das bestätigen Forscher, die frühere Experimente mit ähnlichen Chemikalien untersucht haben – in Alaska oder an der Küste der Bretagne. Dort habe sich sogar gezeigt, dass sich Regionen, in denen keine Lösungsmittel eingesetzt wurden, schneller von der Ölpest erholten als diejenigen, in denen es zu deren Einsatz kam.

»Wir haben die Wahl zwischen einer sichtbaren Ölpest an der Oberfläche und einer nicht sichtbaren in der Tiefsee«, schätzt Robert Carney die Situation ein. Der Professor für

Ozeanografie an der Louisiana State University in Baton Rouge arbeitet wie Lénaïck Menot seit Jahren für das Census-Projekt COMARGE, kaum jemand kennt die Tiefsee im Golf von Mexiko so gut wie er. Menot empfiehlt mir, Kontakt mit ihm aufzunehmen. »Unsere Gesellschaft ist in solchen Fällen nun einmal vor allem um die Küsten besorgt«, fügt Carney hinzu. »Insofern sind alle froh, wenn das Öl von der Wasseroberfläche verschwindet. Dabei müssen wir endlich aufhören, das Flachwasser und die Tiefsee voneinander getrennt zu betrachten.« Viele Fisch- und Krabbenarten haben ihre Kinderstuben in der Tiefsee, das Öl könnte die im Frühsommer schlüpfenden Larven vergiften, zudem tauchen Pottwale und der vom Aussterben bedrohte Blauflossenthunfisch im Golf von Mexiko häufig zum Meeresboden hinab, um Beute zu jagen.

Auch die direkte Tiefsee-Umgebung der *Deepwater Horizon* sei alles andere als leblos, erfahre ich. Ein Kollege habe von der Plattform aus mehrmals mit einem ROV den Meeresboden untersucht, berichtet Carney – ähnlich wie Ifremer kooperiert auch sein Institut mit Öl- und Gasunternehmen, um Zugang zu schwer erschließbaren Gebieten zu bekommen. In der Nähe der Plattform hätten sie ebenfalls Kaltwasserkorallen entdeckt sowie Cold Seeps mitsamt reicher Lebensgemeinschaften. Direkt am Bohrloch selbst bestehe der Boden aus Schlamm – und auch dieser sei die Heimat einer großen, bisher kaum erforschten Artenvielfalt. Wie es um die Ökosysteme der Tiefsee an »Ground Zero« nun steht, wisse er nicht, sagt Carney. Die Forscher hatten für solche Untersuchungen bisher keine Zeit.

Derweil warnt die Behörde NOAA vor weiteren Ölfilmen an der Oberfläche, die sich vom Leck in Richtung Südosten ausbreiten und auf die Südspitze Floridas und die Küste Kubas zutreiben. Zudem ist von Juni bis November in der Region Hurrikan-Saison. Schon in der Vergangenheit haben die Wirbelstürme viele Ölbohranlagen im Golf von Mexiko beschädigt. Nun könnten sie die Aufräumarbeiten für Wochen unterbrechen und das Öl weitläufig im Meer und an den Küsten verteilen. Das nach dem Unfall von der Behörde verhängte Fischereiverbot dürfte dann noch ausgeweitet werden. Dabei umfasst es schon Anfang Juni ein Viertel der gesamten Fläche des Golfs von Mexiko.

Gefahren, offene Fragen, Chaos. Schon die bisherige Bilanz des Unfalls zeigt, was Konzerne wie BP und Total gern verschweigen: Die Risiken beim Vorstoß in die Tiefsee sind gigantisch, die Folgen eines solchen Unfalls unkalkulierbar, denn auch noch Wochen nach der Explosion sprudeln täglich weiter riesige Mengen Öl ins Meer. War zu Beginn erst nur von 1000, dann von 5000 Barrel Öl die Rede, die aus dem lecken Bohrloch und Rissen in der explodierten Steigleitung strömten, liegt die offiziell Zahl inzwischen bei 12 000 bis 25 000 Barrel. BP-Vertreter räumten bei einer Anhörung im amerikanischen Kongress sogar ein, dass es sich um bis zu 60 000 Barrel am Tag handeln könnte. Einige Wissenschaftler schätzen die Menge ohnehin bereits auf 70 000 Barrel am Tag. Das wären 11 Millionen Liter – Tag für Tag ein Viertel dessen, was sich insgesamt aus der *Exxon Valdez* in den Prinz-William-Sund vor der Küste Alaskas ergoss und dort zu einer der bis heute größten Umweltkatastrophen der Seefahrt führte.

»Auch unter natürlichen Umständen kommt es am Boden des Golfs von Mexiko immer wieder zu Ölaustritten«, gibt Robert Carney zwar zu bedenken. Insofern sei die Umgebung in gewissem Maße daran angepasst. »Doch das natürlich austretende Öl hat auf seinem Weg aus dem Erdboden nach oben zum einen schon zahlreiche Abbauprozesse mitgemacht und ist nicht so giftig wie das aus einem frisch angestochenen Ölfeld.« Zum anderen sei die Menge viel geringer. »Im Schnitt sickern täglich etwa 0,0018 Barrel Öl pro Quadratkilometer aus dem Grund des Golfs von Mexiko. Aus dem Bohrloch hingegen strömen nach offiziellen Angaben bis zu 25 000 Barrel Öl täglich. Selbst wenn sich das auf eine Fläche von sagen wir 1000 Quadratkilometern verteilt, ist es immer noch viel mehr als alles, was wir bisher kennen.«

Forscher, Politiker und Konzerne sind ratlos. Wie sie des Tiefsee-GAUs Herr werden sollen, wissen sie schlicht und einfach nicht. Es fehlt die Erfahrung – und die gründliche Vorsorge. Die Methode »Top Kill«, mit der das Bohrloch verstopft werden sollte, ist gescheitert. Erst der dritten Absaugglocke gelingt es, nach über einem Monat einen Teil des ausströmenden Öls aufzufangen. Alle Hoffnungen ruhen auf zwei Entlastungsbohrungen, die sich zum Bohrloch tief im Meeresboden vorarbeiten und es knapp oberhalb des Ölfelds mit Schlamm verschließen sollen. Doch all diese Versuche zeugen eher von Hilflosigkeit denn von verantwortungsbewusster, auf Sicherheit bedachter Pionierarbeit, von der die Konzerne so gern schwärmen.

Dabei ereignete sich schon 1979 ein ähnlicher Unfall im Golf von Mexiko: Damals versagte auf der Bohrplattform *Ixtoc 1* vor der mexikanischen Küste ebenfalls ein Notventil, nach einer Gasexplosion strömten neun Monate lang bis zu 1,4 Millionen Tonnen Rohöl ins Meer. Auch hier stoppte erst eine Entlastungsbohrung das Leck. Doch die Vorschriften wurden daraufhin nicht verschärft. Stattdessen wanderten die Konzerne immer tiefer ins Meer, wo die Gegenmaßnahmen noch schwieriger werden.

In der Nordsee blubbert derweil eine desaströse Hinterlassenschaft von Exxon Mobil vor sich hin: Als der Konzern 1990 bei einer Bohrung vor der schottischen Küste auf Methan statt Erdöl stieß, riss eine Explosion einen Krater von 15 Meter Durchmesser in den Boden. Daraus sprudeln bis heute

Säulen aus Methanblasen. Der Konzern hat nicht einmal versucht, das Loch zu schließen – es fehle die geeignete Technik, heißt es. Auch die zuständige britische Regierung hat den Ort zwar als Gefahrenzone für die Schifffahrt markiert, kümmert sich aber nicht weiter, da der Unfall kaum negative Folgen für die Fischbestände hat. Dass das Gas indes zu einem Drittel in die Atmosphäre aufsteigt und den Treibhauseffekt verstärkt, wird bisher nur von Forschern des Kieler IFM-GEOMAR moniert, die den Krater mit ihrem Tauchboot *Jago* untersucht und erschreckende Bilder mitgebracht haben.

Nur einmal zuvor ist in ähnlich großer Meerestiefe wie bei der *Deepwater Horizon* ein Unfall passiert: am 15. März 2001, als ein Schwimmpfeiler der brasilianischen Plattform *P-36* explodierte und das Ungetüm in den an dieser Stelle 1368 Meter tiefen Atlantik sank. Aus der zerstörten Plattform ergossen sich etwa 300 000 Liter Rohöl und 1,2 Millionen Liter Diesel ins Meer. Wie schon im Fall der *Ixtoc 1* trieb der Ölteppich hinaus auf den Ozean – »glücklicherweise«, wie auch deutsche Zeitungen damals schrieben. Die Küste blieb verschont, das Öl war außer Sichtweite und damit aus dem Sinn. Ob der Unfall Auswirkungen auf die Tiefsee hatte, wurde nicht untersucht.

Lénaïck Menot, Robert Carney und die Forscher an Bord der *Pelican* fürchten, dass das Öl am Meeresboden die Lebensgemeinschaften ersticken, Korallen und andere Organismen verkleben sowie die Nahrungskette dauerhaft stören könnte; denn während Mikroben das Öl zersetzen, reichern sich Giftstoffe in ihnen an, die sich im Fett von Fischen ablagern und so letztlich auch den Menschen gefährden. Zudem könnten Reststoffe des Öls Nervenkrankheiten, genetische Veränderungen, Missbildungen und Geschwüre bei Fischen und Krebstieren hervorrufen, berichten Forscher des Alfred-Wegener-Instituts in Bremerhaven und des Gulf Coast Research Laboratory (GCRL) im Bundesstaat Mississippi. Menot fügt hinzu, dass es in solchen Wassertiefen enorm schwierig ist, die Ölklumpen und -tröpfchen überhaupt zu finden oder gar den Meeresboden zu reinigen – und dass es wohl Jahrzehnte dauern wird, bis sich die betroffenen Ökosysteme auch nur ansatzweise regeneriert haben.

Die Sorglosigkeit, mit der die Konzerne in die Tiefsee vordringen, hat System. Schon im Jahr 2001 feierte Total die Zusammenarbeit mit Ifremer als Erfolg – trotz der Bedenken und der vielen offenen Fragen, die Lénaïck Menot mir geschildert hat. Man habe den Meeresboden gründlich untersucht, bevor mit den »Eingriffen« für die Ölförderung begonnen wurde, hatte mir schon Jean-François Minster in Paris versichert. Doch diese Aussage birgt gleich mehrere Schönheitsfehler.

Zum einen reichen die bisherigen Untersuchungen von Ifremer am Meeresboden vor Angola laut Lénaïck Menot bei weitem nicht aus. Das selbstgesteckte Ziel der Forscher, die Lebensgemeinschaften am dortigen Kontinentalhang zu beschreiben, wurde nur in Ansätzen erreicht. Von einer Bestandsaufnahme der Tierwelt am Meeresboden – auch als Basis für zukünftige Vergleiche und für den Fall eines Unfalls wie im Golf von Mexiko – kann keine Rede sein. »Wir glauben zwar, dass die operationelle Arbeit der Erdölförderung keine gravierenden Auswirkungen auf die Lebewesen im Meeresboden hat«, räumt Menot ein. »Doch wir können noch immer nicht sagen, über welche Tierarten wir überhaupt sprechen. Und uns liegen keinerlei Langzeitstudien für die Lebensräume der Tiefsee vor – nirgendwo auf der Welt. Wie sie sich im Laufe der Jahre entwickeln, wissen wir nicht – weder auf natürliche Weise noch unter dem Einfluss der Ölindustrie. In Anbetracht der Tatsache, dass Total seine Anlagen in der Tiefsee mindestens zwanzig oder fünfundzwanzig Jahre lang betreiben will, ist das natürlich kritisch. Wir können nur hoffen, dass so etwas wie im Golf von Mexiko nicht noch einmal passiert.«

Zum anderen reisten die Biologen erst nach Angola, als der Bau der Girassol-Anlagen längst begonnen hatte: Am 4. Dezember 2001, demselben Tag, an dem das Ifremer-Forschungsschiff *Atalante* nach der zweiten und letzten Biozaire-Expedition in den Hafen von Luanda einlief, begann Total mit der Erdölförderung auf dem FPSO *Girassol*. Während an Bord euphorisch das First Oil – das Fließen des ersten Öls – gefeiert wurde, packten die Meeresforscher von Ifremer ihre Sachen und flogen nach Hause. Die Förderköpfe und Manifolds, Pipelines und Überbrückungsrohre sowie die fast vierzig Bohrlöcher, die Total unterhalb des FPSO *Girassol* installiert hatte – all diese Anlagen hatten die Biologen nicht inspiziert. Auch nicht die Region, in der Total das Ölfeld *Dalia* bereits angebohrt hatte, mit über siebzig geplanten Förder- und Injektionslöchern und 170 Kilometer Pipelines in unerforschtem Gebiet.

Man hatte sich mit Total auf bestimmte Orte geeinigt, erklärt Lénaïck Menot, und die schlossen die Unterwasserbaustellen von Girassol und Dalia nun einmal nicht mit ein. Zudem habe Total ihnen »aus Sicherheitsgründen« davon abgeraten, die Unterwasseranlagen so kurz vor dem Start der Ölförderung auf *Girassol* zu untersuchen. Daran mussten sie sich halten.

Ob sie eine Ahnung hätten, wie der Meeresboden vor Angola inzwischen aussehe?, frage ich Menot. »Nein.« Ob sie vorhätten, dort noch einmal vorbeizuschauen? »Erst einmal nicht.« Die Zusammenarbeit mit Total vor Angola sei beendet. Man plane aber eine Expedition nach Nigeria, auf eigene Kosten. Dort seien noch keine Tiefsee-Forscher unterwegs gewesen – und auch dort wolle Total bald mit der Erdölförderung aus großen Meerestiefen beginnen. Doch man habe weder den Auftrag noch die Erlaubnis, vor Nigeria die Gegenden um Bohrlöcher oder Erdölanlagen zu untersuchen.

»Time is Money« – dieser Slogan stand auf einem der Blätter, die ich im Büro von Jean-François Minster gezeigt bekam. Es war die Überschrift einer Zeitleiste der wichtigsten Tiefsee-Pionierprojekte weltweit. Total wollte Ende der neunziger Jahre einen neuen Rekord im Deep-Offshore-Bereich aufstellen. Ein paar offene Fragen, unerforschte Korallen und seltsame Würmer am Meeresboden spielten da offenbar keine große Rolle. Genauso wenig wie für den Konzern BP bei seinem Vorstoß im Golf von Mexiko.

Soweit er wisse, kümmerten sich Subunternehmer von Total inzwischen um die Untersuchung des Meeresbodens vor Angola, erzählt mir Lénaïck Menot. Wie sie dabei vorgingen und was sie herausgefunden haben, wisse er jedoch nicht. Ich will versuchen, es von Total zu erfahren.

Ich drücke die Gummistöpsel unter meinem Helm fester in die Ohren, dennoch zucke ich jedes Mal zusammen. Mit lautem Krachen schlägt ein Mann mit seinem Hammer mehrmals gegen ein senkrecht hängendes Eisenrohr, bis der Kranführer den Daumen hebt. Dann bewegt er das Rohr langsam in die Mitte des Schiffes, wie eine Marionette geführt an einer Vorrichtung weit über unseren Köpfen. Über einer runden Öffnung im Schiffsdeck kommt es zum Stehen. »Mit dem Hammer testen wir, ob das Rohr Risse hat. Das kann man am Klang erkennen!«, ruft David Bannister in mein verstöpseltes Ohr.

Der kanadische Petroingenieur arbeitet als Sicherheitschef auf dem Bohrschiff *Pride Africa*. Seit 1999 ist das 200 Meter lange Schiff für Total im Einsatz, es wurde von der texanischen Offshore-Firma Pride International eigens für die Tiefsee-Bohrungen gebaut. Mit Hilfe von langen Stahlrohren, die zu Hunderten auf dem weitläufigen Deck liegen, kann die

Pride Africa bis in 3000 Meter Wassertiefe vordringen – und von dort aus weiterbohren, bis zu 10 000 Meter tief in den Meeresboden. Eine aufwendige Hydraulik und eine komplexe Schiffssteuerung per Computer sorgen dafür, dass das Bohrgestänge auch noch bei hohem Seegang millimetergenau im Meeresboden versenkt werden kann. Gemeinsam mit ihrem Schwesterschiff *Pride Angola* gehört die *Pride Africa* damit zu den weltweit größten Schiffen ihrer Art. Sie spielt in derselben Liga wie die gesunkene Bohrplattform *Deepwater Horizon*. Nur wenige Schiffe können so tief bohren wie diese Giganten.

Aus einem Rohr, das hüfthoch aus der runden Öffnung im Deck aufragt, sprudelt Wasser und verteilt sich auf den Holzplanken zu unseren Füßen. »Das ist Javelwasser, eine Kaliumlösung, um die Rohre von innen zu desinfizieren«, ruft David Bannister. »Ähnlich wie das Wasser, mit dem Schwimmbäder gereinigt werden.« Begleitet von hektischen Befehlen, lässt der Kranführer das hängende Rohr immer weiter hinab. Auf Kniehöhe fährt eine rote Stahlvorrichtung heran, es gibt einen metallischen Schlag, dann umfasst die Vorrichtung beide Rohre. Langsam schraubt sie das Gewinde des oberen Rohres in das des unteren. Anschließend fährt die Vorrichtung zur Seite, und das Gestänge senkt sich ab, bis nur noch der obere Rand des letzten Rohrs zu sehen ist. Mit lauten Hammerschlägen auf ein neues Stahlrohr beginnt die Prozedur von vorn.

»Wir kleiden mit den Stahlrohren ein fertig gebohrtes Loch von innen aus«, erklärt Bannister. »Am Ende wird dann ein Förderkopf draufgesetzt, mit einer Pipeline verbunden, und die Förderung kann beginnen.« Er borgt sich ein Blatt Papier aus meinem Notizblock, legt es auf eine Kiste und zeichnet eine senkrechte Röhre, mit Schraffierungen an beiden Seiten. »Das ist ein Querschnitt durch ein Bohrloch. Rundherum ist

Meeresboden«, erklärt er und deutet auf die Schraffierungen. Dann zeichnet er einen Stab, der durch die Mitte des Bohrlochs nach unten ragt und am Ende einen Aufsatz trägt: drei schräge Scheiben, von denen spitze Zacken abstehen. »Das ist der Bohrkopf mit den Bohrmeißeln. Sie zerkleinern den Erdboden. Auf diese Weise rückt die Bohrung immer tiefer vor.«

Durch die Mitte des Stabs wird die Bohrflüssigkeit geleitet, erklärt Bannister. »Sie hilft dabei, den Bohrkopf zu kühlen und das Erdreich aufzuweichen.« An den Außenseiten der Bohrstange zeichnet er nun mehrere Pfeile nach oben: »Dann steigt die Bohrflüssigkeit wieder zur Oberfläche und hält wegen ihrer hohen Dichte das Bohrloch stabil.« Dabei transportiere sie jede Menge Erdreich mit nach oben – das sogenannte Bohrklein. Früher sei als Basis der Bohrflüssigkeit tatsächlich meist Diesel benutzt worden, bestätigt David Bannister. »Wir arbeiten aber seit einigen Jahren nur noch mit Palmöl. Das ist weniger leicht entzündlich und umweltfreundlicher.« Obwohl die Palmölplantagen auf Kosten des tropischen Regenwalds gehen, denke ich kurz. Hinzu komme Kalzium oder das besonders schwere Mineral Baryt, um der Flüssigkeit die nötige Dichte zu geben.

Das nach oben geförderte Bohrklein sei früher – nach einer Reinigung an Bord, bei der jedoch nie die gesamte Bohrflüssigkeit herausgetrennt werden konnte – tatsächlich einfach wieder ins Meer geleitet worden. Dort sank es als noch immer mit Giftstoffen angereicherter Schlamm zum Meeresboden, bestätigt David Bannister. Heute hingegen sammeln sie das Bohrklein in Säcken an Bord des Schiffes und bringen es an Land. Wie es dort entsorgt wird, wisse er nicht genau, sagt er. Doch es sei eine der wenigen Vorschriften der angolanischen Regierung, um das Meer sauber zu halten.

Er tippt mit dem Kugelschreiber wieder auf das Papier und blickt in Richtung der Stahlrohre, die weiter durch die

Mitte des Schiffs im Meer verschwinden. »Wenn der Bohrkopf am Ölfeld angelangt ist, wird das Bohrgestänge entfernt und das Loch mit Stahlrohren ausgekleidet. Zuletzt wird es dann mit dem Förderkopf und den daran befestigten Ventilen versehen.«

Bis ein einziges Loch fertig gebohrt, ausgekleidet und bereit für die Ölförderung ist, arbeiten sie an Bord der *Pride Africa* im Schnitt dreißig Tage, zählt Bannister zusammen. Jeder Tag kostet Total 200 000 US-Dollar. Das bedeutet sechs Millionen Dollar für ein einziges Bohrloch. Nun verstehe ich den Slogan »Time is Money«.

Ob sie vor Angola auch sogenannte Blowout Preventer am Meeresboden installiert hätten, frage ich David Bannister nach dem Unfall der *Deepwater Horizon* per E-Mail. Schließlich hat dieses Sicherheitsventil am Förderkopf im Golf von Mexiko offenbar versagt. Es sollte verhindern, dass im Falle eines Falles – zum Beispiel bei einer drohenden Explosion – Öl aus dem Bohrloch schießt. Doch offenbar funktionierte die Steuerung des Ventils nicht. Auch ROVs konnten es nicht schließen. Und eine akustisch gesteuerte Notverriegelung gab es nicht. In Norwegen und Brasilien ist ein solcher Notschalter Pflicht. Doch in den USA wurde diese Vorschrift laut Medienberichten von der Öllobby verhindert.

Weshalb das Bohrloch explodierte, ist bei Redaktionsschluss noch umstritten: Hat BP tatsächlich Warnungen ignoriert und die Bohrungen immer schneller vorangetrieben? Haben die Arbeiter den gestiegenen Gasdruck in der Steigleitung übersehen? Hat ein Riss im frischen Zement, mit dem der Bohrschacht ausgekleidet wurde, einen Funken verursacht? Wurde gar eine geologische Veränderung am oder im Meeresboden zu einer Gefahr für das Bohrloch? Es ist unklar, ob die Antwort je gefunden wird. Die Debatte konzentriert sich deshalb auf den Blowout Preventer.

»Ja, Total arbeitet vor Angola ebenfalls mit Blowout Preventern«, antwortet mir David Bannister aus Saudi-Arabien, wo er inzwischen im Einsatz ist. »Aber akustische Sicherheitsschalter sind mir auch dort nicht begegnet. Ich glaube nicht, dass Total sie einsetzt – zumindest wurden sie auf der *Pride Africa* nicht benutzt.« Von Total erhalte ich auf diese Frage bis Redaktionsschluss keine Antwort.

Dafür erfahre ich von Bannister noch etwas anderes. Als Total und andere Ölmultis wegen der Wirtschaftskrise im Jahr 2009 ihre Profitziele nicht erreichten, berichtet er, »holten sie alle die Axt heraus und beschnitten ihre Sicherheitsabteilungen bis auf die Knochen«. Denn fälschlicherweise werde angenommen, dass Sicherheit nur Geld koste. Dabei helfe sie in Wahrheit sogar dabei, Kosten zu sparen.

Diese Erfahrung macht BP nun auf schmerzliche Weise. Die Kosten nach dem Unfall summieren sich schon innerhalb der ersten sechs Wochen auf mehr als eine Milliarde Dollar, muss der Konzern einräumen. Darin seien die Kosten der Aufräumarbeiten, der Entlastungsbohrungen, die den Druck aus dem sprudelnden Bohrloch nehmen sollen, erste Schadenersatzansprüche und staatliche Ausgaben enthalten. Mehr als 40 000 weitere Klagen auf Schadenersatz wurden bei amerikanischen Gerichten gegen BP eingereicht. Präsident Barack Obama hat von Beginn an erklärt, dass man BP sämtliche Kosten der Aufräumarbeiten in Rechnung stellen werde. Mitte Juni stimmte BP-Chef Tony Hayward der Einzahlung von 20 Milliarden Dollar in einen Hilfsfonds für die Opfer der Ölpest zu – zwei Tage bevor er vom BP-Aufsichtsrat als Krisenmanager des Konzerns abberufen wurde. Auch auf Transocean, den Betreiber der Plattform, und Halliburton, den für die Zementierung des Bohrschachts zuständigen Energie- und Rüstungskonzern, kommen Zahlungen zu.

Über die Gesamtsumme wird noch spekuliert, die Spanne

reicht von 6 bis 60 Milliarden Dollar. Die größte Unbekannte sind die noch ausstehenden Schadenersatzklagen von Fischern, Austernzüchtern und Tourismusmanagern in der Golfregion. Doch allein im Krisenjahr 2009 hat BP 14 Milliarden US-Dollar Gewinn erzielt, im ersten Quartal 2010 lag der Gewinn bereits bei mehr als 6 Milliarden Dollar. Man könne die Kosten gut tragen, lässt der Konzern denn auch verlauten, zumal die mit je 25 und 10 Prozent am Unglücksölfeld beteiligten Unternehmen Anadarko Petroleum (USA) und Mitsui (Japan) ihre Anteile der Kosten übernehmen müssen.

Dennoch lässt der Börsenkurs von BP Branchenkenner inzwischen aufhorchen. Der Unternehmenswert ist in den ersten zwei Monaten nach dem Unfall um fast die Hälfte gesunken und rutschte damit so tief wie seit über zehn Jahren nicht mehr. Einige Analysten spekulieren sogar über eine mögliche Zerschlagung und feindliche Übernahme des Konzerns. Schon für den 20-Milliarden-Dollar-Hilfsfonds muss BP erste Unternehmensteile verkaufen und neue Kredite aufnehmen. In jedem Fall ist das Image des sich in einer aufwendigen Kampagne von »British Petroleum« in »Beyond Petroleum«, also »jenseits des Erdöls«, umbenannten Konzerns nun wohl für lange Zeit dahin.

Ob das Desaster im Golf von Mexiko die »Big Oil«-Multis von ihrem weiteren Vorstoß in die Tiefsee abhalten wird, ist indes fraglich. Die bereits getätigten Investitionen sind riesig, und vor den Küsten Südamerikas und Westafrikas hat sich in der Folge der Katastrophe bisher nichts geandert. Zudem ist die Nachfrage nach Erdöl weltweit ungebrochen, in Ländern wie China und im Mittleren Osten steigt sie rasant. Amelia Santana, Pressesprecherin von Total in Angola, reagiert auf meine Nachfrage hin denn auch gelassen. »In einem ähnlichen Fall würde Total seinen Teil der Verantwortung natürlich übernehmen.« Zusätzlich zu den entstehenden Aufräum- und Reparaturkosten würde in Angola sogar noch eine Strafzahlung anfallen. Wie hoch die wäre, erfahre ich nicht. Die Förderung in der Tiefsee zu unterbrechen, kommt für Total jedoch nicht in Frage. »Wir würden bei einem Unfall untersuchen, was die Ursachen waren und wie wir das Problem beheben können. Aber die Produktion würde weiterlaufen«, steht für Jean-François Minster schon bei unserem Gespräch in Paris fest. »Im Übrigen ist die Annahme eines solchen Unfalls ja vollkommen unrealistisch«, fügt sein Kollege Antoine Serceau hinzu. Serceau hat den Bau der Förderanlagen am Ölfeld Girassol vor Angola geleitet und ist von ihrer Sicherheit überzeugt. »Auch wenn es immer ein gewisses Restrisiko gibt: Ich glaube nicht, dass wir jemals in so eine Situation kommen werden.« Das haben die Manager von BP vor der Explosion der *Deepwater Horizon* wahrscheinlich auch geglaubt.

An Bord der *Pride Africa* frage ich David Bannister, ob sie wissen, wie der Meeresboden beschaffen ist, in den sie bohren. Schließlich führe Total hier ja offenbar regelmäßig Umweltstudien durch. Na ja, sie würden sich den Untergrund vor jeder Bohrung mit einem Tauchroboter ansehen, antwortet er. Um sicherzugehen, dass keine Steinblöcke im Weg liegen oder sonst etwas die Bohrung erschweren könnte. Auch während der Arbeit lassen sie immer wieder Roboter hinab, um das Bohrloch zu kontrollieren. Aber nicht, um nach Tieren Ausschau zu halten. Proben vom Meeresboden würden sie auch keine nehmen, weder vor noch nach Abschluss der Bohrungen. Von den Umweltstudien wisse er nichts.

Bannister hebt die Schultern, dies sei nicht seine Aufgabe, geschweige denn sein Fachbereich. Sie führten nur aus, was Total und die angolanische Regierung verlangen. »Aber wir tragen jedes Mal ins Logbuch ein, wenn wir Wale sehen oder

Delfine. Und soweit ich weiß, unterbrechen die Erkundungsschiffe, die mit Luftkanonen nach neuen Ölfeldern suchen, ihre Arbeit, wenn Wale in der Nähe sind. Um das für ihre Orientierung wichtige Gehör der Tiere nicht zu schädigen.«

Ich erzähle ihm von den Entdeckungen der Ifremer-Forscher, die vor Angola unterwegs waren. Schon vor meiner Abreise nach Angola hatte ich die Expeditionsberichte von Biozaire 1 und 2 gelesen. Ich berichte Bannister von den Korallenriffen und den Cold Seeps mit ihrem Artenreichtum sowie von den Lebewesen im wüstenähnlich wirkenden Meeresboden. Bannister hört interessiert zu. Von den Ifremer-Expeditionen nach Angola hat er bisher nichts gewusst. Auch auf die empfindlichen Ökosysteme in der Tiefsee hat ihn niemand hingewiesen. Dass am Meeresboden tief unter unseren Füßen überhaupt etwas lebt, ist für den Sicherheitschef der Erdölbohrungen von Total vollkommen neu.

»Wir lassen regelmäßig Proben vom Meeresboden nehmen, um sie zu untersuchen.« Olivier de Langavant, der Generaldirektor der Total-Niederlassung in Angola, und ich sitzen auf schwarzen Ledersesseln in seinem klimatisierten Büro. Der Blick aus den Fenstern geht auf den Küstenboulevard von Luanda. Ich befrage den Manager zu den Umweltstudien, die Total angeblich seit Ende der Biozaire-Expeditionen vor der Küste durchführen lässt. Mit den Details sei er nicht befasst, erklärt de Langavant. Doch etwa alle fünf Jahre würden seines Wissens nach Proben aus der Tiefsee genommen.

Ob das nicht ein recht langer Zeitraum sei, frage ich. »Es gibt keinen Grund, dort öfter nach dem Rechten zu sehen«, antwortet de Langavant. »Wir haben viel Erfahrung aus der Erdölförderung in flacheren Gewässern. Unser Einfluss auf die tiefen Meeresgebiete ist nicht wesentlich anders als derjenige auf den Meeresboden in Küstennähe.« Eine Aussage, der Lénaïck Menot wohl widersprechen würde, denn erstens ist der

»Einfluss« der Ölförderung schon auf die Lebensgemeinschaften in flachen Gewässern nicht unbedenklich. Und zweitens lässt sich die Tiefsee mit flachem Wasser nicht vergleichen.

Schon vor meiner Reise in das südwestafrikanische Land hatte ich darum gebeten, mit den zuständigen Mitarbeitern von Total über die Umweltstudien vor Angola sprechen zu dürfen. Vergebens. Trotz wiederholter Nachfragen erfahre ich weder während meines dortigen Aufenthalts noch nach meiner Rückkehr, wer mit den Studien betraut ist, wo Proben genommen wurden und welche Ergebnisse bisher vorliegen. Erst als ich für dieses Buch noch mehrmals nachhake, erhalte ich per E-Mail doch noch eine konkretere Auskunft.

»In den Jahren 1998, 2000 und 2002 wurden Kontrollstudien in den Gebieten durchgeführt, die Total für die Erdölförderung erkundete«, schreibt mir Stéphan Plisson-Saune, Leiter der Hygiene- und Umweltabteilung bei Total in Angola. »Die Ergebnisse der Studien wiesen zum einen auf eine geringe Artenvielfalt in der Region hin, zum anderen darauf, dass keine Auswirkungen der Öl- und Gasförderung auf die Umwelt erkennbar waren.« Eine Aussage, die den Ergebnissen der Ifremer-Forscher widerspricht. Zwar sind die Auswirkungen auch nach Meinung von Lénaïck Menot und seiner Kollegen nicht gravierend. Aber die Artenvielfalt in der Region ist groß, und rund um die Bohrlöcher hatten die Forscher auch nach Jahren noch eine erhebliche Belastung gemessen – das Ökosystem am Meeresboden hatte sich sehr wohl verändert.

Die Anlagen im Girassol- und Dalia-Gebiet wurden auch von Total zunächst nicht unter die Lupe genommen, räumt Plisson-Saune ein. Erst im Jahr 2009 wurde dort eine breit angelegte Umweltstudie gestartet, schreibt er. Dafür wurden Proben aus der Wassersäule und dem Meeresboden genommen und Fotos gemacht. Drei Wochen lang sei man in all den

Tiefsee-Regionen unterwegs gewesen, in denen Total nach Erdöl bohrt oder es bereits fördert. Die Proben seien zur Auswertung und Klassifizierung der Tierarten an Labore in Banyuls-sur-Mer, Barcelona und London geschickt worden. Auf die Ergebnisse warte man derzeit noch.

Auch wenn die Studien zu spät kommen und die Auslegung der bisherigen Ergebnisse fragwürdig ist: Total gibt sich immerhin Mühe, seiner Verantwortung als Tiefsee-Pionier in Ansätzen gerecht zu werden. Kein anderer Ölmulti, der in die Tiefsee vordringt, hat bisher mehr Umweltstudien vorzuweisen. Auch BP nicht. Im Gegenteil: »Viele Konzerne warten auf unsere Ergebnisse und planen, unsere Methodik dann für ihre eigenen Untersuchungen in der Tiefsee anzuwenden«, schreibt Plisson-Saune.

Einige Ölmultis wie BP, Chevron und Total beteiligen sich an einem von englischen Meeresforschern ins Leben gerufenen Programm: SERPENT, eine »wissenschaftliche und ökologische ROV-Partnerschaft auf der Basis vorhandener industrieller Technologie« (Scientific and Environmental ROV Partnership using Existing iNdustrial Technology). Es ist ein Netzwerk, das es Forschern ermöglicht, auf die Videobilder der ROVs zuzugreifen, die während der Arbeiten der Erdölkonzerne im Einsatz sind. Gelegentlich können sie die Roboter auch für eigene Untersuchungen nutzen – so wie Robert Carneys Kollege im Golf von Mexiko an Bord der *Deepwater Horizon*. Leider seien die Bilder derzeit nicht öffentlich verfugbar, schreibt Carney, die Situation sei kompliziert. Für die Forscher ist SERPENT eine zusätzliche Möglichkeit, an bisher unzugänglichen Orten einen Blick in die Tiefsee zu werfen. Einige neue Tierarten sind auf diese Weise bereits entdeckt worden. Doch umfassende Umweltstudien kann auch dieses Projekt nicht ersetzen.

Die abwartende, sorglose Haltung der Ölindustrie ist zwar

kritikwürdig, doch sie ist nur die eine Seite der Medaille; denn auch die Vorschriften der Staaten, in deren Hoheitsgewässern Erdöl und Gas gefördert werden, sind denkbar lasch. Nirgendwo auf der Welt ist es bisher Pflicht, vor einem Eingriff in die Tiefsee eine ökologische Bestandsaufnahme durchzuführen oder Vorkehrungen für den Fall einer Ölpest in der Tiefsee zu treffen. Auch nicht in den USA, wie sich nun auf fatale Weise zeigt.

David Bannister berichtet, dass sich die angolanischen Behörden bei der Kontrolle der Bohr- und Förderaktivitäten weitestgehend heraushalten. Sie vertrauen auf die Einschätzungen und die »Best Practice« der Ölmultis. Tatsächlich ist der betreffende Artikel im Erdölfördergesetz von Angola gerade einmal zwei Absätze lang. Es heißt darin, dass die Unternehmen die »nötigen Vorsichtsmaßnahmen« treffen sollen, um die Umwelt zu schützen. Die Pläne, um »Schäden zu verhindern«, sollen dem zuständigen Ministerium vorgelegt werden, »einschließlich der Umweltstudien und Überprüfungen«. Auf die Tiefsee wird nicht gesondert eingegangen, der Artikel betrifft alle Förderaktivitäten, an Land und im Wasser.

Total hat wegen dieser zwei Absätze immerhin seine Umweltstudien von 2009 ins Leben gerufen – diese haben in Absprache mit den angolanischen Behörden stattgefunden, teilt mir Stéphan Plisson-Saune mit. Eigene Studien, um die Arbeit der Konzerne in der Tiefsee zu kontrollieren, sind von Angolas Regierung jedoch auch weiterhin nicht geplant. Auf einen Unfall wie den der *Deepwater Horizon* ist das Land erst recht nicht vorbereitet. An Angolas Küste stünde kein derart umfassendes Aufräumkommando zur Verfügung wie in den USA, wo inzwischen über 22000 freiwillige Helfer und 17500 Soldaten der Nationalgarde im Einsatz sind, um Strände, Vögel und Wasser vom Öl zu befreien. Die weltweite Öffentlichkeit würde zudem wohl nur wenig über die Katastrophe erfahren: Der Zugang für ausländische Fernsehteams, Reporter und Nachrichtenagenturen ist in Angola streng reglementiert, auch unser Antrag auf eine Drehgenehmigung wurde erst nach Wochen bearbeitet.

Immerhin könnte sich nach dem Vorfall im Golf von Mexiko zumindest in den USA etwas ändern. Denn BP, Transocean und Co. sind offenbar nicht allein verantwortlich für das Desaster: Laut der *New York Times* und der *Washington Post* hat die zuständige Rohstoffbehörde MMS (Minerals Management Service) über dreihundert Bohrvorhaben und hundert seismische Ölfeldsuchen vor der Küste genehmigt, ohne wie vorgeschrieben zuvor die Wetter- und Ozeanografiebehörde NOAA zu konsultieren. Auch seien kritische Biologen und Techniker in der Behörde »routinemäßig« überstimmt und Warnungen vor Sicherheits- und Umweltrisiken ignoriert worden.

Zudem wurde der Blowout Preventer der *Deepwater Horizon* vor seinem Einsatz nicht überprüft. »Mir wurde nie gesagt, dass wir uns den anschauen sollten«, rechtfertigt sich ein Mitarbeiter der Behörde vor dem US-Kongress. Eine Sprecherin der MMS gibt zu, man habe unter der Regierung von George W. Bush unter enormem Druck gestanden, der Ölindustrie das Leben nicht zu erschweren. Kurz darauf tritt die Leiterin der Behörde, Elizabeth Birnbaum, zurück. Innenminister Kenneth Salazar kündigt an, die MMS umgestalten und die Zahl der Sicherheitsinspektoren von sechzig auf dreihundert erhöhen zu wollen.

Präsident Barack Obama hat den Verkauf neuer Lizenzen für Ölfelder in der Tiefsee – genauer: in tieferem Wasser als 500 Meter – für zunächst sechs Monate untersagt. Zudem solle es keine neuen Bohrungen geben, solange die Ursachen des Unfalls nicht geklärt sind, heißt es. Und die Sicherheitsstandards für neue Ölplattformen sollen erhöht werden. All dies könnte dazu führen, dass sich die Tiefsee-Förderung für die Konzerne bald weniger rentiert. Doch von staatlicher Seite aus wird an den Offshore-Aktivitäten bisher kaum grundsätzlich gerüttelt: Sie sollen vor allem dabei helfen, die Importabhängigkeit der USA von ausländischem Erdöl zu verringern – und dieses Argument wiegt im Zweifel stärker als sicherheits- oder umweltpolitische Bedenken.

Welche Interessen die angolanische Regierung in der Tiefsee verfolgt, erfahre ich auf der Brücke der *Pride Africa*. Gleich neben einem Regal mit den Logbüchern und Arbeitsplänen des Bohrschiffes deutet David Bannister auf eine Karte, die einem bunten Schachbrett ähnelt. Die Kästchen sind durchnummeriert: Insgesamt vierundsiebzig rote, gelbe und blaue Vierecke teilen den Meeresboden vor Angolas Küste in Sektoren ein. Sektoren, in denen nach Öl gesucht wird, erklärt Bannister.

»Das sind sogenannte Blocks: Lizenzgebiete, die Angolas Regierung an ausländische Ölkonzerne verpachtet.« Bis zu einer Linie, die zweihundert Seemeilen vor der Küste verläuft, darf die angolanische Regierung laut dem Seerecht der Vereinten Nationen über das Meer verfügen. Das Wasser, der Meeresboden sowie sämtliche Rohstoffe gehören damit Angola, von den Fischen über die Korallen bis zum Erdöl. Früher waren die Erkundungslizenzen vor Angola noch verhältnismäßig günstig. Für 200 000 bis 300 000 US-Dollar sicherte Total sich in den neunziger Jahren die ersten Lizenzen, um in der Tiefsee nach Öl zu bohren. Heute lässt sich Angolas Regierung jedes Erkundungsrecht mit bis zu einer Milliarde US-Dollar bezahlen. »Einen Picasso muss man kaufen, solange er billig ist«, hatte einer der Mitarbeiter von Total im Forschungszentrum in Pau gesagt. »Damals, in den Neunzigern, galt Angola noch als Geheimtipp.«

Total sicherte sich frühzeitig eines der besten Stücke vom

Das Forschungsschiff *Sonne*: Vor der Küste Neuseelands suchen deutsche, neuseeländische und amerikanische Meeresforscher nach den Erzminen der Tiefsee.

Erster Einsatz des Tauchroboters *Kiel 6000*: Das 3,5 Tonnen schwere Forschungsgerät ist mit Greifarmen, Scheinwerfern und Videokameras sowie einer Tauchtiefe von 6000 Metern eines der modernsten seiner Art.

Ein Schwarzer Raucher in 3000 Meter Meerestiefe:
Schwefelwasser mit bis zu 400 Grad Celsius sprudelt heraus,
in dem Metalle wie Gold, Silber, Kupfer und Zink gelöst sind.

Die Schwarzen Raucher sind Oasen des Lebens: Meeresforscher
vermuten daran eine größere Artenvielfalt als im Regenwald.
Ihre Entdeckung hat die Meeresforschung revolutioniert.

Das Projekt Census of Marine Life hat zum Ziel, alle Bewohner der Ozeane zu zählen und ihnen Namen zu geben.
Wegen der Industrievorhaben drohen immer mehr Tiere
zu verschwinden, bevor sie untersucht werden können.

Die Leuchtqualle Aequorea: Bis zu zehn Millionen
verschiedene Arten von Lebewesen vermuten Forscher in den
Ozeanen – im Vergleich zu 1,6 Millionen Arten an Land.

Am Meeresboden unter den Förderschiffen von Total (Grafik):
ein Spinnennetz aus Pipelines und über 70 Bohrlöcher, auf
einer Fläche, doppelt so groß wie die Stadt Paris.

Korallen im Fördergebiet von Total:
Dass die empfindlichen Lebensgemeinschaften
auch in der dunklen, kalten Tiefsee vor Angola
vorkommen, war bisher unbekannt.

Wettlauf um den Nordpol: Russland setzt am 2. August 2007
eine Flagge am arktischen Meeresboden ab. Geologen
vermuten darunter enorme Mengen Erdöl und Gas.

Kriegsschiffe der amerikanischen Marine patrouillieren vor der
Westküste Afrikas. Die USA passen ihre Militärstrategie den
Rohstofffunden in der Tiefsee an und rüsten auf in der Region,
aus der bald ein Drittel ihres importierten Erdöls stammen soll.

Zerstörung am Meeresboden: Es sieht aus, als wäre hier erst gestern ein Bagger durchgefahren – dabei stammt die Spur vom Manganknollen-Testabbau in den siebziger Jahren.

Erzhaltige Manganknollen aus 5000 Meter Tiefe: Ende der siebziger Jahre wurde erstmals damit begonnen, die Knollen aus dem Pazifik zu fördern. Auch deutsche Unternehmen waren beteiligt.

Inmitten der Manganknollenfelder in 5000 Meter Tiefe entdecken Forscher heute reichhaltige Lebensgemeinschaften – und befürchten großflächige Umweltschäden.

Kuchen. »Hier sind wir.« David Bannister tippt mit dem Finger auf ein Kästchen im Norden der Karte, das von weiteren Sektoren umgeben ist. »Block 17. Ungefähr hier liegt Girassol«, er tippt auf die untere Mitte des Blocks, »und hier Dalia.« Sein Finger wandert ein Stück nach rechts. Block 17 wird von den Strategen bei Total nur noch »Golden Block« genannt: Nirgendwo sonst vor Angola wurde bisher so viel Öl entdeckt wie hier. Ein Glücksgriff, den Total bald zu wiederholen hofft. David Bannister zeigt auf Block 32. Er grenzt im Westen an Block 17. Und liegt genau dort, wo der Meeresboden laut Karte auf bis zu 2500 Meter Tiefe abfällt. »Dort wird die *Pride Africa* als Nächstes zum Einsatz kommen«, sagt Bannister. Im Block 32 finden derzeit die meisten Erkundungsaktivitäten von Total statt.

Angolas Regierung verdient gut am Verkauf der Tiefsee-Lizenzen. Jedes Jahr werden die Pachtrechte für die Blocks in einer neuen Runde an die Meistbietenden versteigert. Zu diesen Einnahmen kommen die staatlichen Anteile am Verkauf des Erdöls, denn der schwemmt nicht nur Geld in die Kassen der Konzerne. Er sorgt auch dafür, dass Angola inzwischen eine völlig neue Rolle auf dem Weltmarkt spielt, wie ich an meinem letzten Tag an Bord der schwimmenden Städte vor Afrikas Küste erfahre.

Meine Finger krallen sich in die Seile, mit dem linken Fuß taste ich nach der nächsten Holzlatte, ich blicke nach oben und schwitze. Winzig klein sind zwei Köpfe zu erkennen, die sich über die Reling beugen und mir etwas zurufen. Die Köpfe markieren das Ziel meines Aufstiegs: das Deck des Supertankers *Cosmic Jewel*. Ich stehe auf einer Strickleiter, die an der roten Außenwand des Öltankers hängt, und sehe mich um.

Etwa zehn Meter unter mir wippt das Schnellboot auf und

ab, das mich vor Sonnenaufgang von der *Dalia* zum Tanker gebracht hat. Nun brennt die Sonne bereits auf mich nieder, ein freundlicher Angolaner hält unten das Ende der Strickleiter fest und lächelt zu mir herauf. Die wacklige Leiter ist die einzige Möglichkeit, auf hoher See und ohne Hubschrauber auf diesen Tanker zu gelangen, der so hoch aus dem Wasser ragt wie ein fünfstöckiges Haus.

Ich kämpfe mich ein paar Stufen weiter nach oben. Rechts und links von mir ist nichts als offenes Meer, der Tanker schwankt samt Strickleiter ziemlich auf und ab, und ein Sturz zurück auf das Schnellboot erscheint mir als keine gute Idee. Für einen Moment frage ich mich, ob ich den richtigen Beruf gewählt habe.

Als ich mit zittrigen Knien auf dem Deck des Tankers ankomme, wartet dort niemand mehr auf mich. Die Männer an der Reling wurden bereits auf ihre Posten gerufen, ihr Einsatz hat begonnen. Ich drehe mich in Richtung Heck und sehe sie arbeiten: Eine meterdicke schwarze Ölleitung ragt von der Wasseroberfläche aus über die Reling nach oben, sie hängt am Haken des Schiffskrans, der sie immer weiter über das Deck des Tankers zieht. Unter lauten Rufen und mit Hilfe von Spanngurten und Hammerschlägen wird sie an einem der mannshohen Ventile des Tankers befestigt, dann folgt eine weitere dicke schwarze Leitung, die ebenfalls mit einem Ventil verbunden wird.

Die *Cosmic Jewel* ist gekommen, um den Bauch des Förderschiffs *Dalia* leerzupumpen. Der Supertanker fasst zwei Millionen Barrel Öl. Eine Million Barrel werden bis zum Nachmittag durch die Schläuche in seinen Tank fließen, den Rest der Ladung wird die *Cosmic Jewel* in Nigeria abholen. Bei einem Ölpreis von hundert Dollar pro Fass, dem Durchschnittspreis im Jahr 2008, hat das Erdöl aus dem Bauch der *Dalia* einen Marktwert von hundert Millionen Dollar. Alle zwei Tage legt ein solcher Supertanker an den etwa zwei Kilometer von den FPSO *Dalia* und *Girassol* entfernten Betankungsbojen an. Angola ist zu einer der wichtigsten Anlaufstätten auf den weltweiten Routen der Supertanker geworden.

»Die *Cosmic Jewel* ist von BP gechartert und auf dem Weg nach Canaport, einem Ölhafen an der Ostküste Kanadas«, berichtet der Lotse des Förderschiffs *Dalia*, der dem Tanker schon in der Nacht den Weg zur Betankungsboje gewiesen hat. »Das meiste Erdöl, das wir hier fördern«, fügt er hinzu, »geht allerdings nach China oder in die USA.« Die Vereinigten Staaten importieren inzwischen mehr als doppelt so viel Erdöl aus Angola wie aus Kuwait.

Die Hälfte der Einnahmen aus dem Erdölexport bleibt bei den Ölkonzernen. Die andere Hälfte geht in Form von Steuern und Abgaben an die angolanische Regierung. Als Teilhaber an Ölfeldern und Förderanlagen tritt zudem immer öfter die staatliche angolanische Ölgesellschaft Sonangol auf. Sonangol ist auch mit der Verwaltung und Verpachtung der Öllizenzen betraut. Die bis vor wenigen Jahren international kaum bekannte Firma ist inzwischen Eigentümer zahlreicher Banken sowie Transport-, Maschinenbau- und Telekommunikationsunternehmen. So hat sich Sonangol zu einem der mächtigsten Konzerne auf dem afrikanischen Kontinent entwickelt.

Aus dem gesamten Golf von Guinea, dem Meeresgebiet vor der Westküste Afrikas, stammen inzwischen etwa 15 Prozent des importierten Erdöls der USA. Dieser Anteil soll sich nach Angaben des amerikanischen Energieministeriums innerhalb der kommenden Jahre auf bis zu 30 Prozent erhöhen. Die Westküste Afrikas hat für die USA strategische Vorteile: Die Transportwege nach Nordamerika sind kurz, und die neuen Erdölquellen könnten die Abhängigkeit von den konfliktträchtigen Staaten im Nahen Osten verringern.

Angola spielt im Golf von Guinea eine führende Rolle. Dank der Ölfelder in der Tiefsee ist das Land zum wichtigsten Erdölproduzenten im südlich der Sahara gelegenen Afrika aufgestiegen – und Total zum wichtigsten ausländischen Ölkonzern in ganz Afrika. Mit knapp zwei Millionen Barrel Erdöl am Tag überstieg die Fördermenge Angolas im Jahr 2008 erstmals die aus Nigeria, dem bisherigen Erdölgiganten Schwarzafrikas.

Auch der mächtigen OPEC (Organisation erdölexportierender Länder) blieb Angolas Aufstieg nicht verborgen. Wer die Schwergewichte am Ölmarkt waren, schien lange Zeit festzustehen: Irak, Iran, Kuwait, Saudi-Arabien und Venezuela – die Gründungsstaaten der OPEC – sowie Katar, die Vereinigten Arabischen Emirate, Libyen, Algerien und Nigeria, die später hinzukamen. Doch im Januar 2007 wurde Angola in die OPEC aufgenommen, als erstes neues Mitglied seit über dreißig Jahren. Seither bestimmt die Regierung in Luanda mit, wenn es darum geht, Erdölfördermengen festzulegen und damit Einfluss zu nehmen auf den Ölpreis und die globale Wirtschafts- und Finanzwelt.

»Diese Entwicklung wird dabei helfen, Angola aus der Armut zu ziehen«, davon ist João Cangunga überzeugt. Auf dem Rückflug vom FPSO *Dalia*, im Helikopter weit über dem Atlantik, schildert mir der große, schlanke Angolaner hinter seiner modernen, randlosen Brille seine Hoffnungen – wieder einmal laut rufend, um die Fluggeräusche zu übertönen. »Die Erdölförderung aus der Tiefsee ist eine Riesenchance für unser Land.«

Zumindest war sie es für Cangunga selbst. Als der heutige Trainingsleiter bei Total fünf Jahre alt war, »verschwand« sein Vater in den Wirren des Bürgerkriegs. Joãos Mutter half fortan im Krankenhaus aus, um ihn und seine zwei Geschwister zu ernähren. Kurz vor Kriegsende war sie einmal auf dem Weg zu Verwandten in der Nähe von Luanda, erzählt Cangunga. Sie fuhr über eine Mine. João Cangunga war 19 Jahre alt, als seine Mutter starb. Damals hatte er bereits damit begonnen, Ingenieurwissenschaften in Luanda zu studieren, Schwerpunkt Petrochemie. Nur in dieser Branche habe es schon damals eine Zukunft gegeben, sagt er. Er lebte mit seinen beiden Geschwistern zusammen und arbeitete nach seinem Diplom für das Nationale Ölinstitut Angolas. Bis er Anfang der neunziger Jahre von Total abgeworben wurde. Er habe Anfragen von gleich drei ausländischen Ölkonzernen gehabt, erinnert er sich – Petroingenieure waren in Angola rar.

Seitdem ging es für ihn bergauf. Total finanzierte Cangunga eine Zusatzausbildung, schickte ihn nach Frankreich und in die USA und ernannte ihn schließlich zum Training Coordinator an Bord der Tiefsee-Anlagen vor Angola. Kein Wunder, dass Cangunga von den positiven Auswirkungen der Erdölförderung auf sein Land überzeugt ist.

Tatsächlich wächst Angolas Wirtschaft seit etwa 2005 um knapp 20 Prozent jährlich – es ist ein weltweiter Rekord. Die Einkünfte Angolas aus dem Erdölgeschäft werden auf etwa 20 Milliarden Dollar im Jahr geschätzt. Doch es sind – neben einem geringen Erlös aus dem Diamantenexport – so gut wie die einzigen Einkünfte des Landes: Das Erdöl macht über 90 Prozent der Exporte aus sowie rund 80 Prozent des Staatshaushaltes. Eine Einseitigkeit, die als gefährlich gilt. Sobald der Erdölsektor einbricht – was 2009 kurzzeitig der Fall war –, droht dem Staat der Bankrott.

Inzwischen haben im Land vor allem die Tiefsee-Erdölprojekte wieder an Fahrt aufgenommen. Doch bei der Bevölkerung kommt von dem neuen Reichtum kaum etwas an. In den Tagen, die ich an Land verbringe, besuche ich einen Straßenmarkt, auf dem Obst, Brot und billige Kleidung verkauft werden. Ich fahre durch endlose Barackensiedlungen, in denen es weder Strom noch fließendes Wasser gibt. Ich besuche eine Schule und ein Waisenhaus. Die Stimmung in den Straßen Luandas erscheint mir angespannt, bedrückt. Nach Angaben der angolanischen Botschaft in Deutschland leben über 90 Prozent der Bewohner Angolas in Armut.

Staatspräsident José Eduardo dos Santos versprach im Wahlkampf 2008 – der mit seiner Wiederwahl endete –, zahlreiche »Projekte zur Wiederherstellung des Landes« weiterführen zu wollen. Es gibt viel zu tun: Neue Schulen, Straßen und Eisenbahnlinien sollen her, die Stromversorgung soll verbessert, die Entsorgung von Müll und Abwasser modernisiert und die Basis für eine funktionierende Landwirtschaft gelegt werden. Noch ist die Infrastruktur selbst im kaum kriegsversehrten Luanda weit davon entfernt zu funktionieren. Stromausfälle sind an der Tagesordnung, die Kanalisation ist völlig überfordert, Zugang zu sauberem Wasser oder einer Telefonleitung haben die wenigsten.

Angolas Wiederaufbau wird noch Jahre dauern und Milliarden verschlingen, darin sind sich Beobachter einig. Das Geld dafür ist dank des Erdöls zwar grundsätzlich da – dies unterscheidet Angola von Ländern, die eine ähnlich arme Vergangenheit haben. Das Problem ist nur, dass aus den Erdölerlösen immer wieder große Summen verschwinden, ohne dass nachvollziehbar ist, wohin sie gelangen.

Die Regierung von Präsident Dos Santos könne für den Verbleib von mehreren Milliarden US-Dollar keinerlei Nachweis erbringen, monieren Organisationen wie der Internationale Währungsfonds, Transparency International und Human Rights Watch. Gleichzeitig wachsen die Villenviertel, in denen Mitglieder der Regierung untergebracht sind, in Luandas wenigen Nobelvororten weiter. Immer mehr ausländi-

sche Unternehmen im Land legen inzwischen ihre Zahlungs-
ströme offen. Auch Total hat sich der Extractive Industries
Transparency Initiative (EITI) angeschlossen, einer weltweiten Initiative von Staaten und Unternehmen, die dafür sorgen
will, dass die Erlöse aus dem Handel mit Rohstoffen den Bewohnern des jeweiligen Landes zugute kommen. Korruption
soll bekämpft und nachhaltige Investitionen sollen gefördert
werden. Zudem finanziert der Konzern auf eigene Faust
Schulen, medizinische Einrichtungen und Ausbildungsstät-
ten. Angolas Regierung nimmt es dankbar an. Doch der Initiative EITI ist sie bisher nicht beigetreten.

Die Sorge um Angolas innenpolitische Stabilität und um die
Sicherheit in der gesamten Region treibt nicht nur die Ölkonzerne um, die hier auch in zwanzig Jahren noch in Ruhe Öl
fördern wollen. Im Hafen von Luanda legen immer öfter ungewohnte Gäste an: Kriegsschiffe der U.S. Navy. Entlang der
gesamten Küste des Golfs von Guinea sind sie seit einigen Jahren unterwegs – zwar in friedlicher Mission, aber doch mit
dem unübersehbaren Ziel, ihren Einfluss auch in dieser bisher
nur wenig beachteten Region auszubauen. Die U.S. Navy hat
im Sommer 2007 die Africa Partnership Station ins Leben gerufen. Eine eigene Flotte der amerikanischen Marine, die das
Militär entlang der Westküste Afrikas trainiert, berät und »in
technischen Fragen unterstützt«.

An den Küsten des Golfs von Guinea seien Wohlstand und
Sicherheit bedroht, begründet die U.S. Navy die Initiative.
Vor allem »durch den Mangel an Regierungsgewalt auf ho-
her See«. Fehlende Kontrollmechanismen führten vor der
Westküste Afrikas zu »illegaler Fischerei, Drogenschmuggel,
Menschenschmuggel, Umweltproblemen, Piraterie und dem
Diebstahl von Öl«. Gefahren, denen die amerikanische Ma-
rine durch »Hilfe zur Selbsthilfe« vorbeugen will. »Ein wohl-

habendes und stabiles Afrika ist nicht nur gut für die Afrika-
ner, sondern auch für den Rest der Welt«, heißt es bei der
Navy. Man will sich Freunde machen und Kontrolle ausüben
in einer Region, die für die USA strategisch immer wichtiger
wird.

Schon bald könnten weitere Schritte folgen. So wird die
günstige Lage von São Tomé und Príncipe, einem Inselstaat
im Golf vor den Küsten Nigerias, Kameruns und Gabuns,
von amerikanischen Militärs bereits mit der strategischen Bedeutung der Insel Diego Garcia verglichen – einer Militärba-
sis im Indischen Ozean für Einsätze in Afghanistan und im
Irak. Und angeblich will auch China – zweitwichtigster Ab-
nehmer angolanischen Öls – seine militärische Präsenz in der
Region erhöhen. Wirtschaftlich ist China bereits in vielen
afrikanischen Staaten fest verankert.

Um das Engagement in Afrika noch zu steigern, hat das
Verteidigungsministerium der USA neben der Africa Partnership Station ein neues Regionalkommando der Streitkräfte
ins Leben gerufen: das United States Africa Command, kurz
AFRICOM. Noch ist AFRICOM am selben Ort untergebracht
wie das US-Militärkommando für Europa: in Stuttgart. Ein
geeigneter Hauptsitz in Afrika werde derzeit gesucht, heißt
es. Die U.S. Navy empfiehlt, AFRICOM auf Flugzeugträgern
und Schiffsflotten zu stationieren. Um schnell vor Ort sein zu
können, wenn sich ein Konflikt vor der Küste Afrikas ab-
zeichnet.

Selbst die NATO hält eine stärkere Überwachung des See-
raums im Golf von Guinea für unabdingbar – und das nicht
erst seit den zahlreichen Fällen von Piraterie an der Ostküste
Afrikas. Experten des Militärbündnisses überlegen seit einigen Jahren explizit, wie man die Offshore-Anlagen von Erd-
ölkonzernen und die Transportwege von Tankern besser sichern kann – auch unter Beteiligung der deutschen Marine.

Tatsächlich sind die schwimmenden Erdölfabriken vor Angolas Küste weder gegen Terrorangriffe, Entführungen oder Piraterie noch gegen sonstige Attacken von See oder aus der Luft geschützt. Es patrouillieren keine Sicherheitsdienste, es gibt keine Waffen an Bord und keine Schiffe, die in den Fördergebieten nach dem Rechten sähen. Weder Angolas Militär noch die Erdölkonzerne sind dafür ausgerüstet.

Die Ölfunde in der Tiefsee führen derweil nicht nur im Golf von Guinea zu ersten militärischen Maßnahmen. Nachdem vor Brasilien Ölfelder entdeckt wurden, in denen insgesamt die gigantische Menge von 50 Milliarden Barrel Erdöl vermutet wird, hat das südamerikanische Land vier neue militärische U-Boote in Auftrag gegeben. Eines davon soll ein Atom-U-Boot sein.

Solche Abschreckungsmaßnahmen kommen nicht von ungefähr. Wegen des Erdöls aus der Tiefsee droht immer öfter Streit zwischen Staaten, die um die Hoheitsrechte auf See zu kämpfen bereit sind. Solche Konflikte kündigen sich sowohl vor Angola als auch vor Brasilien an – und vor den Küsten vieler weiterer Staaten. Je tiefer Forscher und Konzerne ins Meer vordringen und je mehr Rohstoffe sie dort entdecken, desto dringender stellt sich eine Frage, die jahrtausendelang keine Rolle spielte: Wem gehören die Rohstoffe der Tiefsee? Und wer darf sie ausbeuten?

Grenzstreitigkeiten, die es bisher vor allem an Land gab, verlagern sich hinaus aufs offene Meer. Überall dorthin, wo neue Lagerstätten gefunden werden – in Meerestiefen, die zuvor als unzugänglich galten. Die Frage, wer über die Schätze der Tiefsee verfügen darf, birgt zu Beginn des 21. Jahrhunderts neuen Konfliktstoff zwischen rohstoffhungrigen Staaten.

Wem gehört das Meer?

Kanonenboote auf hoher See

Am 2. August 2007 macht eine Expedition russischer Meeresforscher Schlagzeilen. »Russland greift nach dem Nordpol«,
»Moskau steckt seine Claims ab«, »Kampf um die Arktis« –
so oder ähnlich titeln die Zeitungen, die Forschungsfahrt
wird zum Aufmacher der meisten Nachrichtensendungen.

Die Bilder der Expedition gehen um die Welt: Unter der
arktischen Sonne arbeitet sich ein imposanter Eisbrecher
durch krachende Eisschollen. An Bord weht eine russische
Fahne. Ein weiteres Schiff transportiert wertvolle Fracht: die
russischen Forschungs-U-Boote *Mir 1* und *Mir 2,* die bis auf
6000 Meter Tiefe tauchen können. Nacheinander werden sie
ins eisige Wasser gelassen. Dann folgen Unterwasseraufnah-
men: Ein U-Boot schaltet seine Lichter ein, taucht immer
tiefer hinab, bis es den hellbraun gefärbten Boden erreicht.
Drei Männer sind zu sehen. Sie sitzen im Inneren des
U-Boots und blicken aufgeregt nach draußen. Dorthin, wo
der Greifarm des Bootes die weiß-blau-rot gestreifte russische Flagge umklammert hält. Langsam senkt seine Metallklaue die Flagge ab. Schlamm wirbelt auf, als ihr runder Fuß
den Meeresboden berührt. Wenig später steht die russische
Flagge – gefertigt aus rostfreiem Titan und Kunststoff – am
Boden der Arktis. In 4261 Meter Tiefe. Genau am geografischen Nordpol.

»Der Nordpol ist russisch!«, ruft Expeditionsleiter Artur

Tschilingarow, als er wieder aus dem U-Boot klettert. Die Flaggensetzer werden von ihren Kollegen und geladenen Pressevertretern euphorisch gefeiert. Die Bilder vermitteln eine klare Botschaft. Und Tschilingarow erklärt diese in Interviews gerne immer wieder: »Wir wollen beweisen, dass der Meeresboden am Nordpol zum russischen Festland gehört.« Der russische Geologe und Polarforscher ist im Auftrag des Kreml unterwegs, er ist seit Jahren der Sonderbeauftragte der russischen Regierung für die Arktis. »Wer in hundert oder in tausend Jahren zum Nordpol hinabtaucht«, freut sich Tschilingarow, »wird dort die russische Flagge sehen. Es ist ein bisschen wie auf dem Mond, nur in umgekehrter Richtung.«

Die Flagge am Nordpol ist eine politische Provokation. Wie zu erwarten war, bricht in den Tagen und Wochen nach der russischen Expedition ein internationaler Sturm der Entrüstung los. Vor allem die übrigen Anrainer der Arktis – Norwegen, Grönland (das von Dänemark in der Außenpolitik vertreten wird), Kanada und die USA – betrachten die Aktion als politischen Affront. Aber auch Staaten wie Deutschland sind alarmiert: Die Arktis ist internationales Gebiet und gehörte bisher niemandem. Jahrhundertelang war sie kaum zugänglich. Nun hoffen Deutschland und andere Handelsnationen auf eine eisfreie, friedliche Schiffspassage in Richtung Pazifik. Doch durch den politischen Wirbel droht diese in weite Ferne zu rücken.

Was war geschehen? Seit das arktische Meereis infolge der globalen Erwärmung immer schneller schmilzt, erkunden Wissenschaftler das Nordmeer erstmals genauer. Vor wenigen Jahren verkündete der geologische Dienst der USA, dass unter dem Boden der Arktis riesige Vorräte an Erdöl und Gas liegen könnten. Russland und die anderen Staaten horchten auf. Die Geologen haben ihre Schätzungen zwar inzwischen ein wenig nach unten korrigiert. Doch noch immer glauben sie, dass bis zu 90 Milliarden Barrel Öl unter der Arktis schlummern. Das wären 7,5 Prozent der weltweit bekannten Erdölvorkommen. Hinzu kommen geschätzte 47 Billionen Kubikmeter Erdgas, was etwa 30 Prozent der weltweiten Vorkommen entspräche. Auch wenn nicht klar ist, ob diese Zahlen Bestand haben werden: Die Anrainerstaaten spekulieren auf ein Milliardengeschäft in der arktischen Tiefsee. Allen voran Russland.

Als Antwort auf die russische Flagge kommt es zu Machtdemonstrationen: Kanada hält Militärmanöver in der Arktis ab und kündigt an, eisgängige Patrouillenboote bauen zu wollen. Dänemark beginnt mit der Kartierung des arktischen Meeresbodens, um eigene Ansprüche auf den Nordpol zu erheben. Erstmals seit Ende des Kalten Krieges lassen die USA und Russland Atom-U-Boote und Bomber in der Arktis patrouillieren – angeblich sind es reine Routineübungen. Doch es wundert nicht, dass einige Beobachter einen »neuen Kalten Krieg« im eisigen Nordmeer heraufziehen sehen.

Die Drohgebärden haben sich inzwischen weitestgehend gelegt, die Arktisstaaten suchen in gemeinsamen Konferenzen nach einer friedlichen Lösung. Doch immer wieder flammt der Streit auf – und das ungute Gefühl verstärkt sich: Vor Angola erhöht die wichtigste Großmacht USA ihre militärische Präsenz in der Region, unter anderem wegen des Erdöls aus der Tiefsee. Die U-Boote, die Brasilien kaufen will, und die strategischen Überlegungen der NATO deuten ebenfalls in eine konfliktreiche Zukunft. Werden sich Szenen wie die am Nordpol also schon bald an vielen Orten wiederholen? Drohen vor den Küsten der Welt die Rohstoffkriege der Zukunft?

Auf der Suche nach Antworten treffe ich den Mann, der als einer der weltweit führenden Experten bei Streitfällen auf See gilt: Rüdiger Wolfrum. Der 68-Jährige ist Konfliktberater im Sudan, als Professor Direktor des Heidelberger Max-Planck-Instituts für Völkerrecht und seit 1996 einer von 21 Richtern am Internationalen Seegerichtshof in Hamburg. Von 2005 bis 2008 hatte er als Präsident dieses Weltgerichts auf deutschem Boden die Stelle als oberster Seerechtler der Vereinten Nationen inne.

Aus der Reihe der vielen noblen Anwesen an der Hamburger Elbchaussee sticht das Gelände des 1996 eröffneten Seegerichtshofs durch seine Weitläufigkeit hervor. Eine alte Villa auf der Anhöhe eines Parks ist saniert und um einen modernen Gebäudekomplex ergänzt worden: viergeschossig, lichtdurchflutet, Würde und Größe ausstrahlend, ohne zu protzen. Aus der Luft gesehen ähnelt der neue Gebäudeteil der Form einer Schiffsschraube. Wer den Gerichtshof betreten will, muss Passkontrollen und Metalldetektoren wie an einem Flughafen über sich ergehen lassen. Der Seegerichtshof ist exterritoriales Gebiet, weder Deutschland noch die Europäische Union haben hier etwas zu sagen. Vor dem Eingang weht eine blaue Flagge, darauf prangt sein Emblem: eine silberne Waage über zwei gewellten Linien – einer stilisierten Wasseroberfläche. Darum ranken sich die beiden Olivenzweige, die alle Embleme der Vereinten Nationen kennzeichnen.

Über Galerien und Gänge führt mich die Pressesprecherin des Gerichtshofs, Julia Ritter, in den obersten Stock, zu Rüdiger Wolfrums Büro. Insgesamt sind drei Gerichtssäle, elf Konferenzräume, 25 Richterzimmer und 74 Büros in dem Gebäude untergebracht. Die meiste Zeit im Jahr herrscht jedoch gähnende Leere. Wenn nicht gerade Seminare oder Verhandlungen stattfinden, sind die 37 ständigen Mitarbeiter aus 18 verschiedenen Ländern allein im Haus. Sie kümmern sich um Verwaltung und Bibliothek, Seminarvorbereitungen und die Pressearbeit.

Die 21 Richter, die aus ebenso vielen Ländern stammen, reisen nur dann nach Hamburg, wenn eine Tagung zu neuen Entwicklungen im Seerecht oder zum Haushalt ansteht. Und natürlich, wenn Recht gesprochen werden muss. Sie sollen eingeschaltet werden, wenn auf See etwas umstritten ist: Grenzen, Fischereirechte, die Verschmutzung der Umwelt und vor allem der Abbau von Bodenschätzen. Grundlage ihrer Arbeit ist die Seerechtskonvention der Vereinten Nationen, die von den meisten Staaten der Welt unterzeichnet wurde. Für die friedliche Beilegung politischer Konflikte ist in Hamburg also eigentlich bestens vorgesorgt.

»Bisher hat der Seegerichtshof 15 Fälle verhandelt«, zählt Julia Ritter auf, als sie mich in Rüdiger Wolfrums Büro führt. »Dabei ging es immer um Fragen des Fischereirechts. Mal hatte eine Flotte unerlaubt in den Küstengewässern eines anderen Staates gefischt, mal wurden Fangquoten überschritten, solche Dinge.« Zu Gebietsansprüchen auf See hingegen wurde in Hamburg bisher noch kein einziger Fall verhandelt. Dabei gäbe es genug zu regeln – zum Beispiel am Nordpol.

»Die russische Flagge am Meeresboden war ein schöner Presseakt, mehr aber auch nicht«, sagt Rüdiger Wolfrum lächelnd, als wir in seinem großen, hellen Büro Platz genommen haben. »Völkerrechtlich ist diese Flagge völlig bedeutungslos.«

War die ganze Aufregung also unbegründet? Der Richter wird ernst. »Nein«, sagt er mit Nachdruck. »Die Russen haben mit dieser Aktion auf sehr elegante Weise auf ein Problem hingewiesen, das es in der Arktis gibt, aber nicht nur dort: Es ist die Frage, wem das Meer gehört.« Diese Frage stelle sich tatsächlich an immer mehr Orten der Welt – seit in der

Tiefsee immer mehr Rohstoffe gefunden würden. Eines sei sicher, meint Rüdiger Wolfrum: In Zukunft werden sie am Seegerichtshof wegen solcher Streitigkeiten »alle Hände voll zu tun haben«.

Denn hinter dem russischen Vorstoß stand kein plötzlicher Anfall von Größenwahn, auch wenn es vielleicht so wirkte. Die Expedition, bei der die russischen Tauchboote nicht nur die Fahne absetzten, sondern auch zahlreiche geologische Proben vom Meeresboden nahmen, sollte einen völkerrechtlich vollkommen legalen Antrag untermauern. Ein Antrag, mit dem Russland seine Gebietsansprüche auf See ausweiten will.

»Um zu erklären, worum es hier wirklich geht, kommen wir um einen kleinen Ausflug in die Geschichte des Seerechts nicht herum«, sagt Rüdiger Wolfrum mit einem Lächeln. Ich rücke auf meinem Stuhl in eine bequemere Position und höre gespannt zu.

Das heute gültige Seerechtsübereinkommen der Vereinten Nationen trat 1994 in Kraft. Davor herrschte weitestgehend Chaos. Jahrhundertelang galt auf See die »Freiheit der Meere«. Keine Grenzen oder Gesetze schränkten Seefahrer und Fischer auf den Weltmeeren ein. Erst zu Beginn des 18. Jahrhunderts reklamierten die aufkommenden National-staaten auch Besitzansprüche auf See. Ein niederländischer Jurist schlug eine Grenzlinie vor, die drei Seemeilen vor der Küste verlaufen sollte. Die Distanz war kein Zufall: Sie entsprach der Reichweite einer Kanonenkugel. Alles außerhalb dieser 3-Seemeilen-Zone sollte weiterhin internationales Gewässer sein und niemandem gehören.

Die Regelung wurde nirgendwo schriftlich vereinbart, aber als Gewohnheitsrecht anerkannt. Doch schon im 19. Jahrhundert fühlten sich immer mehr Staaten von ihr einge-schränkt. Sie forderten weiträumigere nationale Zonen – um fischreiche Gebiete vor fremder Ausbeutung schützen und die Transportwege ihrer Handelsflotten militärisch sichern zu können. Es kam zu Gefechten auf See, zahllose ungelöste Streitfälle schwelten vor sich hin. Zu Beginn des 20. Jahrhunderts legten erste Staaten auf eigene Faust einen weitläufigeren Grenzverlauf vor ihrer Küste fest. Das Wettrennen um die Hoheitsrechte auf See war eröffnet.

Nach Ende des Zweiten Weltkriegs kam die Frage des Seerechts schließlich auf die internationale Tagesordnung. In einem waren sich die Mitglieder der neu gegründeten Vereinten Nationen einig: Für die Meere musste eine international verbindliche Regelung her. Doch es dauerte noch einmal über dreißig Jahre, bis alle strittigen Punkte geklärt waren. Von den ersten Beratungen im Jahr 1949 bis zur Verabschiedung des Seerechtsübereinkommens der UNO im Jahr 1982 galt es, etliche bestehende Verträge, bilaterale Vereinbarungen und willkürlich gezogene Grenzen auf See für ungültig zu erklären, alte Formulierungen anzupassen und neue zu finden. Und es dauerte noch einmal zwölf Jahre, bis mit sechzig Staaten genügend UNO-Mitglieder das Übereinkommen ratifiziert hatten, sodass es Ende 1994 in Kraft treten konnte.

Heute haben insgesamt 159 Staaten die Seerechtskonvention oder UNCLOS (United Nations Convention for the Law of the Sea) in ihre nationale Gesetzgebung aufgenommen. Auch Deutschland hat die Konvention im Oktober 1994 ratifiziert. Wer nicht dabei ist, hält weiter an seinen eigenen Regeln fest. Diese decken sich zwar oft mit den Vorgaben der Seerechtskonvention, unterliegen jedoch nicht ihrer Gerichtsbarkeit – und müssen daher auch nicht anerkannt werden.

Rüdiger Wolfrum schlägt einen schweren Atlas vor mir auf. »Die Seerechtskonvention unterteilt das Meer vor den Küsten der Welt in drei Zonen«, erklärt er. Auf einer Karte der deutschen Nordseeküste fährt er mit einem Stift eine gestrichelte Linie entlang. Sie verläuft vor den Ostfriesischen Inseln bis hinauf nach Sylt. »Dies ist die erste Zone, die 12-Seemeilen-Zone. Innerhalb dieser Linie ist das Meer staatliches Territorium«, erklärt Wolfrum. Das heißt, dort werden Pässe kontrolliert, Zölle erhoben und die nationalen Gesetze im Zweifel mit Militärgewalt durchgesetzt.

»An dieses Küstengewässer grenzt die zweite Zone an, die sogenannte Ausschließliche Wirtschaftszone oder 200-Seemeilen-Zone.« Wolfrums Kugelschreiber fährt hinaus aufs offene Meer, wo eine dickere Linie in einem spitzen Keil endet – Deutschlands Ausschließliche Wirtschaftszone liegt eingezwängt zwischen den Zonen der Niederlande und Dänemarks. Wo sie nicht bis auf 200 Seemeilen hinausgehen kann, müssen die Staaten sich auf gemeinsame Lösungen einigen. »In dieser Zone darf der Staat über die Nutzung der natürlichen Ressourcen im Meer verfügen«, sagt Wolfrum. »Also über Lebewesen und Bodenschätze. Er darf Fangquoten für die Fischerei festsetzen, Lizenzen für die Suche nach Rohstoffen vergeben und über ihren Abbau entscheiden.« Sämtliche Einnahmen aus der Fischerei und der Rohstoffausbeutung innerhalb der 200-Seemeilen-Zone darf der Staat behalten – was in Angola zu neuem Reichtum führt.

»Alles außerhalb dieser Grenzen bildet die dritte und größte Zone: die Hohe See, das internationale Gewässer«, schließt Wolfrum seine Erklärungen. Die Hohe See umfasst ein gigantisches Gebiet, das doppelt so groß ist wie alle Ausschließlichen Wirtschaftszonen der Welt zusammen. Rund 65 Prozent der Meere gehören völkerrechtlich bisher niemandem.

Doch diese Zone könnte in Zukunft immer kleiner werden. Die Seerechtskonvention gestattet es allen Unterzeichnerstaaten, ihre Hoheitsrechte auf bis zu 350 Seemeilen vor

der Küste auszudehnen – je nachdem, wie weit sich der sogenannte Kontinentalschelf vor ihrer Küste, also der Bereich
des Meeresbodens, der geologisch noch zum Kontinent gehört, ins Meer hinaus erstreckt. In dieser zusätzlichen Zone
dürfen sie zwar nicht über Fische oder sonstige Ressourcen
im freien Wasser verfügen, wohl aber über sämtliche Rohstoffe am und unter dem Meeresboden. Das Wasser ist weiterhin internationales Gebiet, der Boden untersteht den Ho-
heitsrechten des jeweiligen Küstenstaates.

»Russland hat als einer der ersten Staaten von dieser Regelung Gebrauch gemacht«, erklärt Rüdiger Wolfrum, »und
einen Antrag gestellt auf Erweiterung seiner Hoheitsrechte.«
Doch noch wurde dem russischen Antrag nicht stattgegeben.

Wohin es führen kann, wenn nicht klar ist, wem die Rohstoffe im Meeresboden gehören, zeigt ein Vorfall zwischen
Japan und Südkorea. Gegen ihn wirkt die russische Fahne am
Nordpol fast rührend harmlos. Der Vorfall ereignete sich im
Jahr 2006, und der Hintergrund, vor dem er sich abspielte,
hat bis heute nichts von seiner Brisanz eingebüßt. Das Problem
ist noch immer ungelöst. Es zeigt, dass schon die 200-Seemei-
len-Regelung jede Menge Konfliktpotenzial birgt.

Im April 2006 kommt es zu einem militärischen Zusam-
menprall im Meeresgebiet zwischen Japan und Südkorea. Europäische Rundfunkanstalten und Zeitungen schenken dem
Vorfall kaum Beachtung. Nicht so koreanische und japanische Medien, die in ihren Hauptnachrichten über das Er-
eignis berichten. Ich lasse mir die Fernsehbilder der dortigen Sender zukommen. Was ich sehe, verschlägt mir fast den
Atem.

Am Mittwoch, dem 14. April 2006, nimmt ein japanisches
Forschungsschiff Kurs auf eine winzige Inselgruppe im Meer
zwischen Japan und Südkorea. Man wolle den Meeresboden

rund um die unbewohnten Inseln vermessen, heißt es. Seit über hundert Jahren ist unklar, wem die Inselgruppe gehört; beide Seiten erheben Territorialansprüche. Japan nennt die spärlich bewachsenen Felsen Takeshima, in Südkorea heißen sie Dokdo. Mit gerade einmal 0,2 Quadratkilometern messen sie bloß ein Fünftel der Größe Helgolands. Doch der Streit um Dokdo alias Takeshima ist in der Region ein Symbol der glühenden Erbfeindschaft Japans und Koreas.

Einmal in den letzten Jahrzehnten flammte der Konflikt bereits auf. Das war 1954, als Südkorea auf den Inseln eine Polizeiwache und einen Hubschrauberlandeplatz baute. Für Japan nicht zuletzt deshalb eine Provokation, weil Korea bis zum Ende des Zweiten Weltkriegs der eigenen Kolonialherrschaft unterlag. Doch nach einigen bewaffneten Scharmützeln, die in der Versenkung eines japanischen Küstenschutzbootes gipfelten, hielten sich beide Länder zurück – und den Konflikt weiterhin in der Schwebe.

Bis vor wenigen Jahren im Meeresboden rund um die Inseln ein Stoff entdeckt wurde, der sowohl Japan als auch Südkorea dreißig Jahre lang mit Energie versorgen könnte. Es geht um Methanhydrate. Das eisähnliche Erdgas, auf das es auch die Forscher am IFM-GEOMAR in Kiel abgesehen haben, liegt offenbar in großen Mengen am Grund vor den Inseln zwischen Japan und Südkorea.

Beide Staaten gelten in der Erforschung der Methanhydrate als international führend. Es ist zwar noch immer unklar, mit welcher Technik das Erdgas gefordert werden kann. Doch das scheint nur noch eine Frage der Zeit zu sein.

Als sich das japanische Schiff am 14. April 2006 der Inselgruppe nähert, wird es von der koreanischen Küstenwache zunächst nur beobachtet. Dann pflügt ein koreanisches Boot durch die Wellen auf die Japaner zu. Über Lautsprecher fordern die Koreaner das Schiff zum Abdrehen auf: Es befände sich unerlaubt in südkoreanischen Hoheitsgewässern, heißt es. Als das japanische Schiff keine Anstalten macht, seinen Kurs zu ändern, rufen die Koreaner Verstärkung herbei. Eine ganze Armada aus zwanzig koreanischen Küstenschutzbooten nähert sich kurz darauf den Inseln. Dicht hintereinander fahrend, nehmen sie Kurs auf das japanische Schiff. An Bord befinden sich Kanonen, Maschinengewehre und Munition. In regelmäßigen Übungen haben Marinesoldaten zuvor den Beschuss und das Entern feindlicher Schiffe geprobt. Das japanische Schiff dreht bei. Ohne die Methanhydrate weiter erforscht zu haben. Und ohne sich bei Korea zu entschuldigen.

Nur eine Woche später wiederholt sich das Ganze – in umgekehrter Anordnung. Diesmal will ein koreanisches Schiff die Methanhydrate untersuchen und setzt Japan seine Küstenwache in Marsch, um die eigenen Hoheitsansprüche zu untermauern. Wieder kommen Boote der koreanischen Küstenwache hinzu, die Schiffe versuchen sich gegenseitig abzudrängen, es herrscht ein gefährliches Gerangel auf hoher See. Erst nach Stunden kehren sämtliche Schiffe um und entfernen sich von Takeshima/Dokdo.

Auch an Land sorgen die Vorfälle für Tumult. In Südkoreas Hauptstadt Seoul verbrennen wütende Demonstranten japanische Flaggen. Die Gewalt droht zu eskalieren. Südkorea wirft Japan Neokolonialismus vor – und kündigt die Abberufung seines Botschafters an, als in Japan neue Schulbücher herauskommen, in denen die umstrittenen Inseln als eigenes Territorium behandelt werden.

»Das Meer zwischen Japan und Korea gleicht einem diplomatischen Minenfeld«, bestätigt Rüdiger Wolfrum, der den Streit seit Jahren beobachtet. Nicht nur die Felsengruppe Dokdo alias Takeshima beanspruchen beide Staaten für sich, erfahre ich. Die Gegend ist mit zahlreichen weiteren, kleinen und größeren Inseln übersät, deren Zugehörigkeit ebenso wenig geklärt ist.

Wolfrum erklärt es an einer Karte von Südostasien: »Das Problem ist, dass sich die 200-Seemeilen-Zonen Japans und Koreas überlappen.« Würde man von der koreanischen Küste aus eine Linie im Abstand von 200 Seemeilen ziehen, wäre das gesamte südliche Japan darin eingeschlossen. Ähnlich wäre es umgekehrt.« Laut Seerecht sollen sich Staaten in einem solchen Fall entweder auf eine gemeinsame Wirtschaftszone einigen und deren Nutzen untereinander teilen«, führt er aus, »oder eine Mittellinie zwischen den Zonen ziehen, mit in etwa gleichem Abstand zu beiden Küsten.«

Genau das haben Japan und Korea zwar getan. 1974 haben sie sich auf eine Grenze ihrer 200-Seemeilen-Zonen geeinigt, die etwa durch die Mitte des Meeresgebiets zwischen beiden Staaten verläuft. Doch Dokdo alias Takeshima und viele weitere Inseln liegen ziemlich genau entlang dieser Linie. Der Streit war vorprogrammiert. Auf der Karte in Rüdiger Wolfrums Atlas ist das Meer um die Inseln herum in einem Radius von jeweils zwölf Seemeilen schraffiert. Zum Zeichen dafür, dass nicht klar ist, wem die Gebiete gehören.

Der Takeshima-Konflikt ist für Japan nur ein Fall von vielen: Die Beziehungen zu Russland sind vom Streit um die nördlich gelegene Südkurilen-Inselkette getrübt. Mit China und Taiwan liegt Japan im Clinch über die Frage, wem die Senkaku-Inseln zwischen den Staaten gehören. Neuerdings werden in der Umgebung der Inseln Erdöl und Gas vermutet.

China wiederum bestreitet den Status von Japans südlichster Inselgruppe Okinotorishima – einem winzigen Atoll mit zwei felsigen Erhebungen weitab auf offener See. Dort ist Japan seit Jahrzehnten um Küstenbefestigung bemüht und pflanzt neue Korallenstöcke an, um die Inseln vor der Erosion und dem Anstieg des Meeresspiegels zu schützen. Zudem hat Japan eine dritte künstliche Insel aufschütten lassen und auf einer Stelzenplattform einen Hubschrauberlandeplatz sowie eine meteorologische Station errichtet; denn laut Seerecht werden Inseln nur dann als solche anerkannt, wenn sie grundsätzlich bewohnbar sind. Japan hat sich auf diese Weise eine Ausschließliche Wirtschaftszone verschafft, die zwölfmal größer ist als das japanische Staatsgebiet selbst – sehr zum Ärger seiner Nachbarn. Und China macht seit 2004 geltend, dass es sich bei Okinotorishima eben nicht um Inseln, sondern nur um Felsen handele.

»Am dramatischsten ist wohl der Streit um die Spratly-Inseln.« Rüdiger Wolfrum deutet im Atlas auf eine Region im Südchinesischen Meer, zwischen Vietnam, China und den Philippinen. »Sie bestehen aus Hunderten kleinster Inseln, Atollen, Sandbänken, Korallenriffen und Felserhebungen. Niemand wohnt auf den Spratly-Inseln. Aber mindestens sieben verschiedene Staaten erheben Anspruch auf sie.« Weil unter den Atollen und in der Tiefsee rund um die Inseln Erdöl vermutet wird, konkurrieren China, Taiwan, Vietnam, Malaysia, Indonesien, Brunei und die Philippinen darum, wem sie zustehen. Einige Inseln wurden bereits von Truppen Chinas, Vietnams und anderer Staaten besetzt, um Fakten zu schaffen.

Die Grenzverläufe im Südchinesischen Meer wirken, als wären sie vollkommen willkürlich gezogen worden. Hoheitsgebiete und 200-Seemeilen-Zonen überlappen sich, zahllose Linien kreuzen einander, ein heilloses Durcheinander ist entstanden. Der Streit ist so verworren, dass selbst Seerechtsexperten ihn kaum noch überblicken. Sie können nur hoffen, dass es nicht wieder zu einer Schlacht kommt wie 1988, als chinesische und vietnamesische Marineeinheiten vor den Spratly-Inseln aufeinandertrafen. Ein Schiff wurde dabei versenkt, siebzig vietnamesische Soldaten starben.

Wie viele solche Konflikte es weltweit gibt, ist nirgendwo eindeutig festgehalten. Auf Rüdiger Wolfrums Weltkarte sind zwar zahlreiche Stellen schraffiert, ähnlich wie zwischen Japan und Südkorea. Doch dahinter verbergen sich oft gleich mehrere Streitfälle. »Und was kaum jemand weiß«, fügt Wolfrum hinzu, »auch Deutschland hat vier offene Gebietsstreitigkeiten auf See! Mit den Niederlanden, mit Polen und mit Dänemark – dort sind es gleich zwei auf einmal: in der Nordsee bei Sylt und in der Ostsee.« Der Streit datiert teilweise bis auf den Deutsch-Dänischen Krieg in der Mitte des 19. Jahrhunderts zurück. Ich horche auf. »Aber es besteht keine Notwendigkeit, diese Fälle juristisch zu klären«, beruhigt mich Rüdiger Wolfrum. »Denn es bestehen seit Jahrzehnten gute nachbarschaftliche Verhältnisse. Man hat sich eben damit arrangiert, dass sich gewisse Gebiete überlappen.«

Die jüngste offizielle Gesamtzahl solch offener Konflikte auf See finde ich in einem Jahresbericht des UNO-Generalsekretärs aus dem Jahr 2001. Rund hundert umstrittene Grenzverläufe auf See gebe es insgesamt, heißt es dort. Und weiter: »Jüngere Entwicklungen zeigen, dass der Verlauf maritimer Grenzen in einer Reihe von Fällen eines der sensibelsten Themen in den nachbarschaftlichen Beziehungen von Staaten darstellt – mit möglichen Auswirkungen auf Frieden und Sicherheit.« Wie wahr: nämlich immer dann, wenn in den betroffenen Regionen Rohstoffe gefunden werden.

Es bleibt nicht beim Streit um 200-Seemeilen-Zonen. Als hätten die Unterzeichnerstaaten der UN-Seerechtskonvention das Wettrennen auf See noch anheizen wollen, wurde zusätzlich die Regelung zur Erweiterung der Ansprüche auf den Kontinentalschelf beschlossen – was nun am Nordpol und anderswo für Aufregung sorgt; denn nicht nur Russland will seinen Gebietsanspruch am Meeresboden erweitern. Über siebzig weitere Staaten haben inzwischen beantragt, ihre

Hoheitsrechte auf den Kontinentalschelf ausdehnen zu dürfen. Die Anträge häufen sich vor allem dort, wo Rohstoffe in der Tiefsee gefunden wurden.

Am 22. September 2007 erhalte ich eine erstaunte E-Mail von einem Freund, der in London lebt. »The new British empire?« titelt die britische Zeitung *The Guardian* an diesem Tag, berichtet er mir, und darunter: »Das Vereinigte Königreich will sich den südlichen Atlantik einverleiben.« Hintergrund ist, dass nun auch Großbritannien seine Ansprüche auf den Meeresboden erweitern will. Nicht nur um Rockall Island, einen winzigen Granitfelsen im nördlichen Atlantik, den auch Island, Irland und Dänemark für sich beanspruchen und in dessen weiterer Umgebung große Erdölvorkommen liegen. Im Südatlantik geht es zudem um Ascension, die South Georgia and Sandwich Islands und die Falklandinseln. All diese Inseln gehören zu Großbritannien, was jedoch zum Teil heftig umstritten ist. So haben die Briten sich mit Argentinien erst 1982 einen kurzen, aber äußerst brutalen Krieg um die Falklandinseln alias Malvinas geliefert – und gewonnen, ohne dass allerdings das lateinamerikanische Land seine Ansprüche auf die Malvinas aufgegeben hätte. Entsprechend aufgebracht reagierte Argentinien nun auf den britischen Vorstoß. Denn auch hier geht es neben historischen Ansprüchen vor allem um Öl- und Gasvorkommen, die erst in den neunziger Jahren entdeckt wurden.

Auch Frankreich stößt mit seinen Plänen, sich am Meeresboden zu vergrößern, auf Gegenwehr. Schon bisher verfügt die »Grande Nation« mit zehn Millionen Quadratkilometern über die zweitgrößte Ausschließliche Wirtschaftszone der Welt, gleich nach den USA. Grund sind die vielen Überseeterritorien und Verwaltungsgebiete in Pazifik, Atlantik und Indischem Ozean. Nun sollen Gebiete am Meeresboden vor Neukaledonien nördlich Neuseelands, vor Französisch-Guayana an der Grenze zu Brasilien und rund um die Inselgruppe Saint-Pierre-et-Miquelon vor der Ostküste Kanadas hinzukommen.

Während Neuseeland bisher nur höflich darauf hinweist, dass man sich auf die Grenzen rund um Neukaledonien noch einigen müsse, wird Kanada deutlicher. Die französischen Pläne vor seiner Ostküste hätten keine Chance, heißt es dort. Bisher ist die Inselgruppe Saint-Pierre-et-Miquelon von der kanadischen 200-Seemeilen-Zone umgeben, lediglich ein schmaler Streifen vor der Küste steht Frankreich hier zu. Kanada will, dass es so bleibt. Man werde keinen Fußbreit des Meeresbodens an Frankreich abtreten, heißt es.

Alle diese Streitfälle werden derzeit vor einer Kommission verhandelt, die kaum jemand kennt, obwohl ihre Bedeutung stetig zunimmt. Diese Kommission zur Begrenzung des Festlandsockels (Commission on the Limits of the Continental Shelf) mit Sitz in New York wurde im Rahmen des UN-Seerechtsübereinkommens gegründet. Sie soll in Zweifelsfällen entscheiden, ob die Küstenstaaten die Grenzen am Meeresboden tatsächlich so erweitern dürfen, wie sie es gern möchten. Wenn ein Staat seinen Anspruch über die 200-Seemeilen-Grenze hinaus erweitern will, muss er geologisch nachweisen, dass das beanspruchte unterseeische Terrain bis maximal 350 Seemeilen vor die Küste (in Ausnahmefällen auch noch weiter) zum Festland gehört. Dazu gehören ein Profil des Meeresbodens und Proben von den Ablagerungen am Grund.

Die Ergebnisse müssen den Kriterien genügen, die in der Seerechtskonvention festgelegt sind: Die neue Grenzlinie muss entweder durch Punkte verlaufen, »die nicht weiter als 60 Seemeilen vom Fuß des Festlandabhangs entfernt sind«, liest Rüdiger Wolfrum stirnrunzelnd vor. Oder an denen die Dicke der Ablagerungen am Meeresboden »mindestens ein Prozent der kürzesten Entfernung von diesem Punkt bis zum Fuß des Festlandabhangs beträgt«. Formulierungen, die selbst Rüdiger Wolfrum für so gut wie unverständlich hält. Und die zu gefährlichen Missverständnissen führen können.

Er versucht die Regeln zu erklären: »Es geht um die Frage, wo ein Land geologisch unter Wasser aufhört und der internationale Bereich beginnt.« Entweder finden die Geologen dafür Stellen, an denen die Ablagerungen am Meeresboden eine bestimmte Mindestdicke haben. Was beweist, dass der Boden dort noch nicht sehr steil abfällt, denn sonst wären die Ablagerungen schon in die Tiefsee gerutscht. »Die andere Möglichkeit ist, am unteren Ende des Kontinentalhangs die Stellen zu finden, an denen er in die Ebene der Tiefsee übergeht.« Von dort aus dürfen je 60 Seemeilen in Richtung Küste abgemessen und entlang dieser Punkte die Linie gezogen werden. Alles außerhalb der Linie sei dann internationales Gebiet.

Liegt der Antrag vor, geben die 21 Mitglieder der Festlandsockel-Kommission eine Empfehlung ab: Entweder sie stimmen der vom Land geforderten Grenze zu, oder sie verlangen zusätzliche Daten. Erst wenn die Kommission zufrieden ist, darf der betreffende Staat seine Ansprüche am Meeresboden völkerrechtlich bindend erweitern.

»Die Regeln lassen aber viel Spielraum«, gibt Wolfrum zu bedenken. Deutlich werde das am Beispiel von Island. Die Insel im Nordatlantik ist aus geologischer Sicht eine Erhebung des mittelatlantischen Rückens – dem mit rund 16 000 Kilometern längsten Gebirge der Welt am Boden des Atlantiks. »Aber gehört der mittelatlantische Rücken deshalb zu Island?«, fragt Wolfrum ironisch. »Dann würde Island unter Wasser ja mindestens bis zu den Azoren reichen!« Er lacht kurz auf: »Das ist übertrieben formuliert, ich glaube nicht, dass das irgendjemand wirklich so sieht. Aber Island hat nun auch beantragt, sein Recht am Kontinentalschelf auszuweiten. Und genau das ist das Problem: Wie weit ein Land unter Wasser reicht, ist extrem schwierig zu sagen.«

Russland war der erste Staat, der sich 2001 an die komplizierten Regelungen heranwagte. Sein Antrag bestand aus vier Seiten Text plus drei Karten des arktischen Meeresgebiets. Wie ein Keil ist auf ihnen das von Russland beanspruchte Gebiet eingezeichnet. Es ragt bis in die Mitte der Arktis – genauer: bis zum Lomonossow-Rücken, einem Gebirge am Meeresboden, das über den geografischen Nordpol verläuft. Ein weiteres kleines Gebiet an der Grenze zu Finnland – in der öl- und gasreichen Barentssee – soll ebenfalls künftig russisch sein. Fast 1,2 Millionen Quadratkilometer Meeresboden reklamiert Russland damit für sich, eine Fläche doppelt so groß wie Frankreich.

Der Kreml erhielt jedoch zunächst eine Absage: Im Jahr 2002 stellte die Kommission in New York fest, dass die russischen Unterlagen nicht ausreichten. Der Antrag bestehe aus lauter unbewiesenen Behauptungen, hieß es. Die Geologen sollten nachbessern.

Die russische Fahne am Nordpol im Sommer 2007 war daher nur der medienwirksame Teil einer weitaus umfassenderen Forschungsexpedition. Sechs Wochen lang nahmen Geologen Proben vom Meeresboden. Für Russland drängt die Zeit: Der Antrag muss innerhalb von zehn Jahren wissenschaftlich untermauert sein. Bis zum Jahr 2011 wollen sie nun beweisen, dass der Lomonossow-Rücken vor Jahrmillionen vom heute russischen Festland abgebrochen ist, geologisch also zu Russland gehört. »Wenn die Kommission dem Antrag stattgibt, würde das bedeuten, dass die russische Fahne richtig platziert ist«, sagt Rüdiger Wolfrum. »Der Nordpol wäre am Meeresboden dann tatsächlich russisch.«

Doch schon jetzt liegen der Kommission zahlreiche Ge-

genanträge vor. So ist Dänemark davon überzeugt, dass der Lomonossow-Rücken in Wahrheit die Verlängerung des grönländischen Festlands darstellt. Kanada behauptet, der Gebirgszug gehöre zum nordamerikanischen Festland. Im Gegensatz zu Russland haben beide Staaten noch mehrere Jahre Zeit, ihre Anträge mit Bodenproben zu beweisen. Die Kommission entscheidet erst, wenn sämtliche Anträge zu einem umstrittenen Gebiet vorliegen. Dabei hilft auch das nicht immer weiter.

Im Fall der Barentssee, wo die Grenzen zwischen Norwegen und Russland schon seit langem umstritten sind, liegen zwar beide Anträge auf Erweiterung vor. Doch daraus entstand ein neues Problem: Die Kommission hat sowohl dem russischen als auch dem norwegischen Antrag stattgegeben. Man gebe keine politischen Lösungen vor, sondern bewerte nur geologische Daten, rechtfertigen sich die Mitarbeiter der Kommission. Dass diese in der Barentssee sowohl zugunsten Norwegens als auch Russlands interpretierbar sind, sei nicht ihr Problem. Überprüfen, zu welchem Teil des Festlands der Meeresboden nun wirklich gehört, können die Mitarbeiter nicht. Sie sitzen nur am Schreibtisch und prüfen die Anträge auf ihre Plausibilität. Norwegen und Russland sollen sich bitte schön untereinander einigen, heißt es in New York. Doch davon sind beide Staaten weit entfernt.

Ähnliches Konfliktpotenzial braut sich vor der Westküste Afrikas zusammen. Die angolanische Regierung plant ebenfalls, die Hoheitsgrenze am Meeresboden auf 350 Seemeilen vor der Küste zu erweitern – auch dort werden enorme Ölvorkommen vermutet. Noch liegt bei der Festlandsockel-Kommission in New York kein angolanischer Antrag vor. Doch klar ist, dass die Grenzen mit Namibia im Süden und der Demokratischen Republik Kongo im Norden neu gezogen werden müssten. Man hofft auf eine gütliche Einigung:

Kongo hatte Angola erst 2009 erbost vorgeworfen, das Öl vor seiner Küste schon jetzt illegal zu »stehlen«. Auf eine Eskalation des Konflikts will es niemand ankommen lassen. Doch auch die Elfenbeinküste und Togo haben es auf neu entdeckte Ölfelder abgesehen – vor der Küste des benachbarten Ghana. Beide Staaten wollen Anträge bei der New Yorker Kommission stellen, Ghana wappnet sich bereits mit einem Gegenantrag.

Das Vorbild für die Region ist Nigeria. Das krisengeschüttelte Land, das mit Kamerun zahlreiche bewaffnete Konflikte um den Verlauf der Landesgrenze ausgefochten hat, erhielt Ende 2009 die Erlaubnis, seine Grenze am Meeresboden in 350 Seemeilen Entfernung von der Küste neu zu ziehen. Kamerun war darüber zwar nicht erfreut, erkannte die Entscheidung der New Yorker Kommission jedoch an – vermutlich, um den Frieden in der Region nicht zu gefährden. Und vielleicht auch, weil ihm zuvor vom Internationalen Gerichtshof die ölreiche Bakassi-Halbinsel zugesprochen worden war, um die beide Staaten jahrzehntelang gestritten hatten. Nigeria darf nun in einem um die Hälfte größeren Gebiet als zuvor Lizenzen an die bereits wartenden Erdölunternehmen verkaufen – in Meerestiefen von bis zu 3000 Metern.

Ich erinnere mich daran, wie harmlos mir die Expedition zu den Schwarzen Rauchern vor Neuseeland erschien. Dabei fängt es genau mit solchen Forschungsfahrten an: Sobald in der Tiefsee neue Lagerstätten entdeckt werden, steigt der politische Wunsch, über diese zu verfügen. Mit der Folge, dass einige Forscher – wie die Methanhydratexperten Japans und Südkoreas – inzwischen sogar Gefahr laufen, während ihrer Arbeit von feindlichen Marineeinheiten angegriffen zu werden.

Die Forscher an Bord der *Sonne* waren innerhalb von Neuseelands 200-Seemeilen-Zone unterwegs – mit ausdrücklicher

Genehmigung der dortigen Regierung. Wenig später hat die New Yorker Festlandsockel-Kommission auch Neuseelands Antrag auf eine 350-Seemeilen-Grenze am Meeresboden stattgegeben. Das erweiterte Hoheitsgebiet ist dank zahlreicher Inselchen nun fast so groß wie Australien – und liegt vermutlich voller noch unentdeckter Schwarzer Raucher. Doch auch Neuseeland muss sich mit seinen Nachbarn erst noch einigen: Überall dort, wo sich seine Ansprüche mit denen Australiens, Frankreichs und des Inselstaats Tonga überlappen, sind die Grenzen bisher nur provisorisch gezogen worden. Mit größeren Konflikten rechnet in der Region jedoch niemand.

Der Meeresboden wird unter den Staaten der Welt aufgeteilt. Die New Yorker Kommission wird sogar bereits mit der Kongokonferenz verglichen – der Konferenz, die auf Einladung des deutschen Reichskanzlers Bismarck 1884 und 1885 in Berlin die Aufteilung Afrikas unter den Kolonialmächten beschloss. Der Vergleich liegt tatsächlich nahe: Am Meeresboden geht es zwar nicht um von Menschen besiedelte Lebensräume. Aber dafür um den größten und bisher nur kaum erschlossenen »Kontinent« des Planeten.

Die New Yorker Kommission gibt denn auch offen zu, mit ihrer Aufgabe heillos überfordert zu sein. Kein Wunder: Ihre 21 Mitglieder tagen nur zweimal im Jahr für je vier bis sechs Wochen. Etwa noch einmal so viele Verwaltungsmitarbeiter bereiten in der Zwischenzeit die Sitzungen vor. Dabei ersticken sie in einer Flut von Anträgen: War es 2001 nur ein Antrag, der gestellt wurde, schwillt der Strom inzwischen bedrohlich an. Fast wöchentlich trudeln neue Dokumente ein, zu über neunzig Grenzfragen auf See, eingereicht von über siebzig Staaten, müssen die Kommissionsmitglieder Stellung beziehen. Man habe die Dimension der Aufgabe vollkommen unterschätzt, heißt es von Seiten der Kommission.

Vor allem fehlen ausgebildete Experten, um die Anträge zu überprüfen. Schon der russische Antrag im Jahr 2001 habe »auf alarmierende Weise« gezeigt, »dass die Kommission eine enorme Menge komplexer Daten geodätischer, bathymetrischer, seismischer und geophysischer Art« zu analysieren habe, heißt es in einem Sitzungsprotokoll. Fachleute für diese Gebiete hat die Kommission nicht. Die Anträge können also nicht sachgerecht überprüft werden. Auch Juristen oder Völkerrechtler sind in der Kommission nicht vertreten. Angesichts der politischen Brisanz ihrer Aufgabe, der steigenden Zahl von Konfliktfällen und der militärischen Auseinandersetzungen auf See grenzt dieser Mangel an Expertise schon fast an Fahrlässigkeit.

Im Haupttrakt des Seegerichtshofs folge ich Rüdiger Wolfrum durch eine breite Holztür. Die Wände zu ihren Seiten zieren lange Reihen bunter Flaggen. Insgesamt 159 Staatsflaggen sind es, erklärt Wolfrum: so viele, wie Staaten die Seerechtskonvention unterzeichnet haben. Hinter der Tür öffnet sich ein weitläufiger, runder Raum mit hoher Decke. In seiner Mitte stehen zwei schwere Holztische, voneinander getrennt durch einen breiten Mittelgang.

Wir befinden uns im Allerheiligsten des Internationalen Seegerichtshofs: dem Hauptgerichtssaal. Den zwei Tischen gegenüber thront das Richterpult, es nimmt fast die Hälfte des Raums ein. Hinter dem halbrunden, vertäfelten Pult reihen sich 21 silberne Monitore, 21 Mikrofone und dahinter 21 schwarze Ledersessel aneinander. In der Mitte der Vertäfelung prangt das Emblem des Gerichtshofs: die von Olivenzweigen umrankte Waage über einer stilisierten Wasseroberfläche auf blauem Grund.

Ich drehe mich um. Hinter den Tischen für Kläger und Beklagte stehen Stuhlreihen für Zuschauer. Dunkle Fensterscheiben im oberen Drittel der Wände lassen Räume für Simultandolmetscher erahnen. Große Bildschirme an allen Seiten des Gerichtssaals ermöglichen Videokonferenzen. An der Hamburger Elbchaussee ist alles bestens vorbereitet, um Streitfälle auf See auf friedliche Weise zu lösen.

Doch mit einem hatte bei der Gründung des UN-Tribunals niemand gerechnet: Der Seegerichtshof ist praktisch arbeitslos. Die 15 Fälle, die hier seit seiner Gründung verhandelt worden sind, spiegeln auch aus Rüdiger Wolfrums Sicht die Zahl der tatsächlichen Konflikte auf See nicht wider. Zudem ging es bisher nur um Fischerei, hat der Seegerichtshof noch nicht einen einzigen Fall zu Grenzverläufen auf See oder Bodenschätzen in der Tiefsee verhandelt. Es fehlen die Kläger. Und das trotz der russischen Fahne am Nordpol, trotz der Kanonenboote Südkoreas gegen Japan, trotz absehbarer Streitigkeiten vor den Falklandinseln, der Westküste Afrikas und an vielen anderen Orten der Welt.

Rüdiger Wolfrum ist dennoch überzeugt, dass der Seegerichtshof lediglich mit Kinderkrankheiten zu kämpfen hat: In vielen Staaten wüssten Politiker oder Juristen bisher nicht einmal, dass der Seegerichtshof existiert. Auch das Seerecht selbst werde in vielen Ländern erst seit wenigen Jahren gelehrt – es sei ja noch verhältnismäßig jung. Bisher kennen sich nur wenige Juristen weltweit mit der Seerechtskonvention der Vereinten Nationen aus. Der Seegerichtshof veranstaltet deshalb Sommerakademien in Hamburg sowie Workshops mit Juristen in allen Teilen der Welt. Die Teilnehmer seien stets begeistert, berichtet Wolfrum mit leuchtenden Augen. Und Japan habe gleich nach einem solchen Workshop tatsächlich erstmals den Seegerichtshof angerufen: um Russland wegen der Beschlagnahme eines Fischkutters samt Besatzung zu verklagen. Der Fall wurde verhandelt, die Richter setzten eine Kaution fest. Nachdem Japan diese gezahlt hatte, musste Russland die japanischen Fischer ziehen lassen.

»Nur mal zum Vergleich: Der Internationale Gerichtshof in Den Haag hat ganze achtzehn Jahre auf seinen ersten Prozess gewartet«, kommentiert Julia Ritter unser Gespräch. Die Pressesprecherin hat Rüdiger Wolfrum im Gerichtssaal abgepasst, um den Wortlaut einer Pressemitteilung mit ihm durchzugehen. »Und heute werden dort durchschnittlich drei bis vier Fälle im Jahr verhandelt.« Eine Zahl, die auch der Seegerichtshof in Hamburg anstrebt.

Bis dahin hofft Rüdiger Wolfrum, dass Staaten, die nicht klagen, ihre Konflikte bilateral lösen, auf diplomatischem Weg, ohne viel Aufheben darum zu machen. Doch offenbar setzen immer mehr Staaten wegen der Rohstoffe im Meeresboden auf das Recht des Stärkeren – und sind bereit, es im Zweifel mit militärischer Gewalt durchzusetzen. Wie zwischen Japan und Südkorea oder rund um die Spratly-Inseln. Eingreifen kann der Gerichtshof in solchen Fällen nicht. »Die Staaten müssen sich von selbst bei uns melden und sich unserem Streitrecht unterwerfen. Erst wenn beide Parteien damit einverstanden sind, kann einer von ihnen klagen und können wir den Fall verhandeln. Sonst können wir nichts tun«, räumt Rüdiger Wolfrum ein.

Mit jedem Fund neuer Lagerstätten in der Tiefsee nimmt die Gefahr von Konflikten zu, davon sind die Richter am Hamburger Seegerichtshof überzeugt. Dass die USA am Golf von Guinea ihre Militärpräsenz erhöhen, wundert Rüdiger Wolfrum nicht. Auch die Anschaffung neuer U-Boote durch Brasilien passt ins Bild. Genau wie das Aufrüsten und die Drohgebärden am Nordpol, im Japanischen sowie im Südchinesischen Meer. Überall geht es um milliardenschwere Rohstoffvorkommen, die abgesichert werden sollen.

Ob vor den Küsten der Welt die Rohstoffkriege der Zukunft ausbrechen werden oder nicht, hängt nicht von den Völkerrechtlern am Hamburger Seegerichtshof ab, sondern von den Politikern und Regierungschefs der betroffenen Staaten. Sie haben die Möglichkeit, die Spielregeln des internationalen Seerechts zu akzeptieren und dessen Wege zur friedlichen Konfliktbeilegung zu nutzen. Doch es scheint, dass viele von ihnen auf diese Möglichkeit lieber verzichten. Und es stattdessen auf eine Konfrontation ankommen lassen – mit ungewissen Folgen.

Dabei hört der Wettlauf um die Rohstoffe der Tiefsee seit neuestem nicht mehr an den Grenzen vor den Küsten auf. Die ersten Staaten strecken ihre Hände nach einem Gebiet aus, das von allen bisherigen Streitigkeiten unberührt geblieben ist: Sie haben es auf den Meeresboden auf hoher See abgesehen, jenseits nationaler Grenzen. Und damit auf den Bereich der Tiefsee, der völkerrechtlich niemandem gehört. Der zwei Drittel der Ozeane ausmacht. Und der ebenfalls voller verlockender Rohstoffe liegt.

Rüdiger Wolfrum ist sicher: Die weitaus meisten Streitigkeiten, die sie am Seegerichtshof in Zukunft verhandeln werden, drohen weder im Südchinesischen Meer noch im Golf von Guinea oder am Nordpol, sondern auf hoher See, im internationalen Gebiet. Dort, wo die jahrtausendealte »Freiheit der Meere« noch immer gilt – zumindest an der Wasseroberfläche. Und wo nicht nur Methanhydrate, Schwarze Raucher und weitere Erdölfelder liegen, sondern darüber hinaus auch rätselhafte, wertvolle Manganknollen gefunden wurden.

Die metallhaltigen Knollen gelten schon jetzt als Rohstoffhoffnung für importabhängige Industriestaaten in aller Welt. Zum Beispiel für Deutschland. Zuvor hat die Bundesregierung an der Tiefsee nur mäßiges Interesse gezeigt. Die Arbeit der Meeresbiologen, die in der Tiefsee ständig neue Lebewesen entdecken und sich um deren Überleben sorgen, lässt bisher kaum einen Politiker in Berlin aufhorchen. Auch die Nachrichten von Geologen wie Peter Herzig, die vom Südpazifik bis zum Mittelmeer auf immer neue Schwarze Raucher stoßen, ernten bisher höchstens wohlwollende Anerkennung.

Doch es gibt eine Ausnahme: Seit Sommer 2006 beteiligt sich die deutsche Bundesregierung am Wettlauf um die Manganknollen in der Tiefsee. Mitten im Pazifik sollen die erzhaltigen Knollen in Zukunft gefördert werden, auch für den deutschen Markt. Das Vorhaben ist ehrgeizig, von seinen Ausmaßen her gigantisch und mit enormen Umweltrisiken versehen, wie Meeresforscher bereits warnen. Dennoch ist es einer breiteren Öffentlichkeit nach wie vor so gut wie unbekannt.

Deutschlands 17. Bundesland im Pazifik
Wettstreit um rätselhafte Manganknollen

Das Ungetüm ist so hoch, dass es die beiden Männer um mehr als das Doppelte überragt. Was sie sagen, ist schwer zu verstehen, Lärm dringt aus allen Ecken der Werkshalle zu uns herüber. Durch die Oberlichter fallen Sonnenstrahlen durch die staubige Luft. »Wir rüsten diesen Bohrkopf um, für den Einsatz vor Namibia«, höre ich Peter Heinrichs sagen, als ich näher trete, um seinem Gespräch mit Hermann-Rudolph Kudraß zu lauschen. Der Geologe Kudraß arbeitet für die Bundesanstalt für Geowissenschaften und Rohstoffe in Hannover – beziehungsweise hat gearbeitet. Es ist offiziell sein erstes Jahr in Pension, doch dank einer Sonderregelung darf er sein Steckenpferd weiter vorantreiben: ein Thema, das er seit über dreißig Jahren verfolgt. Und für das er heute in den Werkshallen der Aker Wirth Maschinen- und Bohrgerätefabrik in Erkelenz bei Köln zu Gast ist. Von den Ingenieuren der mittelständischen Firma will Kudraß erfahren, ob sich ihre Technik für den Abbau von Manganknollen am Meeresboden eignet. Sie liegen im Pazifik, in 5000 Meter Tiefe – und sind damit noch schwerer erreichbar als Schwarze Raucher oder bisherige Erdölförderstätten am Meeresgrund.

Kudraß und Geschäftsführer Peter Heinrichs legen ihre mit Arbeitshelmen geschützten Köpfe in den Nacken und blicken die riesige runde Metallscheibe hinauf. Sie ist auf einer drehbaren Halterung im Boden befestigt und an der Vorderseite mit einem Kreuz aus hellen Metallzapfen bestückt. »An diesen Zapfen werden Bohrscheiben montiert. Und dann geht es runter, bis auf 200 Meter Wassertiefe, zu den Diamanten«, schwärmt Peter Heinrichs.

Seit die Firma Wirth vor über hundert Jahren als »Internationale Bohrgesellschaft« in Erkelenz ihre Arbeit aufnahm, hat sie sich mit Bohrköpfen, Pumpen und Vortriebsmaschinen in der Branche einen Namen gemacht. Ihre Geräte kommen weltweit beim Bau von Tunneln und Hochhausfundamenten, in Erzminen sowie bei der Ölförderung zum Einsatz. Und seit einigen Jahren auch am Meeresboden. Dass der Aufbruch in die Tiefsee nicht nur vor Neuseeland oder Angola stattfindet, sondern auch ganz in der Nähe Kölns, überrascht mich. Doch die vielen ehrgeizigen Vorhaben in Tausenden Metern Wassertiefe werden dadurch plötzlich sehr greifbar.

»Das Know-how ist letztlich das gleiche«, findet Peter Heinrichs. »Egal ob für die Ölindustrie, Diamanten oder Manganknollen: Überall geht es um die Herausforderungen in tiefem Wasser.« Sein Gast Kudraß nickt und fährt sich mit der Hand durch den grauweißen Vollbart. Der britisch-südafrikanische Diamantenkonzern De Beers gehört seit langem zu den wichtigsten Kunden der Firma Wirth, die vor kurzem vom norwegischen Konzern Aker übernommen wurde. De Beers schürft nicht nur in den Böden und Flussläufen Namibias und Südafrikas die edelsten Steine der Welt, sondern auch vor den Atlantikküsten des südlichen Afrikas – mit Bohrgeräten aus Erkelenz. In bis zu 200 Meter Tiefe kratzen die Bohrscheiben und -meißel den Meeresboden ab. Das Gestein wird an Bord gesaugt, die Diamanten werden vom Erdreich getrennt und an Land gebracht. Von dort aus gelangen sie an die Diamantenbörse in Antwerpen und dann in die Schaufenster von Juweliergeschäften in aller Welt.

»Es wäre kein Problem, einen solchen Bohrkopf auch für tiefere Meeresregionen umzurüsten«, ist Peter Heinrichs überzeugt. »Genau wie einen solchen Crawler.« Die Männer bleiben in einer Nebenhalle vor einem etwa drei Meter hohen, weißen Raupengefährt stehen. Es sieht aus wie ein Bagger, nur ohne Führerhäuschen oder Schaufel. »Dieser Crawler fährt ferngesteuert über ebene Flächen. Meistens kommt er in Bergwerken zum Einsatz. Dann frisst er mit einem langen Arm mit drehenden Meißeln das Gestein von den Wänden und der Decke.« Peter Heinrichs deutet auf einen Strang dicker, schwarzer Schläuche, die aus einer Öffnung am Bauch des weißen Baggers hängen. »Die Elektronik und die Hydraulik sind so isoliert, dass sie auch einem Druck von 400 Bar standhalten würden. Der Crawler könnte also auch problemlos über den Meeresboden fahren, ferngesteuert wie ein Tauchroboter, in bis zu 4000 Meter Tiefe.«

Dort könnte er die Manganknollen einsammeln, führt Heinrichs die Überlegung weiter, als er sich im Hauptgebäude der Firma am Kopfende eines Konferenztisches niederlässt. Ein Dutzend Mitarbeiter hat der Geschäftsführer zusammengerufen, um mit dem Gast von der Bundesanstalt für Geowissenschaften und Rohstoffe über die Pläne in der Tiefsee zu sprechen.

Neugierig blicken die erfahrenen Maschinenbauer und Ingenieure auf einen dunklen, runzeligen Klumpen, den Hermann-Rudolph Kudraß in den Händen wiegt. »Das ist es, weshalb ich hier bin«, ruft er feierlich. »Dies ist eine Manganknolle aus dem Pazifik.« Er hält den Klumpen in die Höhe und lässt ihn dann herumgehen. Die Ingenieure betrachten ihn von allen Seiten, während Kudraß seinen Laptop startet und an den Beamer im Konferenzsaal anschließt. Wie eine schwarze Kartoffel sieht die Manganknolle aus. Sie ist in etwa so groß wie ein Tennisball.

»Man sieht es der Knolle so nicht an, aber sie enthält wertvolle Metalle in hohen Konzentrationen. Vor allem Kupfer, Nickel und Kobalt«, verrät der Geologe. Einige Ingenieure nicken, andere ziehen die Augenbrauen hoch. Es sind Metalle, die in der Erdkruste nicht allzu häufig vorkommen und in der Stahlverarbeitung und der Elektroindustrie in großen Mengen gebraucht werden. Da Deutschland keine eigenen Vorkommen hat, werden sie bisher zu hundert Prozent aus Ländern wie Chile, Russland und der Demokratischen Republik Kongo importiert.

Der Beamer wirft ein Bild vom Meeresboden an die hinter Kudraß hängende Leinwand. Einer der Männer am Tisch eilt zur Tür und schaltet die Deckenleuchten aus. Im Raum wird es still. Kudraß ruft Bilder in seinem Computer auf, die sich alle stark ähneln: Sie zeigen Flächen voller schwarzer Knollen auf einem gelblich beigen Meeresboden. »So sieht es im Pazifik zwischen Hawaii und Mexiko fast überall aus«, schwärmt der Geologe. »Ein Gebiet so groß wie die USA – das muss man sich einmal auf der Zunge zergehen lassen – liegt voll mit Manganknollen. Wir vermuten dort eine Gesamtmenge von etwa zehn Milliarden Tonnen Knollen.« Ein Raunen geht durch den Raum. Eine solche Menge übersteigt alles, was aus Erzminen an Land bekannt ist. »Ähnliche Regionen haben wir auch im südlichen Pazifik gefunden und im Indischen Ozean. Der Boden der Tiefsee ist übersät mit Manganknollen. Mal liegen sie mehr, mal weniger dicht.«

»Man muss die Knollen also nur einsammeln?«, fragt einer der Männer am Tisch. Kudraß wiegt den Kopf hin und her. »Das ist die große Frage. Zum einen ist der Meeresboden auf hoher See rein rechtlich nicht mehr so frei zugänglich, wie er es noch vor einigen Jahren war.« Er blickt in die Runde. »Und zum anderen gibt es noch keine Technik, die so effizient wäre, dass sie für eine Förderung im großen Stil in Frage käme. Sie dürfen nicht vergessen: Die Knollenfelder liegen in etwa 5000 Meter Tiefe. Ob sich dort Bohrungen oder fahrende Sammelgeräte oder etwas ganz anderes am besten eignen, gilt es noch herauszufinden.«

Eine Stunde später haben sich die Männer in eine euphorische Stimmung diskutiert. Sie haben Kudraß das Verfahren erklärt, mit dem sie die Diamanten vor Namibia schürfen und das sie für die Manganknollen für geeignet halten. Sie haben ihrerseits erfahren, welche Möglichkeiten und Hindernisse der Geologe beim Manganknollenabbau sieht. Als Kudraß sich verabschiedet, wird vereinbart, in engem Kontakt zu bleiben. »Wir stehen in den Startlöchern und warten nur darauf, dass es mit dem Tiefsee-Bergbau endlich losgeht«, zieht Peter Heinrichs optimistisch Bilanz.

In einer Lagerhalle am Stadtrand von Hannover beugt sich Michael Wiedicke über eine helle Plastikkiste. In Tüten verpackt liegen darin Hunderte Manganknollen. Es sind die Mitbringsel einer Expedition in den Pazifik, für die Wiedicke soeben sieben Wochen auf hoher See verbracht hat. Der schmale Geologe mit dichtem Schnurrbart, Brille und Lachfalten um die Augen hat für die Knollen einiges auf sich genommen: Er hat den Tropensturm Polo über sich ergehen lassen. Er hat tagaus, tagein gemeinsam mit einem Team aus 16 Kollegen schweres Gerät in den wogenden Pazifik hinabgelassen. Immer wieder haben sie ein eigens konstruiertes Stahlnetz an einem langen Seil über den Meeresboden gezogen. Und auf diese Weise schließlich über 400 Kilogramm Knollen an Bord geholt, aus 5000 Meter Tiefe.

An der Bundesanstalt für Geowissenschaften und Rohstoffe (BGR) galten Hermann-Rudolph Kudraß, Michael Wiedicke und ihre Kollegen lange Zeit als Exoten. Ihre Abteilung Marine Rohstoffe zählt gerade einmal fünf Mitarbeiter – in einer

Behörde mit insgesamt über 700 Beschäftigten. Am Morgen hat mich Wiedicke durch weitläufige Lagerräume im Kellergeschoss der Bundesanstalt geführt. Dort liegt das Herzstück ihrer Arbeit: Gesteinsproben aus allen Teilen der Welt. In langen Reihen stehen graue Metallschränke, in denen Steine, Kristalle und Fossilien lagern, säuberlich nach Herkunft sortiert und in Schubladen verstaut. Auch Glasflaschen mit schwarzer Füllung lagern im Keller der Behörde: Erdöl in seiner rohen Form, ebenfalls aus den verschiedensten Regionen der Welt und noch nicht von Sand, Salz und Wasser getrennt.

Im Auftrag des Bundeswirtschaftsministeriums berät die Bundesanstalt die Regierung in allen wichtigen Rohstofffragen. Darüber hinaus erstellt sie Studien zur Endlagerung von Atommüll und registriert mit seismischen Messstationen sowohl Erdbeben als auch Atomwaffentests in aller Welt. Für die Erkundung neuer, sicherer Rohstoffquellen reisen Geologen, Physiker und Chemiker in aller Herren Länder. Sie entdecken, erforschen oder begutachten Lagerstätten und geben Empfehlungen für ihre Erschließung. Im Bohrkernlager in Hannover sammeln sie Erdproben, die Aufschluss geben über das jeweilige Rohstoffpotenzial.

Aus ihren Erkenntnissen entwickelt die Behörde einen jährlichen Überblick über die globalen Rohstoffmärkte. Sie bewertet Preisentwicklungen und Abbaumengen genauso detailliert wie das Verhältnis von Angebot und Nachfrage – egal ob es um Kohle, Erdöl, Uran oder Metalle geht. Die Jahresberichte der BGR gelten in der gesamten deutschen Energie- und Rohstoffbranche als wichtige, verlässliche Referenz.

In ihren Berichten gibt es stets auch ein kurzes Kapitel mit der Überschrift »Rohstoffe aus dem Meer«. Dort berichten Hermann-Rudolph Kudraß, Michael Wiedicke und ihre Kollegen über Erdöl aus tiefen Meeresregionen, über Methanhydrate und Diamanten vor Namibia. Auch Gold- und

Silbervorkommen an Schwarzen Rauchern werden von Tiefsee-Experten der BGR regelmäßig analysiert.

Doch seit einigen Jahren füllen vor allem Berichte über die Manganknollen die Seiten der Meeresabteilung. Seit dem Sommer 2006 gilt die Arbeit der Abteilung Marine Rohstoffe als nicht mehr ganz so exotisch. Inzwischen preisen vom Präsidenten der BGR über Niedersachsens Ministerpräsident Christian Wulff bis zum ehemaligen Bundeswirtschaftsminister Michael Glos immer mehr Behördenvertreter und Politiker die Manganknollen sogar als »Deutschlands Rohstoffquelle der Zukunft«.

Denn was kaum jemand weiß: Die BGR hält seit dem 26. Juni 2006 das Erkundungsrecht an einem riesigen Areal im Pazifik – im Auftrag des Bundeswirtschaftsministeriums. Gepachtet wurde das Gebiet bei der Internationalen Meeresbodenbehörde in Jamaika, die im Rahmen des UN-Seerechtsübereinkommens gegründet wurde. Auf zwei Flächen, die insgesamt so groß sind wie Niedersachsen und Schleswig-Holstein zusammen, dürfen die Geologen der BGR seither den zukünftigen Abbau von Manganknollen erkunden. 15 000 Kilometer von Berlin entfernt, mitten im Pazifik, liegt Deutschlands erste Lizenz in der Tiefsee – »Deutschlands 17. Bundesland«, wie Michael Wiedicke die Gebiete scherzhaft nennt. Ein Bundesland voller Rohstoffe – und in 5000 Meter Tiefe.

»Ich färbe die einzelnen Metallschichten ein, dann sind sie besser zu erkennen«, kündigt Anne Wittenberg an. Hermann-Rudolph Kudraß und Michael Wiedicke haben der Chemikerin im Labor der BGR einige Knollen von der letzten Expedition mitgebracht. Sie wollen sie mit Hilfe eines Röntgenmikroskops durchleuchten lassen. Wiedicke nimmt neben Anne Wittenberg am Computer Platz; Kudraß betrachtet derweil die ovale schwarze Scheibe, die sie kurz zuvor in einer Vorrichtung im Röntgenmikroskop befestigt hat. Hinter einer Glasscheibe fährt nun eine Apparatur samt fingergroßer Kamera vor der Knollenscheibe auf und nieder und tastet sie mit Röntgenstrahlen ab.

Für die Untersuchung wurde die Manganknolle mit Harz getränkt und in Scheiben gesägt. Sonst wäre sie in tausend Krümel zerfallen: In den Knollen ist so viel Sauerstoff gebunden, dass sie extrem porös sind. Die Scheiben wurden anschließend geschliffen und poliert. Ihre Oberfläche muss vollkommen glatt sein, damit keine Unebenheiten das Bild des Mikroskops verfälschen.

Die Röntgenstrahlen sollen verraten, welche Metalle in der Knolle enthalten sind – und in welchen Mengen. Denn jede Knolle ist anders. Wiedicke und sein Team haben im Pazifik an vielen verschiedenen Punkten Proben genommen. Die Koordinaten haben sie exakt vermerkt. Nun wollen sie herausfinden, aus welchen Regionen die wertvollsten Knollen stammen.

Am Monitor erscheint das Abbild der Knollenscheibe. In gräulichen Schattierungen sind ringförmig geschwungene Linien zu erkennen. Vom Mittelpunkt der Knolle aus schmiegen sie sich nach außen hin umeinander, fast wie Jahresringe bei Baumstämmen. »Der Aufbau ist tatsächlich ganz ähnlich«, stimmt Michael Wiedicke zu. »Nur mit dem Unterschied, dass jeder Ring einer Knolle gleich mehrere Millionen Jahre alt ist.«

Alles beginnt mit einem harten Kern, beschreibt Wiedicke die Entstehung der Knollen am Meeresgrund. »Das kann ein Haifischzahn sein, ein Sandkorn oder ein Krümel von einer anderen Knolle.« Rund um diesen Kern setzen sich in dünnen Schichten Metalloxide aus dem Meerwasser ab. Woher diese Metall-Sauerstoff-Verbindungen stammen, ist nicht ganz klar: Die Forscher vermuten, dass Strömungen sie zum einen aus Vulkanen und Schwarzen Rauchern herbeitragen. Eine zweite mögliche Ursache ist das viele tote Plankton, das von der Wasseroberfläche herunterrieselt. »Am Meeresboden werden die organischen Reste des Planktons von Bakterien zersetzt. Dabei werden auch kleinste Mengen an Metallen frei, die im Wasser schweben, bis sie sich an härteren Stoffen ablagern«, beschreibt es Wiedicke.

Dieser Prozess dauert extrem lange. Die Forscher haben die Ablagerungen am Meeresboden rund um die Knollen untersucht: Das Sediment im Knollengebiet ist etliche Millionen Jahre alt. »Bis sich eine Schicht von zwei bis sechs Millimeter Sediment am Meeresboden gebildet hat, dauert es etwa tausend Jahre«, beschreibt es Michael Wiedicke. »Die Manganknollen wachsen sogar noch langsamer: um etwa fünf Millimeter in einer Million Jahre.« Das Wachstum der Manganknollen gilt als einer der langsamsten geologischen Prozesse, der auf der Erde je entdeckt worden ist.

Das erste Mal sind Forscher bereits vor über 130 Jahren auf die rätselhaften Knollen gestoßen. Während der Expedition des britischen Forschungsschiffes *Challenger* von 1872 bis 1876 zogen die Tiefsee-Pioniere zahlreiche dunkle Metallklumpen vom Meeresboden des Pazifiks nach oben. Auch die deutschen Forscher auf der *Valdivia* brachten im Jahr 1899 Manganknollen aus dem Atlantik und dem Indischen Ozean mit nach Hause. Schon bei den ersten Untersuchungen stellte sich heraus, dass die schrumpeligen Klumpen metallische Verbindungen enthielten. Vor allem Mangan: ein chemisches Element mit ähnlichen Eigenschaften wie Eisen, das schon Römer und Ägypter für Waffen und Legierungen benutzten und das auch an Land häufig vorkommt. Die Knollen erhielten ihren Namen – Manganknollen beziehungsweise polymetallische Knollen – und gerieten dann in Vergessenheit.

Bis Ende der sechziger Jahre die weltweiten Rohstoffpreise

erstmals in ungekannte Höhen stiegen. Der Club of Rome publizierte 1972 die Studie *Grenzen des Wachstums* mit der alarmierenden Warnung, dass die als unerschöpflich geltenden Rohstoffquellen der Erde in absehbarer Zeit zur Neige gehen würden – aufgrund des Bevölkerungswachstums, der Industrialisierung und vor allem wegen des steigenden Verbrauchs. Die Ölkrise von 1973 sorgte für weitere Anspannung auf den Rohstoffmärkten. Weltweit begannen Geologen, sich nach möglichem Ersatz für die Lagerstätten an Land umzusehen.

Einige Forscher erinnerten sich in dieser Zeit an die Geschichten von metallhaltigen Knollen am Meeresboden. Vor allem von den USA aus wurden erste Expeditionen in den Pazifik geschickt, um nach den Knollen zu suchen. Die Ergebnisse waren verblüffend: Nicht nur lagen die Knollen offenbar in riesigen Gebieten dicht an dicht auf dem Meeresboden. Die Untersuchungen zeigten auch, dass sie genau die Stoffe enthielten, die in der Industrie dringend gebraucht wurden: Kupfer, Nickel und Kobalt.

Die Knollen hatten einen weiteren Vorteil: Sie lagen in einem Gebiet, das niemandem gehörte. Einem Gebiet, in dem weder der Ost-West-Konflikt der Großmächte USA und Sowjetunion eine Rolle spielte noch die Launen zweifelhafter Diktatoren, wie oftmals bei Rohstoffvorkommen an Land der Fall. Auf den Meeresboden im offenen Pazifik würde man stets freien Zugriff haben, frohlockten die Industrieländer.

»Es sind etwa 63 Prozent Sauerstoff, 27 Prozent Mangan und 8 Prozent Eisen in der Knolle enthalten«, verkündet Anne Wittenberg. Michael Wiedicke macht sich Notizen. Am Computer haben die kreisförmigen Linien der Knolle verschiedene Farben angenommen, von Dunkelrot bis Hellgrün. »Bei Kobalt liegt der Anteil bei 0,2 Prozent. Nickel kommt auf 1,4 und Kupfer auf 1,3 Prozent Anteil.« In meinen Ohren klingen die

Mengen der Metalle, um die es den Forschern geht, äußerst gering. Doch Kudraß und Wiedicke wirken zufrieden.

»Man muss diese Mengen mit den Vorkommen an Land vergleichen«, erläutert Kudraß. »In jeder Tonne Manganknollen steckt durchschnittlich etwa doppelt so viel Kupfer, Nickel und Kobalt wie in einer Tonne Erzgestein an Land.« Die Hochrechnungen der Forscher lassen auch Skeptiker verstummen: In den zehn Milliarden Tonnen Manganknollen, die sie im Pazifik vermuten, verbergen sich rund 300 Millionen Tonnen Buntmetalle – also Kupfer, Nickel und Kobalt. »Diese Menge würde ausreichen, um den weltweiten Bedarf an diesen Rohstoffen für hundert Jahre zu decken«, sagt Hermann-Rudolph Kudraß. Überdies wurden in den Knollen jüngst auch Spurenelemente gefunden, die an Land ausgesprochen selten zu finden sind – und wegen des steigenden Bedarfs schon jetzt immer knapper werden. Vor allem geht es dabei um Molybdän, Indium, Selen und Tellur für elektronische Halbleiter, Flachbildschirme und Solarzellen.

Die Manganknollen sind für die Elektro- und Stahlindustrie das, was die Schwarzen Raucher für Gold- und Silberproduzenten sind: eine neue Hoffnung am Meeresboden. Auch wenn ihre Förderung aus 5000 Meter Tiefe, in Regionen fernab jeder Küste, als sehr kostspielig gilt, hält Hermann-Rudolph Kudraß sie für lohnenswert: »Wir rechnen mit Förderkosten von 100 bis 200 US-Dollar pro Tonne Manganknollen. Das ist relativ viel. Aber der Gewinn ist eben auch sehr hoch: Derzeit haben die Knollen einen Marktwert von rund 500 US-Dollar pro Tonne. In Hochpreiszeiten, wie im Frühjahr 2008, waren es sogar schon mal 900 Dollar.« Bei täglichen Fördermengen von mehreren tausend Tonnen wartet am Meeresboden ein Milliardengeschäft, davon ist Kudraß überzeugt. »Und dass sich die Investitionen in die Tiefsee lohnen können, machen die Erdölkonzerne ja schon seit Jahren vor.«

Tatsächlich steigen die Preise für Nickel, Kobalt und Kupfer seit etwa zehn Jahren kontinuierlich an – vor allem wegen der steigenden Nachfrage Indiens und Chinas und weil an Land nur noch wenige große Lagerstätten gefunden werden. Die Wirtschafts- und Finanzkrise hat den Preistrend zwar gebremst, aber nicht gestoppt, schätzen Wiedicke und Kudraß. »Allein Kobalt ist seit 2003 um fast 200 Prozent teurer geworden«, berichtet Michael Wiedicke, der die Preisentwicklung an der Londoner Rohstoffbörse täglich verfolgt. »Bei Kupfer waren es 400 Prozent, bei Nickel sogar 600 Prozent. Das wird langfristig so weitergehen.«

Deutschland ist indes nicht das einzige Land, das es auf die Manganknollen abgesehen hat. In seinem Büro deutet Michael Wiedicke auf eine Karte an der Wand. Sie zeigt einen Ausschnitt des Pazifiks – und sieht aus wie ein bunter Flickenteppich. In einem Meeresgebiet zwischen Hawaii im Westen und der Küste Mexikos im Osten sind lauter kleine, farbige Kästchen eingezeichnet, unterbrochen von weißen Kästchen dazwischen. »Die Karte zeigt den sogenannten Manganknollengürtel«, sagt Wiedicke. Mit dem Finger zeichnet er zwei waagerechte Linien nach, die ober- und unterhalb der Kästchen im dunklen Blau des Ozeans verlaufen. »Am Boden des Pazifiks befinden sich hier zwei geologischen Verwerfungszonen: die Clarion-Bruchzone und die Clipperton-Bruchzone. Sie ziehen sich Tausende von Kilometern durch den Meeresboden und bilden die natürliche Grenze für ein Gebiet, in dem besonders viele Manganknollen gefunden wurden.«

Dann tippt er mit dem Finger auf zwei olivgrün gefärbte Rechtecke zwischen den beiden Bruchzonen, an die sich jeweils ein weißes Kästchen anschließt. Ein längliches Areal liegt eher in der Mitte des bunten Schachbretts, das andere, größer und wie ein »L« geformt, weiter im Osten: »Das ist der deutsche Manganknollen-Claim. Er setzt sich aus zwei

Gebieten zusammen. Die benachbarten, weiß markierten Flächen erkunden wir zwar mit, sie werden aber anschließend wieder an die Meeresbodenbehörde zurückfallen.« Was es mit dieser Regelung genau auf sich hat, will er mir später erklären.

Michael Wiedicke zieht ein dünnes Dokument aus der Schublade seines Schreibtischs. Das Deckblatt trägt ein ähnliches Wappen wie der Seegerichtshof in Hamburg: eine Waage über einer Wasseroberfläche, eingerahmt von zwei Olivenzweigen, diesmal in Gold statt in Silber. Es ist das Emblem der UN-Seerechtsübereinkommens. »Die ist der Vertrag, den die BGR im Auftrag der Bundesregierung 2006 mit der Internationalen Meeresbodenbehörde geschlossen hat«, sagt Wiedicke. Er blättert in dem unscheinbaren Dokument aus etwa vierzig DIN-A4-Seiten. Es bildet die Grundlage für Deutschlands Erkundung der Manganknollen im Pazifik.

Das UN-Seerechtsübereinkommen hat nicht nur dafür gesorgt, dass die Grenzen auf See neu gezogen werden dürfen und der Internationale Seegerichtshof in Hamburg eingerichtet wurde. Im Rahmen der jahrzehntelangen Verhandlungen für das Übereinkommen wurde mit der Internationalen Meeresbodenbehörde (International Seabed Authority, ISA) auch eine völlig neue Behörde geschaffen. Seit ihrer Gründung im Jahr 1994 hat sie – und nur sie – das Recht, Schürflizenzen in einem Gebiet zu vergeben, das niemandem gehört: am Meeresboden im internationalen Gebiet, außerhalb der 200-Seemeilen-Zonen und der erweiterten Ansprüche am Kontinentalschelf. Die Behörde mit Sitz im jamaikanischen Kingston ist damit für eine Fläche zuständig, die fast zwei Drittel der Erdoberfläche bedeckt. Eine Fläche, die voller Rohstoffe liegt. Und für die es zuvor keinerlei Regeln gab.

Michael Wiedicke deutet wieder auf die Karte an der Wand. Er umkreist mit dem Finger mehrere rote und weiße Rechtecke, gleich neben dem kleineren deutschen Abschnitt in der Mitte. »Dort liegt das Lizenzgebiet Südkoreas«, sagt er. Ein braunes Rechteck weiter nördlich ist der russische Claim, weiter östlich sowie ganz im Westen liegen zwei hellgrüne Rechtecke – dort hält Frankreich die Erkundungsrechte. Auch neben dem größeren deutschen Claim in Richtung Mexiko sind weitere Farben eingezeichnet: Eine langgezogene gelbe Fläche ist das Lizenzgebiet eines osteuropäischen Staatenverbunds namens Interoceanmetal, zu dessen Mitgliedern auch Russland und Kuba gehören, erfahre ich. Die japanischen und chinesischen Claims im Pazifik wiederum sind lila und blau markiert und verteilen sich als kleine Sprenkel über weite Teile des Manganknollengürtels. All diese unterschiedlichen Gebiete sind nur durch dünne Linealstriche voneinander getrennt.

»Deutschland hat vollkommen neue Nachbarn bekommen.« Michael Wiedicke nickt mir lächelnd zu. Als wüsste er, welche Wirkung die Karte auf diejenigen hat, die sie zum ersten Mal sehen. Tatsächlich komme ich aus dem Staunen nicht heraus: In den unscheinbaren Büroräumen der BGR am Stadtrand Hannovers wird nicht nur Deutschlands Rohstoffversorgung der Zukunft geplant. Hier wird auch daran mitgearbeitet, den Boden des Pazifiks unter den Staaten der Erde aufzuteilen.

Zwischen Stahlregalen voller weißer Pappkartons klettert Michael Wiedicke eine Leiter empor. Er hebt die Deckel einzelner Kartons an, blickt hinein und schließt sie wieder. Dann findet er, wonach er gesucht hat. Am Fuß der Leiter nimmt Hermann-Rudolph Kudraß Papierrollen und dunkle Mappen in Empfang, die Wiedicke aus verschiedenen Kartons nimmt, und sortiert sie auf einem Tisch. Videobänder, Foto-Negativstreifen und stapelweise großformatige Notizbücher kommen hinzu.

In den insgesamt 440 weißen Pappkartons verwaltet die BGR eine besondere Hinterlassenschaft: Es handelt sich um das Erbe eines der traditionsreichsten deutschen Industrieunternehmen, der inzwischen aufgelösten Preussag. Der Mischkonzern war jahrzehntelang in Hannover ansässig. Kaum jemand weiß, dass die Preussag in den siebziger und achtziger Jahren auch Projekte in der Tiefsee durchführte. Die Überbleibsel dieser Vorhaben lagern heute bei der BGR. Übergeben wurden die Unterlagen – samt Kisten voller Manganknollen – auf Anweisung des Bundeswirtschaftsministeriums. Die Preussag hatte ihre Rohstoffsparten an ausländische Firmen verkauft und war 2002 im Touristikkonzern TUI aufgegangen. »Aber die Daten über die Knollen sollten in staatlicher Hand bleiben«, erinnert sich Michael Wiedicke an das unverhoffte Erbe.

Er breitet Notizbücher und Videobänder aus den Kartons auf einem Tisch auf. »Sonne – 05 1978« steht auf einer Videokassette, auf einem Notizbuch lese ich »Valdivia, Februar 1974«. »Es gab damals insgesamt an die zwanzig deutsche Forschungsfahrten im Pazifik, die nach Manganknollen suchten«, erzählt Hermann-Rudolph Kudraß. Er selbst war damals zwar nicht mit an Bord, arbeitete zu der Zeit aber bereits bei der BGR und kannte viele der beteiligten Forscher gut. »Sie waren die Koryphäen ihrer Fachgebiete«, sagt er.

Die ersten Expeditionen stachen auf dem Forschungsschiff *Valdivia* in See – seinen Namen hatte es in Anlehnung an die erste deutsche Tiefsee-Expedition von 1898/99 erhalten. Die Forscher an Bord kartierten den Meeresboden und sammelten erste Knollen. Dann folgten Fahrten auf der *Sonne*, die 1977 soeben vom Fischtrawler zum Forschungsschiff umgebaut worden war. An Bord der *Sonne* wurden die Zusammensetzung der Knollen und ihre Entstehungsweise erstmals untersucht.

Durchgeführt wurden die Fahrten von Universitäten, Forschungsinstituten oder der BGR, finanziert von der Preussag oder der inzwischen aufgelösten Arbeitsgemeinschaft Meerestechnisch Gewinnbare Rohstoffe (AMR), einem Zusammenschluss aus Preussag, Salzgitter AG und der damaligen Metallgesellschaft AG in Frankfurt am Main. Schon nach den ersten Expeditionen stand für die Industrie fest: Sie wollten den Manganknollenabbau wagen. Aber sie wussten noch nicht, wie.

Michael Wiedicke breitet eine der Papierrollen auf dem Tisch auf. Bunte Flächen sind darauf zu sehen, durch geschwungene Linien voneinander getrennt, manche sind dunkelrot gefärbt, andere orange, viele gelb. Die Flächen sind übersät mit kleinen schwarzen Kreuzen, mal viele auf einem Fleck, mal liegen große Abstände dazwischen. »Dies ist eine Karte von 1974, sie zeigt das Ergebnis der Vorerkundungen des Meeresbodens«, sagt Wiedicke. »Jedes Kreuz ist ein Punkt, an dem Manganknollen gefunden wurden. In den rot gemalten Gebieten waren es viele Knollen, in den gelben eher wenige.«

Die industrielle Förderung sollte in den roten Zonen beginnen. Doch zunächst mussten dafür die nötigen Geräte entwickelt werden. »Es kam uns vor, als wollte man Kartoffeln von einem Zeppelin aus ernten – aus fünf Kilometer Höhe, bei Sturm und in stockfinsterer Nacht«, erinnert sich Hermann-Rudolph Kudraß.

Die Geologen der BGR und der Forschungsinstitute erprobten gemeinsam mit der Industrie verschiedene Techniken für den weltweit ersten Tiefsee-Bergbau. Sie planten, ferngesteuerte Kollektoren zum Meeresboden hinabzulassen – riesige Raupen, dem Crawler ähnlich, den Kudraß in der Werkshalle bei der Firma Wirth in Erkelenz besichtigt hatte. Die Kollektoren sollten die Knollen am Meeresboden einsammeln, zermahlen und durch lange Rohre an Bord pumpen.

Ein anderer Vorschlag sah eine fünf Kilometer lange Kette aus Eimern vor. Die Kette sollte von der Oberfläche bis zum Meeresboden reichen. Vom Schiff aus würde sie langsam rotieren und die Eimer würden die Knollen so an Bord schöpfen. Eine dritte Alternative arbeitete mit Druckluft: In kilometerlangen Schläuchen wollten Forscher und Ingenieure in der Tiefsee einen Unterdruck erzeugen und die Knollen wie durch einen gigantischen Staubsauger an Bord saugen. Ein Verfahren, das auch Bohrschiffe und Diamantenschürfer zum Teil am Meeresboden einsetzen.

In Modellen verfeinerten die Forscher ihre Ideen. Bis sie die Chance bekamen, die Prototypen von Crawlern, Eimerketten und Staubsaugern tatsächlich auf hoher See zu testen.

Im Februar 1978 stachen Forscher und Industrielle erneut in See – diesmal auf dem amerikanischen Bohrschiff *SEDCO 445*. Die Preussag hatte für ihr Vorhaben zusätzliche Partner gefunden und gemeinsam mit amerikanischen, kanadischen und japanischen Unternehmen ein Konsortium gegründet: Unter dem Namen Ocean Management Incorporated (OMI) startete auf der *SEDCO* der erste Manganknollen-Testabbau im Pazifik.

Als im März 1978 tatsächlich erstmals Manganknollen über die Förderbänder der *SEDCO* liefen, war der Jubel groß. Mit einem fahrenden Kollektor am Meeresboden, einer Saugpumpe und einem fünf Kilometer langen Schlauch hatten sie es geschafft – der Durchbruch schien gekommen zu sein. Über Nachrichtenticker wurde die Meldung in alle Welt verbreitet: Der Tiefsee-Bergbau sei tatsächlich machbar! »Das war wirklich eine Sternstunde«, erinnert sich Hermann-Rudolph Kudraß mit leuchtenden Augen. »Die Beteiligten waren unglaublich stolz. Schließlich war es das Ergebnis von fast zehn Jahren Arbeit.«

Insgesamt 800 Tonnen Manganknollen pumpte die *SEDCO*

innerhalb weniger Tage an Bord. Man bemühte sich, die Fördermenge zu erhöhen. Etwa 5000 Tonnen Manganknollen müssten pro Tag an Bord geholt werden, damit sich der Tiefsee-Bergbau wirtschaftlich lohnte, hatten die Geologen errechnet. Doch der Erfolg blieb aus, von dieser Zahl war das Konsortium noch weit entfernt. Zudem verlor die *SEDCO* schon an einem der ersten Tage einen Kollektor am Meeresboden, wegen eines »falschen Manövers«, wie Michael Wiedicke aus dem Logbuch des Bohrschiffes vorliest. Dank eines »Schwimmbaggers«, der zum Meeresboden hinuntergelassen wurde, konnten weiter Knollen an Bord gebracht werden. Doch die anfängliche Euphorie währte nicht lange. Die Menge der geförderten Knollen reichte nicht aus.

Die Versuche auf der *SEDCO* waren nicht das einzige Pioniervorhaben in Sachen Manganknollen. Dennoch ist heute nur wenig über die vielen frühen Tiefsee-Vorhaben bekannt – vermutlich, weil sämtliche Abbauversuche begleitet waren von Pleiten, Pech und Pannen. So musste auch eine rein amerikanische Unternehmung namens Ocean Mining Associates, die Ende der siebziger Jahre mehrmals in den Pazifik fuhr, ihre Förderversuche immer wieder abbrechen. Mal stellten sich die elektronischen Verbindungen zwischen Schläuchen und den von ihnen eingesetzten »Saugbaggern« als nicht wasserdicht heraus. Dann versank einer der Bagger im Schlick und wurde nicht mehr gefunden. Einmal suchte auch noch ein Hurrikan das Bohrschiff heim, die Unternehmer mussten umkehren. Im Oktober 1978 gelang es den Ingenieuren und Geologen von Ocean Mining Associates schließlich doch noch, 550 Tonnen Manganknollen an Bord zu holen. Der Erfolg kam jedoch zu einem jähen Ende, als ein Propellerblatt im Saugbagger brach und den Elektromotor des Geräts am Meeresboden endgültig zum Erliegen brachte.

Besonders aussichtsreich ließ sich ein Vorhaben an, das eher aus einem Hollywood-Drehbuch zu stammen schien: Der Milliardär, Filmproduzent und Luftfahrtpionier Howard Hughes ließ in den siebziger Jahren ein mehrere hundert Millionen Dollar teures Bohrschiff namens *Glomar Explorer* sowie eine riesige Schwimmplattform bauen. Damit sollten offiziell im Pazifik Manganknollen abgebaut werden. Die wahre Geschichte indes war eine andere. Die Manganknollen, die damals in den USA in aller Munde waren, dienten lediglich zur Tarnung eines Plans des US-Geheimdienstes CIA. Im Rahmen des sogenannten Jennifer-Projekts – dessen Existenz inzwischen offiziell bestätigt worden ist – sollte ein im Pazifik gesunkenes sowjetisches Raketen-U-Boot mit Nuklearsprengköpfen an Bord geborgen werden. Während die Russen das Boot und seine fast hundertköpfige Besatzung noch suchten, hatten die Amerikaner es bereits geortet: Es lag in 5000 Meter Tiefe, einige hundert Seemeilen südöstlich von Hawaii. In einem Gebiet, das zufällig auch voller Manganknollen lag. Hughes erhielt den Auftrag von der CIA, man dachte sich die Tarngeschichte mit den Knollen aus – und die *Glomar Explorer* nahm 1974 Kurs auf besagte Stelle im Pazifik.

Eine gigantische, eigens konstruierte Greifvorrichtung wurde von der Schwimmplattform aus zu dem U-Boot hinabgelassen. Doch die riesigen Metallarme kamen nur mit Bruchstücken des U-Boots wieder an die Oberfläche. Nach mehreren Versuchen war klar: Das U-Boot war offenbar geborsten, bei einer bis heute nicht aufgeklärten Explosion oder einem Zusammenstoß unter Wasser. Es konnte nie ganz gehoben werden – und die *Glomar Explorer* wurde in der Reserveflotte der U.S. Navy eingemottet.

Bis die Ocean Minerals Company, eine Tochterfirma des Luftfahrt- und Rüstungskonzerns Lockheed, mit den angeblichen Manganknollen-Plänen der *Glomar Explorer* doch noch Ernst machte. Sie charterte das Schiff im Jahr 1979 – und hatte zunächst, genau wie die anderen Konsortien vor ihr, ebenfalls mit technischen Problemen zu kämpfen: Der Moon Pool – ein rechteckiger Schacht in der Mitte des Schiffs, durch den das Bohrgestänge und andere Geräte hinab ins Meer gelassen werden – ließ sich partout nicht öffnen. Nach mehreren Reparaturen gelang es Ocean Minerals zwar schließlich doch noch, über 1000 Tonnen Manganknollen vom Meeresboden an Bord zu fördern. Doch als Durchbruch konnte auch das nicht bezeichnet werden.

In den Industrieländern war die anfänglich euphorische Stimmung der Tiefsee-Pioniere nach den chaotischen Misserfolgen im Pazifik gedämpft. Hinzu kam eine weitere, aus ihrer Sicht unerfreuliche Entwicklung: Die Metallpreise brachen zu Beginn der achtziger Jahre wieder ein. Die Ölkrise war vorüber. Und neue, große Lagerstätten in Australien und Kanada sorgten auf den Märkten für Nachschub an den begehrten Metallen. Weitere kostspielige Testfahrten in das Manganknollengebiet konnte und wollte nun kein Unternehmen mehr finanzieren. Der Tiefsee-Bergbau wurde eingestellt. Bis heute. Denn seit einigen Jahren sind die Manganknollenpläne aktueller denn je.

Es gibt allerdings einen entscheidenden Unterschied: Anders als damals dürfen Forscher und Unternehmen heute nicht mehr überall dort nach Manganknollen suchen, wo es ihnen beliebt. Die 1994 in Kraft getretene Seerechtskonvention der Vereinten Nationen hat den Umgang mit dem Meeresboden auf hoher See radikal verändert. Vor allem, indem sie die Internationale Meeresbodenbehörde ins Leben gerufen und ihr weitreichende Befugnisse zugestanden hat.

Als in den siebziger Jahren zum ersten Mal versucht wurde, Manganknollen in großem Maßstab zu fördern, hatten viele

Entwicklungsländer in Afrika, Asien und Lateinamerika Angst, ins Hintertreffen zu geraten. Mangels Technik gab es für sie keine Möglichkeit, am Reichtum vom Meeresboden teilzuhaben. Noch größer war die Befürchtung, dass sie als Rohstoffexporteure womöglich schon bald nicht mehr gebraucht würden. Kobalt, Nickel und Kupfer stammten schon damals vor allem aus Staaten in Afrika, Asien und Lateinamerika und waren dort eine existenzielle Einkommensquelle. Das drohte sich zu ändern.

Bei den Vereinten Nationen fand sich daher ein Bündnis aus Drittweltländern zusammen, die der unkontrollierten Ausbeutung des bislang rechtsfreien Meeresbodens einen Riegel vorschieben wollten. Zu der Gruppe gesellten sich viele Staaten, die keinen eigenen Zugang zur Küste hatten – und damit über keine Schiffe oder gar über Tiefsee-Technologie verfügten.

Auf Drängen dieser Länder hin wurde in der Seerechtskonvention der Vereinten Nationen ein einzigartiger Grundsatz festgehalten. Dort heißt es seither: »Das Gebiet« – also der Meeresboden außerhalb nationaler Grenzen – »und seine Ressourcen sind das gemeinsame Erbe der Menschheit.« Ein »gemeinsames Erbe«, das jedoch nicht etwa für kommende Generationen erhalten, sondern international verwaltet und unter allen Staaten gerecht aufgeteilt werden soll. Diesen Grundsatz zu erfüllen, ist das wichtigste Ziel der Internationalen Meeresbodenbehörde (ISA) in Jamaika. Für ihre Arbeit stellten die Vereinten Nationen in jahrelangen Verhandlungen strenge Regeln und Vorschriften auf. Das Meer selbst, die in ihm lebenden Fische und die Schifffahrtsrouten unterstehen nach wie vor niemandem. Doch wie ein Staat oder eine Firma vorgehen darf, um die Rohstoffe am Meeresboden auf hoher See auszubeuten, ist in den Statuten der ISA genau beschrieben.

Zunächst darf ein Staat oder eine Firma ein bis zu 150 000 Quadratkilometer großes Gebiet am Meeresboden nach eigenem Gutdünken auswählen und dort das Erkundungsrecht für fünfzehn Jahre beantragen – auf einer Fläche also, die insgesamt halb so groß ist wie Italien. Die meisten Staaten führen dafür mit Schiffen erste Vorerkundungen durch, um eine grobe Vorstellung davon zu erhalten, wo besonders viele Knollen liegen. Nur wenn die Behörde aufgrund des beigefügten »Arbeitsplans« schwere Schäden für die Umwelt befürchtet oder sie die Zonen schon für eine anderweitige Nutzung reserviert hat, kann der Antrag abgelehnt werden.

Doch von Beginn an ist klar: Die Hälfte des jeweiligen Gebiets muss im Verlauf der Erkundung wieder an die Meeresbodenbehörde abgetreten werden, und zwar spätestens acht Jahre nach Vertragsunterzeichnung. Für die BGR bedeutet das genau wie für alle anderen Lizenznehmer, dass sie sich in dieser Zeit zwar die jeweils »bessere« Hälfte ihrer beiden Areale für eine spätere Ausbeutung aussuchen können, die andere Hälfte aber auf eigene Kosten mit erkunden müssen. Übrig bleibt für Deutschland das »17. Bundesland«, bestehend aus zwei Gebieten mit insgesamt 75 000 Quadratkilometer Größe – so viel wie Niedersachsen und Schleswig-Holstein zusammen.

Was genau die Behörde wiederum mit den erkundeten Arealen anfängt, ist noch offen: Geplant war ursprünglich, sie an Drittweltstaaten weiterzureichen, die sich die teure Erkundung der Manganknollen nicht leisten, dann aber Firmen mit ihrem Abbau beauftragen können. Staaten wie beispielsweise Bolivien oder Uganda könnten so von der deutschen, französischen oder koreanischen Tiefsee-Arbeit profitieren – im Sinne der »gerechten Aufteilung« des »gemeinsamen Erbes der Menschheit«.

Oder die ISA betreibt auf den erkundeten Flächen selbst

Abbau, mit einer noch zu gründenden Firma, und nutzt den Gewinn aus dem Verkauf der Metalle für Ausgleichszahlungen an benachteiligte Staaten. Wie es genau ablaufen wird, muss sich in den kommenden Jahren zeigen.

Doch die Vorschriften gehen noch weiter, denn erst im Anschluss an die Erkundung können Staaten oder Firmen eine Abbaulizenz für die Rohstoffe beantragen. Ob sie den Abbau selbst durchführen oder Dritten ihre Daten zur Verfügung stellen und dafür etwa ein Vorrecht an den zu gewinnenden Metallen aushandeln, ist jedem selbst überlassen. In jedem Fall muss die Hälfte der Erlöse aus diesen Metallen ebenfalls an die Meeresbodenbehörde abgetreten werden, damit diese davon wiederum Ausgleichszahlungen leisten kann.

Das Vorgehen ist kompliziert – und gänzlich anders als innerhalb der 200-Seemeilen-Zonen von Staaten wie Neuseeland, Papua-Neuguinea oder Angola. Zwar müssen Unternehmen dort ebenfalls zunächst eine Erkundungslizenz für den Meeresboden erwerben, aber nach getaner Arbeit kein Teilgebiet wieder zur Verfügung stellen. Und sobald sie eine Abbaulizenz haben, steht zwar dem Küstenstaat ein Anteil an den Erträgen in Form von Steuern und Abgaben zu. Aber Staaten und Unternehmen müssen ihre Gewinne aus dem Tiefsee-Bergbau nicht mit der halben Welt teilen.

»Die Regeln machen den Manganknollenbergbau für die Wirtschaft vielleicht erst einmal nicht so reizvoll«, gibt Michael Wiedicke zu. »Aber wir glauben, dass er sich wegen der hohen Metallpreise dennoch lohnen wird.« Es sei eine reine Frage der Zeit, bis der Meeresbergbau beginnen werde: »Und die Zeiten waren noch nie so nah wie jetzt.« Außerdem, so fügt er hinzu, sollten die Regeln der Meeresbodenbehörde ganz bewusst ein bisschen »wehtun«. Damit kein Staat oder Unternehmen einfach vorprescht. Und vom »gemeinsamen Erbe der Menschheit« auch wirklich alle profitieren.

Tatsächlich loben Völkerrechtler die Vorschriften der Meeresbodenbehörde als vorbildliche Lösung eines internationalen Problems. »Man hat sogar überlegt, diese Regeln auch auf den Mond zu übertragen«, erzählt Hermann-Rudolph Kudraß begeistert. Der Plan wurde allerdings bald fallengelassen, einen gültigen internationalen Mondvertrag gibt es bis heute nicht. Dabei müssen sich auch die Regeln der ISA erst noch bewähren. Viele Fragen sind offen: Was passiert, wenn ein Staat oder eine Firma sich nicht an die Abmachungen hält? Wenn er die mit dem Lineal gezogenen Grenzen zwischen den einzelnen Claims ignoriert? Und am Meeresboden überall dort Bodenschätze abbaut, wo er es für am lukrativsten hält?

Zudem haben die USA die Seerechtskonvention der Vereinten Nationen bisher zwar unterzeichnet, nicht aber ratifiziert – genauso wenig wie über dreißig weitere Staaten. Der bunte Flickenteppich auf Michael Wiedickes Pazifikkarte existiert für die USA nicht einmal, die dortigen Claims werden genauso wenig anerkannt wie die Internationale Meeresbodenbehörde selbst. Die USA waren von Beginn an dagegen, den Meeresboden auf hoher See von einer internationalen Behörde verwalten zu lassen. Eine solche Instanz stehe den autonomen wirtschaftlichen und sicherheitspolitischen Interessen der USA entgegen, heißt es bis heute aus Washington. Zudem bestehe die Gefahr, dass eine aufgeblähte und teure bürokratische Instanz geschaffen werde, deren Finanzströme niemand kontrolliert.

In den vergangenen Jahren hat sich die Stimmung in Washington ein wenig gewandelt – nicht zuletzt wegen des Streits am Nordpol. Auch die USA wollen ihre Rechte am Festlandsockel nun ausdehnen, können dies aber nur dann völkerrechtlich bindend tun, wenn sie die Seerechtskonvention ratifizieren. Anfang 2009 kündigte die frisch gekürte Außenministerin Hillary Clinton an, noch in ihrer Amtszeit dafür zu sorgen. Beobachter wie Rüdiger Wolfrum gehen davon aus, dass die Ratifizierung tatsächlich nicht mehr lange auf sich warten lassen wird. Ob die USA damit jedoch auch Teil XI des Seerechts anerkennen werden – den Teil, in dem die Befugnisse der Meeresbodenbehörde geregelt werden –, ist noch offen.

Die Regeln für das »gemeinsame Erbe der Menschheit« können jedoch nur funktionieren, wenn alle mitmachen. Solange mit den USA der Staat, der in Sachen Meeresforschung und -technologie international führend ist, auf hoher See keinerlei Regeln akzeptiert, bleibt die Meeresbodenbehörde machtlos. Als hätte sich seit den siebziger Jahren nichts geändert, können die USA noch immer überall dort Manganknollen schürfen, wo sie wollen – theoretisch auch dort, wo Deutschland seit 2006 seinen Claim hält.

Michael Wiedicke hält ein solches Szenario für nicht sehr wahrscheinlich. Der Tiefsee-Bergbau sei zu aufwendig und zu teuer für das Risiko eines Konflikts. »Aber es ist trotzdem natürlich nicht ganz auszuschließen.« Wiedicke überlegt kurz. »Und die Internationale Meeresbodenbehörde hat keine Kanonenboote oder Ähnliches, um ihre Regeln durchzusetzen.«

Damit trifft er den wunden Punkt der Behörde. Sie ist für fast zwei Drittel des Meeresbodens zuständig, verfügt für diese Mammutaufgabe aber nur über bescheidenere Mittel als die Verwaltung einer Kleinstadt: Die ISA hat gerade einmal 32 ständige Mitarbeiter. Hinzu kommen mehrere Expertengremien und der Rat der Mitglieder, die allerdings nur einmal im Jahr tagen. Schiffe oder gar Waffen, um das internationale Gebiet zu kontrollieren und Verstöße gegen ihre Regeln zu ahnden, hat die Behörde nicht. Bei den Vereinten Nationen ist so etwas nicht vorgesehen. Als Sanktionsmaßnahmen kann die ISA höchstens Geldbußen auferlegen oder damit drohen, eine Lizenz zu entziehen. Was auf hoher See wirklich geschieht, wissen die Mitarbeiter in Jamaika nicht. Man könne zwar Schiffsbewegungen per GPS verfolgen, meint Michael Wiedicke. Aber was in der Tiefsee unter den Schiffen im Pazifik vor sich geht, kontrolliert niemand.

Nicht umsonst rechnen Rüdiger Wolfrum und die übrigen Völkerrechtler am Internationalen Seegerichtshof in Hamburg damit, dass die meisten Streitfälle auf See sich künftig um die Manganknollen im Pazifik drehen werden. Dabei hat der Wettlauf um die Rohstoffe im internationalen Gebiet gerade erst begonnen. »Der Manganknollengürtel im Pazifik ist ja nicht das Ende der Fahnenstange. Manganknollen bedecken weite Teile der Ozeanböden«, sagt Michael Wiedicke. »Auch im südlichen Pazifik und im Indischen Ozean gibt es große Gebiete, in denen sich ihr Abbau lohnen würde.« Inzwischen wurde dort sogar der erste Claim vergeben: Für eine Region südlich der Malediven, am Boden des Indischen Ozeans, hat Indien bei der ISA jüngst eine Erkundungslizenz für Manganknollen erworben. Zudem stoßen Forscher im internationalen Gebiet auch auf reichhaltige Metallablagerungen an Schwarzen Rauchern. China und Korea haben laut Michael Wiedicke bereits Interesse an einer Lizenz für Massivsulfide im nördlichen Atlantik angemeldet.

Die in den achtziger Jahren erlahmte Manganknollensuche nimmt wieder an Fahrt auf. Frankreich, Japan und Russland haben als erste Staaten 2001 im Pazifik ein Lizenzgebiet zur Erkundung von Manganknollen beantragt. Wenig später folgten Interoceanmetal, China und Korea. Als das Bundeswirtschaftsministerium entschied, sich ebenfalls an der neuen Jagd auf die Rohstoffe im Pazifik zu beteiligen, »sollte plötzlich alles ganz schnell gehen«, erinnert sich Michael Wiedicke. Der Geologe reiste im Regierungsauftrag mehrfach nach Jamaika, um den deutschen Antrag auf ein Lizenzgebiet vorzubereiten. In Hannover durchsuchten sie derweil die Unterlagen der Preussag. Auf den Karten aus den siebziger Jahren wollten sie Regionen auswählen, in denen viele Knollen lagen. Doch es gab Schwierigkeiten. »Damals hatte man ja weder Satellitennavigation noch Tauchroboter«, seufzt Wiedicke. »Die kleinen Kreuzchen auf den Karten haben gerade mal eine Genauigkeit von ein bis zwei Kilometern. Wir konnten die Karten also nur als grobe Orientierung benutzen.« Zudem hatten Russland und Frankreich bereits einige der von der Preussag untersuchten Gebiete beansprucht – für ihre eigenen Erkundungen.

Mit Hilfe grober Karten einigte man sich schließlich auf zwei Gebiete im Pazifik – ohne noch einmal mit einer Expedition dort gewesen zu sein. Am 19. Juli 2006 war es so weit: Der Präsident der BGR und der Generalsekretär der Internationalen Meeresbodenbehörde trafen sich in Berlin und unterzeichneten das deutsche »Abkommen über die Erforschung von Polymetallischen Knollen«. Kostenpunkt: 250000 US-Dollar. Für eine fünfzehn Jahre während Lizenz zur Erkundung des »17. Bundeslands im Pazifik«.

»Mit diesem Kollektor haben wir bei unserer letzten Fahrt Manganknollen vom Meeresboden gesammelt, an genau 38 Punkten.« In der Lagerhalle in Hannover umrundet Michael Wiedicke ein etwa drei Meter hohes Eisengestell. Es sieht aus, als würde ein riesiges Einkaufsnetz in seiner Mitte hängen. Nur dass das Netz ebenfalls aus Metall besteht. Vom Schiff aus haben die Forscher das Gestell über den Meeresgrund gezogen, wie einen Schlitten. Eine flache Platte an seiner Vorderseite schob die Knollen vom Boden hoch und ließ sie ins Netz plumpsen. So haben sie zentnerweise Manganknollen an Bord geholt.

Im Herbst 2008 fand die erste Fahrt nach der Lizenzvergabe in Deutschlands Erkundungsgebiet auf hoher See statt. Die Ergebnisse liegen der BGR inzwischen vor. »Wir haben etwa 60 Prozent des Gebiets untersucht«, sagt Wiedicke. »Die Metallgehalte in den Knollen waren unterschiedlich hoch, aber überall groß genug, dass sich ihr Abbau unserer Ansicht nach lohnen würde.« Zwischen 800 und 900 Millionen Tonnen Knollen liegen laut ihren Hochrechnungen in dem Gebiet. Die darin enthaltenen Buntmetalle könnten den deutschen Rohstoffbedarf jahrzehntelang decken.

Nun sollen weitere Fahrten folgen: Die Forscher wollen ermitteln, wo die Manganknollen besonders dicht liegen. Michael Wiedicke vergleicht die neuesten Karten, die sie im Pazifik erstellt haben, mit den Zeichnungen aus den siebziger Jahren. Diese wirken nun wie unbeholfene, bunte Kindermalereien. Die neuen Karten zeigen die Beschaffenheit des Meeresbodens im Manganknollengebiet viel genauer: wo er eben ist, wo sich Hügel erheben und wo Schluchten den Boden durchziehen.

Als er die Karten sah, war selbst Wiedicke überrascht: »Das Lizenzgebiet ist übersät mit unterseeischen Vulkanen. Manche ragen bis zu 3000 Meter vom Meeresboden aus in die Höhe.« An solchen Stellen könne natürlich kein Bergbau stattfinden, da die geplanten, ferngesteuerten Kollektoren nur auf ebenen Flächen einsetzbar sind. »Französische Geologen haben errechnet, dass in ihrem Lizenzgebiet nur etwa 30 Prozent der Fläche für einen Abbau in Frage kommen. Der Rest sind Schluchten, Berge oder hat ein zu hohes Gefälle. Ich schätze, dass der Anteil im deutschen Gebiet ähnlich sein wird.« Doch auch diese Menge wäre noch groß genug, dass der teure Einsatz von Schiffen, Bohrköpfen und Seeboden-Kollektoren sich lohnen würde, meint Wiedicke.

Während der nächsten Expedition ins Lizenzgebiet wollen sie den Meeresboden noch genauer vermessen, mit hochauflösenden Schiffsecholoten. Erstmals soll so auch gemessen werden, wie dick die Sedimentschichten unter den Mangan-knollen sind. Das Ziel, so Wiedicke, sei ein dreidimensionales Modell des Meeresbodens. Mit dessen Hilfe könne man die Manganknollenfelder virtuell erkunden und ihren Abbau noch besser vorbereiten.

Weiteren Aufschwung erhalten solche Pläne durch einen Vorstoß, mit dem niemand gerechnet hatte: Im Frühjahr 2008 reichten erstmals zwei private Unternehmen Anträge auf Li-zenzgebiete im Pazifik bei der ISA ein. Die erste Firma heißt Nauru Ocean Resources Inc. »Niemand hatte je von ihr ge-hört«, sagt Wiedicke. Die Republik Nauru – ein winziger In-selstaat im südlichen Pazifik, der für die unbekannte Firma wie in den ISA-Statuten vorgesehen bürgt – ist durch den Ab-bau von Phosphaten zu einem gewissen Wohlstand gelangt. Nun droht diese Quelle zu versiegen, und der Staat sucht nach einer neuen Einkommensquelle, vermuten die Experten. Der zweite Antrag stammt von Tonga Offshore Mining Limi-ted mit dem Inselstaat Tonga als Bürgen – demselben Staat, vor dessen Küste die ersten rekordverdächtigen Goldvor-kommen an Schwarzen Rauchern entdeckt worden waren.

Sowohl Nauru Ocean Resources Inc. als auch Tonga Off-shore Mining Limited entpuppten sich als hundertprozentige Tochterunternehmen eines Unternehmens, das in Sachen Tiefsee bereits bekannt ist: Nautilus Minerals. Derselbe Kon-zern, der vor Papua-Neuguinea Schwarze Raucher abbauen will, hat es nun auch auf Manganknollen abgesehen. Seit über dreißig Jahren interessiert sich damit wieder ein privates Unternehmen für die Manganknollen. Von den strengen Vor-schriften der Internationalen Meeresbodenbehörde lässt es sich angesichts der vermutlich lukrativen Lagerstätten offen-bar nicht abschrecken.

Doch bevor es tatsächlich zu einem Abbau kommen kann,

gibt es noch ein Problem, berichtet Michael Wiedicke. Ein Problem, dem die Pioniere im Pazifik vor dreißig Jahren keinerlei Beachtung schenkten, dessen Lösung die Internationale Meeresbodenbehörde nun aber sogar zur Bedingung für die Erteilung zukünftiger Abbaulizenzen macht. Denn noch ist unklar, welche Folgen der Abbau von Manganknollen für die Meeresumwelt hätte. Während Geologen den Metallreichtum der Knollen immer genauer erkunden, warnen Meeresbiologen vor einer gigantischen Umweltkatastrophe – mit Folgen für alle Lebewesen im Ozean.

Die Fotos sind ein wenig verblichen, ihre Ecken trotz sorgfältiger Aufbewahrung abgegriffen. Auf den Bildern sind Männer mit Achtziger-Jahre-Schnauzbärten zu sehen, sie knien oder stehen in kurzen Hosen an Deck eines Schiffes. In ihrer Mitte liegt ein Stahlgerüst, aus dessen Längsseite lange Metallkrallen ragen. »Das ist eine Pflugegge, acht Meter breit«, erklärt Hjalmar Thiel. Der emeritierte Professor für Meeresbiologie an der Universität Hamburg hat mich in seine Wohnung am Rand der Hansestadt eingeladen. Für ein Gespräch über die Umweltrisiken des Manganknollenbergbaus.

»Die Pflugegge haben wir vom Schiff aus über den Meeresboden gezogen, in einem Radius von dreieinhalb Kilometern.« Thiel zieht weitere Fotos hervor. Es sind Bilder vom Meeresboden. Er sieht aus wie ein Kartoffelacker nach der Ernte. Tiefe Pflugspuren ziehen sich über den Boden, die Erde ist vollkommen aufgewühlt. Lebewesen sind keine zu sehen.

Hjalmar Thiel ist zwar seit Jahren nicht mehr in der Tiefsee-Forschung aktiv. Doch bis heute zählt er zu einem ihrer renommiertesten Vordenker. Er ist einer der wenigen Experten weltweit, die den Bergbau in der Tiefsee schon früh kritisch hinterfragt haben. Neben einem Kaffeeservice und einem Teller mit Schokoladenkeksen liegen stapelweise Unterlagen.

»Die habe ich sehr lange nicht mehr hervorgeholt«, erzählt er. Kaum jemand hat sich in den vergangenen Jahren für die Ergebnisse eines seiner wichtigsten Forschungsprojekte interessiert. Doch durch die ehrgeizigen Pläne der BGR sind sie wieder hochaktuell.

Für Hjalmar Thiel und seine Kollegen begann alles mit den Manganknollen-Abbautests in den siebziger Jahren. Damals gab es nicht viele Tiefsee-Forscher, man verfolgte also gebannt, was mitten im Pazifik vor sich ging. Zunächst sei er gar nicht so kritisch gewesen, erinnert sich Thiel. Die Manganknollen galten ja als Chance für die prekäre Rohstoffversorgung. Doch als er erfuhr, welche Dimensionen die Projekte der Industrie annehmen sollten, und als er sah, wie die Firmen auf hoher See vorgingen, änderte sich seine Haltung.

»Auf der *SEDCO* und den anderen Schiffen gelangte mit jeder Tonne Knollen auch eine große Menge der Sedimente vom Meeresboden mit an Bord«, sagt er. Der extrem feinkörnige Schlamm aus der Tiefe ließ sich nicht einfach von den Manganknollen trennen und wurde tonnenweise mit eingesaugt. Nach der Reinigung spülte man den Schlamm vom Meeresboden einfach wieder ins Meer zurück. Mit der Folge, dass sich im Wasser riesige Staubwolken aus feinstem Sediment bildeten. Noch in bis zu 100 Kilometer Entfernung seien die Wolken an der Meeresoberfläche zu sehen gewesen, berichtet Thiel, der einige der Fahrten selbst begleitet hat. Dort bildeten sie eine regelrechte Decke, die kaum noch Sonnenlicht durchließ. Den Biologen war klar, dass der Schlamm vom Tiefsee-Boden das Plankton am Wachstum hindern würde. Außerdem drohte es Fischkiemen und -mägen zu verkleben. Nur sehr langsam sank der Staub wieder zu Boden. Doch auch dabei, so ahnten sie, wurde er zur Gefahr: »Der Staub verteilte sich im gesamten Ozean und deckte weite Gebiete mit einer Art Leichentuch zu.«

In den Abbaugebieten selbst vermutete Thiel aber die dramatischsten Folgen. Mit jedem Quadratmeter, auf dem Kollektoren und Saugpumpen Manganknollen ernteten, wurde eine große Fläche des feinkörnigen Meeresbodens aufgewirbelt. Auch am Meeresboden entstanden so riesige Staubwolken, die sich nur langsam wieder setzten. Welches Leben dabei zerstört wurde, war unklar.

Nach Rückkehr aus dem Pazifik rief Hjalmar Thiel das Projekt DISCOL ins Leben, eine Abkürzung für »DISturbance and ReCOLonisation Experiment«. Finanziert wurde es vom Bundesforschungsministerium. Die Wissenschaftler wollten das Ausmaß an Zerstörung durch die Manganknollenförderung besser einschätzen können – und galten unter euphorischen Kollegen bald als »Spaßverderber«.

Im kleinen Maßstab wäre ein Abbau womöglich gar nicht dramatisch, mutmaßten die Biologen. »Doch die Pläne der Industrie klangen gigantisch«, erinnert sich Thiel. Die Preussag rechnete mit neun Abbauschiffen, die zum Ende des Jahrhunderts ständig im Manganknollengebiet im Einsatz sein sollten. In den USA ging man sogar von vierzig bis sechzig Schiffen bis zum Jahr 2000 aus. Der Ozeanboden würde damit Tag für Tag auf einer Fläche von mindestens einem Quadratkilometer umgepflügt, überschlugen die Forscher. Im Jahr ergäbe das fast 400 Quadratkilometer zerstörten Meeresboden sowie »aufgewirbelte Schlammmengen in der Größenordnung von mehreren zehn Millionen Tonnen«, notierte der Göttinger Geologe Jürgen Schneider, ein Kollege von Hjalmar Thiel, in einem ersten Bericht. Und das in einem Gebiet, von dem sie nicht einmal wussten, welche Tiere dort lebten.

Im Februar 1989 stachen die Wissenschaftler um Hjalmar Thiel in See – an Bord einige Forschungsgeräte und die Pflugegge, deren Fotos vor uns auf dem Tisch liegen. Sie hatten sich ein Gebiet vor der Küste Perus ausgesucht, das besser zu erreichen war als die Zonen mitten im Pazifik. Und in dem ebenfalls dichte Manganknollenfelder am Meeresboden entdeckt worden waren.

»Um die Folgen unseres geplanten Eingriffs zu messen, nahmen wir zunächst Proben vom Meeresboden«, erklärt Thiel. Sie ließen schwere Metallgreifer hinab, die kubikmeterweise Manganknollen und Schlamm an Bord holten. Mit Hilfe einer Kamera in einem Druckgehäuse, einem Blitz und einem langen Seil schossen sie Fotos vom Meeresboden. Von den Ergebnissen waren sie verblüfft, erinnert sich Hjalmar Thiel und blättert durch die Fotos, die sie vom noch intakten Meeresboden gemacht haben. Zwischen zahlreichen Manganknollen sind auf den Aufnahmen Seegurken, Seeanemonen und Garnelen zu erkennen. Später an Bord hielten die Forscher Manganknollen in die Kamera, um die sich Flechten und andere Bewüchse rankten. Auch in den Schlammproben selbst fanden sie zahllose Würmer, Muscheln, Krebse und andere, noch unbekannte Tierarten.

Dann zogen sie ihre Pflugegge über den Meeresboden, tagelang. Anschließend nahmen sie neue Proben und machten weitere Fotos. Der Boden sah aus wie nach einem Bombeneinschlag. Nach ihrer Rückkehr verglichen sie im Labor die Zahl der Tiere in den durchpflügten Gebieten mit derjenigen vor dem Eingriff. Es war, wie sie befürchtet hatten: In den neuen Proben fanden sich kaum noch Lebewesen. Nur wenige besonders robuste Tiere hatten den Eingriff überlebt. Das Leben im Testgebiet war durch die Pflugegge weitgehend ausgerottet worden.

Sie warteten drei Jahre, bis sie noch einmal in das Gebiet vor der Küste Perus fuhren. Mit einem Kastengreifer, einer Kamera und zwei Fragen: War von ihren Eingriffen am Meeresboden noch etwas zu sehen? Und hatten sich im zerstörten Gebiet wieder Tiere angesiedelt?

Die Pflugspuren sahen noch immer genauso aus wie drei Jahre zuvor. Am Boden der Tiefsee laufen alle Prozesse so langsam ab, dass sich bis dahin nichts Sichtbares verändert hatte. »Doch in unseren Proben fanden wir weitaus mehr Tierarten als gleich nach dem zerstörerischen Eingriff«, erinnert sich Thiel.

Weitere vier Jahre später wiederholten sie ihre Fahrt erneut. Über die Ergebnisse der Probenentnahme staunten sie nicht schlecht: Es schien, als hätten sich die Lebensgemeinschaften im gepflügten Gebiet erholt. Hjalmar Thiel breitet eine lange Liste mit Namen von Tierarten vor mir aus, die sie im Testgebiet nach sieben Jahren fanden. »Allerlei Wurmarten, Krebse und andere Tiere tummelten sich dort. Sie müssen von den unberührten Gebieten aus in die Störzone hineingekrabbelt sein«, mutmaßt Thiel.

Doch dann verglichen sie die neuen Proben mit denjenigen, die sie 1989 gesammelt hatten, unmittelbar vor ihrem Eingriff. Sie machten eine unangenehme Entdeckung. Trotz der Vielzahl von Lebewesen fehlten nun bestimmte Sorten: Vor allem die Larven von Tieren, die im freien Wasser leben, kamen im zerstörten Gebiet nicht mehr vor – obwohl sie noch 1989 in großer Zahl den Boden besiedelt hatten. Auch die Anzahl an Muscheln war zurückgegangen. Thiel glaubt, dass nur Tierarten, die sich krabbelnd über den Boden bewegen, den zerstörten Lebensraum wieder aufsuchen konnten. Wobei sich auch von den zuvor gefundenen Krebsarten längst nicht alle wieder angesiedelt hatten. Zudem dürfe man nicht vergessen, so Thiel, dass sie die Manganknollen nur untergepflügt hatten. Bei einem Abbau hingegen würden all die Tiere, die an den Knollen leben, ebenfalls verschwinden.

Dabei war schon damals klar: Diese Studien reichen bei weitem nicht aus. Hjalmar Thiel wusste, dass ein Beobachtungszeitraum von nur sieben Jahren und eine untersuchte

Fläche von zehn Quadratkilometern zu wenig waren, um eine definitive Aussagen zu treffen. Wie sich langjährige Abbauarbeiten in einem gigantischen Gebiet des Ozeans auswirken würden, war noch immer unklar. Dennoch ist DISCOL bis heute die einzige groß angelegte Umweltstudie zu den Folgen des industriellen Tiefsee-Bergbaus geblieben – weltweit.

Hjalmar Thiel reiste daher nach Jamaika. Zur Internationalen Meeresbodenbehörde, die im Zuge ihrer Gründung in den neunziger Jahren auch Biologen einlud, um über den Manganknollenabbau zu beraten. Gemeinsam mit seinen Kollegen schlug Thiel den Mitarbeitern der ISA etwas vor, das ein völliges Novum war. Sie verlangten, dass jeder Staat oder Konzern, der in Zukunft die Manganknollenfelder erkunden wollte, dazu verpflichtet sein sollte, in seinem Lizenzgebiet Umweltstudien durchzuführen – und zwar *vor* einem Abbau. »Wenn die Industrie schon in den Startlöchern steht, ist es für Umweltregeln in der Tiefsee zu spät«, war Hjalmar Thiel schon damals überzeugt. Eine Erkenntnis, die sich im Golf von Mexiko nun bewahrheitet hat. Thiel wollte dem zumindest beim Manganknollenabbau zuvorkommen.

Einzelne Staaten und Konzerne protestierten gegen den Vorschlag der Biologen, doch schließlich setzte sich ihre Forderung durch. Im Jahr 2000 verabschiedete die Internationale Meeresbodenbehörde ihren Mining Code, den ersten international verbindlichen Kodex zum Tiefsee-Bergbau. Er trägt den Titel »Vorschriften für die Prospektion und Exploration polymetallischer Knollen« und enthält erstaunlich strenge Umweltauflagen. Dabei ist er noch längst nicht vollständig, wie Thiel anmerkt. Bisher geht es im Mining Code nur um die Erkundung der Knollengebiete. »Ein verbindliches Regelwerk für den Abbau steht noch immer aus«, seufzt der betagte Biologe.

An diesem Regelwerk werde aber kontinuierlich gearbeitet, betont Michael Wiedicke, während er in der Lagerhalle der BGR die Preussag-Unterlagen wieder in die Pappkartons räumt. Er selbst ist seit einigen Jahren an der Entwicklung von Umweltregeln beteiligt, als Mitglied des technischen Ausschusses der ISA, der einmal im Jahr tagt. Aber auch als Leiter des Manganknollenprojekts bei der BGR.

Nach seiner Rückkehr von der Forschungsfahrt in den Pazifik schrieb Wiedicke im Namen der BGR eine Konzeptstudie für einen neuartigen Kollektor für den Meeresboden aus. Im Gegensatz zu den Modellen von vor dreißig Jahren sollen damit nicht nur möglichst viele Knollen eingesammelt werden, berichtet er. Die Kollektoren sollen auch so wenig Sediment wie möglich aufwirbeln. Bei der BGR rechnet man mit Vorschlägen von Firmen wie Aker Wirth. Aber auch an deutschen Hochschulen befasst man sich mit dem Thema.

Ingenieure, Maschinenbauer und Konstrukteure der Technischen Universitäten Berlin und Clausthal sowie der Universitäten Karlsruhe, Hannover und Siegen haben seit Ende der siebziger Jahren an Kollektoren und Pumpen gearbeitet. In eigens mit Schlamm und von der BGR entliehenen Manganknollen gefüllten Wasserbecken haben sie ihre Prototypen getestet. Anti-Rutsch-Mechanismen für den Meeresboden wurden erfunden sowie Rüttelvorrichtungen, die Knollen und Sediment voneinander trennen sollen. Hermann-Rudolph Kudraß glaubt, dass ein neues internationales Konsortium, ähnlich wie die ehemalige Ocean Management Incorporated der Preussag, solche Technologien übernehmen und den Manganknollenabbau im deutschen Lizenzgebiet wahr werden lassen könnte. Nötig wäre dafür eine Startinvestition von ein bis zwei Milliarden Euro, schätzt er. Dann könne es in etwa zehn Jahren so weit sein.

Ich wiege einen kleinen schwarzen Klumpen aus der Tiefsee in meiner Hand. Im Labor haben mir Mitarbeiter der BGR ein abgebrochenes Stück von einer Manganknolle geschenkt. Sie haben eine Seite geschliffen, sodass die »Baumringe« im Inneren der Knolle gut zu erkennen sind. Doch trotz dieses Souvenirs: Während Michael Wiedicke und Hermann-Rudolph Kudraß mich durch die langen Gänge der Bundesanstalt zum Ausgang begleiten, erscheint mir die Vorstellung, 15 000 Kilometer von Hannover entfernt könnten am Boden des Pazifiks bald Rohstoffe abgebaut werden, noch immer als seltsam irreal.

Als ich meine Zweifel erwähne, wird Michael Wiedicke ernst. »Die Pläne sind sogar äußerst real«, sagt er. »Wenn man die Entwicklung der letzten Jahre betrachtet und sieht, wie sehr auch China und Indien das Thema vorantreiben – da bin ich mir ziemlich sicher, dass schon bald die ersten Manganknollen abgebaut werden.« Sowohl Wiedicke als auch Kudraß sind regelmäßige Gäste bei ihren Kollegen in China, Indien oder Südkorea. Dort erblassen sie oft vor Neid: Die asiatischen Staaten haben bereits zig Expeditionen in das Manganknollengebiet geschickt, erzählt Wiedicke, und Hunderte von Proben genommen. Sie wüssten inzwischen sehr genau, wo sie in ihren Claims mit dem Abbau beginnen wollen. Einblick in diese Pläne erhalten die deutschen Gäste bei ihren Reisen nicht. »Diese Daten werden gehütet wie ein Staatsgeheimnis«, sagt Wiedicke.

Deutschland hinke da noch hinterher, finden die Meeresgeologen der BGR. Was Wiedicke und Kudraß umso mehr anstachelt. Sie wollen dafür sorgen, dass die mit deutschem Steuergeld erworbene Lizenzfläche und ihre aufwendige Erkundung sich lohnen und ihre Arbeit dem Land zugutekommt. Denn ihr Hauptziel bleibt bestehen: Mit Hilfe der Manganknollen wollen sie die Importabhängigkeit der deutschen Wirtschaft bei Rohstoffen verringern.

Die nächste Fahrt in den Pazifik steht kurz bevor. Diesmal hat Michael Wiedicke ungewohnte Verstärkung mit ins Boot geholt, um die Umweltauflagen der Meeresbodenbehörde zu erfüllen. Der Meeresbiologe Pedro Martínez Arbizu – Leiter des Deutschen Zentrums für Marine Biodiversitätsforschung am Senckenberginstitut in Wilhelmshaven – und sein Team sollen die Expedition der BGR in »Deutschlands 17. Bundesland« begleiten. Um eine Bestandsaufnahme der Ökosysteme am Pazifikboden zu machen, bevor es mit dem Tiefsee-Bergbau losgeht.

Für die Biologen bilden die Ergebnisse von Hjalmar Thiels DISCOL-Projekt eine wichtige Grundlage der eigenen Untersuchungen, hat mir Pedro Martínez Arbizu bei einem Besuch in Wilhelmshaven erklärt. Vieles wird allerdings anders sein, schätzt der Biologe: DISCOL fand vor der Küste Perus statt, über 5000 Kilometer vom Manganknollengürtel im Pazifik entfernt. Vermutlich leben dort ganz andere Tiere, ist der Boden anders beschaffen als in den Claims zwischen Hawaii und Mexiko.

Doch die Senckenberg-Forscher haben eine weitere Grundlage, auf der sie aufbauen wollen. Martínez Arbizu ist schon einmal im Manganknollengürtel gewesen: im Jahr 2004, unter der Leitung des französischen Meeresforschungsinstituts Ifremer. Als Experte für Ruderfußkrebse und andere Kleinstlebewesen hat er den Kollegen während der Expedition NODINAUT dabei geholfen, das französische Lizenzgebiet für Manganknollen zu untersuchen. Auch Frankreich hat bei der Meeresbodenbehörde eine Lizenz erstanden. Und Ifremer ist für die Erkundung der beiden Gebiete in 5000 Meter Meerestiefe zuständig.

Dabei helfen die Biologen nicht nur, die Auflagen der Meeresbodenbehörde zu erfüllen. Ihre Ergebnisse sollen auch der Erfassung der Artenvielfalt in der Tiefsee und dem vom Census of Marine Life angestoßenen Projekt CeDAMar (Census of the Diversity of Abyssal Marine Life) zugutekommen, das am Senckenberginstitut koordiniert wird. Vor der Forschungsfahrt von Ifremer waren noch nie Biologen in den ausgedehnten Tiefsee-Ebenen zwischen Hawaii und Mexiko unterwegs gewesen. Alles, was sie sahen und fanden, war neu. Mit der Auswertung seien sie bis heute beschäftigt, berichtet Martínez Arbizu.

Von der Vorstellung, dass schon bald Bohrköpfe und Kollektoren das Manganknollengebiet durchwühlen könnten, sind die Biologen alles andere als begeistert. Und das nicht nur aus Prinzip: Schon ihre bisherigen Ergebnisse deuten darauf hin, dass ein großflächiger Abbau der Knollen im gesamten Ozean Schäden hinterlassen würde.

Martínez Arbizu empfiehlt mir, Lénaïck Menot und dessen Chefin Joëlle Galéron in Brest auf die Forschungsfahrt NODINAUT anzusprechen. Denn dieselben Forscher, die vor Angola den Meeresboden untersucht haben, waren auch im Pazifik unterwegs. Ich solle mir ihre Filmaufnahmen aus dem Manganknollengebiet zeigen lassen, die während der Tauchgänge mit dem bemannten U-Boot *Nautile* entstanden sind, sagt Martínez Arbizu: Sie hätten damals nämlich einen ganz besonderen Fund gemacht, der ihnen viel Aufschluss über das Leben in den Tiefsee-Ebenen gegeben habe. Auch bei der Frage, wie ein »umweltverträglicher« Abbau der Knollen aussehen könnte – sofern so etwas überhaupt möglich sei –, seien sie dadurch einen entscheidenden Schritt weitergekommen.

Alarm oder Hoffnung?
Gefahren und Wundermittel in
Tausenden Metern Tiefe

»Wenn die Luke von außen verschlossen wird, weiß man genau: Es wird Stunden dauern, bis man hier wieder rauskommt.« Joëlle Galéron blickt an ihrem Schreibtisch, eine Etage über dem Tiefsee-Labor bei Ifremer, auf einen Stapel Fotos. Ein gelbes Tauchboot mit der Aufschrift *Nautile* ist auf dem obersten zu sehen. Forscher in Sommerkleidung montieren Geräte an der Vorderseite des mannshohen Bootes, schrauben Lampen und Kameras fest, begutachten die Greifarme. Auf dem nächsten Bild wird das Boot ins Wasser gehievt, wie ein runder Container mit Fenstern hängt es am Schiffskran. Galérons Augen wandern an die Wand hinter dem Schreibtisch. Als müsse sich ihr Blick irgendwo festhalten, während sie sich an ihren ersten Tauchgang im Vorgänger der *Nautile*, dem Tauchboot *Cyana*, erinnert.

»Beim ersten Mal hatte ich schon ein mulmiges Gefühl. Man sitzt zu zweit oder zu dritt in einer Stahlkugel von gerade mal zwei Metern Durchmesser, die umgeben ist vom Auftriebskörper und den Geräten des Bootes. Und dann wird man ins Wasser geschmissen. Bald ist es stockfinster. Überall knarzt und knackt es, das Material stöhnt unter dem zunehmenden Druck. Und dann der Gedanke: Über uns befinden sich erst einer, dann zwei und irgendwann fünf oder sechs Kilometer Wasser.« Lénaïck Menot nickt zustimmend. Am hinteren Ende von Galérons Schreibtisch sucht er eine Steckdose für seinen Laptop. Er schiebt die Fotos ein Stück zur Seite, platziert seinen Rechner auf dem Tisch und legt eine neue DVD ein.

»Aber das ist natürlich Quatsch«, fährt Galéron fort. »Die Angst, meine ich, denn die Leute, die das U-Boot vorbereiten, es unter Wasser steuern und an Bord des Mutterschiffes überwachen, sind Vollprofis. Die arbeiten seit Jahren mit diesen Geräten und wissen genau, was sie tun.« Auf dem Laptop schlagen in diesem Moment die Wellen übereinander. Luftblasen zerplatzen an der Kamera, es sprudelt und schäumt, dann ist alles blau. Die *Nautile*, die eben noch wie auf den Fotos an Deck des Forschungsschiffes stand, ist in dem Film, den Menot gestartet hat, ins Wasser eingetaucht.

Plötzlich kommt der Kopf eines Tauchers ins Bild. Er formt mit Daumen und Zeigefinger einen Kreis, »alles okay« in Tauchersprache. Die Kamera schwenkt herum, ein zweiter Taucher ruckelt an den Geräten und prüft, ob die Einstiegsluke sicher verschlossen ist. Erst dann gibt auch er sein Okay. Es ist keine übertriebene Sorgfalt – dieser letzte Check kann Leben retten. Schon Jacques Piccard hat mir erzählt, dass die meisten tödlichen U-Boot-Unfälle bei der Marine nur deshalb passieren, weil jemand vergessen hat, die Luke des U-Bootes sicher zu verschließen. Ich nehme den letzten Schluck Automatenkaffee aus dem Plastikbecher, werfe ihn in den Mülleimer neben der Tür und ziehe einen Stuhl heran. In der Kantine hätte es richtigen Espresso gegeben. Doch dafür war keine Zeit. Nachdem Lénaïck Menot mir alles über die Forschungsfahrten nach Angola erzählt hatte, mahnte er freundlich zur Eile. Um fünf müsse er seine Kinder aus der Grundschule abholen. Bis dahin könnten wir mit seiner Chefin Joëlle Galéron über die Expedition NODINAUT und ihre Forschung zu den Folgen eines Manganknollenabbaus sprechen.

Galéron erinnert sich an die Fahrt, als sei sie erst gestern zu Ende gegangen. Der Name NODINAUT setzt sich aus dem französischen Wort für Manganknollen – »nodules poly-métalliques« – und dem Namen des U-Bootes *Nautile* zusammen. Galéron schildert mir, wie alles ablief.

Am 17. Mai 2004 verließ das Forschungsschiff *Atalante* den Hafen von Manzanillo an der Westküste Mexikos. An Bord waren Joëlle Galéron, Lénaïck Menot, Pedro Martínez Arbizu sowie 17 weitere Meeresforscher aus Frankreich, Deutschland, Japan, Korea, Kanada, Großbritannien und den USA. So ein internationales Team ist in der Meeresforschung selbst bei Expeditionen im Regierungsauftrag üblich. Man profitiert von den unterschiedlichen Erfahrungen und der Expertise der Kollegen. Nach einer knappen Woche auf See erreichten sie ihr erstes Ziel: Bei 14 Grad nördlicher Breite und 130 Grad westlicher Länge beginnt das östlichste der zwei Lizenzgebiete, die Frankreich bei der Internationalen Meeresbodenbehörde gepachtet hat. Wie der deutsche ist auch dieser Claim insgesamt 75 000 Quadratkilometer groß – von den ursprünglich 150 000 Quadratkilometern hat Frankreich bereits die Hälfte an die ISA abgetreten. Nach Ablauf der fünfzehn Jahre währenden Erkundungslizenz soll zweierlei feststehen: ob am Meeresboden genügend wertvolle Manganknollen für einen Abbau liegen und ob sie sich auf umweltverträgliche Weise abbauen lassen. Im Jahr 2001 hat die französische Regierung den Vertrag mit der Meeresbodenbehörde unterzeichnet, bis 2016 müssen die Forscher so weit sein.

An den vorgesehenen Koordinaten begann die *Atalante*, auf der Stelle zu navigieren. Während die Mannschaft der *Nautile* das Tauchboot für den ersten Einsatz vorbereitete, ging Fahrtleiterin Galéron mit den Forschern noch einmal die Aufgaben für die kommenden Wochen durch. »Unsere Ziele standen fest«, erklärt sie mir: »Wir wollten eine Bestandsaufnahme der Artenvielfalt am Meeresboden machen. Und wir wollten die Charakteristiken ihres Lebensraums ergründen.« Für das Team an Bord hieß das: Findet heraus, was dort unten lebt, wie es lebt und warum es so und nicht anders lebt. Keine leichte Aufgabe.

Die Forscher sollten so oft wie möglich mit der *Nautile* zum Meeresboden hinabtauchen, sowohl in diesem als auch im zweiten, 3000 Kilometer weiter westlich gelegenen Teil des Claims. Überall sollten sie Videoaufnahmen und Fotos machen sowie so viele Proben nehmen, wie die *Nautile* fassen konnte. Noch an Bord würde man dann mit den ersten Auswertungen beginnen.

Was die Forscher fünf Kilometer unterhalb der *Atalante* erwartete, wusste keiner von ihnen. Kein Mensch war bisher mit einem Tauchboot in diese Region vorgedrungen. »Wir vermuteten, dass es keine so große Fülle an Tieren geben würde wie zum Beispiel an Schwarzen Rauchern«, schildert Lénaïck Menot ihre Erwartungen. »Denn das Nahrungsangebot am Boden der Tiefsee galt ja als eher dürftig.«

Dann begann der erste von insgesamt 14 Tauchgängen. »Es dauerte fast zwei Stunden, bis wir auf 5000 Meter abgetaucht waren.« Joëlle Galéron blickt wieder zur Wand, dann auf den Monitor des Laptops. Im Film hat die *Nautile* das Oberflächenwasser des Ozeans seit einiger Zeit verlassen und taucht in die Tiefsee hinab. Der Bildschirm ist schwarz. »In dieser Zeit lassen wir die Lampen an der *Nautile* meist aus, um Energie zu sparen. Das heißt, wir können nichts tun, außer zu beobachten, wie es um uns herum immer dunkler wird. Meist dauert es nicht lange, bis sich unsere Augen daran gewöhnt haben. Und dann geht das Spektakel los: Überall um uns herum blinkt und leuchtet es.« Als würden die Tiere mit ihrer Biolumineszenz den Forschern den Weg in die Tiefsee weisen.

Ich blicke auf den Bildschirm, von leuchtenden Quallen

oder blinkenden Fischen ist nichts zu sehen. »Wir haben diese Passagen nicht aufgenommen«, entschuldigt sich Lénaïck Menot. »Um Strom und Speicherplatz der Videokameras zu sparen. Schließlich wussten wir nicht, wie viel wir am Meeresboden noch würden filmen wollen.«

In genau 5036 Meter Tiefe erreichten sie den Grund. Sie blieben knapp darüber in der Schwebe und schalteten die Lampen der *Nautile* ein. Joëlle Galéron fand sich in einer Welt wieder, die nichts von dem ähnelte, was sie je zuvor gesehen hatte. »Ich kam mir für einen kurzen Moment vor, als säße ich in einem Aquarium.« Sie muss lachen, ihre Augen leuchten. Doch es war ein eher leeres Aquarium: Um sie herum erstreckte sich ein beigefarbener Meeresboden. Er war tatsächlich übersät mit Knollen, Knollen und nochmals Knollen, so weit das Auge beziehungsweise das Licht der *Nautile* reichte. Nur vereinzelt schwamm ein Fisch vorbei oder krabbelte eine Seespinne über eine Knolle, erzählt sie. Doch noch eines fiel ihr auf: Über dem Boden schien es zu schneien. Kleinste Partikel rieselten langsam, aber ohne Unterlass auf den Meeresboden und reflektierten das Licht des Tauchbootes. Diesen »Schnee« aus abgestorbenem organischem Material hatten die Forscher schon an vielen Orten im Meer beobachtet. Doch selten fiel er so dicht wie hier.

»Kein Wunder«, bemerkt Lénaïck Menot. »Am Meeresboden im Manganknollengürtel herrscht nur eine äußerst geringe Strömung. Etwa vier Zentimeter Wasserbewegung pro Sekunde haben wir gemessen, das sind 0,144 Kilometer pro Stunde – viel langsamer als Schrittgeschwindigkeit. Es ist zu wenig, um den Schnee auseinanderzuwirbeln.«

Ab und zu knackt es nun auf der Tonspur des Videos, kurze Kommentare der Forscher im Inneren der *Nautile* sind zu hören. Sie einigen sich auf den Kurs, den sie einschlagen wollen. Um das U-Boot herum erstrecken sich die Knollenfelder, es herrscht friedliche Stille. Über 5000 Meter Wasser liegen zwischen dem Meeresboden und der Wasseroberfläche. Die Forscher befinden sich als erste Menschen in dieser ausgedehnten Ebene des Abyssals.

Lénaïck Menot spult den Film vor, stoppt gelegentlich, lässt ihn weiterlaufen, das Bild ändert sich kaum. In etwa drei Meter Abstand zum Boden fliegt die *Nautile* über endlos wirkende Felder voller Manganknollen, aus denen gelegentlich eine Seegurke oder ein skurril geformter Schwamm hervorragt. An manchen Stellen sind die Knollen eher klein, dann wieder mittelgroß, wie Tennisbälle, manchmal sogar so groß wie Pampelmusen. Es ist, wie Hermann-Rudolph Kudraß es den Ingenieuren in Erkelenz bei Köln beschrieben hat: Wie Kartoffeln auf einem gelblichen Acker liegen die Knollen da. Als müsste man sie einfach nur pflücken.

Doch dann schickt sich das U-Boot an, am Boden aufzusetzen. Die *Nautile* ist sofort von einer riesigen Staubwolke umgeben: feinstes Sediment, das bei jeder kleinsten Berührung vom Boden aufwirbelt. Es besteht aus den Partikeln des von oben herabrieselnden »Schnees«. An manchen Stellen sind die Ablagerungen mehrere Meter dick, vermuten die Forscher angesichts der Staubwolke. Und sie sind uralt.

»Bis sich hier ein Millimeter Sediment gebildet hat, vergehen bis zu zweihundert Jahre.« Lénaïck Menot nennt dieselben Zeiträume wie Michael Wiedicke: Von zwei bis sechs Millimetern Sedimentwachstum in tausend Jahren hatte der Geologe in Hannover gesprochen. »An Land bildet sich ein Millimeter neues Sediment im Schnitt schon innerhalb eines einzigen Jahres«, vergleicht es Menot. Die meterdicken Sedimentschichten, die sich im Film rund um die *Nautile* inzwischen langsam wieder absetzen, haben sich also nach den Hochrechnungen der Forscher im Laufe der vergangenen 40 Millionen Jahre gebildet. Damit sind sie älter als die Erdölfelder vor Angola. Älter als die Gebirgszüge der Alpen und der Pyrenäen. Älter, als ich es mir überhaupt vorstellen kann.

Als der Meeresboden zur Ruhe gekommen war, erlebten die Forscher eine weitere Überraschung. »Da vorn, das ist doch eine Seespinne! Und da ist noch eine! Guck mal, die dünnen langen Beine und der bonbonrosafarbene Körper!«, gluckst es metallisch aus den Computerboxen. Die Forscher an Bord der *Nautile* wirken aufgeregt. »Dahinten wächst eine Anemone, direkt auf einer Manganknolle!«, ruft eine zweite, weibliche Stimme. Inmitten der Manganknollenfelder herrscht mehr Leben, als es bei ihrem Überflug den Anschein hatte.

»Wahnsinn, die ist ja riesig!« Joëlle Galéron blickt mich an und errötet leicht. Es ist ihre eigene Stimme, die sich im Video nun fast überschlägt. Sie saß während des Tauchgangs selbst in der *Nautile* und schrieb akribisch mit, was sie sahen. Eine etwa 30 Zentimeter lange, rote Riesengarnele hat es ihr angetan. Mit behaarten Beinen, grünen Stabaugen und zwei nach vorn gestreckten Fühlern stolziert sie im Video über tennisballgroße Manganknollen. »Können wir ein Foto von ihr machen?«, fragt sie ihre beiden Mitreisenden im Inneren der *Nautile*. »Nein, die Fotokamera reicht nicht so weit zur Seite.« Galéron stöhnt, hörbar enttäuscht. »Aber wir filmen sie ja die ganze Zeit«, beruhigt ein anderer Forscher die Kollegin.

Behutsam nimmt die *Nautile* ihren Flug wieder auf, bleibt diesmal jedoch dichter über dem Boden. »Es waren immer wieder weite Flächen dabei, auf denen wir kaum Tiere sahen, so wie zu Beginn. Aber dazwischen konnten wir uns kaum sattsehen an der unerwarteten Artenvielfalt, die den Meeresboden bevölkerte«, erzählt Galéron. Aus dem Manganknollenfeld ragt auf dem Monitor nun ein Wesen auf, das aussieht wie eine große Blume. Es besteht aus einem langen Stängel mit einem rötlichen Kopf, von dem dünne weiße Fasern abstehen. »Das ist ein Polyp«, erklärt Lénaïck Menot, »eine junge Qualle. In ihrem frühen Stadium sind die Tiere oft sessil, das heißt, sie haften am Meeresboden an. Später findet dann ein sogenannter Generationenwechsel statt: Die obere Schicht des Polypen löst sich und wächst zu einer Qualle heran, die frei durchs Wasser schwimmt.« Ich stutze: Die glibberigen Wesen, die einem im Sommerurlaub am Meer oft das Baden verleiden, stammen von hier? Aus 5000 Meter Tiefe? »Manche von ihnen ja«, bestätigt Menot meine Erkenntnis lächelnd.

Im Video haben sie die wichtigsten Aufnahmen aus den insgesamt 14 Tauchgängen der Expedition zusammengestellt. Lénaïck Menot spult ein wenig vor und stoppt, wenn besonders auffällige Tiere ins Bild kommen. So etwa ein Wesen, das mit seinen runden Ausstülpungen auch ein Miniatursofa in einer Designausstellung darstellen könnte. »Ein Schwamm«, erklärt Menot. Oder das Tier, das einer kreisförmigen Leuchtstoffröhre auf einem dicken Stumpf ähnelt, mit orangefarbenen Tentakeln. »Eine Anemone«, erfahre ich. Auch bunte Seesterne entdeckten die Forscher am Meeresboden: Im Video wühlen sich zwei von ihnen mit roten, langen Armen durch das Sediment, ein gelber Seestern bläht wenig später seine Körpermitte auf, ein weiterer, violetter, liegt platt auf einer Manganknolle und rührt sich nicht.

»Die Zahl der Tiere übertraf unsere Erwartungen: Schon mit bloßem Auge haben wir bis zu dreihundert Tiere pro Hektar gezählt«, fasst Galéron zusammen. »Für diese tristen Tiefsee-Ebenen, wo es eigentlich nichts zu fressen gibt, ist das enorm.«

Eine Tierklasse kommt in den Manganknollenfeldern besonders oft vor, berichtet sie: Seegurken. Im Video robbt ein dunkelrotes Exemplar langsam über mehrere Manganknollen hinweg, ein schlammbrauner Vertreter mit Noppen am länglichen Körper rollt gemächlich zur Seite, später taucht im

Film eine weiße Seegurke auf, mit durchsichtigen, langen Stacheln – eine Art, die es nur in großen Tiefen gibt, sagt Menot.

»Wir vermuten, dass die Seegurken dafür sorgen, dass die Manganknollen immer oben liegen.« Ich blicke Lénaïck Menot fragend an. »Eigentlich würde man ja denken, dass die Knollen längst von Sediment bedeckt sein müssten«, erklärt er. »Schließlich rieselt es ständig kleinste Partikel hinab, und die Knollen wachsen viel langsamer, als sich neue Sedimentschichten am Boden bilden. Dennoch liegen sie immer obenauf.« Er spult zu einer Stelle, an der die *Nautile* eine quietschgelb glänzende Seegurke anleuchtet. Die Kamera zoomt heran, und ich sehe, wie ihr Körper mit Hilfe kleiner Auswölbungen an der Unterseite vorwärts robbt. Immer weiter über die Manganknollen hinweg, die dabei leicht wackeln. Menot nickt: »Bei ihrer Suche nach Nahrung – Würmern, Flöhen und so weiter – bewegen die Seegurken die Knollen ein bisschen. Auf diese Weise kann das Sediment unter die Knollen rutschen, und sie bleiben obenauf. Zumindest ist das bisher die einzige Erklärung, die wir haben.«

Warum jedoch so viele Tierarten mit grellen Farben aufwarten, obwohl es stockfinster ist, was die Tiere genau fressen und von wem sie gefressen werden – all das ist für die Forscher noch immer ein Rätsel.

Gelächter tönt plötzlich aus den Computerboxen. Ein kleiner Oktopus kommt ins Bild, etwa 20 Zentimeter lang, mit blassrosa Schwimmhäuten zwischen seinen acht Tentakeln und einem runden, weißen Kopf. Er hat eine ungewöhnliche Art, sich fortzubewegen: Mit großen Flossen an beiden Kopfseiten, die aussehen wie Schlappohren, schwimmt er – fast ein wenig unbeholfen – durchs Wasser. Die Forscher haben Vertreter dieser Oktopus-Ordnung schon in anderen Meeresgebieten gesehen: Ihr lateinischer Name lautet *Grimpoteuthis*. Doch die Forscher haben ihnen einen Spitznamen gegeben:

Dumbo, wie der kleine Elefant aus dem Disney-Zeichentrickfilm, der mit seinen großen Ohren fliegen kann. Im Nu haben die Dumbo-Oktopoden die Herzen der Forscher erobert. Allerdings gingen sie bis zu der Tauchfahrt in der *Nautile* davon aus, dass sie vor allem im Atlantik zu Hause sind, in 300 bis 500 Meter Tiefe. Dass die Dumbos auch in 5000 Meter Tiefe im Pazifik leben, war ihnen neu.

Zielstrebig nähert sich der kleine Dumbo nun einer weißen Anemone. Sie ist nur wenig größer als er und steht mit ihrem dicken weißen Stumpf und langen Nesselarmen inmitten der Manganknollen. Direkt vor der Anemone bremst Dumbo ab, rafft seine wie ein Rock wallenden Schwimmhäute und sinkt langsam nach unten. Als wolle er auf der Anemone landen. Plötzlich zuckt der Oktopus zusammen. Er versucht sich zurückzuziehen, schlackert dabei mit den Ohren, streift mehrere Nesselarme der Anemone und sinkt dann schlaff neben ihr zum Meeresboden hinunter. Nach einem kurzen Moment stößt er sich von einer großen Manganknolle ab und schwimmt langsam davon. Er wirkt fast ein wenig enttäuscht. »Er hat sich wohl verschätzt«, schmunzelt Lénaïck Menot. »Anemonen sondern ein Betäubungsgift ab, um sich zu schützen. Daran hat sich Dumbo wohl regelrecht verbrannt: Es wirkt, als sei er kurzzeitig gelähmt gewesen.« Nun muss Dumbo weitersuchen, nach einem anderen Landeplatz und anderer Nahrung.

An Bord des Forschungsschiffes *Atalante* hatten die Forscher drei Gruppen gebildet: Die erste würde sich um die großen Tiere kümmern, wie Garnelen, Seegurken, Fische oder Oktopoden. Um diese sogenannte Megafauna zu untersuchen, würden sie vor allem mit Videoaufnahmen und Fotos arbeiten. Die nächste Gruppe sollte sich der Makrofauna widmen. Deren Vertreter sind oft nur wenige Millimeter groß. Um sie zu finden und zu untersuchen, würden sie zunächst mit der *Nautile* Proben vom Meeresboden nehmen müssen. Dasselbe galt für die Meio- und die Mikrofauna, deren meiste Vertreter für das menschliche Auge kaum zu sehen sind. Alles, was kleiner ist als 1 Millimeter, zählt zur Meio-, alles unter 250 Mikrometer, also einem Viertel eines Millimeters, zur Mikrofauna und ist nur unter dem Mikroskop zu erkennen.

Die *Nautile* wurde daher ausgerüstet mit Glaskolben, die immer dort, wo es aussichtsreich zu sein schien, in den Boden gerammt werden konnten. Zudem ließen die Forscher einen sogenannten Kastengreifer von Bord hinunter, der mit Hilfe eines metallenen Kastens große Rechtecke im Boden ausstanzte. Das Innere des Kastens war groß genug, um Seegurken, Manganknollen und Sediment zugleich aufzunehmen.

An Bord der *Atalante* begann schon nach dem ersten Tauchgang der *Nautile* das Sortieren: Die Sedimentproben wurden gesiebt, in Gläser mit kleinen und kleinsten Tierchen verteilt, mit Formalin aufgefüllt und sorgfältig für die Untersuchung im Labor verpackt. Dabei fiel den Forschern eines auf: Je mehr Manganknollen in dem Gebiet gelegen hatten, aus dem die Proben stammten, desto mehr Tiere fanden sich im Sediment. Der Meeresboden, der auf den ersten Blick so trist aussah, stellte sich als Biotop für eine immense Vielfalt winzigster Bewohner heraus. Auch an den Knollen selbst fanden sie allerlei Tierarten – genau wie zuvor schon Hjalmar Thiel und seine Kollegen. Die Metallklumpen ziehen offenbar nicht nur die Rohstoffindustrie an, sondern auch die Bewohner der Tiefsee.

Joëlle Galéron nimmt eine Kladde vom Regal, zieht daraus einige Schwarz-Weiß-Zeichnungen hervor und reicht sie mir. »Dies sind einige der Tiere, die wir im Sediment unter den Manganknollen gefunden haben«, sagt sie. Winzige Würmer, Larven und Krebstiere wurden in den Zeichnungen zu Riesen mit stoppeliger Behaarung, verschachtelten Gliedmaßen und komplexem Innenleben vergrößert. »Die Bilder haben Taxonomen in Wilhelmshaven und London angefertigt, in tagelanger Arbeit. Und diese Fotos«, sie nimmt einige Farbbilder aus der Kladde, auf denen Würmer, Garnelen und Flohkrebse in künstlichem Licht vor dunklem Hintergrund erstrahlen, »wurden mit dem Mikroskop gemacht.«

Kein Wesen ähnelt dem anderen. Ich blättere durch eine Sammlung von Fotos, die Tiere mit Panzern und einer Art Schnauzbart zeigen. »Das sind *Copepoden*: Ruderfußkrebse, das Spezialgebiet von Pedro Martínez Arbizu«, klärt mich Lénaïck Menot auf. Ich erinnere mich daran, was mir der Biologe aus Wilhelmshaven über seine Ergebnisse der Forschungsfahrt NODINAUT erzählt hatte: »Eine Handvoll Sediment enthielt schon bis zu fünfzig verschiedene Copepoden-Arten.« Lange waren die Forscher davon ausgegangen, dass die Tiefsee-Ebenen lediglich eine Art Auffangbecken sind für Arten, deren meiste Vertreter an den Kontinentalhängen leben und von denen nur manche auch in tiefere Bereiche vordringen. »Aber in den Manganknollenfeldern leben vollkommen eigenständige Arten, die mit denen an den Kontinentalhängen nichts zu tun haben«, sagte Martínez Arbizu. »99 Prozent von ihnen hatten wir nie zuvor gesehen.«

Doch die schiere Menge der während NODINAUT neu entdeckten Tierarten entpuppte sich schon bald als Problem. »Wir haben Tausende, nein, Zehntausende von Arten in den Manganknollenfeldern gefunden, die bis dahin unbekannt waren«, berichtet Galéron. Welche Bedeutung die Tiere für die Nahrungskette, die Fischerei oder das Weltklima haben, wissen die Forscher noch nicht. Ich muss an Michael Türkay am Senckenberginstitut in Frankfurt am Main denken und an seinen Badewannen-Vergleich: dass die Meere nicht einfach eine Wanne voller Wasser sind, sondern eine wesentliche

Rolle im Stoffkreislauf der Erde spielen, und dass es kleinste Organismen sind, die diesen Kreislauf in Gang halten – winzige Tiere, die im Wasser sowie am und im Meeresboden leben und mit ihren Stoffwechselprozessen dazu beitragen, dass Leben auf der Erde überhaupt möglich ist.

Wieder einmal sind Lénaïck Menot und Joëlle Galéron von ihrer Forschungsfahrt mit mehr Fragen zurückgekehrt als mit Antworten. Obwohl bereits viele der Proben im Labor untersucht worden sind, ist klar, dass von einer Bestandsaufnahme der Ökosysteme im Manganknollengebiet noch keine Rede sein kann. Um wie von der Internationalen Meeresbodenbehörde gefordert einen biologischen Überblick über das Lizenzgebiet zu erhalten und zu bewerten, wie umweltverträglich der Tiefsee-Bergbau dort wäre, sind noch viele weitere Expeditionen in den Pazifik nötig.

Fast beiläufig erwähnt Lénaïck Menot, dass sie am Meeresboden in 5000 Meter Tiefe noch eine ganz spezielle Entdeckung gemacht haben. Die ihnen eine Ahnung davon gab, welche Zerstörungen der auch von Deutschland geplante Bergbau dort anrichten würde. Und welche Vorsichtsmaßnahmen getroffen werden müssten, um große Schäden zu vermeiden. Pedro Martínez Arbizu hatte das bei meinem Besuch in Wilhelmshaven bereits angedeutet. Lénaïck Menot legt eine neue DVD ein und startet sie.

Zunächst wirkt alles wie zuvor: Ein Quallenpolyp wächst inmitten von Manganknollen, eine rote Seegurke robbt sich langsam vorwärts, ansonsten ist außer Knollen weit und breit nichts zu sehen. Dann wird die Landschaft abrupt unterbrochen. Die *Nautile* nähert sich einem flachen Erdwall. Das Tauchboot fliegt über den Wall hinweg. Auf der anderen Seite liegt eine triste Schneise, in der keinerlei Manganknollen zu sehen sind. Stattdessen ziehen sich Schleifspuren über den

hellen Meeresboden. Ein Stück weiter folgt der nächste Erdwall. Dahinter ist der Boden wieder genauso dicht mit Manganknollen belegt wie zuvor.

In der nächsten Bildsequenz fliegt die *Nautile* die Schneise
entlang. Es sieht aus, als sei dort erst gestern jemand mit einem
Bagger durchgefahren. »Was ist denn da passiert?«, will ich
wissen. »Nun, diese Spur war bereits sechsundzwanzig Jahre
alt, als wir sie fanden«, erklärt Galéron. »Sie ist die Hinterlassenschaft eines Bergbautests aus dem Jahr 1978.«

Die anderthalb Meter breite, zehn Zentimeter tiefe und
mehrere Kilometer lange Spur stammt nicht von irgendeinem
Test. Es ist das Erbe von Ocean Mining Incorporated, dem
Industrie-Konsortium, dem auch die deutsche Preussag ange-
hörte. Das belegen die Unterlagen, die Ifremer von der Internationalen Meeresbodenbehörde bekam, als es für Frankreich in dieser Region ein Lizenzgebiet beantragte.

Als die Biologen erfuhren, dass im heutigen französischen
Claim in den siebziger Jahren ein Testabbau von Manganknollen stattgefunden hatte, nahmen sie sich vor, nach Spuren des Abbaus zu suchen. Doch sie hatten nur grobe Koordinaten des Abbauversuchs vorliegen und waren nicht sicher,
ob am Meeresboden noch etwas darauf hindeuten würde.
Einige Tauchgänge lang haben sie vergebens nach Überresten
gesucht, erzählt Lénaïck Menot. Doch dann tauchte vor den
runden Fenstern der *Nautile*, in 5042 Meter Tiefe, tatsächlich
diese Schneise am Meeresboden auf. Die Forscher staunten
nicht schlecht. Die Schneise hatte sich in den vergangenen
sechsundzwanzig Jahren offenbar kein bisschen verändert.

Im Video taucht die *Nautile* langsam weiter die Spur ab.
Wie eine klaffende Wunde zieht sie sich durch das Manganknollengebiet. Es ist die Spur eines der Kollektoren, die 1978
von der *SEDCO* aus zum Meeresgrund hinuntergelassen wurden. Entlang einer schnurgeraden Strecke fuhr er vorwärts,

sammelte alle Knollen und alles Sediment ein, das auf seinem Weg lag, schredderte die Knollen noch am Meeresboden und pumpte die Mischung über einen langen Schlauch nach oben. So schildern es die Unterlagen der BGR in Hannover. An Bord wurde der Beginn einer neuen Ära gefeiert – und der Meeresboden 5000 Meter weiter unten keines weiteren Blickes gewürdigt.

»Können wir hier landen?« Lénaïck Menots Stimme klingt metallisch aus den Laptop-Boxen. Am folgenden Tag, nachdem die Forscher der Expedition NODINAUT die Schneise der *SEDCO* gefunden hatten, suchten er und zwei Kollegen den Ort des Abbautests erneut mit der *Nautile* auf. Sie brachten Verstärkung mit: Als sich im Video der Staub rund um die *Nautile* legt, setzt in einigen Metern Entfernung ein großer Apparat am Meeresboden auf. »Darin waren spezielle Messgeräte untergebracht. Sowie weitere Probenrohre, mit denen wir den Boden der Schneise untersuchen wollten«, erklärt Menot. »Denn wir hatten keine Ahnung, ob wir in ihm überhaupt Leben finden würden.«

Mit einem sogenannten Respirometer maßen die Forscher zunächst, ob der Meeresboden in der Schneise »atmete« – das heißt, ob in ihm Gase ausgetauscht wurden, die auf einen Stoffwechsel und damit auf Leben schließen ließen. Das Ergebnis war eindeutig: Der Boden »atmete« tatsächlich. Sie zogen insgesamt 16 Proben aus dem Sediment. Sowohl an verschiedenen Punkten innerhalb der Spur als auch in der direkten und der weiteren Umgebung, wo der Meeresboden unberührt geblieben war.

An Bord konnten sie die Proben noch nicht auswerten, dafür benötigten sie spezielle Mikroskope und vor allem Zeit. Erst zweieinhalb Jahre später war es so weit. Sie hatten die ersten Ergebnisse vorliegen und gingen damit an die Öffentlichkeit. Wäre es ein Bericht über den tropischen Regenwald gewesen, wäre vielleicht ein Aufschrei durch die Reihen der Umweltschützer und Tierschutzorganisationen gegangen. Doch die Ergebnisse der Expedition NODINAUT blieben außerhalb der Fachwelt weitgehend unbeachtet, obwohl die Wissenschaftler in ihren Schlussfolgerungen erstaunlich klare Worte fanden.

Zunächst waren sie fast beruhigt, erinnert sich Menot: In den Proben aus der Schneise fanden sie genauso viele Lebewesen wie in denjenigen aus unberührten Flächen im Manganknollengebiet. Doch dann sahen sie sich die Auswertungen der gefundenen Tierarten an. Sie waren geschockt. In der Schneise fehlten all die Tiere, die in direktem Kontakt oder in enger Anbindung an die Manganknollen lebten. Zudem waren nicht alle Tiere aus der Umgebung in der Lage gewesen, sich wieder in das zerstörte Gebiet hineinzubewegen. Dafür hatten sich – ähnlich wie an den Bohrlöchern von Total vor Angola – andere Tierarten angesiedelt. Woher sie kamen und warum sie in der Umgebung nicht lebten, wissen die Forscher nicht. Doch sie fürchten, dass diese Tiere das bisherige Gleichgewicht am Grund der Tiefsee auf Dauer durcheinanderbringen können.

Auch der Meeresboden selbst hatte sich von dem Eingriff vor sechsundzwanzig Jahren kaum erholt. Durch die geringe Strömung und die extrem langsam wachsende Sedimentschicht hatte sich der Boden seither so gut wie nicht verändert. Die Forscher vermuten, dass in der Schneise wichtige Substanzen nun fehlen, die zuvor eine Grundlage für die dort lebenden Tierarten bildeten. »Wir wissen nun zwar, dass die Tiere der Tiefsee grundsätzlich in der Lage sind, ein zerstörtes Gebiet wieder zu besiedeln«, bilanziert Lénaïck Menot. »Aber ob der natürliche Zustand je wiederkehrt und wie lange dies dauert, können wir immer noch nicht sagen.« Angesichts der Millionen Jahre, innerhalb derer sich diese einzigartige Welt aus Knollen und Sediment entwickelt hat, könne die Regeneration durchaus eine kleine Ewigkeit in Anspruch nehmen. Zudem sei es fast unmöglich, von diesem kleinen Gebiet auf das hochzurechnen, was am Meeresboden droht: »Im Manganknollengürtel sollen künftig Flächen von mehreren zehntausend Quadratkilometern im Jahr umgepflügt werden.« Menot blickt mich an. »Das sind gigantische Flächen, die vollkommen zerstört würden.« Seiner Meinung nach ließe sich kaum vermeiden, dass dabei Staubwolken aufgewirbelt würden, die sich durch die Strömungen in höheren Wasserschichten auf ein etwa zehnmal so großes Gebiet wie die Abbaufläche selbst im Ozean verteilen würden.

Die Biologen haben Angst, dass damit riesige Flächen am Tiefsee-Boden unwiederbringlich zerstört würden: »Woher sollen die Tiefsee-Arten denn kommen, um diese Flächen nach einem Abbau wieder zu besiedeln? Wenn ihr Lebensraum nicht mehr da ist?« Lénaïck Menot schüttelt den Kopf. All diese Unklarheiten, Zweifel und Sorgen haben sie in ihren Berichten niedergeschrieben. Die Forscher vergleichen die Manganknollenernte tatsächlich mit der Abholzung des Amazonas-Regenwalds – das Manganknollengebiet umfasst eine genauso große Fläche wie der noch verbliebene Dschungel in Südamerika. Mit einem fatalen Unterschied: Von einem »Kahlschlag« in der Tiefsee würde an Land zunächst niemand etwas mitbekommen. Weil am Meeresboden keine Menschen leben, die Alarm schlagen könnten. Und weil ein enormer Aufwand nötig ist, um in 5000 Meter Tiefe nach dem Rechten zu sehen.

»Es gäbe eine Möglichkeit, der Umwelt doch noch eine Chance zu geben, sich wieder zu erholen«, sagt in diesem Moment Joëlle Galéron. Ich blicke sie erstaunt an. Inzwischen war ich sogar davon ausgegangen, dass kein Weg an einer großflächigen Zerstörung des Meeresbodens vorbeiführt. Dass es kein Zurück mehr gibt, sobald die geologische Erkundung der Lizenzgebiete abgeschlossen und für einen Abbau alles vorbereitet ist. Dass die Bergbauindustrie den Ölkonzernen bei der eher rücksichtslosen Erschließung der Tiefsee möglichst bald nachfolgen will. »Nun ja, zum einen hoffen wir darauf«, führt Galéron aus, »dass die Industrie Techniken entwickelt, die den Boden nicht komplett umpflügen; sondern bei denen die Knollen eingesaugt oder vorsichtig angehoben werden – und möglichst viel Sediment am Boden bleibt.«

Aber vor allen Dingen müsse eines vor einem Abbau klar sein, sagt sie: »Große Flächen im Manganknollengebiet müssen unberührt bleiben. Damit die Tiere dort weiterleben und die zerstörten Gebiete nach dem Ende eines Abbaus wieder besiedeln können. Auch wenn das einige Jahrzehnte oder noch länger dauern dürfte.« Lénaïck Menot nimmt die DVD aus seinem Rechner, Joëlle Galéron sortiert Fotos und Unterlagen und legt sie zurück in ihre Kladde. »Das ist es, was wir der Internationalen Meeresbodenbehörde vorgeschlagen haben. Nach unserem jetzigen Stand des Wissens ist es die einzige Chance, wie man die Tiefsee-Umwelt einigermaßen erhalten und die Rohstoffe dort unten dennoch gewinnen kann.«

Die Internationale Meeresbodenbehörde in Jamaika hat sich tatsächlich sämtliche Ergebnisse der Expedition NODINAUT zukommen lassen. Und Joëlle Galéron und ihre Kollegen sogar nach Kingston eingeladen. Da die ISA selbst keine Tiefsee-Expeditionen durchführen kann – weil ihr dafür die Mittel und die Fachleute fehlen –, muss sie sich auf das verlassen, was die Forscher aus den Lizenzstaaten am Meeresboden herausfinden.

Joëlle Galéron und ihre Kollegen traten dabei mit einer

Forderung an die Behörde heran, deren Umsetzung als eher unrealistisch galt: Sie wollten, dass im Manganknollengebiet Schutzgebiete geschaffen werden. Gebiete, in denen niemand Bergbau betreiben darf. In denen der Boden unberührt bleiben muss. Damit die Ökosysteme der Tiefsee nicht vollständig durch den Meeresbergbau zerstört werden.

So etwas gab es bis dahin nirgendwo auf hoher See. Niemand fühlte sich außerhalb der nationalen Grenzen und Ausschließlichen Wirtschaftszonen dafür zuständig, die Meere zu schützen. Es existierten zwar einige Fischereiabkommen, die in bestimmten Gebieten wie dem Nordatlantik sicherstellen sollten, dass die dortigen Fischbestände nicht überfischt werden. Doch selbst die Einhaltung dieser Abkommen wird bis heute nur selten kontrolliert. Schutzgebiete, in denen die Fischerei komplett verboten ist, fehlten auf hoher See ganz. Von »No-Go-Zonen« am Tiefsee-Boden konnten die Forscher erst recht nur träumen.

Doch bei der Internationalen Meeresbodenbehörde rannten die erstaunten Biologen offene Türen ein. »Wenn wir einen neuen Weg einschlagen, müssen wir dabei zwar auch Bäume fällen«, bekannte Satya Nandan, der frühere ISA-Generalsekretär, in einem Interview. »Aber die Herausforderung ist es, dies nicht unverhältnismäßig in Relation zum Gewinn durchzuführen, sondern nur in dem Maße, dass wir dabei die Tierwelt und Umwelt nicht dauerhaft zerstören.«

Nach langen Verhandlungen mit Meeresforschern, staatlichen Rohstoffexperten und Abgesandten der Industrie wurde schließlich ein neuer Passus in den Mining Code der Meeresbodenbehörde aufgenommen. Darin finden sich die Forderungen der Ifremer-Biologen erstaunlich konkret wieder: Jeder Staat oder Konzern, der in Zukunft Abbaurechte im Manganknollengebiet beantragt, heißt es darin, muss »ausreichend große Referenzgebiete« ausweisen, auf denen kein

Abbau stattfinden soll. Diese Gebiete sollen unberührt bleiben und vor, während und nach einem Abbau untersucht werden. Damit sich dort die natürliche Artenvielfalt des Tiefsee-Bodens erhalten kann. Für Joëlle Galéron und Lénaïck Menot heißt dies, dass sie bei ihren nächsten Expeditionen – die sie während meines Besuchs bereits planen – noch gezielter vorgehen können. Sie wollen Regionen auswählen, die ökologisch besonders reichhaltig sind und in denen sich viele verschiedene Vertreter der Lebewesen finden, die im gesamten Manganknollengebiet leben. So wollen sie im französischen Gebiet schon bald erste »Referenzgebiete« ausweisen.

Inzwischen beteiligt sich die ISA auch an einem weiteren Vorhaben, den Meeresboden im internationalen Gebiet zu schützen. Gemeinsam mit der Umweltschutzorganisation WWF und einem internationalen Team aus Meeresforschern wollen die Unterzeichnerstaaten des Übereinkommens zum Schutz der Meeresumwelt des Nordost-Atlantiks (OSPAR) eine Kette von Meeresschutzgebieten entlang des Mittelozeanischen Rückens schaffen. In diesen Gebieten soll der Fischfang reduziert und der Abbau von Bodenschätzen teilweise untersagt werden. Auf dieses Übereinkommen haben sich zwar nur 15 europäische Staaten sowie die Europäische Union als Staatenverbund verständigt, aber dennoch wären die geplanten Maßnahmen ein Durchbruch im internationalen Meeresschutz.

Dennoch wirken Galéron und Menot bei unserem Gespräch in Brest nicht allzu erleichtert. Der Bergbaukodex der ISA lässt genauere Angaben für das Manganknollengebiet offen: Dort sei weder definiert, wie groß die Schutz- beziehungsweise »Referenzgebiete« sein müssen, noch wer die Auswahl der Gebiete überprüft, kritisieren sie den Kodex. Auch ist nicht klar, ob der Umweltschutz Vorrang haben wird, sollte sich herausstellen, dass ausgerechnet in diesen

Referenzgebieten besonders lukrative Manganknollenvorkommen liegen. Doch vor allem gibt es niemanden, der sicherstellt, dass sich die Bergbaufirmen tatsächlich an die Schutzvorgaben halten, wenn ihre Schiffe erst einmal auf hoher See im Einsatz sind.

Es ist ähnlich wie bei der Frage, wem der Meeresboden im internationalen Gebiet gehört: Die Texte im UN-Seerechtsübereinkommen und die Regularien der Internationalen Meeresbodenbehörde sind gut gemeint und wohldurchdacht. Sie zeugen von dem Anspruch, sowohl gerecht sein zu wollen als auch einen nachhaltigen Umgang mit den Ressourcen des Planeten zu fördern. Doch bisher sind alle Texte blanke Theorie. Noch hat der Manganknollenbergbau nicht begonnen. Und genauso, wie unklar ist, ob sich Staaten und Firmen an die künstlichen Grenzen der Claims im Pazifik halten werden, wird sich erst zeigen müssen, ob die Umweltauflagen eingehalten werden. Doch nur dann kann der pflegliche Umgang mit dem »gemeinsamen Erbe der Menschheit« wirklich funktionieren.

Die Forscher blicken mit einer Mischung aus Skepsis und Hoffnung in die Zukunft. Skepsis, weil noch immer so viele Fragen offen sind und die Erfahrung aus der Rohstoffgewinnung an Land zeigt, dass Umweltfragen gern übergangen werden, wenn es um wertvolle Erz- oder Ölvorkommen geht. Doch sie sind auch hoffnungsvoll, weil es im Manganknollengürtel einen Unterschied gibt zu bisherigen Tiefsee-Umweltstudien wie der vor Angola: Diesmal können sie den unbekannten Lebensraum am Meeresboden tatsächlich untersuchen, *bevor* ein großflächiger Eingriff stattfindet. Und weitgehend unabhängig von den Interessen der Industrie echte Grundlagenforschung betreiben.

Die Meeresforscher haben im Wettlauf um die Bodenschätze der Tiefsee diesmal noch etwas Zeit. Sie sitzen mit am

Tisch, wenn darüber verhandelt wird, wie Manganknollen und andere Rohstoffe im internationalen Gebiet gefördert werden sollen. Allerdings hat die Internationale Meeresbodenbehörde nur auf hoher See etwas zu sagen, nicht aber in den Hoheitsgewässern und Ausschließlichen Wirtschaftszonen einzelner Staaten. Dort haben die Umweltforscher mit ihren Anliegen weiterhin einen schweren Stand.

Dabei erhält die Idee, einzelne Gebiete am Meeresboden vor der Rohstoffausbeutung zu schützen, neuerdings sogar von unerwarteter Seite Unterstützung. Erdölkonzerne wie Total, Chevron und die norwegische Statoil geben vor, ihre Liebe zur Tiefsee-Forschung entdeckt zu haben, genauso wie Pharmaunternehmen und Biotechnologiefirmen. Viele Unternehmen aus diesen Branchen haben tatsächlich nicht nur jahrelang den Census of Marine Life mit Finanzspritzen unterstützt. Wie ich von Jean-François Minster in Paris erfahre, sind die Erdölkonzerne inzwischen sogar bereit, an einigen Orten auf die Ressourcen im Meeresboden zu verzichten. Allerdings nicht aus Gutmenschentum, sondern weil sie erkannt haben, dass sich auch aus den lebendigen Schätzen der Tiefsee Nutzen ziehen lässt.

In der Tiefsee-Forschung entwickelt sich seit einigen Jahren ein Zweig, der vor allem bei der Chemie- und Pharmaindustrie auf immer mehr Interesse stößt. Bei Ifremer hat ihn Daniel Desbruyères, der Leiter des Tiefsee-Labors und einer der weltweit führenden Experten auf diesem Gebiet, von Beginn an mit aufgebaut. »Viele Menschen glauben, dass die Tiefsee-Forschung nichts mit ihrem Alltag zu tun hat«, sagte er mir schon bei meinem ersten Besuch in Brest. »Aber das stimmt nicht. Sie spielt schon jetzt für viele Bereiche eine wichtige Rolle – und damit meine ich nicht nur die Klimaforschung, die Artenvielfalt oder die Rohstoffindustrie.« Er versprach, mir beim nächsten Mal die Abteilung für marine

Mikrobiologie zeigen zu wollen. Dort arbeiteten sie daran, kündigte er ohne falsche Bescheidenheit an, »fossile Rohstoffe zu ersetzen und mit Hilfe mariner Organismen Leben zu retten«. Ein vollmundiges Versprechen.

Am Tag nach meinen Gesprächen mit Lénaïck Menot und Joëlle Galéron biege ich also frühmorgens in einem Taxi erneut auf das weitläufige Gelände von Ifremer ein. Hoch über den Bretagneklippen will ich diesmal erfahren, was es mit dem Forschungszweig auf sich hat. Begleitet von Daniel Desbruyères, trete ich wenig später ein in die Welt der »blauen Biotechnologie.« Eine Welt, von deren Existenz ich bis dahin wieder einmal nichts wusste, die jedoch die Chemie- und Pharmaindustrie revolutionieren könnte.

Mit einer Pinzette hebt Daniel Desbruyères eine kleine, goldene Skulptur an. Sie besteht aus zwei winzigen runden Bögen, die sich wie die Blätter eines Farns nach außen wölben. Die Skulptur fußt auf einer runden Platte von der Größe eines 10-Cent-Stücks, Desbruyères platziert sie vor sich auf einem Tablett. Dann schließt er den Regalschrank, dem er die Skulptur entnommen hat. Ich werfe einen Blick durch seine Glastüren: Einige hundert solcher Goldskulpturen sind dort aufgereiht und warten auf ihre Untersuchung.

In der Mitte des Raums öffnet Desbruyères nun ein Schubfach an einer grauen Apparatur. Sie nimmt fast die Hälfte des einzigen Tisches in dem fensterlosen Labor ein. Er setzt die Skulptur auf eine Vorrichtung in der Mitte des Schubfachs. Mit leisem Surren schließt es sich wieder. Desbruyères winkt mich zu sich heran. »Diese vergoldeten Figuren sind kleine Würmer, die wir an Schwarzen Rauchern gefunden haben«, erklärt er. »Es sind verschiedenste Arten. Manche von ihnen wurden bereits klassifiziert, andere untersuchen wir hier zum ersten Mal.« Er nimmt an einem Computer in der Mitte des

Tisches Platz, der über dicke Kabel mit der Apparatur verbunden ist. »Wir haben die Tiere mit einer hauchdünnen Schicht Gold bedampft. Dadurch wird ihre Oberfläche elektrisch leitfähig, sodass wir sie unter einem solchen Raster-Elektronen-Mikroskop untersuchen können.«

Auf dem Bildschirm baut sich vor ihm langsam ein schwarzweißes Bild auf. »Das Mikroskop tastet die Oberfläche des Tiers mit einem Elektronenstrahl ab. Das Gold wirft diesen Strahl zurück und macht so die Struktur der Körperoberfläche sichtbar, in extrem hoher Auflösung.« Ein halbrunder Bogen mit verästelten Gliedmaßen und Borsten füllt nun den Bildschirm, gestochen scharf zu erkennen. »Das ist der Körper des Wurms, ungefähr einhundertfach vergrößert«, erklärt Desbruyères. »Und jetzt vergrößere ich die Ansicht auf das Einmillionenfache.«

Er tippt mehrmals auf die Tastatur. Das in Grautönen gehaltene Bild baut sich immer neu auf, immer größer erscheinen die Körperteile, bis anstelle von Borsten und Gliedmaßen nur noch dicke, haarähnliche Stränge zu erkennen sind. Auch sie sind gestochen scharf. Wie ein Dschungel aus Schlingpflanzen scheinen sie aus einem schlammigen Untergrund herauszuwachsen. In regelmäßigen Abständen werden die Stränge von Querstreben in einzelne Segmente geteilt. Desbruyères vergrößert das Bild noch weiter: Auch der »schlammige« Untergrund entpuppt sich bald als eine Ansammlung von Einzelsegmenten, die sich wie Perlen aneinanderreihen.

Desbruyères lächelt zufrieden. Er fährt mit dem Finger auf dem Bildschirm die Perlenreihen und Stränge ab. »Hier sehen Sie, woraus der Lebensraum Meer vor allem besteht: Mikroorganismen. Jedes dieser Segmente ist ein Einzeller, der am Körper des Wurms haftet. Genauer: Es sind die Bakterien, die Nährstoffe produzieren, von denen der Wurm lebt.«

274

Der kleine Borstenwurm wurde an einem Schwarzen Raucher im südlichen Atlantik gefunden, berichtet Daniel Desbruyères. In einem Gebiet, in dem ähnlich viele verschiedene Lebewesen leben wie an den Schwarzen Rauchern vor Neuseeland. »Diese Bakterien betreiben Chemosynthese, wandeln also Schwefelwasserstoff in Kohlenstoffverbindungen um«, fährt er fort. »So werden sie zur Nahrungsgrundlage für Lebewesen wie diesen Wurm und machen aus den Schwarzen Rauchern Tiefsee-Oasen.«

Daniel Desbruyères gehörte zu den ersten Meeresforschern, die von ihren amerikanischen Kollegen Tierproben von Schwarzen Rauchern zugeschickt bekamen, nachdem diese sie 1977 entdeckt hatten. Der promovierte Mikrobiologe sollte dabei helfen, die Grundlagen der fremdartigen Ökosysteme zu entschlüsseln. Seither finden Desbruyères und seine Kollegen in der Tiefsee immer neue Bakterien und andere Einzeller. Nicht nur an Schwarzen Rauchern: Über 90 Prozent der in den Ozeanen entdeckten Biomasse, also 90 Prozent allen organischen Materials, besteht aus Bakterien, Pilzen oder Mikroalgen – zusammengefasst unter dem Oberbegriff Mikroorganismen oder Mikroben – sowie aus Viren.

»Im Meer leben ganz andere Mikroben und Viren als an Land. Sie haben sich den unterschiedlichsten Bedingungen angepasst«, erklärt Desbruyères. »Sie besiedeln die eiskalten Gewässer der Polarregionen genauso wie die heißen Schlote der Schwarzen Raucher. Sie leben in den ausgedehnten Tiefsee-Ebenen und an Korallenriffen. Sie sind überall. Die Mikroben tragen dazu bei, dass die Erde bewohnbar ist.« Wieder denke ich an die Worte Michael Türkays, als Desbruyères aufzählt, dass unter anderem Mikroben dafür zuständig sind, Kohlendioxid zu verarbeiten, Sauerstoff zu produzieren und Giftstoffe aus dem Wasser- und Regenkreislauf zu filtern. »Wir Menschen können einem fast schon leidtun, denn wir sind von Sonnenlicht und Pflanzen abhängig und können ohne diese Grundlagen nicht überleben«, schmunzelt Desbruyères. »Die Mikroben der Tiefsee dagegen haben Fähigkeiten entwickelt, von denen wir nur träumen können. Kommen Sie, ich will Ihnen einige Beispiele geben.«

An der Wand eines im Keller gelegenen Flurs bleibt Desbruyères vor einem mannshohen Plakat stehen. Durch den Flur laufen Forscher in weißen Kitteln, um in Laborräumen hinter großen Glasscheiben zu verschwinden. Fotos von Plastikflaschen und -gabeln sind auf dem Plakat zu sehen. Sie zerfallen in einer Serie von Fotos immer weiter, bis schließlich nur noch kleine Staubhäufchen von ihnen übrig sind. Mülltüten und andere Verpackungen ereilt auf weiteren Fotos das gleiche Schicksal. »Das ist eine der Anwendungsmöglichkeiten für Bakterien aus der Tiefsee: Biokunststoffe«, erklärt Desbruyères. »Sie bestehen aus organischen Grundstoffen und bauen sich nach einiger Zeit selbst ab.« Er führt mich ins Innere eines Labyrinths aus Gängen und Laborräumen: »Diese Entdeckung ermöglicht nichts weniger als eine völlige Erneuerung der Plastikindustrie.«

Wir passieren lange Tische, auf denen Bunsenbrenner, Mikroskope und Petrischalen stehen, bis wir in einen schmalen Raum am Ende des Labortrakts gelangen. Dort sortiert ein Mann Plastikflaschen, Dosen und durchsichtige Behälter. Daniel Desbruyères stellt mir Jean Guezennec vor. Der Mikrobiologe leitet das Programme Valorisation Ressources Biologiques bei Ifremer, erfahre ich – das Verwertungsprogramm für biologische Rohstoffe. »Daniel ist so nett, mir immer neue Mikroben aus der Tiefsee mitzubringen, mit deren Hilfe wir in unserem Labor kleine Wunder produzieren können«, freut sich Guezennec.

Guezennec nimmt eine runde Plastikflasche vom Tisch, auf der der Schriftzug einer Kosmetikfirma prangt. »Bisher basieren fast alle im Handel üblichen Plastikbehälter auf Erdöl«, beginnt er seine Erklärungen. »Aber das birgt mehrere Probleme: Wie wir wissen, werden die Erdölvorkommen weltweit immer knapper. Zudem sondert Plastikmüll gefährliche Gifte ab. Und er verrottet nur extrem langsam.«

Nicht nur an Land wird der Plastikmüll zur Plage. Am Boden des Mittelmeers und in anderen Tiefsee-Regionen liegen schon jetzt dicke Müllberge. Es sind die Überreste von Strandbesuchern, illegalen Müllhalden an Flussläufen und aus der Schifffahrt. Doch nicht aller Müll sinkt zu Boden: Erst vor wenigen Jahren wurde im Pazifik ein riesiger Strudel aus Plastikmüll entdeckt – er ist etwa so groß wie Mitteleuropa. Egal ob Einkaufstüten, Autoreifen oder Shampooflaschen – was in der zivilisierten Welt nicht mehr gebraucht wird, gelangt von Stränden, Flüssen und Schiffen aufs offene Meer. Aufgrund einer spiralförmigen Meeresströmung an der Oberfläche wird der Pazifik nördlich von Hawaii zu einer Art Mahlstrom: Die Plastikteile reiben im Wasser aneinander und werden zu immer kleineren Partikeln zermahlen. Dabei sondern sie Giftstoffe ab, verstopfen die Mägen von Seevögeln und Meeressäugern, verdrängen Algen und Plankton und lassen kaum noch Sonnenlicht durch.

Jean Guezennec fischt einen durchsichtigen, runden Gummilappen mit dickem Rand aus einem Behälter und hält ihn gegen das Licht. Er sieht aus wie ein sehr breit geratenes Kondom, wie der Forscher grinsend zugibt. »Dieses Plastik hier hingegen basiert auf den Stoffwechselprodukten von Tiefsee-Mikroben. Es baut sich nach einigen Wochen oder Monaten von allein ab, weil sein Kohlenstoff rein organischen Ursprungs ist. Würde es in großer Menge genutzt, wären wir gleich zwei Probleme los: den Müll und das Erdöl.«

Dabei sind sogenannte Biokunststoffe oder Bioplastik keine ganz neue Erfindung. Schon vor über hundert Jahren gab es

Puppen, Filmnegative oder Kunststoffdosen, die aus Grundstoffen wie Zellulose oder Maisstärke hergestellt wurden. Doch die »natürlichen Kunststoffe« wurden bald von dem verdrängt, was damals billiger war: Plastik, das auf dem scheinbar unerschöpflichen Rohstoff Erdöl basierte. Erst seit einigen Jahren wächst der Markt für Biokunststoffe wieder. Laut einer Studie des Bundesministeriums für Ernährung, Landwirtschaft und Verbraucherschutz steigt die Nachfrage nach Verpackungen und Konsumgütern, die auf Basis biologischer Rohstoffe hergestellt wurden, derzeit jährlich um das Doppelte.

Mit Hilfe der Tiefsee-Mikroben, erklären Guezennec und Desbryères, lässt sich das Angebot an Bioplastikprodukten um ein Vielfaches erweitern. Guezennec klopft in einem der Laborräume mit dem Fingerknöchel gegen einen Glaszylinder. Darin brodelt eine gelbliche Flüssigkeit. »Dieser Prozess heißt Fermentation. Wie beim Bierbrauen oder bei der Käseherstellung bringen wir Mikroben mit verschiedenen Zusatzstoffen zusammen. Dabei können wir den pH-Wert, die Temperatur und den Sauerstoffgehalt des Wassers beliebig verändern. Die Enzyme der Mikroben wandeln die Zusatzstoffe in neue Stoffe um – und wir können dann untersuchen, was sich mit den Stoffen alles machen lässt.« Ich nicke langsam. Biochemie ist noch nie meine Stärke gewesen.

Auf ein Blatt Papier zeichnet Guezennec einen runden Kreis. »Angenommen, das hier ist ein Tiefsee-Mikroorganismus«, sagt er freundlich, offenbar daran gewöhnt, seine Arbeit in simplen Worten erklären zu müssen. Dann zeichnet er viele kleine Kreise in den Kreis hinein. »Jeder Mikroorganismus verfügt über zahlreiche Enzyme, früher auch Fermente genannt. Sie gehören zur Gruppe der Proteine – den Grundbausteinen, aus denen jede Zelle besteht, auch die in unserem eigenen Körper.«

»Die Enzyme in einer Zelle sind für biochemische Reaktionen zuständig«, ergänzt Desbruyères. Sie helfen bei der Verdauung, wandeln Stoffe um oder kopieren Erbgutinformationen. In Brauereien erzeugen sie aus Hefekulturen Bier, in Käsereien wandeln sie Milchsäure in Käse um. Bei der Fermentation im Labor ist es ähnlich: Die Enzyme der Tiefsee-Mikroben erzeugen sogenannte Polymere – chemische Verbindungen aus kettenartig aneinanderpappenden Molekülen. Guezennec zupft eine weiße, zuckerwatteähnliche Masse aus einer Kiste neben dem Glaszylinder. »Diese Polymerfasern lassen sich zu Kunststoffen mit den unterschiedlichsten Eigenschaften verarbeiten.«

Aus den Polymeren könne man hartes, weiches, durchsichtiges, hitzebeständiges oder bruchfestes Plastik herstellen, erklärt Guezennec. Man kann entscheiden, ob es lange halten soll oder sich schnell zersetzt. Dadurch eignet es sich für Folien, Kugelschreiber und Getränkeflaschen genauso wie als Grundstoff von Kosmetika oder Klebern, für Spielzeuge, Computer oder für die Innenausstattung von Autos. Es würden auch Wasch- und Spülmittel entwickelt, berichtet Guezennec, die auf Tiefsee-Organismen basieren und auch bei eiskaltem Wasser Schmutz und Fette lösen. So könne man viel Energie sparen, mit der das Wasser in Wasch- und Spülmaschinen bisher aufgeheizt werden muss. Mit herkömmlichen Produkten war das undenkbar. Dass Tiefsee-Organismen sich auch unter extrem heißen oder kalten Temperaturen noch vermehren können, machen sie zur Besonderheit in der chemischen Industrie.

Jean Guezennec und sein Team arbeiten gemeinsam mit Unternehmen an der Entwicklung zahlreicher neuer Produkte. Vieles befände sich noch im Experimentierstadium, Namen will Guezennec zu diesem Zeitpunkt keine nennen. Auch medizinische Fakultäten, Krankenhäuser und Pharmaunternehmen haben es inzwischen auf die Tiefsee-Organismen abgesehen, berichtet er. Nicht nur in Frankreich. In den Laboren von Meeresforschungsinstituten aus aller Welt nimmt ein neuer Wirtschaftszweig seine Anfänge: Die »blaue Biotechnologie« könnte sich zum Boom-Markt der Zukunft entwickeln.

So werden in einigen Krankenhäusern schon jetzt biologisch abbaubare Produkte aus Meeresorganismen zur Behandlung von Patients eingesetzt. Sei es Nähgarn, das aus verheilten Wunden nicht mehr gezogen werden muss, da es sich nach einigen Tagen oder Wochen von selbst auflöst. Oder Schrauben und Platten, mit denen Knochenbrüche im Körper fixiert werden. Auch sie müssen nicht mehr – wie bisher üblich – in erneuten, riskanten und teuren Operationen entfernt werden, sondern lösen sich auf, sobald sie ihren Zweck erfüllt haben.

Doch vor allem interessieren sich Forscher, Mediziner und Pharmaindustrie für die Giftstoffe, die einige Tiefsee-Mikroben absondern, um sich oder ihr Wirtstier vor Angreifern zu schützen. So produzieren Bakterien, die in Symbiose mit Schnecken oder Schwämmen, an Korallen oder Schwarzen Rauchern leben, die unterschiedlichsten Substanzen, die auch beim Menschen antiviral, antibakteriell oder entzündungshemmend wirken. Auch die Bakterien und chemischen Reaktionen, die für die Biolumineszenz der Tiefsee-Tiere sorgen, werden auf ihre medizinische Heilkraft untersucht. Aus manchen Mikroben konnten bereits bis zu 200 verschiedene Substanzen gewonnen werden. Bei der Suche nach neuen Antibiotika, Schmerzstillern oder Tumorblockern stoßen Forscher unter der Wasseroberfläche auf eine Fundgrube.

Schon werden die ersten Patente auf Tiefsee-Giftstoffe angemeldet. So hat der Meeresbiologe William Fenical von der Scripps Institution of Oceanography in San Diego, USA, aus einer Fächerkoralle den Wirkstoff *Pseudopterosin C* gezogen.

Er soll bei Insektenstichen, Hautreizungen und Schuppen-flechte helfen und in manchen Fällen sogar das aggressive Kortison ersetzen. Der Kosmetikkonzern Estée Lauder verarbeitet *Pseudopterosin C* inzwischen in einer Hautcreme und zahlt der Scripps Institution jährlich 700 000 US-Dollar für die Nutzung des Wirkstoffs.

Derzeit testet William Fenical ein Bakterium aus dem Meeresboden vor den Bahamas auf seine Wirksamkeit gegen Knochenmarkkrebs. In seiner natürlichen Umgebung sondert der Einzeller *Salinispora tropica* einen Stoff ab, mit dem er Organismen tötet, die besonders viele Abfallstoffe verwerten und damit Nahrungskonkurrenten sind. Im menschlichen Körper könnte dieser Stoff die sich schnell vermehrenden Krebszellen auf dieselbe Weise töten, hofft Fenical. Auch an der Technischen Universität München wird *Salinispora tropica* derzeit auf seine Wirksamkeit untersucht. Die Biochemiker Michael Goll und Barbara Potts hoffen zudem, unerwünschte Nebenwirkungen des Bakteriums durch gezielte Laborarbeit noch ausschalten zu können. Noch ist der Wirkstoff *Salinisporamid* zwar nicht als Arzneimittel zugelassen – um diese Hürde zu nehmen, sind zahlreiche klinische Tests notwendig. Doch die Forscher behaupten schon jetzt: Am Meeresboden liegen die Krebsheilmittel der Zukunft.

Davon hat sich immerhin das Nationale Krebsinstitut der USA überzeugen lassen. Über 10 000 Proben mariner Mikroorganismen werden dort inzwischen im Labor an verschiedenen Tumorzellen getestet. Einige Wirkstoffe durchlaufen erste Testphasen mit Patienten. Sobald diese erfolgreich sind, können Unternehmen die Wirkstoffe gegen eine Gebühr vermarkten.

Zu einem weiteren kommerziellen Erfolg dieses Forschungszweigs brachte es ein zuvor kaum bekanntes Unternehmen: PharmaMar, eine Tochter des spanischen Chemiekonzerns Zeltia. Aus der Seescheide *Ecteinascidia turbinata* – einem wirbellosen Manteltier, das in wenigen Metern Tiefe an Felsvorsprüngen und Korallenriffen in der Karibik vorkommt, nun aber in großen Aquakulturen vor Ibiza gezüchtet wird – haben die Spanier das weltweit erste zugelassene Krebsmedikament entwickelt, das ausschließlich auf Wirkstoffen aus dem Meer basiert: *Yondelis*. Amerikanische Forscher hatten entdeckt, dass sich bestimmte Molekülverbindungen der Seescheide an das Erbgut mutierter Krebszellen heften, sodass sich diese anschließend nicht weiter vermehren können. PharmaMar hat sich das entsprechende Patent gesichert und diese Entdeckung für den Pharmamarkt weiterentwickelt.

Seescheiden werden in bis zu 4000 Meter Meerestiefe gefunden. Die Forscher hoffen nun auf weitere Erfolge wie *Yondelis*, denn das Medikament gilt als milder Ersatz für die bei Krebserkrankungen sonst üblichen Chemotherapien. Klinische Studien ergaben, dass das Herz und andere Organe auch bei längerer Einnahme weniger belastet werden als bei herkömmlichen Medikamenten, gibt PharmaMar an. Zudem führe *Yondelis* nicht zu Haarausfall. Im Jahr 2007 wurde *Yondelis* in der Europäischen Union für Bindegewebskrebs zugelassen, 2009 für Eierstockkrebs; die Zulassung für Brust- und Prostatakrebs steht noch aus. Der Börsenkurs von PharmaMar ist seither rasant gestiegen, für den Vertrieb in den USA wurde eine Zusammenarbeit mit dem Branchenriesen Johnson & Johnson vereinbart. Derzeit entwickelt PharmaMar nach eigenen Angaben weitere Arzneimittel aus marinen Organismen, die bei Hautkrebs, Leukämie und Lungenkrebs helfen sollen.

Inzwischen haben Forscher sogar eine Substanz entdeckt, die sich im Labor als äußerst wirksam gegen Malariaerreger erwiesen hat. Doch bisher zeigt kein Pharmaunternehmen Interesse daran, aus dem australischen Schwamm *Cymbastela hooperi* ein entsprechendes Medikament zu entwickeln. Und das, obwohl Malaria noch immer die weltweit häufigste Infektionskrankheit ist, an der pro Jahr rund eine Million Menschen sterben. Doch Malaria kommt vorwiegend in Entwicklungsländern vor. Wo sich mit neuen Pharmaprodukten nicht viel Geld verdienen lässt.

In der westlichen Welt hingegen wird die »blaue Biotechnologie« auch für die Meeresforscher zur Geldquelle – William Fenical macht es seit Jahren vor. Auch Jean Guezennec hält für Ifremer Patente auf Gewebestoffe für Implantate, die er aus Tiefsee-Bakterien entwickelt hat. Ähnlich gehen Forscher in Deutschland vor: Am IFM-GEOMAR wurde das Kieler Wirkstoffzentrum (KiWiZ) gegründet, aus dem inzwischen das Unternehmen MicrobiMaris Biotec hervorgegangen ist. Dort werden laut Eigenwerbung »neue Produkte mariner Mikroorganismen« zur Anwendung in »Medizin, Pharmazie, Kosmetik, im Pflanzenschutz und als Nahrungsergänzungsmittel« entwickelt. Derweil sucht das Bremerhavener Alfred-Wegener-Institut die Polarmeere nach Bakterien ab, die sich für Frostschutzmittel, Kunststoffe, Farben oder Sonnenschutzcremes eignen – finanziert wird diese Arbeit unter anderem vom Leverkusener Bayer- und dem Düsseldorfer Henkel-Konzern. Die Mainzer BiotecMarin GmbH wiederum hat nach eigenen Angaben über 2000 verschiedene Wirkstoffe in Schwämmen gefunden und daraus Herpesmittel und »Biosilikat« gezüchtet: eine Art Glas, das sich für Knochenimplantate und Zahnfüllungen eignet und von den Forschern als »Ultraleiter für die Kommunikationstechnologie der Zukunft« gepriesen wird. Zudem testet BiotecMarin Schwammsubstanzen auf Mittel gegen Hautkrebs, Leukämie sowie das Aids-Virus HIV.

Dies ist wohl der Hauptgrund für das Interesse der Pharma- und Chemieindustrie am Census of Marine Life.

Schließlich widmete sich eines seiner Projekte, der International Census of Marine Microbes (ICoMM), ausschließlich den
Einzellern im Meer. Bis zu 20 000 Mikrobenarten haben die
Forscher in einem einzigen Liter Meerwasser nachweisen
können. Vor Beginn ihrer Studien waren sie »nur« von bis zu
3000 Arten pro Liter ausgegangen. »Die Tiefsee ist eine gigantische, ich würde fast sagen unerschöpfliche Quelle biologischer Rohstoffe«, resümiert Daniel Desbruyères die Flut der
Entdeckungen. Jede Woche stoßen Forscher auf zig neue Einzeller in der Tiefsee. Sei es an Schwarzen Rauchern, auf den
artenreichen Plateaus unterseeischer Berge, unter der Eis-
schicht der Arktis oder sogar in Bohrkernen, die sie aus über
einem Kilometer Tiefe aus dem Meeresboden ziehen. »Insgesamt tummeln sich wohl zwischen fünf und zehn Millionen
Mikrobenarten in den Weltmeeren«, schätzt Desbruyères.
Und gerade einmal ein Prozent sei davon bisher bekannt.

Doch bei aller Euphorie über die Wundermittel aus der Tiefsee: Ihre Gewinnung läuft nicht immer auf schonende Weise
ab. Meeresforscher und Pharmaunternehmen müssen oft
tonnenweise Schwämme oder Seescheiden vom Meeresboden
ernten, um nur wenige Gramm ihrer Wirkstoffe zu gewinnen.
Von Nachhaltigkeit kann bei diesem Vorgehen keine Rede
sein. BiotecMarin hat zwar eigene Schwammzuchtstationen
vor der Küste Kroatiens errichtet, wo es den Rohstoff nachwachsen lässt. Und PharmaMar hat mit Hilfe amerikanischer
Forscher ein Verfahren gefunden, um den *Yondelis*-Wirkstoff
im Labor zu vervielfältigen – ein Verfahren, das wiederum
auf den Stoffwechselprozessen fluoreszierender Tiefsee-Bakterien beruht.

Dennoch machen sich viele Forscher Sorgen, sagt Daniel
Desbruyères: »Viele Mikrobenarten sind in den Ozeanen
nicht sonderlich weit verbreitet, sondern leben auf eng be-

grenztem Raum. Sie sind auf bestimmte Stoffe, Temperaturen und Abläufe angewiesen, die sie nur in ihrer direkten Umgebung finden.« Schon jetzt sind die Mikroben der Tiefsee bedroht: von den Schleppnetzen der Fischerei, die riesige Gebiete am Meeresboden zerstören, Korallenriffe abrasieren und die artenreichen Plateaus der Seeberge zerstören. Vom Klimawandel, der zu Erwärmung und Versauerung der Meere und damit zum Korallensterben und dem Verschwinden von Algen- und Planktonarten führt. Und von der Rohstoffindustrie, die immer tiefer in die Meere vordringt. Wenn am Meeresboden gebohrt, geschürft und gebaggert wird, könnten zahllose Mikrobenarten für immer verschwinden, fürchtet Daniel Desbruyères.

Das wichtigste Ziel der Forscher ist daher die Entschlüsselung des Erbguts der Mikroben. Die Gencodes ermöglichen es, Arten schnell voneinander zu unterscheiden, ihre Enzyme und Wirkstoffe zu verstehen – und diese Wirkstoffe eines Tages im Labor zu reproduzieren. So müsse man die Tiefsee nicht ausbeuten, sondern könne die biologischen Rohstoffe im Labor nachwachsen lassen, erklärt Desbruyères. Und darin liegt der entscheidende Unterschied zur Ausbeutung der Meere durch Bergbau- und Erdölkonzerne: Viele der biologischen Rohstoffe der Tiefsee lassen sich nutzen, ohne der Natur zu schaden.

»Wir müssen uns beeilen«, drängt Daniel Desbruyères, »denn die Verwüstung der Meere hat längst begonnen.« Das sehen nicht nur Meeresforscher so. Der amerikanische Genforscher Craig Venter – der als erster Biochemiker das menschliche Genom komplett sequenzierte – schickt sein Team neuerdings ebenfalls unter die Wasseroberfläche. Gemeinsam mit dem Alfred-Wegener-Institut und dem Bremer Max-Planck-Institut für Marine Mikrobiologie haben die US-Forscher kürzlich begonnen, vor Helgoland Proben zu nehmen.

Ihr ehrgeiziges Ziel ist es, das Erbgut aller 99 Prozent noch unbekannten marinen Mikroben mit modernsten Forschungsgeräten zu enträtseln. Einen ähnlichen Ansatz verfolgt Ifremer – gesponsert vom Ölmulti Total. Die Genanalyse, so hoffen die Forscher, könnte die komplizierte und langwierige Arbeit der Taxonomen ersetzen. Die Tiere müssten dann nicht mehr mühsam gezeichnet oder fotografiert werden, sondern lieferten über ihr Erbgut einen genetischen Fingerabdruck. Bisher wird nur dies nur in seltenen Fällen gemacht, mangels Ausrüstung und Budget. Die Forscher erhoffen sich eine Beschleunigung ihrer Arbeit – und Total schnellere Aufschlüsse darüber, wie sich die Erdölausbeutung des Konzerns wirklich auf die Ökosysteme der Tiefsee auswirkt. Das vermutet zumindest Joëlle Galéron.

»Das genetische Reservoir im Meer ist demjenigen an Land um ein Vielfaches überlegen«, sagt Daniel Desbruyères. Er ist auf unserem Rückweg in sein Büro an einem Fenster stehen geblieben. Durch eine Baumreihe sind auch von hier aus die Küste und der offene Atlantik zu erkennen. Grau liegt der Ozean unter einer dichten Wolkendecke, nur am Horizont lassen vereinzelte Sonnenstrahlen seine Oberfläche glitzern. Es ist die passende Szenerie für eine Grundsatzrede. »Alles Leben auf der Erde stammt aus dem Meer«, beginnt Desbruyères. »Dort hat es vor fast vier Milliarden Jahren begonnen, und dort existiert bis heute die gesamte Bandbreite der Evolution. Das heißt, sämtliche großen Tierstämme, die es auf der Erde gibt, kommen im Meer vor. Bis an Land hat es davon nur etwa die Hälfte geschafft. Und das auch erst vor etwa 500 Millionen Jahren, als die ersten Lebewesen das Wasser verließen. Die Lebewesen im Meer haben also einen evolutionären Vorsprung von über drei Milliarden Jahren. Vor allem die Mikroorganismen: Mit ihnen hat alles angefangen. Viele von ihnen haben die gesamte Zeit überdauert und in diesen drei Milliarden Jahren Stoffe und Mechanismen entwickelt, von denen wir an Land noch einiges lernen können. Das Meer war quasi ein perfektes Testlabor.«

Dass die marinen Substanzen vom menschlichen Körper so gut angenommen würden, könne daran liegen, dass auch der Mensch letztlich aus dem Meer stamme, fügt Desbruyères hinzu. Das Blutplasma des menschlichen Körpers sei von seinem Anteil an Salzen und Spurenelementen her dem Wasser der Ozeane sehr ähnlich. Unser inneres Milieu ist für Wirkstoffe aus dem Meer offenbar bestens geschaffen.

Doch auch wenn Bakterien und andere Einzeller bald im Labor nachgezüchtet werden können: Bei der Nutzung der Tiefsee-Mikroben gibt es einen weiteren Haken. Es kündigt sich Streit an um das Recht an den Wirkstoffen aus dem Meer. Wem die Organismen gehören und wer mit ihrer Umwandlung in Arzneimittel oder Biokunststoffe Gewinn machen darf, ist nicht überall eindeutig geklärt. Erst recht nicht auf hoher See. Bisher kann jeder, der über die entsprechende Technik verfügt, zu einem Schwamm oder einem Schwarzen Raucher hinabtauchen, Wirkstoffe aus Bakterien und anderen Einzellern gewinnen, ein Patent darauf anmelden und sich die Nutzung weltweit bezahlen lassen. Viele Forscher, aber auch PharmaMar, BiotecMarin und andere Firmen handhaben es so. »Doch was ist mit den Ländern, die sich weder die teure Erforschung der Meere noch die üppigen Lizenzgebühren für die Nutzung solcher Patente leisten können?«, fragt Rüdiger Wolfrum, als ich ihn bei meinem Besuch am Internationalen Seegerichtshof in Hamburg darauf anspreche. »Sollen diese beim Wettlauf um die biologischen Schätze der Tiefsee leer ausgehen? Und vom Nutzen der dort gefundenen Substanzen ausgeschlossen sein?«

Um das zu vermeiden, wurde im Rahmen der Biodiversitätskonvention der Vereinten Nationen schon 1998 beschlossen, den Zugang zu den genetischen Ressourcen in Gebieten zu regeln, die staatlichen Hoheitsansprüchen unterliegen, und ein System von Ausgleichszahlungen für ihre Nutzung zu schaffen. Das sogenannte ABS-Abkommen (von Agreement on Access and Benefit Sharing) schließt sowohl genetische Rohstoffe an Land mit ein als auch im Wasser und am Meeresboden innerhalb der Hoheitsgewässer und der 200-Seemeilen-Zonen vor der Küste. Doch erst im Laufe des Jahres 2010 dürfte – nach jahrzehntelangem Widerstand vor allem der Industrieländer – dieses Abkommen völkerrechtlich verbindlich werden. Solange werden Verstöße weiter nicht geahndet, ist seine Einhaltung keine Bedingung für die Anmeldung eines Patents und das Abkommen in den wenigsten Staaten geltendes Gesetz.

Einige Küstenstaaten haben daher begonnen, von den nach Wirkstoffen suchenden Bioprospektoren auf eigene Faust hohe Gebühren zu fordern. Zudem verlangen sie, an Profiten auch aus marinen Substanzen beteiligt zu werden. In Entwicklungsländern geht die Angst vor der Biopiraterie um: vor Forschern oder Firmen, die ihre Entdeckungen außer Landes bringen, dort neue Produkte entwickeln und die Herkunftsländer bei deren Vermarktung leer ausgehen lassen. Manche Staaten übertreiben es dabei wohl ein wenig mit der Vorsicht: So forderten die Philippinen von dem Ozeanografen William Fenical unlängst so hohe Summen für die Erforschung ihrer Korallenriffe, dass er auf Expeditionen zum Inselstaat in Südostasien bis auf weiteres verzichtet. Obwohl er das Meeresgebiet rund um die Philippinen für eines der vielfältigsten der Welt hält. Und obwohl das Nationale Krebsinstitut, das viele von Fenical entdeckte Wirkstoffe patentiert hat, Lizenzen nur noch an Unternehmen vergibt, die das Herkunftsland an der Entwicklung und den Erlösen aus Medikamenten beteiligen.

Für Rüdiger Wolfrum ist die Biopiraterie vor allem ein internationales Problem. Wer sich auf hoher See an biologischen Rohstoffen bedient, ist bisher niemandem Rechenschaft schuldig, auch die Biodiversitätskonvention der UNO greift dort nicht. »Für die biologischen Ressourcen auf hoher See gibt es keinerlei juristische Regelung«, moniert Rüdiger Wolfrum. Dabei wäre es höchste Zeit dafür. Auch Forscher wie William Fenical, Daniel Desbruyères und Jean Guezennec fordern international verbindliche Regeln, um die Biopiraterie auf hoher See zu verhindern. Regeln, denen sie sich gern unterwerfen würden. Rüdiger Wolfrum berichtet, dass es dazu innerhalb der Vereinten Nationen erste Überlegungen gibt. Doch zunächst stehe die Staatengemeinschaft vor einem unerwarteten Problem: Bisher sei noch nicht einmal klar definiert, wer für die Meeresbewohner auf hoher See zuständig sei.

Dabei müsse man zwischen den Tieren unterscheiden, die im freien Wasser leben, und denjenigen, die sesshaft sind, also am oder im Boden wohnen. Schon dabei wird es jedoch schwierig: Ist ein Polyp, der im Erwachsenenstadium als Qualle durch die Meere schwimmt, sesshaft oder nicht? Lebt eine Garnele an einem Schwarzen Raucher mehr im Wasser oder mehr am Boden? Und was ist mit Asseln und Flöhen, die oftmals erst als Larven durchs Wasser schweben, sich später aber am Meeresboden niederlassen? Nicht jedes Tier ist so eindeutig frei schwimmend wie ein Fisch oder Oktopus oder so eindeutig sesshaft wie eine Anemone oder ein Röhrenwurm. Auch die von den Bioprospektoren gesuchten Mikroben sind auf ihren Lebensraum oft nicht eindeutig festgelegt.

Hält man sich dennoch an diese Unterscheidung, fallen die frei schwimmenden Tiere laut Seerecht in die Kategorie der »lebenden Ressourcen« im Meer. Für diese gilt außerhalb nationaler Zuständigkeiten die Freiheit der hohen See. Darin eingeschlossen ist auch die Freiheit der wissenschaftlichen Erforschung. Auf die Mikroben auf hoher See hat also jeder freien Zugriff. »Um das zu ändern und auch für eine gerechte Nutzung der dortigen Ressourcen zu sorgen, müsste die Seerechtskonvention der Vereinten Nationen geändert werden«, sagt Wolfrum. Denn in dem Text der Konvention sind »genetische Ressourcen« bisher nicht einmal erwähnt.

Anders, aber nicht minder kompliziert, sei es bei den sesshaften Organismen. Diese gehören streng genommen zum Meeresboden und könnten damit unter das Regime der Internationalen Meeresbodenbehörde fallen. Genau wie die Manganknollen im internationalen Gebiet. Doch auch das ist in der Seerechtskonvention nicht vorgesehen. »Dort steht, dass die ISA für die mineralischen Rohstoffe am Meeresboden zuständig ist. Nicht aber für tierisches oder pflanzliches Leben«, erklärt Rüdiger Wolfrum. Man könnte dieser Regelung aber ein Schnippchen schlagen, indem man die Bewohner des Meeresbodens als Teil des »gemeinsamen Erbes der Menschheit« akzeptiert und rechtlich genauso behandelt wie alle anderen Vorkommen am Meeresboden, meint Wolfrum. Die Nutzung der genetischen Ressourcen im internationalen Gebiet müsste dann ebenso reglementiert werden und der Profit daraus allen Ländern der Erde zugutekommen, wie es bei den Manganknollen vorgesehen ist.

Daran habe aber in den Industriestaaten kaum jemand Interesse, berichtet der Völkerrechtler. Die dafür notwendigen Änderungen der Seerechtskonvention würden bisher verhindert. Auch die mögliche Alternative, eine Behörde zu gründen, die sich ausschließlich den genetischen Ressourcen auf hoher See widmet, im Wasser wie auch am Meeresboden, stößt offenbar auf nur wenig Gegenliebe bei den Unterzeichnerstaaten der Seerechtskonvention.

Das rechtliche Vakuum hat vor allem einen Grund: das fehlende Interesse der Regierungen an der Tiefsee. Zwar wird

der Nutzen aus den Tiefen der Ozeane gern wahrgenommen –
sei es aus der Fischerei, durch das Erdöl aus Angola und dem
Golf von Mexiko oder in Zukunft in Form wertvoller Erze
aus Manganknollen und von Schwarzen Rauchern. Doch
woher die Schätze genau stammen, welche Zerstörungen mit
ihrer Ausbeutung verbunden sind und welche Konflikte ih-
retwegen drohen, interessiert die wenigsten Politiker. Dabei
können sie als Einzige die Weichen dafür stellen, dass internationale Regelungen für den Umgang mit den Rohstoffen
der Tiefsee gefunden werden.

Darauf angesprochen, schieben Staatschefs genau wie For-
schungs- und Wirtschaftsminister die Verantwortung gern
denjenigen zu, deren Arbeit die Tiefsee-Euphorie überhaupt
erst ausgelöst hat: den Meeresforschern. Nur sie verfügten
über die nötige Expertise, um Regeln für den Meeresboden zu
finden, heißt es. Man hoffe daher auf Vorschläge von For-
scherseite.

Eine schwache Ausflucht.

Doch die Forscher nehmen ihre Rolle als Pioniere der Tiefsee überaus ernst. Sie haben tatsächlich damit begonnen,
nach Regeln für den nachhaltigen und gerechten Umgang mit
den Rohstoffen vom Meeresboden zu suchen. Auch wenn das
die Politik nicht aus ihrer Verantwortung entlässt. Während
der letzten Tage der Expedition an Bord der *Sonne* vor Neuseeland erhalte ich einen Eindruck davon, wie eine solche ver-
antwortungsbewusste Zukunft aussehen könnte – und welche Hürden es dabei noch zu nehmen gilt.

Das Tiefsee-Dilemma
Wie geht es weiter?

Es sieht aus wie das Raumschiff *Enterprise* aus der Fernseh-serie *Star Trek*, nur viel kleiner. Und der runde Vorbau, in dem in der Serie die Kommandobrücke untergebracht ist, fehlt. Das auf einem Eisengestell an Deck wartende Tauchboot be-steht aus drei miteinander verbundenen, parallelen Röhren: zwei oben, gelb und rot, und eine weiße in der Mitte darunter. Sie haben an ihrem hinteren Ende Propeller und sind jeweils etwa zwei Meter lang. »Die oberen Röhren sind für den Auf-trieb«, erklärt Dana Yoerger, Ingenieur an der amerikani-schen Woods Hole Oceanographic Institution. »Und die un-tere enthält Messgeräte und Batterien. Aber es stimmt schon: Die *Enterprise* war vom Aussehen her wirklich ein Vorbild für uns«, grinst er.

Dana Yoerger leitet die amerikanische Forschergruppe, die die Expedition auf der *Sonne* mit Geräten und Know-how un-terstützt. Er hat dafür sein »Lieblingsspielzeug« mitgebracht, wie er das Tauchboot nennt. *ABE* ist in schwarzen Lettern auf der unteren, weißen Röhre zu lesen. Es steht für Autonomous Benthic Explorer, autonomer Meeresboden-Erkunder. Unter Yoergers Leitung wurde es in jahrelanger Arbeit an der Woods Hole Oceanographic Institution entworfen und ge-baut.

ABE ist der erste Vertreter einer neuen Generation von unbemannten Tiefsee-Forschungsinstrumenten: sogenannter

AUVs, Autonomous Underwater Vehicles. Deren Besonderheit: Sie können sich unter Wasser selbst steuern. *ABE* hängt nicht wie *Kiel 6000* an einem kilometerlangen Kabel, sondern taucht eigenständig über den Meeresboden, auf vorprogrammiertem Kurs, Hunderte von Kilometern weit. Auf diese Weise erkundet *ABE* zwar nicht fremde Planeten, aber doch die unendlichen Weiten der Tiefsee. *ABE* kann bis zu dreißig Stunden unter Wasser bleiben. Dabei soll das Gerät Daten sammeln für komplexe Karten des Meeresbodens. Karten, wie es sie bisher für kaum einen Ort der Tiefsee gibt.

Das Rauschen des Regens, der seit dem frühen Abend auf die *Sonne* niedergeht, wird von einem hellen Geräusch übertönt. Ein rhythmisches hohes »Pling« durchzieht die nächtliche Luft. Dana Yoerger tritt aus der Stahltür, die das Arbeitsdeck mit seinem auf gleicher Ebene liegenden Labor verbindet, zieht sich die Kapuze über den Kopf und geht in Richtung *ABE*, das wenige Meter von ihm entfernt an Deck steht. Vor dem Tauchboot kniet sein Kollege Al Duester.

Duester hält ein kleines Xylophon in der Hand. Mit einem Metallstab schlägt er in regelmäßigen Abständen auf eines der Plättchen des Instruments – das rhythmische »Pling« ertönt. »Darunter liegen Akustiksensoren«, erklärt mir Dana Yoerger und deutet auf zwei runde, schwarze Kunststoffdeckel an den Oberseiten der rot-gelben Röhren. »Sie fangen unter Wasser den Schall auf, den *ABE* aussendet. Mit dem Xylophon simulieren wir den Schall, um die Geräte zu justieren.« Al Duester hebt eine Klappe an der untersten Röhre an, darunter verbergen sich Kabel und silbrige Metallapparaturen. »Das ist das Herzstück von *ABE*«, sagt er: »Ein Fächer-Sonar. Es schickt Akustikimpulse zum Meeresboden, auf bis zu einem Kilometer Breite. Diese Impulse werden zurückgeworfen und gespeichert und liefern die Grundlage für hochauflösende Karten.«

Dana Yoerger geht zurück ins Labor, in dem Messinstrumente mit feinsten Drähten und blinkenden Lämpchen auf langen Tischen verteilt stehen. Das Labor ist zugleich Durchgangsraum zu einer der Treppen, die an Bord hinab zu den unteren Decks führen. Fast jedes Mal, wenn ich dort in den vergangenen Tagen vorbeigekommen bin, tüftelten Yoerger und Duester an den Instrumenten und Geräten herum, um sich anschließend wieder über eine der drei Röhren von *ABE* zu beugen. Sie werden nicht müde, die Arbeit ihres »Spielzeugs« immer weiter zu verbessern. »Ich schlafe, wenn ich nach Hause komme«, schmunzelte Yoerger einmal beim Abendessen mit vor Eifer blitzenden Augen, »schließlich ist die Zeit auf See begrenzt.« Heute Nacht will er die Pause zwischen zwei Tauchgängen von *Kiel 6000* nutzen, um *ABE* ins Wasser zu lassen. Die beiden Geräte sollen nicht zeitgleich im Einsatz sein, um eine Kollision am Meeresboden zu vermeiden.

Yoerger tritt erneut aus der Labortür. »Die Frequenz der Sensoren stimmt«, ruft er durch den Regen. »Am Computer schlägt das Akustiksignal voll aus.« Al Duester hebt den Daumen und tippt dann gegen die dunklen Spitzen der gelbroten Röhren. »Da drin sind Sensoren, die Temperatur, Gasgehalt und die Leitfähigkeit des Wassers messen. Auf diese Weise können wir zum Beispiel die Rauchfahnen von Schwarzen Rauchern aufspüren.« Denn die enthalten besonders viele Methan- und Schwefelgase und sind wärmer als die Umgebung. »Zudem messen wir den Magnetismus des Meeresbodens. Das zeigt uns, wie dick das Sediment dort ist oder wie alt die Lava an den Hängen eines Vulkans. All diese Daten werden mit den Akustikdaten für Karten vom Meeresboden kombiniert.«

»He, weiter rüber!«, hallt es plötzlich übers Deck. Der Bootsmann Peter Mucke reckt hinter dem Eisengestell, auf dem *ABE* ruht, seinen Arm in die Höhe. Mit rasselndem Geräusch sinkt ein Eisenhaken vom Schiffskran hinab, den Mucke sich greift und mit Al Duesters Hilfe an der Oberseite von *ABE* befestigt. Ich trete zur Seite, gelbe Lämpchen beginnen auf den oberen Röhren des Tauchboots zu blinken. Als sich auch die Propeller an der Hinterseite zu drehen beginnen, hebt Al Duester erneut den Daumen in Dana Yoergers Richtung. Hinter der offenen Labortür tippt dieser letzte Programmierungen in einen Computer. Für den Tauchgang ist nun alles vorbereitet.

»Halt mal das Seil vorn fest«, weist Peter Mucke einen Matrosen an, Al Duester und ein zweiter Matrose greifen nach weiteren Seilen am hinteren Ende von *ABE*. Als der Kran das Gerät anhebt, wird es kurz hektisch, *ABE* neigt sich weit nach vorn, auf Muckes Signal hin gibt der Matrose dem Seil mehr Spiel, bis das Gerät wieder waagerecht hängt und über die Köpfe der Männer nach oben schwebt. Peter Mucke winkt mit der freien Hand in Richtung Kranführer: »Okay, jetzt rüber!« Der Schiffskran dreht sich und senkt *ABE* wenig später langsam über der nachtschwarzen Oberfläche des Pazifiks ab.

Al Duester, Dana Yoerger und die Crew beugen sich über die Reling. Einige Meter unterhalb taucht *ABE* soeben sanft ins Wasser ein, die Propeller wirbeln Gischt auf, bis der Kranführer den Haken ausklinkt und *ABE* an Fahrt aufnimmt. Das Gerät entfernt sich immer weiter von der *Sonne* und sinkt dabei tiefer ins nachtschwarze Meer hinab. Die Männer an der Reling blicken dem kleinen Tauchboot nach, bis auch seine blinkenden Lämpchen von der Dunkelheit des Pazifiks verschluckt werden.

Zwölf Stunden lang wird *ABE* nun am Meeresboden bleiben und ihn in parallelen Bahnen abtauchen. An die 20 Kilometer Strecke wird er insgesamt machen, dabei Akustikdaten zur Bodenkartierung sammeln, das Wasser auf Gasgehalt und Temperatur prüfen sowie den Magnetismus des Untergrunds messen. Al Duester und Dana Yoerger werden die in Echtzeit an Bord übertragenen Navigationsdaten keine Minute lang aus den Augen lassen. Bis *ABEs* Batterien fast leer sind und das Signal zum Auftauchen geben, halten sie im Labor Wache, abwechselnd mit zwei weiteren Kollegen an Bord, manchmal bis zu dreißig Stunden lang. Dann dirigieren sie die *Sonne* dorthin, wo *ABE* wieder eingesammelt werden soll.

Susan Merle macht einen Mausklick und lehnt sich dann im Stuhl zurück. Vor einem schwarzen Hintergrund schwebt *ABE* auf ihrem Bildschirm über eine bunte Hügellandschaft. Er taucht mal höher, mal niedriger und bleibt so immer im selben Abstand zum Meeresgrund, während unter ihm ein breiter Fächer aus Lichtstrahlen den Boden abtastet. Nach einer halben Minute wird das U-Boot ein wenig schneller, ist dann von hinten zu sehen und verschwindet kurz darauf in der Ferne. Danach beginnt der Film von vorn. »Ungefähr so wie in dieser Computergrafik sieht die Arbeit von *ABE* in der Tiefsee aus«, sagt Merle.

Sie ist Expertin für Schwarze Raucher bei der Wetter- und Ozeanografiebehörde NOAA in den USA und eine von nur zwei Wissenschaftlerinnen an Bord. »Bei Fahrten mit biologischem Schwerpunkt sind meist mehr Frauen an Bord«, schmunzelt sie. »Aber unter Geologen, wie bei dieser Expedition, sind wir eben in der Minderheit.« In ihrem Labor auf dem untersten Deck der *Sonne* schließt sie eine externe Festplatte an, die Dana Yoerger ihr nach *ABEs* letztem Tauchgang gegeben hat. Yoerger und Duester sorgen an Bord für die Technik des autonomen Mini-U-Boots. Die Kollegen der NOAA werten die gewonnenen Daten aus.

Susan Merle ruft eine Landkarte am Computer auf. Darauf

ist die Nordinsel Neuseelands zu sehen. Doch die in Grün-braun gehaltene Insel ist nicht, wie sonst üblich, umgeben von blauem Meer, sondern von einem zerklüfteten, hügeligen Gelände in Farbabstufungen von Orange über Grün bis Violett. »So sähen alle Weltkarten aus, wenn man das Wasser der Ozeane weglassen würde«, kommentiert Merle die von ihr in den vergangenen Tagen erstellte Karte. »Bisher gibt es solche Karten für kaum ein Meeresgebiet.« Wieder ein Mausklick, und die Karte setzt sich in Bewegung. Als würden wir über die Landschaft hinwegfliegen, verschwindet unter uns langsam das neuseeländische Festland, und wir tauchen ein in eine fremde Gebirgslandschaft am Meeresboden.

Schnell verlassen wir die orange gefärbten, flachen Bereiche direkt vor der Küste und »fliegen« durch einen violett gefärbten Tiefsee-Graben in Richtung Norden. »Der Kermadecgraben, er ist bis zu 10 047 Meter tief«, sagt Susan Merle. Ich erinnere mich: Den hatte mir bereits Cornel de Ronde auf einer Schifffahrtskarte gezeigt. Bald erheben sich auf dem Bildschirm Hügel, deren Kuppen rot, und deren Talsohlen blau gefärbt sind. »Jede Farbe markiert eine Höhenstufe«, erklärt Merle. »Willkommen am Kermadecbogen, dem unterseeischen Gebirgszug vor der Küste Neuseelands.« Die drei-dimensionale Karte zeigt eine Kette aus Vulkanen, die sich in 1000 bis 3000 Meter Meerestiefe über den Meeresboden erstreckt. In den vergangenen Tagen sind wir mit der *Sonne* über diese atemberaubende Landschaft hinweggefahren, ohne es zu ahnen.

Die meisten Hügel haben abgerundete Kuppen und ein wenig verschwommene Umrisse. Doch genau vor uns liegt eine Schneise, in der feinere Unterschiede zu erkennen sind: Die Berge haben Kanten, die Täler sind zerklüftet. Susan Merle sagt: »Für diese Schneise hatte ich die Daten von besonders hochauflösenden Schiffsecholoten zur Verfügung. Diese werfen von der Wasseroberfläche aus zahlreiche Schallwellen zum Boden – was zwar nicht vergleichbar ist mit der Qualität von Luftaufnahmen eines Gebirges, aber es geht zumindest in die Richtung.« Für die Areale drum herum lagen nur Daten von sehr groben Echolotmessungen vor.

An einer der höchsten Erhebungen des Kermadecbogens dreht der Flug um, blickt zurück und nähert sich schließlich einem Vulkan mit einem besonders großen, kreisrunden Krater. »Das ist die Caldera von Brother's Volcano«, verrät Susan Merle, »der Vulkan, auf den sich die gesamte Expedition konzentriert.« Als wir näher kommen, ist in der Mitte der Caldera ein rot gefärbter Kegel zu erkennen, der in die Höhe ragt: Eine neue Bergspitze entsteht. »Und hier«, Merle fährt mit dem Mauszeiger über die nordwestliche, grünlich gefärbte Wand der Caldera, »ist *Kiel 6000* bei seinem ersten Einsatz auf Schwarze Raucher gestoßen.« Mit Hilfe von *ABE* wollen sie einen Überblick darüber erhalten, wie viele Schwarze-Raucher-Felder in der Caldera des Vulkans liegen, wie alt sie sind und wie viele Metallablagerungen sich um sie herum gebildet haben.

Mit ein paar Mausklicks öffnet Susan Merle eine neue Karte am Computer. Diese zeigt einen weichkantigen, orangegelben Abhang und eine grünliche Ebene davor – es ist die Nahansicht einer Calderawand von Brother's Volcano. »Diese Karte habe ich mit den Daten des Schiffsecholots erstellt. Sie zeigt die östliche Wand der Caldera. Und das hier«, Susan Merle klickt einmal mit der Maus, »ist die Ansicht, die ich aus *ABEs* bisherigen Tauchgängen errechnet habe.« Als hätte man ein Tuch weggezogen, tauchen plötzlich klare Konturen auf. Aus dem Abhang ragen zahllose Felsvorsprünge, auch kleinste Erhebungen und Spalten im Gestein sind noch zu erkennen. »Schiffsecholote schaffen, wenn sie gut sind, immerhin eine Genauigkeit von etwa zwanzig Metern«, erklärt

Merle. »Aber sie sind zu weit vom Meeresboden entfernt.«
Nur Geräte wie *ABE* können, was für genauere Karten nötig
ist: abtauchen und in etwa fünfzig Meter Abstand über den
Meeresboden fliegen. »So erkennt *ABE* sogar Objekte, die
kleiner sind als einen Meter«, berichtet Merle begeistert.

Sie zoomt die Karte heran und klickt mehrmals, woraufhin
sich eine Stelle am unteren Ende des Hangs dunkelrot färbt.
»Ich habe die Karte nun mit *ABEs* Messdaten kombiniert.
Hier war es offenbar besonders heiß.« Mit dem Mauszeiger
umkreist sie den roten Fleck, dann blickt sie mich an. »Aufgrund der Schwefel- und Methanwerte im Wasser sind wir sicher, dass dort Schwarze Raucher liegen. Auch die Struktur
des Bodens weist darauf hin.« Tatsächlich wachsen in dem
Gebiet zahlreiche spitze Säulen nach oben: die Kaminschlote
Schwarzer Raucher. Es ist ein Feld, von dem die Forscher bislang nichts geahnt hatten, erfahre ich – auch Cornel de Ronde
wusste nicht, dass es existiert. Sie taufen es auf den Namen
LaLa-Feld – nach einer Figur in einer Serie von Video-Sket-
chen, die zur Erheiterung der Forscher seit einigen Tagen auf
dem Schiff die Runde macht. »Ohne *ABEs* Hilfe wäre das
Feld womöglich nie gefunden worden«, sagt Susan Merle.

Auf der *Sonne* entstehen die Schatzkarten der Zukunft. Für
Susan Merle und ihre Kollegen sind sie Teil eines groß ange-
legten Forschungsprojekts. Im Laufe mehrerer Jahre wollen
sie den Meeresboden entlang des gesamten Pazifischen Feuerrings kartieren: um einen Überblick darüber zu bekommen,
wie viele Schwarze Raucher es im Pazifik gibt, wie groß und
wie alt sie sind und wie sie sich verändern. Mit ihren Daten
wollen sie dazu beitragen herauszufinden, wie sich die Bodenschätze an Schwarzen Rauchern auf schonende Weise gewinnen lassen. »Allerdings kommen wir nur langsam voran«,
räumt Susan Merle ein. »Wir schaffen es bei dieser Expedition gerade einmal, eine Caldera von etwa drei Kilometern

Durchmesser zu vermessen. Der gesamte Feuerring ist aber 40 000 Kilometer lang. Wir müssen uns also auf besonders interessante Gebiete beschränken – und werden auch dann noch jahrelang zu tun haben.«

Was Susan Merle, Dana Yoerger und Al Duester zu diesem Zeitpunkt nicht ahnen können: Bei einer späteren Expedition wird *ABE* verlorengehen. Während eines Taucheinsatzes vor der chilenischen Küste, im März 2010, passiert in etwa 3000 Meter Tiefe das, wovor die Forscher immer Angst hatten: Sein Signal setzt plötzlich aus. Zunächst hoffen sie, dass es bald wieder anspringen wird. Doch wenig später ist ihnen klar: Seine Auftriebskörper müssen unter dem Druck der Tiefsee implodiert sein. Dabei wurden alle Geräte und die Hüllen zerstört. *ABE* kann also gar nicht mehr aufsteigen, sondern ist vermutlich in zig Einzelteile zersplittert, die über den Meeresboden verstreut liegen. Wie es zu dem Unfall kam, ist bis heute unklar. Mit einem anderen, noch moderneren AUV namens *Sentry* führen die Forscher der Woods Hole Oceanographic Institution ihre Kartierungsarbeit inzwischen weiter. Doch mit nur einem Gerät kommen sie noch langsamer voran als zuvor – und wie Dana Yoerger berichtet, vermissen sie *ABE* schmerzlich.

Im Chemielabor an Bord der *Sonne* hat der neuseeländische Geologe Cornel de Ronde eine Karte an die Wand gepinnt. »*You are here*«, steht auf einem pinkfarbenen Zettel, der auf der Karte klebt und mit einem Pfeil auf einen Punkt inmitten einer bunten Fläche zeigt. »Dort liegt Brother's Volcano«, erklärt de Ronde, »der Fokus unserer Expedition.« Die Karte ist etwa zwei mal zwei Meter groß, am unteren Rand erkenne ich ein Stück der Nordinsel Neuseelands. Auch die bunte Fläche kommt mir bekannt vor: Entspricht sie nicht der Schneise, durch die Susan Merles virtueller Flug über den

Kermadecbogen führte? Cornel de Ronde nickt: »Genau, an diesen Stellen liegen uns bereits Daten über den Meeresboden vor.« Doch um die Schneise herum ist die Karte noch größtenteils weiß.

Unter einem Bullauge, hinter dem der Pazifik seit dem frühen Morgen hohe graue Wellen schlägt, arbeitet ein Team aus amerikanischen und neuseeländischen Wissenschaftlern. Wie überall an Bord sind die Labortische auch hier fest in der Wand oder am Boden verankert. Während draußen ein Sturm tobt, der mit dem Regen der Nacht aufgezogen ist, stellen die Forscher Reagenzgläser in Schüttelvorrichtungen, lassen deren Inhalt durch zahlreiche Schläuche fließen, die an einem Apparat angeschlossen sind, und übertragen Zahlen von dessen Digitalanzeige in den Computer.

»Das sind Wasserproben, die wir die ganze Fahrt über aus verschiedenen Tiefen nehmen«, klärt mich de Ronde auf, »mit Hilfe von Messgeräten, die am Seil durchs Wasser gezogen werden. Die Geräte sind umgeben von einem Ring aus Stahlflaschen, die in einem runden Stahlgerüst stehen.« Wie ein Bierkranz sehe die Apparatur aus, nur größer, schmunzelt er. Sie werde »CTD-Rosette« genannt, die Abkürzung steht für »Conductivity, Temperature, Depth«, also Leitfähigkeit, Temperatur und Tiefe. »Die elektrische Leitfähigkeit gibt uns Aufschluss darüber, welche Spurenmetalle und Gase im Wasser gelöst sind, denn je nach Stoff steigt sie oft plötzlich rapide an.« Sobald die Messungen beispielsweise auf erhöhte Methanwerte schließen lassen oder eine gestiegene Temperatur anzeigen, öffnen die Forscher vom Labor aus eine der Flaschen – ferngesteuert. Unter Wasser schnappt sie zu und bewahrt das Wasser aus genau dieser Region auf.

»An Bord untersuchen wir die Proben dann auf ihren tatsächlichen Gasgehalt und markieren« – de Ronde tippt mit einem Kugelschreiber auf die Karte an der Wand –, »woher sie stammen.« Häufen sich die hohen Werte, informieren sie das *ABE*-Team. Das kann noch am gleichen Tag damit beginnen, an diesen Stellen den Boden zu kartieren. Denn die Werte stammen wahrscheinlich aus den langen dunklen Schwaden Schwarzer Raucher, die aus dem Boden in die Tiefsee schießen und sich im Wasser oft kilometerweit verteilen. Manchmal bilden sie auch regelrechte »Wolken«, wenn sie abkühlen und sich unterhalb einer wärmeren Wasserschicht sammeln. »An Land könnten wir die Gegend einfach mit einem Fernglas absuchen«, sagt de Ronde. »Unter Wasser geht das nicht. Dort müssen wir die Schwaden aus heißem Wasser sozusagen ›erschnüffeln‹. Das tun wir mit der CTD-Rosette – und können *ABE* dann ziemlich gezielt einsetzen.« Auf diese Weise haben sie auch das LaLa-Feld gefunden.

An den weißen Stellen auf der Karte, erfahre ich, ist der Meeresboden bisher noch überhaupt nicht kartiert worden – weder mit Schiffsecholoten noch mit so modernen Geräten wie *ABE*. Auch Wasserproben haben sie dort bisher keine genommen. Doch Cornel de Rondes Auftrag für die kommenden Jahre ist klar: Der am staatlichen geologischen Institut GNS Science beschäftigte Tiefsee-Forscher soll die weißen Flecken auf der Seekarte füllen.

»Neuseeland hat eine der größten Ausschließlichen Wirtschaftszonen der Welt. Und durch die Ausweitung des Festlandsockels wird das Gebiet, in dem mögliche Lagerstätten liegen, noch größer.« Cornel de Ronde hält sich mit einer Hand an der Tischkante fest – der Seegang ist heute so stark wie noch nie während der Fahrt – und streicht mit der anderen über das Meeresgebiet auf der Karte an der Wand. »Diese Zone im Norden gehört zu Neuseeland, und um die Südinsel schließt sich eine weitere sehr große Wirtschaftszone an.« Genau wie um die vielen kleineren Inseln, die zu Neuseeland gehören. »Die Regierung ist deshalb ziemlich scharf darauf zu erfahren, welche Rohstoffvorkommen sich in diesen Gewässern befinden«, sagt de Ronde.

Neuseelands Regierung will die Tiefsee-Forschung zu Geld machen, so viel ist klar. Die ersten Erkundungslizenzen für den Tiefsee-Bergbau innerhalb der Ausschließlichen Wirtschaftszone wurden bereits an die Firma Neptune Minerals verpachtet. Doch auch in den noch nicht kartierten Gebieten könnten Lagerstätten voller Gold, Silber, Kupfer und Zink liegen. Damit diese in Zukunft Milliardengewinne abwerfen können, sollen sich die Forscher mit ihren Erkundungsarbeiten beeilen.

Neuseeland eifert damit nicht nur Ölförderstaaten wie Angola nach, die mit dem Verkauf von Rohstofflizenzen in der Tiefsee schon jetzt gigantische Summen einnehmen, sondern vor allem dem nördlich Australiens gelegenen Papua-Neuguinea; denn während Neptune Minerals derzeit noch damit beschäftigt ist, neue Partner und Investoren für seine Vorhaben zu suchen, steht der Abbau Schwarzer Raucher vor Papua-Neuguinea offenbar unmittelbar bevor. Nautilus Minerals hat mit der dortigen Regierung schon Ende 2009 eine Vereinbarung über den künftigen Umschlag von 1,5 Millionen Tonnen Erz pro Jahr im Hafen von Rabaul getroffen, neue Hallen und Hafenanlagen sollen bald gebaut werden.

Zudem hat das Unternehmen schweres Gerät in Auftrag gegeben: Zwei gigantische Bohrgeräte auf Stelzen, fast zehn Meter hoch und zwanzig Meter lang, wurden von Ingenieuren für Nautilus Minerals entworfen. Die rotierenden Meißel dieser Seafloor Mining Tools genannten Stelzenbohrer sollen sich in den Meeresboden fressen, die Massivsulfide an den Schwarzen Rauchern zerkleinern und den entstehenden Erzschlamm über lange Schläuche zur Oberfläche pumpen. Anschließend »läuft« der Bohrer auf seinen Stelzen weiter über den zerklüfteten Grund, zur nächsten Lagerstätte, oder er wird in ebenen Regionen zum Raupenfahrzeug umgerüstet. Der Grund der Tiefsee wird zum Tagebau – ähnlich wie in den Braunkohlegebieten westlich von Köln, nur Tausende Meter unter dem Meeresspiegel.

Ein 200 Meter langes, neues Spezialschiff soll die Seafloor Mining Tools über kilometerlange Kabel und Videomonitore steuern. Die Erze werden laut Plan an Bord des Schiffes von Schlamm und Wasser getrennt und schließlich zum Umschlagplatz am Hafen gebracht. Der Traum des französischen Schriftstellers Jules Verne, man könne eines Tages Gold und Kupfer vom Meeresboden gewinnen, wird Realität. Bis zu drei Jahre lang, so plant es Nautilus Minerals, soll das Spezialschiff in einem Gebiet wie Solwara 1 – dem ersten Gebiet, für das der Konzern vor Papua-Neuguinea eine Abbaulizenz beantragt hat – im Einsatz sein – bis alle Metalle abgetragen sind und das Schiff weiterfahren kann, um seine Bohrgeräte an der nächsten Erzmine in der Tiefsee einzusetzen.

An Lagerstätten für seine Abbautechnik mangelt es dem Unternehmen nicht: Ganze 71 Lizenzgebiete erkundet Nautilus Minerals derzeit insgesamt allein vor Papua-Neuguinea. Rund um Tonga, die Fidschi- und die Salomon-Inseln wurden weitere 44 Gebiete mit Massivsulfiden für die Erkundung gepachtet. Jedes von ihnen ist unterschiedlich groß, mal umfasst ein Lizenzgebiet eine Fläche von mehreren Fußballfeldern, mal die einer ganzen Stadt – je nachdem, wie genau der Konzern die Massivsulfide am Meeresboden bereits lokalisieren konnte.

Wegen der weltweiten Rezession liegen derzeit zwar sowohl der Bau der Bohrgeräte als auch die Fertigstellung eines Spezialschiffes auf Eis. Doch die Pläne können jederzeit wiederaufgenommen und dann innerhalb weniger Monate zu Ende geführt werden, heißt es. Nautilus Minerals hält in seinen Verlautbarungen daran fest: Der Abbau von Solwara 1 soll wie geplant Anfang 2012 starten. Auf meine Frage, wie realistisch diese Pläne sind, antwortet der Kieler Geologe Peter Herzig: »Vor vierzig Jahren glaubte auch noch niemand, dass die Ölkonzerne jemals Erdöl aus dem Meeresboden fördern würden. Es schien zu teuer und zu kompliziert zu sein. Aber schon kurze Zeit später war die Nordsee übersät mit Bohrtürmen.« – »Und die Ölförderung aus der Tiefsee ist heute ebenfalls bereits Alltag«, fügt Cornel de Ronde hinzu.

Behutsam bewegt Martin Pieper den schwarzen, mehrfach gebogenen Steuerarm hin und her. Langsam knickt er mit den Fingern das vorderste Gelenk ein und rotiert den runden Metallkopf nach links. Vor ihm, auf den Monitoren im Kontrollraum der *Sonne*, ahmt der Greifarm des Tauchroboters die Bewegungen nach: Im Licht der Scheinwerfer knickt er an seinem »Handgelenk« ein, dann öffnet er seine Titanklaue. Martin Pieper nickt Thomas Kuhn zu, der den Tauchroboter über die Propellersteuerung in der Schwebe hält: »Okay, ich bin so weit. Von mir aus kann es losgehen.«

Es ist anderthalb Stunden her, dass *Kiel 6000* ins Wasser gelassen wurde. Zur Erleichterung der Forscher hat sich der Sturm nach zwei Tagen rauer See beruhigt. Auch meine leichte Übelkeit, die mich in den vergangenen Tagen begleitet hat, ist verschwunden. Der Start des ROVs vom Deck der *Sonne* aus lief diesmal geschmeidiger ab als beim ersten Tauchgang. »Wenn wir das noch fünfmal machen, ist es Routine«, waren sich Bootsmann Peter Mucke und ein gelöst wirkender Peter Herzig einig. Die Expedition ist bisher gut gelaufen, die Stimmung an Bord entspannt.

Eine knappe Dreiviertelstunde später haben die ROV-Piloten die Schwarzen Raucher vom ersten Tauchgang wiedergefunden. Sie haben die Koordinaten, an der das ROV beim vorigen Mal aufgetaucht war, notiert und das Gerät diesmal möglichst senkrecht zum Boden hinabgesteuert. Dann haben sie *Kiel 6000* immer weiter von den aktiven Schloten weggesteuert, in einen Bereich, wo das Gestein bereits erkaltet ist. Nun suchen sie nach einer Stelle, an der sie mit Hilfe der Greifarme Bodenproben nehmen können. Thomas Kuhn steuert den Roboter über einen bräunlich gelben Grund, der im Licht der Scheinwerfer ein wenig glitzert. 1588 Meter zeigt der Tiefenmesser am Monitor an.

Von den überbordenden Lebensgemeinschaften, die wir beim letzten Mal an den Schwarzen Rauchern bewundert haben, ist nichts zu sehen. Doch auch hier ragen rötliche und gelbe Steinsäulen vom Meeresboden aus in die Höhe. *Kiel 6000* befindet sich inmitten erkalteter Kaminschlote und ihrer Ablagerungen. »Das rötliche Gestein ist jüngeren Datums, das gelbliche schon etwas stärker oxidiert«, erklärt Peter Herzig den Anblick auf den Monitoren. Er lehnt hinter den ROV-Piloten am Computerschrank und ist gespannt, wie gut das Team die Arbeit mit den Greifarmen bereits beherrscht. Für den Bergbau schätzt Herzig diese Stelle des Meeresboden als grundsätzlich gut geeignet ein. Die Erze scheinen hier in dicken Schichten übereinanderzuliegen. Grund genug für die ROV-Piloten, diesen Ort als Übungsplatz für die erste Probennahme zu wählen. Zudem liegt er mitten in der Region, die das Unternehmen Neptune Minerals im Rahmen seiner wichtigsten Erkundungslizenz vor Neuseeland gepachtet hat.

Plötzlich huscht eine weiße Krabbe über einzelne Steinbrocken heran. Sie ist etwa halb so groß wie die Klaue des Roboter-Greifarms und reckt ihre leicht geöffnete Schere über den Kopf, als wolle sie den Eindringling abwehren. Die ROV-Piloten im Kontrollraum warten ab, was passiert. Aufgeregt läuft die Krabbe hin und her – und ist gleich darauf wieder verschwunden. Thomas Kuhn steuert *Kiel 6000* noch näher an die Gesteinsbrocken heran. Martin Pieper streckt den

Greifarm weiter nach unten, der Roboter selbst soll den scharfkantigen Boden nicht berühren. Pieper hat es auf einen der Brocken abgesehen, auf denen eben noch die Krabbe saß. Er öffnet die Klaue, setzt zum Griff an – doch in diesem Moment treibt die Strömung den Roboter leicht nach vorn. Die Metallklaue greift ins Leere, Martin Pieper blickt Thomas Kuhn fragend an.

»Hier ist nichts, wo sich der linke Arm festhalten könnte, um das ROV zu stabilisieren«, rechtfertigt sich dieser. »Ich kann nur mit den Propellern gegen die Strömung ansteuern. Lass es uns noch mal probieren.« Wieder tauchen sie einige Steinbrocken an, wieder reckt Pieper den Greifarm nach vorn – und wenig später schließt sich die Klaue tatsächlich um einen mittelgroßen, gelblichen Stein. Martin Pieper löst seinen Blick nicht mehr von den Monitoren. Behutsam zieht er den Steuerarm in die Höhe und zu sich heran, einige Bröckchen rieseln herab, als er den Stein vom Boden löst. Als der Greifarm auf mittlerer Höhe des Roboters anhält, tippt Kuhn auf eine Schaltfläche am Computerbildschirm, und eine in mehrere Segmente unterteilte Box fährt wie eine Schublade aus dem Bauch des Roboters nach vorn. Mit einer Drehung des Steuerarms öffnet Pieper die Klaue und lässt den Steinbrocken in das vorderste Fach der Schublade plumpsen. Peter Herzig nickt anerkennend.

In den nächsten Stunden üben Kuhn, Pieper und die anderen ROV-Piloten abwechselnd, weitere Steine per Fernsteuerung vom Boden zu nehmen und in die Schublade zu legen. Sie gehen dabei äußerst behutsam vor. Nicht nur, um den teuren Roboter vor Schäden zu schützen, sondern auch, um am Meeresboden möglichst wenige Spuren zu hinterlassen. Die Forscher wissen: Jeder noch so kleine Eingriff in den Lebensraum Tiefsee kann unabsehbare Folgen haben. Deshalb haben sich alle Forscher an Bord der *Sonne* einem freiwilligen

Verhaltenskodex unterworfen. Einem Kodex, der die Landschaften am Meeresboden trotz ihrer Erforschung schützen soll. Und der als Vorbild dienen könnte für das weitere Vordringen der Industrie.

»Die Frage ist doch nicht mehr, *ob* die Industrie in die Tiefsee vordringt. Die Frage ist, *wie* das Ganze abzulaufen hat.« In seiner Fahrtleiterkabine, gleich neben dem Büro und Schlafraum des Kapitäns, blättert Colin Devey in einem großformatigen Heft mit dem Titel *Oceanography* – einem wissenschaftlichen Magazin, das sich aktuellen Fragen der Meeresforschung widmet. »Hier wurden unsere ›sechs Gebote‹ erstmals abgedruckt.« Er hat die Stelle gefunden, nach der er gesucht hat. Mit der Handfläche streicht Devey die Seiten des *Oceanography*-Hefts auseinander. Während im Kontrollraum die Probenentnahme weitergeht, will er mir den Artikel zeigen, den er im März 2007 gemeinsam mit zwei Kollegen unter dem Titel »Responsible Science at Hydrothermal Vents« veröffentlicht hat.

Devey beginnt zu lesen: »Erstens: Vermeiden Sie bei der Durchführung Ihrer wissenschaftlichen Forschungen alle Tätigkeiten, die sich schädlich auf den zukünftigen Bestand an Organismen an Schwarzen Rauchern auswirken. Zweitens: Vermeiden Sie bei der Durchführung Ihrer wissenschaftlichen Forschungen alle Tätigkeiten, die zu dauerhaften Veränderungen oder sichtbaren Zerstörungen an Schwarzen Rauchern führen. Drittens: Nehmen Sie keine Proben, die nicht ausschließlich wissenschaftlichen Zwecken dienen. Und so weiter.« Er reicht mir das aufgeschlagene Heft. Die Regeln, so Devey, sollen die Schwarzen Raucher vor Schäden durch die Forschungsarbeit schützen. Dazu gehört auch, dass beispielsweise keine Tiere zwischen verschiedenen hydrothermalen Gebieten hin und her transportiert werden dürfen, und sei es nur aus Versehen. Die Erfahrung habe gezeigt, erläutert Devey, dass oft kleinste Organismen an Forschungsgeräten haften bleiben. Doch es müsse vermieden werden, dass sich diese in einem anderen Gebiet verbreiten. Auch an Land verdrängen eingeschleppte Tierarten immer wieder heimische Arten und bringen die natürlichen Gegebenheiten durcheinander. Tauchroboter und andere Geräte müssen also jedes Mal an Bord geholt werden, wenn sie in einem Schwarze-Raucher-Gebiet unterwegs waren, und sorgfältig gereinigt werden, bevor sie wieder ins Wasser dürfen.

»Aber warum sind solche Regeln überhaupt notwendig?«, frage ich. »Der Schutz der Tiefsee sollte für Forscher doch eine Selbstverständlichkeit sein!« Colin Devey lacht. »Kennen Sie diese grünen Flaschen einer Bremer Brauerei, die man überall auf der Welt bekommt? Nun, die haben wir früher oft während unserer Expeditionen am Meeresgrund wiedergefunden. Und nicht nur zwei oder drei!« Ich denke an die verschiedenfarbigen Tonnen an Bord der *Sonne* und an die strenge Einweisung in die Mülltrennung, die der Stewart mir zu Beginn der Fahrt gegeben hat. »Früher wurde auf See alles über Bord geschmissen, was nicht mehr gebraucht wurde. Erst seit wenigen Jahren wird der Müll an Bord der meisten Schiffe getrennt und mit an Land genommen«, sagt Devey. »Selbst vielen Tiefsee-Forschern war nicht immer klar, dass auch wir am Meeresboden nicht einfach vorgehen können, wie wir wollen.«

Er erzählt, dass es zunächst gar nicht so einfach war, seine Kollegen von der Notwendigkeit dieser Regeln zu überzeugen. »Ich war damals Vorsitzender eines internationalen Zusammenschlusses von Tiefsee-Forschern namens InterRidge«, erläutert Devey, »das steht für International Cooperation in Ridge-Crest Studies, also den Studien an Bergkämmen der Tiefsee. Ende der neunziger Jahre begannen immer mehr Forscher, die Schwarzen Raucher zu untersuchen – und auch erste Industrieunternehmen interessierten sich bereits für sie. Ich machte meinen Kollegen also klar: Wir Tiefsee-Forscher sind die ersten, die in diese unglaublich schönen und fernen Unterwasserwelten vordringen. Deshalb müssen wir auch vorgeben, wie man sich hier unten am besten verhält. Weil nur wir das Wissen dazu haben. Nur wenige Menschen werden jemals in diese Lebensräume vordringen. Wir tragen also eine Verantwortung, sie zu schützen, und müssen dieser Verantwortung gerecht werden.«

Inzwischen hat Colin Devey einen Großteil seiner Kollegen für das Regelwerk gewinnen können. Über 2000 Tiefsee-Forscher aus aller Welt haben den Verhaltenskodex unterzeichnet. Im Jahr 2006 wurde er von InterRidge verabschiedet und wenig später in *Oceanography,* danach auch in anderen Foren und Zeitschriften veröffentlicht. Die Forscher verpflichten sich mit ihrer Unterschrift nicht nur, während der Expeditionen die Regeln des Kodexes einzuhalten. Sie machen es sich auch zur Pflicht, Forschungsfahrten untereinander anzukündigen und in Artikeln, Foren und auf Kongressen über alle Details ihrer Untersuchungen zu berichten. »Sonst war es das letzte Mal, dass sie in ein hydrothermales Gebiet gefahren sind und einen Schwarzen Raucher gesehen haben«, stellt Colin Devey fest.

Das Regelwerk gilt als vorbildlich, nicht nur unter Meeresforschern, sondern auch unter Geologen und Rohstoffexperten, die an Land tätig sind. Internationale Umweltvorschriften, die einen solchen Kodex für die Tiefsee auch völkerrechtlich verbindlich festschreiben würden, gibt es hingegen nicht – beziehungsweise noch nicht. Dabei könnten solche Vorschriften nicht nur die Arbeit der Forscher, sondern auch das Vorgehen der Industrie am Meeresboden regulieren.

Im Kontrollcontainer reckt ROV-Pilot Claus Hinz den Greifarm nach einem Gegenstand, der aussieht wie ein großer Walknochen oder ein Holzstück. Als er ihn mit der Titanklaue des ROVs berührt, kullert das längliche Objekt einen Abhang am Meeresgrund hinab. Die ROV-Piloten steuern den Roboter eilig hinterher. Peter Herzig raunt mir zu: »Wir haben das ROV ein Stückchen weiter tauchen lassen, um auch in unebenem Gebiet das Probennehmen zu üben.« Als ich ihn auf den von Colin Devey entwickelten Verhaltenskodex anspreche, nickt Herzig. Er war einer der ersten, der den Kodex damals unterzeichnete – und der seither versucht, ähnliche Regeln für die Industrie zu finden. »Wenn es dazu kommt, dass am Meeresboden unkontrollierte Aktionen stattfinden«, erklärt er, »von Firmen, die mit reiner Gewinnoptimierung an solche Bergbauvorhaben rangehen, dann würde mir das schon große Sorgen machen. Ich finde, es muss möglichst bald ein definitives Regelwerk geben, das dem Ganzen zugrunde liegt.« Eine angesichts der Ölkatastrophe im Golf von Mexiko naive Einstellung? Nicht ganz.

Peter Herzig ist bei Politik und Wirtschaft häufig als Experte zu Gast: Als Mitglied des Vorstandsgremiums der Bundesanstalt für Geowissenschaften und Rohstoffe (BGR) in Hannover entscheidet er mit über die deutsche Rohstoffstrategie – sowohl was die Manganknollen angeht als auch bezüglich neuer Rohstoffquellen an Land. Als »maritimer Koordinator« des Landes Schleswig-Holstein und kürzlich ernannter »maritimer Botschafter« der EU-Kommission in Brüssel berät er Politiker in Sachen Meeresforschung, Meeresnutzung und Meeresschutz. Dabei stecken er und seine Kollegen in einem Dilemma: Ihre Grundlagenforschung hat Konzerne wie Total, BP und Nautilus Minerals überhaupt erst in die Tiefsee gelockt. Und nun legt die Industrie bei ihrer Eroberung des Meeresbodens ein Tempo vor, bei dem die

Forscher kaum noch mithalten können. Herzig weiß nur zu gut, wie schwierig es ist, die Vorstellungen von Politik und Wirtschaft mit denen der Wissenschaft zu vereinbaren; denn die Ziele gehen oftmals auseinander.

Seine Hoffnung ruht nun auf der Internationalen Meeresbodenbehörde in Jamaika. Regelmäßig besucht er die ISA als Berater, um international verbindliche Regeln für den Tiefsee-Bergbau aufzustellen. »Die Meeresbodenbehörde war die erste Stelle, die sich den Verhaltenskodex für Schwarze Raucher von InterRidge zukommen ließ – sowie den ausführlichen Erläuterungstext zu den Regeln«, erzählt er mit gedämpfter Stimme. Die Mitarbeiter der ISA gehen längst nicht mehr davon aus, dass vom Meeresboden im internationalen Gebiet in Zukunft nur Manganknollen geschürft werden. Sie rechnen fest damit, dass die Unternehmen es bald auch auf sogenannte Kobaltkrusten abgesehen haben werden – metallreiche Schichten, die an zahllosen Stellen am Meeresboden gefunden wurden, bisher jedoch kaum erforscht sind. Sowie auf die Metallablagerungen Schwarzer Raucher – genau wie es schon heute innerhalb nationaler Hoheitsgewässer der Fall ist. Schließlich liegen große Teile des mittelatlantischen Rückens, des Pazifischen Feuerrings und anderer vulkanischer Gebiete im internationalen Gebiet und sind übersät mit hydrothermalen Quellen. Ähnlich wie für den Abbau von Manganknollen will die Behörde nun auch für all diese Gebiete Regeln aufstellen.

»Man muss zum Beispiel vorgeben, wie tief die Firmen mit ihren Bohr- und Baggergeräten in den Boden eindringen dürfen«, erklärt Peter Herzig. »Wie sie mit Lebewesen im Abbaugebiet umgehen sollen. Und wie sie den Meeresboden zurücklassen sollen. Denn es muss in jedem Fall dafür gesorgt werden, dass die Gebiete anschließend wieder in ihren natürlichen Zustand zurückkehren können.« Durch die Tür des

Kontrollraums winkt er mich aufs Arbeitsdeck hinaus. Die ROV-Piloten haben sich schon ein paarmal leicht genervt zu uns umgedreht, wegen unseres Gesprächs können sie sich kaum noch auf ihre Arbeit konzentrieren. Nun blinzelt der Kieler Geologe in die Nachmittagssonne, fährt sich mit der Hand durch den Bart und erklärt, wie die Internationale Meeresbodenbehörde bei der Suche nach Regeln vorgeht.

»Für ihre Arbeit nutzt sie alle Forschungsergebnisse zu Schwarzen Rauchern, die sie bekommen kann«, sagt er. Auch die Daten des Census of Marine Life und mikrobiologische Erkenntnisse von Forschern wie Daniel Desbruyères wertet die Behörde aus. Ihr Vorhaben ist ambitioniert und ehrgeizig, erkennt Herzig an, ähnlich wie das Regelwerk für die Manganknollen. Das sei auch wichtig, denn für die Schwarzen Raucher werden die ISA-Regeln vermutlich sogar noch weiter reichende Konsequenzen haben: »Viele Küstenstaaten, die Hydrothermalgebiete in ihren Hoheitsgewässern haben, warten nur darauf, dass die ISA Regeln aufstellt. Damit sie diese in Zukunft in ihre eigene Gesetzgebung aufnehmen können. Schließlich verfügen viele Staaten selbst oft nicht über die Technik und das Know-how, um Regeln zu erarbeiten.«

Bisher sind Vorschriften für den Tiefsee-Bergbau tatsächlich bei praktisch allen Küstenstaaten Fehlanzeige. So enthält das Bergbaugesetz Papua-Neuguineas, auf dem alle Aktivitäten von Nautilus Minerals beruhen, nicht einen einzigen Absatz zur Tiefsee. Als es 1992 verabschiedet wurde, wusste noch niemand um die Existenz Schwarzer Raucher, sie wurden erst drei Jahre später entdeckt. Auch das nationale Meeresschutzgesetz stammt noch aus dem Jahr 1970. Es wird zwar derzeit überarbeitet, widmet sich aber vor allem der Verschmutzung der Meere durch Abfallwirtschaft und Schiffahrt. Von Rohstoffen aus der Tiefsee ist keine Rede.

Ähnlich sieht es vor Tonga, den Salomon- und den Fidschi-

Inseln aus – und auch vor Italien, wo Neptune Minerals ebenfalls eine Erkundungslizenz für Erzvorkommen am Meeresboden beantragt hat. Zwar gibt die Europäische Union seit einigen Jahren vor, dass ihre Mitgliedstaaten Meeresschutzgebiete in ihren Hoheitsgewässern ausweisen müssen. Doch um Bodenschätze der Tiefsee geht es dabei nicht, bisher werden dort vor allem Fischerei und Schifffahrt reguliert, und de facto stehen die ausgewiesenen Schutzzonen ohnehin nur auf dem Papier. Denn selbst in diesen Zonen wird weiter großflächig gefischt, ziehen Tanker und Containerschiffe ihre Bahnen und wird aus ökologisch sensiblen Gebieten Sand und Kies gebaggert – auch vor der deutschen Küste. Der Schutz der Meere hat in Europa keine große Priorität, erst recht nicht der Schutz der Tiefsee – dabei wären Technik und Know-how hier durchaus vorhanden.

Nur Portugal bildet bislang eine rühmliche Ausnahme: Rund um die Azoren – einer zu Portugal gehörenden Inselgruppe im nördlichen Atlantik – wurden nach und nach sogar mehrere Tiefsee-Schutzgebiete geschaffen, in denen auch Schwarze Raucher, Kaltwasserkorallen und Seeberge liegen. Dort dürfen seither selbst Forscher die Biotope der Tiefsee zwar noch beobachten, nicht aber Bodenproben oder Lebewesen entnehmen. Allerdings sind sämtliche Auflagen auch in diesen Gebieten bisher nur freiwillig – und die Bergbauindustrie zeigt mangels größerer Lagerstätten bisher ohnehin kein Interesse an der Region.

Immerhin hat Neuseeland nun angekündigt, ein eigenes Gesetz zum Tiefsee-Bergbau erlassen zu wollen – mitsamt strenger Umweltauflagen. Das versichert mir in mehreren E-Mails Michael Anastasiadis, der zuständige Jurist bei Crown Minerals. Diese dem Wirtschaftsministerium zugehörige Behörde soll Vorgaben erarbeiten für den Bergbau in Neuseelands Hoheitsgewässern. Bisher vergibt Neuseeland seine Tiefsee-Lizenzen auf der Grundlage des nationalen Kontinentalschelfgesetzes von 1964. In dem fast fünfzig Jahre alten Gesetz steht, dass der Energieminister den Abbau von Mineralien am Meeresboden unter Bedingungen erlauben darf, die er »den Umständen jedes Einzelfalles gemäß« für »geeignet« halte. Eine offenere Formulierung ist wohl kaum möglich, gibt auch Anastasiadis zu. Wie die neuen Vorschriften genau aussehen sollen, könne er jedoch noch nicht sagen. Auch nicht, wann es so weit sein wird.

Auch Cornel de Ronde weiß nichts Genaueres über die Pläne der Regierung. Der staatliche Tiefsee- und Schwarze-Raucher-Experte wurde mit Studien, Bestandsaufnahmen oder Umweltrichtlinien bisher nicht betraut. »Umweltstudien und Bestandsaufnahmen liegen in der Verantwortung von Neptune Minerals«, erklärt Michael Anastasiadis. Der Staat warte darauf, dass die Firma solche Daten vorlege, sobald sie sich von der Wirtschaftskrise erholt hat. Im Klartext: Die Ergebnisse, auf die sich die Regierung in Wellington stützen will, werden zwangsläufig interessengeleitet sein. Der Bock wird zum sprichwörtlichen Gärtner gemacht.

Vor Papua-Neuguinea verläuft es nicht anders. Dabei rückt der Beginn des Meeresbergbaus dort immer näher – während viele Staaten das Thema Tiefsee-Schutz vor sich herschieben und die Behördenmitarbeiter der ISA in Jamaika nun schon seit Jahren an ihrem Regelwerk arbeiten. Nautilus Minerals wird nicht auf komplizierte Verhaltensregeln für die Tiefsee warten. Das Baggern und Bohren an Schwarzen Rauchern soll bald beginnen – egal ob die Vorschriften bis dahin stehen oder nicht.

Nautilus Minerals hat vor einigen Jahren selbst angefangen, biologische Studien vor Papua-Neuguinea durchzuführen – und inzwischen eine umfassende Umweltverträglichkeitsstudie zu seinen Abbauplänen vorgelegt. »Wir dürfen uns in der Tiefsee keine Fehler erlauben. Schließlich sieht uns die ganze Welt zu«, erklärt es mir der frühere Vorstandsvorsitzende von Nautilus Minerals, David Heydon, bei einem Telefonat. Bei seiner Studie orientiert sich das Unternehmen – mangels gesetzlicher Vorgaben – immerhin an einer freiwilligen Selbstverpflichtung der Industrie: dem Umweltkodex der International Marine Minerals Society (IMMS). In der IMMS haben sich 175 internationale Tiefsee-Experten aus Forschung, Regierungsstellen und Wirtschaftsunternehmen zusammengeschlossen, viele der Forscher sind zugleich Mitglied bei InterRidge. Geleitet wird die Interessengemeinschaft vom Kreis ihrer Vorstandsmitglieder und Direktoren – einer von ihnen ist David Heydon selbst. Amtierender Präsident der IMMS ist der Neuseeländer Cornel de Ronde, sein Vorgänger war Peter Herzig.

Doch im Gegensatz zum freiwilligen Verhaltenskodex der InterRidge-Forscher gibt der Industriekodex keine konkreten Handlungsanweisungen vor – dafür sind die Widerstände innerhalb der IMMS offenbar zu groß. Er setzt lediglich Rahmenbedingungen für das Vorgehen der Unternehmen am Meeresgrund: Mögliche Auswirkungen auf die Umwelt sollen vor einem Eingriff abgeschätzt werden, heißt es in dem 2001 entworfenen und seither stetig aktualisierten Kodex. Die »bestmöglichen« Verfahren sollen angewandt werden, um die Umwelt und die übrigen Ressourcen des Meeres zu schützen. Über den Status der Umweltauswirkungen soll während der Vorbereitungen, des Abbaus und der Nachuntersuchungen stets öffentlich berichtet werden.

Immerhin: Zuvor war ich davon ausgegangen, dass die Firmen an den Schwarzen Rauchern tun und lassen können, was sie wollen. Dass Nautilus Minerals sich freiwillig einem solchen Kodex unterwirft, hätte ich nicht gedacht. Und dennoch: Niemand kontrolliert, was der Konzern in der Tiefsee tatsächlich treibt. »Gesetzliche Vorschriften, wie bei der Internationalen Meeresbodenbehörde vorgesehen, kann eine solche Selbstverpflichtung natürlich nicht ersetzen«, gibt auch Peter Herzig zu, während er sich gemeinsam mit Colin Devey wieder auf den Weg in den Kontrollraum macht. Devey hat Getränke aus der Kantine geholt, um sie den ROV-Piloten mitzubringen. »Aber es ist immerhin ein Anfang. Und manchmal bringen Selbstverpflichtungen der Industrie sogar mehr als gesetzliche Vorschriften.«

Ich bleibe allein an Deck zurück, mit einem unguten Gefühl. Denn wer die Umweltverträglichkeitsstudie von Nautilus Minerals liest, stellt fest, dass trotz des hehren Unterfangens entscheidende Punkte bisher nicht geklärt sind. Zugleich treibt das Unternehmen seine Bergbaupläne weiter voran. Zwar hat es für seine Studie Meeresbiologen renommierter Forschungseinrichtungen aus aller Welt bezahlt, die Proben genommen, Messungen durchgeführt und sogar Kontrollgebiete auserkoren haben, in denen kein Abbau stattfinden soll. Doch obwohl Solwara 1 dadurch inzwischen – wie Nautilus Minerals gern betont – wohl zu einem der am besten untersuchten Hydrothermalgebiete der Welt gehört: Die Biologen sind auch hier mit mehr Fragen aus der Tiefsee zurückgekehrt als mit Antworten.

So sei noch unklar, wie sehr die Kinderstuben zahlreicher Fisch-, Krebs- und Wurmarten durch den Abbau bedroht sind, schreiben sie in ihrem Bericht. Schließlich sind die Schwarzen Raucher Brutstätten von Larven verschiedenster Tiergattungen – und wie groß der Austausch von Larven und ausgewachsenen Tieren zwischen verschiedenen Schwarze-Raucher-Gebieten sei, wissen die Forscher noch nicht. Es könne aber durchaus sein, dass sich das Verschwinden einzelner Tierarten negativ auf die reichen Fischgründe vor Papua-

Neuguinea auswirkt – und damit auf einen der wichtigsten Wirtschaftszweige des Landes. Zahlreiche Dörfer und indigene Stämme entlang der Küsten des Inselstaats, die auf den Fischfang angewiesen sind, fordern daher nun von den Behörden, diese Risiken genau zu prüfen.

Durch den geplanten Einsatz der Bohrgeräte am Meeresboden, so die Forscher weiter, seien starke Trübungswolken zu erwarten, die große Gebiete des Ozeans über mehrere Jahre verdunkeln würden – ähnlich wie bei den Manganknollen. Wie sehr diese Wolken die Nahrungsaufnahme und sogar die Biolumineszenz der Tiefsee-Bewohner stören würden, sei noch unklar. Allerdings seien auch vom Sonnenlicht abhängige Algen und Planktonarten an der Oberfläche von den Trübungswolken betroffen. Zudem fürchten die Forscher, dass sich Spuren der beim Abbau gelösten Metalle in »organischem Material« in der Tiefsee anreichern und in die Nahrungskette übergehen würden – mit ungewissen Folgen auch für den Menschen.

»Aktive Schwarze Raucher, also solche, aus denen noch Flüssigkeit austritt und an denen sich Lebensgemeinschaften gebildet haben, würden wir auf keinen Fall für einen Abbau vorschlagen«, hat mir Peter Herzig gesagt. In den geplanten Regeln der ISA sollen solche Gebiete tatsächlich kategorisch ausgeschlossen werden. Doch im Gebiet von Solwara 1 gibt es laut Nautilus Minerals sogar zahlreiche aktive Schwarze Raucher. In jedem Jahr habe man an neuen Stellen rauchende Kaminschlote entdeckt, andere seien dafür verschwunden gewesen, heißt es in der Studie. Nach welchen Mustern sich die hydrothermalen Felder verändern, lässt sich bisher nicht vorhersagen.

Wie also mit den Biotopen umgehen, die mitten in den Abbauschneisen liegen? Eine Option wäre, ein gewisses Ausmaß an Zerstörung in Kauf zu nehmen, erklärt das Unternehmen in seiner Umweltstudie. Einzelne Schwarze Raucher fielen dann den Tiefsee-Bohrmeißeln, die sich durch den Meeresboden fressen, wohl oder übel zum Opfer. Man könne nur hoffen, dass Tiere aus benachbarten Gebieten später durch die Strömung angetrieben werden und die zerstörten Areale nach Ende des Abbaus neu besiedeln, heißt es. Alternativ könne man auch versuchen, die Bewohner aktiver Schwarzer Raucher vor dem Abbau einzusammeln, sie mit Hilfe von Netzen, Kisten und Tauchrobotern zu entfernen und an anderen Schwarzen Rauchern in der Nähe quasi zwischenzuparken. Um sie nach dem Abbau der Metalle wieder an den heißen Quellen ihrer Heimat abzusetzen. Dieser Plan klingt fast schon irrwitzig. Selbst wenn er sich tatsächlich durchführen ließe: Der Aufwand wäre enorm – und wohl kaum wirtschaftlich vertretbar. Zudem ist fraglich, ob eine solche Umsiedlung ökologisch überhaupt sinnvoll wäre. In ihrem Verhaltenskodex warnen Colin Devey und seine Kollegen ja gerade davor, Arten verschiedener Regionen miteinander zu vermischen.

Nautilus Minerals beteuert, im Einzelfall die »richtige Entscheidung« zu treffen. Doch auf welcher Basis wollen die Konzernmanager entscheiden? Darüber gibt auch der Kodex der IMMS keine Auskunft. In der Umweltstudie des Unternehmens finde ich dafür Passagen, die auch Michael Türkay vom Frankfurter Senckenberginstitut die Haare zu Berge stehen lassen dürften. So wird darüber berichtet, dass einzelne Tierarten bisher nur an Schwarzen Rauchern im Solwara-1-Gebiet gefunden wurden und sonst nirgendwo auf der Welt. Es sei aber »unwahrscheinlich«, so die Autoren der Studie, dass die »reale« Verbreitung dieser Tierarten auf ein so kleines Gebiet begrenzt ist. Ich erinnere mich an meinen Besuch in Frankfurt am Main, wo Michael Türkay berichtete, dass tatsächlich in jedem neuen Gebiet mit Schwarzen Rauchern neue Tierarten gefunden würden. Dass man bisher noch nicht abschätzen könne, inwieweit die Arten untereinander im Austausch stünden. Und dass er glaube, dass lokale Zerstörungen den über Jahrmillionen ausbalancierten Ökosystemen der Tiefsee empfindliche Schäden zufügen könnten.

Als ich Michael Türkay in einem späteren Gespräch noch einmal darauf anspreche, erzählt er, dass er nun sogar den Entwurf für ein neues Bergbaugesetz von Papua-Neuguinea zur Begutachtung vorliegen hatte. Er habe empfohlen, zunächst Risikostudien in Abbaugebieten zur Pflicht zu machen. In einem eng umgrenzten Gebiet müssten dafür testweise Schwarze Raucher und Massivsulfide abgebaut, vorher und nachher Proben genommen werden, und nach einigen Monaten oder Jahren müsste erneut nach dem Rechten geschaut werden. Doch dieser Vorschlag wurde nicht aufgenommen, sagt Türkay. Er vermutet, dass er zu kostspielig und zeitintensiv war. Ginge es jedoch nach Michael Türkay oder auch Daniel Desbruyères, dürfte ein industrieller Abbau nur dort stattfinden, wo klar ist, dass keine seltenen Tierarten oder Lebensgemeinschaften betroffen sind. Da sich dies aber bisher offenbar für keinen Ort der Tiefsee eindeutig sagen lässt, müsste Nautilus Minerals entweder noch abwarten, bis genauere Erkenntnisse vorliegen – oder Gebiete mit aktiven Schwarzen Rauchern konsequent aussparen.

Indes werden die Versuche anderer Forscher, mit ihrer Arbeit etwas zum lückenhaften Wissen über die Schwarzen Raucher vor Papua-Neuguinea beizutragen, von der dortigen Regierung offenbar nicht gern gesehen. So berichtet die Biologin und Pressesprecherin Brigitte Ebbe vom Forschungsinstitut Senckenberg, dass diverse Anträge auf Expeditionen in den vergangenen Jahren von den Behörden abgelehnt worden seien, mit Hinweis auf die Aktivitäten von Nautilus Minerals.

Auch Yves Fouquet, Geologe und Hydrothermalexperte

bei Ifremer, beklagt sich, dass er aus den Gewässern Papua-Neuguineas regelrecht »rausgeschmissen« wurde, als er dort mit einem Forscherteam Mikroben an Schwarzen Rauchern untersuchen wollte – trotz eines zuvor stattgegebenen Antrags. Seit Nautilus Minerals vor Papua-Neuguinea aktiv ist, findet dort also so gut wie keine unabhängige Forschung mehr statt. Die meisten Forscher, die ich im Laufe meiner Reisen und im Rahmen des Census of Marine Life kennengelernt habe, kritisieren denn auch vor allem eins: dass die Umweltstudien von Nautilus Minerals nicht ergebnisoffen sind. Dass sie dem Ziel des Unternehmens, die Metalle am Meeresboden in milliardenschwere Profite umzuwandeln, letztlich nicht im Wege stehen sollen.

Auch für die Regierung Papua-Neuguineas hat der Verkauf der Rohstoffe oberste Priorität. Trotz der Risiken, die Nautilus Minerals in seiner unzulänglichen Umweltverträglichkeitsstudie dokumentiert, hat die Regierung in der Hauptstadt Port Moresby nichts gegen die Abbaupläne einzuwenden. Die Studie wurde im Januar 2010 umstandslos akzeptiert, der Abbaulizenz stehe nun nichts mehr im Wege, heißt es aus Papua-Neuguinea. Der weitere Weg scheint vorgezeichnet: Ähnlich wie Total vor Angola steht Nautilus Minerals vor Papua-Neuguinea kurz davor, mangels politischer Vorsorge am Tiefsee-Boden Fakten zu schaffen.

Aus einem Kaminschlot mit zahlreichen Ausbuchtungen brodelt eine dunkle Fontäne empor. In gemächlichem Bogen »fliegt« *Kiel 6000* um den Schwarzen Raucher herum. Dunkle Muscheln und ein paar Garnelen sind an seinem Fuß zu erkennen. Sie werden kleiner, als das ROV sich allmählich entfernt. Ein letztes Mal blicke ich auf den Monitoren im Container an Bord der *Sonne* auf die heißen Quellen am Meeresgrund weit unter unseren Füßen. Colin Devey streckt zufrieden seinen Rücken durch und erhebt sich vom Stuhl. Immer neue Steinbrocken haben die ROV-Piloten in den vergangenen Stunden vom Meeresboden gehoben und zum Teil dort auch wieder abgelegt. Nun wird es draußen dunkel, *Kiel 6000* soll seinen zweiten Tauchgang beenden.

Eine knappe Stunde später fängt es im nachtschwarzen Pazifik plötzlich an zu schimmern. Etwa hundert Meter hinter der *Sonne* leuchtet ein kreisrunder Fleck auf. Die Wasseroberfläche färbt sich türkisblau, ein Fischschwarm kommt aufgeregt im Lichtkreis zusammen. Um mich herum laufen Forscher und Schiffsmannschaft in Richtung Heck. Unter Wasser leuchtet und blinkt es immer stärker, dann blendet mich das Licht eines Strahlers, der die Wasseroberfläche durchbrochen hat. *Kiel 6000* ist aus den Tiefen des Pazifiks aufgetaucht.

»Weiter nach rechts, noch weiter, okay, jetzt gerade.« Martin Pieper blickt in Richtung Roboter und gibt per Walkie-Talkie Kommandos an den Kontrollraum. Während Thomas Kuhn das ROV aufs Schiff zusteuert, bedeutet Pieper seinem Kollegen Arne Meyer, die Winde des Tauchroboters schneller aufzurollen. Wenige Minuten später schwimmt *Kiel 6000* direkt vor der geöffneten Reling am Heck der *Sonne*. Ein lautes Schnauben ist zu hören, als würde ein Wal auftauchen. Forscher und Mannschaft lachen, sie kennen das Geräusch schon vom ersten Tauchgang: *Kiel 6000* saugt mit seinen drehenden Propellern Meerwasser an und klingt dabei tatsächlich fast wie ein Wal. Als der Haken des Schiffskrans an der Oberseite des ROVs befestigt ist, ducken sich Mannschaft und Forscher, der Bootsmann ruft einige Kommandos, die Matrosen legen ihr Gewicht in die Seile, mit denen sie den Roboter seitlich halten. Dann baumelt der triefende Roboter über unseren Köpfen, bis Kranführer und Crew ihn sanft auf dem hell erleuchteten Deck des Forschungsschiffes absetzen.

»Das sind Bonitos!« Colin Devey deutet über die Reling

auf den Fischschwarm, der offenbar dem Licht des Roboters gefolgt ist und nun vor dem Heck Kreise zieht. Mir fällt auf, dass ich während der gesamten Expedition kaum Tiere im Meer gesehen habe. Gleich am ersten Abend gab es zwar ein Highlight: Während ich kurz vor dem Essen an der Reling des Arbeitsdecks stand, leistete mir plötzlich ein Delfin Gesellschaft. Er war aus dem Nichts aufgetaucht und schwamm nun elegant neben dem Schiff her. Er war vielleicht anderthalb Meter lang und lieferte sich mit der *Sonne* ein kleines Wettschwimmen. Doch schon nach wenigen Minuten überholte er das Schiff mit wenigen Flossenschlägen. An einem anderen Tag rief plötzlich jemand, der Steuermann habe backbord eine Schwertwal-Familie gesichtet. Als ich den Forschern zur Reling hinterherlief, war es fast zu spät. Nur in einiger Entfernung waren noch drei schwarze Rückenflossen zu erkennen, die schnell kleiner wurden. Immerhin, es waren die ersten Wale, die ich je zu Gesicht bekommen hatte – und allein diesen Anblick fand ich schon imposant. Meine Hoffnung, dass sich während der Expedition noch weitere größere Tiere der *Sonne* nähern würden, erfüllte sich jedoch nicht.

»Ich fahre jetzt seit über fünfzehn Jahren zur See«, seufzt Devey, während er sich von der Reling löst und in Richtung Tauchroboter geht. »Und ich muss sagen, dass die Anzahl von Haifischen, Walen und Fischschwärmen, die wir während solcher Fahrten gesehen haben, stark zurückgegangen ist.« Das ist nicht nur der Eindruck eines einzelnen Meeresforschers. Wenn man sich die Fischfangergebnisse aus aller Welt ansieht, wird klar, woran es liegt: Seit ihrem Höhepunkt Ende der achtziger Jahre sinken die jährlichen Fangmengen immer weiter. Viele Fischarten gelten schon jetzt als bis an ihre Bestandsgrenzen befischt, viele Meeresregionen als restlos geplündert. »Früher, als Kind«, erinnert sich Devey, »bin ich mit meiner Mutter zum Wochenmarkt gegangen. Ich komme aus Schottland, da gab es Seelachs, Dorsch und Makrele – eben die Fische, die vor unseren Küsten lebten. Heute findet man auf solchen Märkten dagegen Doraden und Seehecht aus Afrika oder Thunfischsteaks aus dem Pazifik. Das heißt, wir fischen die Meere nicht mehr nur vor unseren eigenen Küsten leer, sondern auch in fernen Ländern und im offenen Ozean.« Er schüttelt den Kopf. Die Ausbeutung der Meere durch den Fischfang zeigt, wohin es führt, wenn der Mensch sich jahrzehntelang hemmungslos im Ozean bedient.

An Deck beginnen Martin Pieper und Thomas Kuhn, das ROV zu inspizieren. Sind Kratzer oder Dellen an den Propellern? Haben Kabel oder andere Plastikteile sich unter der Hitze der Schwarzen Raucher verformt? Während sie die »Post Dive Check«-Liste des Geräts durchgehen, beugt sich Peter Herzig über die geöffnete Schublade des Roboters. Er hebt das längliche Objekt hervor, das Claus Hinz nach mehreren Versuchen eingesammelt hat. »Ich glaube, das ist wirklich ein Walknochen«, meint Peter Herzig. Er ist viel größer, als er auf den Monitoren wirkte, und übersät mit dünnen weißen Röhren, die wie zentimeterlange Borsten an ihm haften. »Und das sind wohl Würmer«, meint Herzig und berührt mit dem Finger vorsichtig eine der Röhren, »nur was für welche, kann ich nicht sagen.«

Walknochen gebe es zuhauf in der Tiefsee, erfahre ich. Oft fänden sich ganze Skelette der riesigen Tiere am Boden, da sie nach ihrem Tod in die Tiefe sinken und dort nur sehr langsam verwesen. Dabei bilden sie eine wichtige, fettreiche Nahrungsquelle in der ansonsten kargen Tiefsee. »Ein Kollege in Hawaii, Craig Smith, untersucht solche Walkadaver schon seit Jahren«, berichtet Peter Herzig. »An ihnen hat er Tierarten gefunden, die sonst nirgendwo leben. Manche von ihnen ähneln denen an Schwarzen Rauchern. Smith hat sogar Karten anfertigen lassen, wo überall Walkadaver gefunden wurden. Die meisten liegen entlang der Wanderrouten der Tiere und bilden ganze Ketten am Meeresboden.« Craig Smith ist überzeugt, dass die Kadaver ein wichtiges Glied darstellen zwischen den seltenen, nährstoffreichen Regionen am Tiefsee-Boden.

»Nein«, unterbricht uns eine tiefe Stimme, »das ist kein Walknochen.« Peter Mucke, der Bootsmann, beugt sich mit ernstem Blick neben mir über den wurmbesetzten Stumpen und macht dann eine ausladende Armbewegung. »Es ist doch ganz klar, was das ist: das Holzbein von Käpten Ahab«, ruft er, »aus *Moby Dick*! Ganz genau das!« Dann geht er lachend davon.

Schmunzelnd beugt sich Herzig wieder über die Schublade des ROVs. Er hält zwei etwa gleich große Steinbrocken ins Licht der Scheinwerfer. An ihrer Vorderseite ist eine längliche, leichte Vertiefung zu sehen, wie eine Rinne. »Sehen Sie dieses gelbliche Schimmern?« Herzig streicht mit dem Finger die glitzernde Rinne entlang. »Das ist oxidiertes Kupfer. Ich vermute, dass diese Steine einmal zur Innenauskleidung eines Schwarzen Rauchers gehörten.« Herzig reicht mir die Steine. Um herauszufinden, wie hoch ihr Metallgehalt ist, müssten sie im Labor in Kiel untersucht werden. Dann würde entschieden, ob an denselben Stellen zusätzlich gebohrt würde, um die Dicke der Schichten und den Metallgehalt im Boden genauer zu erkunden, oder ob noch weiter gesucht würde, nach interessanteren Regionen. Doch in diesem Fall werden die Forscher die Steine vermutlich nicht analysieren. Diesmal ging es vor allem darum zu beweisen, dass *Kiel 6000* in der Lage ist, Fundstücke aus der Tiefsee zu bergen.

Den mit Würmern besetzten Walknochen werfen die Forscher zurück ins Meer. Sie haben keine Mittel an Bord, um das Fundstück samt Lebewesen fachgerecht zu konservieren. Doch die Steinbrocken dürfen die ROV-Piloten behalten. Sie wollen sie als Souvenir mit nach Hause nehmen, was ihnen Colin Devey ausnahmsweise erlaubt.

Während Thomas Kuhn den Roboter *Kiel 6000* mit einem Schlauch abspült, um ihn vom Salzwasser zu befreien, wandern die Steine vor der geöffneten Tür des Kontrollraums von Hand zu Hand. Dabei werden die ersten Flaschen Bier geöffnet. Schließlich war es der erste erfolgreiche Einsatz der Greifarme – die Voraussetzung dafür, dass die ROV-Piloten bei der nächsten Forschungsfahrt mit der »richtigen« Arbeit an Schwarzen Rauchern beginnen können.

Die Liste der Einsätze für *Kiel 6000* ist jetzt schon lang, berichtet Colin Devey. Aus ganz Deutschland wollen Meeresforscher das Gerät für ihre Expeditionen leihen. Doch zuerst wird der Kieler Geologe selbst noch einmal mit dem ROV unterwegs sein, an einer Stelle, auf die er schon seit Jahren neugierig ist: »Am mittelatlantischen Rücken, zwischen Brasilien und dem westlichen Afrika, wurde in etwa 2000 Meter Tiefe die vermutlich heißeste Quelle der Welt entdeckt«, schwärmt er. »Sie misst über 400 Grad Celsius.« *Kiel 6000* soll sie erstmals genauer untersuchen – mit Hilfe von langen gebogenen Sonden, an deren Spitze Gas- und Temperaturmessgeräte sitzen, mit Netzen für Tierfänge und Glaskolben und Bodenproben – und mit einer Art Staubsauger, der Meerwasser mitsamt der darin lebenden Tiere, Partikel und Mikroben einsaugen kann. Denn auch an dieser extrem heißen Quelle im Atlantik wird es vor unbekannten Lebewesen wimmeln, vermutet Devey.

Dem lückenhaften Wissen über die Ökosysteme der Tiefsee wollen sie so ein weiteres Puzzleteil hinzufügen. »Wir können nur schützen, was wir auch verstehen«, begründet Peter Herzig die vielen noch notwendigen Forschungsfahrten. »Wenn wir eine Balance finden wollen zwischen dem Nutzen der Ozeane und ihrem Schutz, benötigen wir noch mehr Daten.

Nur dann können wir vorgeben, was in der Tiefsee erlaubt sein soll und was nicht.« Mit jeder Expedition wollen die Forscher ihrem Ziel einen kleinen Schritt näher kommen.

»Es hat alles besser geklappt als erwartet, dafür will ich euch herzlich danken.« Colin Devey hebt sein mit Rotwein gefülltes Glas und blickt in die Runde. Es ist der letzte Abend der Expedition, und der Fahrtleiter strahlt Erleichterung aus. »Das Team und die Schiffsmannschaft haben erstklassig zusammengearbeitet. Die Aussicht auf unsere Arbeit mit dem ROV in den kommenden Jahren ist nun wirklich rosig.« Zustimmendes Murmeln geht durch den Raum. »Deshalb will ich hiermit auf den erfolgreichen Abschluss unserer amerikanisch-neuseeländisch-deutschen Expedition anstoßen.« Erst ein wenig verlegen, dann immer fröhlicher beginnen Forscher und Crewmitglieder zu applaudieren. Dann stoßen Bierflaschen und Weingläser aneinander, und aus einem Laptop in der Ecke des Labors ertönt scheppernde Rockmusik.

Den ganzen Tag lang hat an Bord der *Sonne* geschäftiges Treiben geherrscht. Am nächsten Morgen wird das Schiff in den Hafen von Auckland einlaufen. Geräte und Forscher sollen dann zügig von Bord gehen. Schließlich wartet auf die *Sonne* – nach einer Zwischenstation in einer indonesischen Werft – schon die nächste Expedition: Eine Untersuchung der Erdbebengefahr im südlichen Pazifik durch die Bundesanstalt für Geowissenschaften und Rohstoffe in Hannover.

In allen Laborräumen haben die Wissenschaftler deshalb tagsüber ihre Geräte zusammengepackt, Unterlagen sortiert und die während der Expedition gewonnenen Daten untereinander ausgetauscht. Sie sind über das Deck geeilt und haben ihre Ausrüstung in Kisten und Koffern verstaut. Nun haben Dana Yoerger und Al Duester im *ABE*-Labor Platz geschaffen für diese kleine Abschlussfeier.

Kiel 6000 hat die gesamte Fahrt über einwandfrei funktioniert – bis auf das gleich zu Beginn ausgefallene Navigationssystem *Posidonia* und den maximalen Tauchtest. Schon vor meiner Ankunft an Bord hatten die Forscher versucht, das ROV auf 6000 Meter hinabzulassen, um seine maximale Tauchtiefe zu überprüfen. Doch auf dem Weg hinab in den 10047 Meter tiefen Kermadecgraben schlug die Kabelwinde aus ungeklärten Gründen Funken. Der Test wurde abgebrochen und soll bei einer der nächsten Fahrten nachgeholt werden.

Auch die neuseeländischen und amerikanischen Forscher sind mit den Ergebnissen der Expedition zufrieden. Sie haben zahlreiche neue Messdaten sammeln können in einem Gebiet, das viele von ihnen noch nicht kannten. Zum ersten Mal seit drei Wochen müssen sich die Tiefsee-Forscher auf der *Sonne* an diesem Abend keinen Arbeitsplänen und Fachfragen mehr widmen. »Auf amerikanischen Forschungsschiffen gibt es grundsätzlich keinen Alkohol«, schmunzelt Dana Yoerger mit einem Glas Rotwein in der Hand. »Deshalb fahren wir bei unseren europäischen Kollegen so gern mit.« Während um ihn herum eine rege Debatte darüber entbrennt, auf welchen Schiffen welcher Nationalitäten es die leckersten Speisen (Frankreich), den meisten Alkohol (Russland) oder die besten Feiern (keine Einigkeit) gibt, stehle ich mich kurz davon, um ein letztes Mal den Anblick der Sterne zu genießen, die am klaren Nachthimmel prangen. Vom Peildeck oberhalb der Brücke aus gesehen scheint er sich wie eine Kuppel über das Schiff zu wölben, bis er am Horizont scheinbar nahtlos in den nachtschwarzen Pazifik übergeht.

Ich muss an etwas denken, das Cornel de Ronde gesagt hat: »Die Erforschung der Tiefsee ist wichtig, denn dort liegt unsere Zukunft«, begann er. »Unsere Energie, unser Essen, unsere Rohstoffe werden zu einem großen Teil aus dem Meer kommen. Dennoch wissen wir immer noch mehr über die Rückseite des Mondes als über den Meeresboden.« Er lächelte verhalten, denn ihm war klar, dass dies wohl der meistzitierte Satz von Meeresforschern ist. Dann fuhr er umso ernsthafter fort: »Dabei liegt am Meeresboden die Zukunft unserer Kinder.«

Ich blicke in die sternenklare Nacht, in der die mit wummernden Maschinen auf Neuseeland zusteuernde *Sonne* das einzige Licht weit und breit aussendet. Ähnlich wie Colin Devey und Peter Herzig ist auch Cornel de Ronde davon überzeugt, dass es möglich ist: dass der Tiefsee-Bergbau auf verantwortungsvolle Weise stattfinden kann, dass »dort unten kein Schindluder« getrieben wird. Denn eines dürfe man nicht vergessen, betonte er: Seit Jahrzehnten führe der Abbau von Gold, Kupfer und anderen Metallen an Land zu verheerenden Eingriffen. Regenwaldgebiete würden abgeholzt und ganze Dörfer umgesiedelt, um an die Rohstoffe im Boden darunter zu gelangen. Und vor allem in vielen Regionen Afrikas und Südamerikas seien die Arbeiter zudem oft unwürdigen, gesundheitsgefährdenden Bedingungen ausgesetzt.

Auch Nautilus Minerals rechnet gern vor, dass für ein Gramm Gold oder Kupfer in der Tiefsee viel weniger Gestein abgebaut werden müsse als an Land, weil die Konzentration der Metalle am Meeresboden so hoch ist. Während für eine Tonne Kupfer an Land im Schnitt 80 Millionen Tonnen Gestein geschürft werden müssen, seien es in der Tiefsee gerade einmal zwei Tonnen. »Wenn die Rohstoffe aus dem Meer kämen«, zog de Ronde sein persönliches Fazit, »könnte man zumindest selbst darauf achten, auf welche Weise sie abgebaut würden. Und dafür sorgen, dass weder Natur noch Menschen zu Schaden kommen.« Deshalb sei ihm ein Bergbau in der Tiefsee vor Neuseeland lieber als der Import von Metallen, deren Herkunft politisch, ökologisch und sozial fragwürdig ist.

All dies ist sicher richtig. Und es wäre wunderbar, wenn bei einem Abbau in der Tiefsee tatsächlich aus den Fehlern gelernt würde, die an Land begangen wurden. Während die Feier an Bord der *Sonne* zu später Stunde ihrem Ende zugeht, halte ich das sogar einen Moment lang für möglich: dass sich in der Tiefsee all die Vernunft bündelt, die an Land so oft versagt hat. Dass auf die Warnungen und Ratschläge der Forscher gehört wird. Dass gewartet wird, bis klar ist, wo sich Regionen befinden, die geschützt werden müssen. Dass der Meeresboden mit Rücksicht auf seine Bewohner ausgebeutet wird – und zum Nutzen aller Menschen.

Doch als ich im grauen Licht des nächsten Morgens an Deck stehe und der Industriehafen von Auckland neben uns vorüberzieht, bin ich nicht mehr ganz so optimistisch. Kräne löschen dort vollautomatisch die Ladung von Containerschiffen, aus langen Rohren ergießen sich Ströme aus Kohle, Kies und Sand zu schwarzen, grauen und gelben Bergen. Wir sind zurück in der Realität, in der Welt der schnell benötigten Rohstoffe und der wachsenden Industrien. Krächzend begrüßen Möwen die *Sonne*, ein stechender Dieselgeruch durchzieht die Luft. Passenderweise regnet es in Strömen.

Weiter unten nähert sich ein Schnellboot der *Sonne*. Es holt die Grenzpolizisten und Lotsen ab, die am frühen Morgen, bei unserer Einfahrt in die Bucht von Auckland, an Bord gekommen sind. Der Anblick der neuseeländischen Grenzbeamten, die unter mir auf das Schnellboot steigen, verdeutlicht, wo das Problem bei der Rohstoffausbeutung in der Tiefsee liegt: Vergleichbare Kontrollen gibt es am Meeresboden nicht. Dort überprüft niemand, wie Staaten oder Konzerne vorgehen. Es gibt keinerlei Instanzen, die schon dem bisherigen

Treiben Einhalt gebieten würden. Niemand achtet darauf, dass Selbstverpflichtungen oder künftige politisch auferlegte Regeln eingehalten werden. Nirgendwo ist geplant, solche Meereskontrollen einzuführen – weder vor Neuseeland noch anderswo, auch nicht auf internationaler Ebene. Auch von der Einführung unabhängiger Umweltzertifikate für die Tiefsee ist die Rohstoffbranche weit entfernt.

Was könnte also im schlimmsten Fall passieren?, frage ich mich, während ich in der Kabine meine Sachen packe, um bald von Bord zu gehen. Am Meeresboden könnten einzigartige Gebiete zerstört und Tiefsee-Oasen abgerodet werden. Nach einigen Jahren des Tiefsee-Bergbaus könnten die Fischbestände schrumpfen, Aufwirbelungen und Rückstände könnten auch unsere Gesundheit in Gefahr bringen. Ganz zu schweigen von den gigantischen Ausmaßen solcher Folgen, die wegen des geplanten Manganknollenabbaus mitten im Pazifik drohen.

Welche Risiken die Ölförderung aus der Tiefsee birgt, ist spätestens seit dem Frühjahr 2010 klar, seit dem Untergang der Bohrinsel *Deepwater Horizon* von BP im Golf von Mexiko. Das Desaster hat nicht nur offenbart, wie fahrlässig einige Konzerne in der Tiefsee vorgehen. Es führt auch vor Augen, dass selbst ein technisch und finanziell bestens ausgestattetes Land wie die USA – das zudem über einige der renommiertesten Meeresforschungsinstitute der Welt verfügt – auf eine Umweltkatastrophe in der Tiefsee schlichtweg nicht vorbereitet ist. Auch Wochen nach der Katastrophe ist noch unklar, welche Schäden die aus dem explodierten Bohrloch strömenden Rohölmassen in der Tiefsee anrichten, wie sich das Öl dort verteilt und ob die eingesetzten Chemikalien, die es in kleine Tröpfchen auflösen sollen, nicht in Wahrheit noch eine weitere, bisher unsichtbare Umweltkatastrophe verursachen.

Was die Zukunft dem Meeresboden auch bringt: Es wird

niemanden geben, der aufschreit, wenn etwas schiefläuft; der Fotos machen könnte von Zerstörungen, die zunächst niemand sieht; oder der die Zusammenhänge zwischen der Rohstoffausbeutung und möglichen langfristigen Schäden dokumentiert – weil am Meeresboden niemand wohnt. Es gibt dort keine Nachbarn, die sich bei einer Umwelt- oder Bergbaubehörde über die Verpestung ihres Lebensraums beschweren, keine Lobbyisten, die vor Konzernsitzen und Ministerien ihrer Wut Luft machen würden. Weder Kameras noch Satelliten können durch die Oberfläche hinab ins Meer blicken. Um zu wissen, was dort passiert, muss man mit aufwendigen Geräten abtauchen. Doch solange Regierungsstellen dafür keine Mittel bereitstellen, Unternehmen Forschern die Ergebnisse diktieren oder den Zugang zu betroffenen Gebieten verwehren und die ISA wie auch der Seegerichtshof zu Kontrollen nicht befugt sind, bleibt der Meeresboden dem Handeln der Konzerne ausgeliefert.

Mit einem Ruck hebt sich der blau-weiße Container von den Holzplanken. Er schwebt über dem Deck der *Sonne* und wird wenig später auf dem Hafenkai abgesetzt. Mit dem Kontrollcontainer verlässt das letzte Teil der Ausrüstung des IFM-GEOMAR das Forschungsschiff. In zahllosen Kisten verstaut, geben die Forscher ihre Geräte noch heute zur Verschiffung nach Kiel auf. Dann geht es auch für sie selbst an die Rückreise – einmal um die halbe Erde, mehr als dreißig Stunden Flug, heim zu Freunden und Familie. Keine acht Wochen später werden die Kieler Meeresforscher wieder in See stechen. Um mit *Kiel 6000* die heißeste Quelle der Erde am mittelatlantischen Rücken zu untersuchen.

Unter meinen Füßen hört der Boden erst am nächsten Tag auf zu schwanken, so sehr hatte sich mein Gleichgewichtssinn an das Auf und Ab des Schiffes gewöhnt. Am Abend zuvor habe ich mich von den Forschern und der Besatzung der *Sonne* verabschiedet. Nun lenke ich einen Mietwagen über die bewaldeten Hügel der Nordinsel Neuseelands. Vor meinem Rückflug will ich wenigstens einen Eindruck bekommen von den Naturschönheiten an diesem anderen Ende der Welt.

Eine Woche lang besuche ich winterliche Surferstrände, wandere durch den Regenwald der Coromandel-Halbinsel und bestaune die nach Schwefel stinkenden Geysire und heißen Quellen in der vulkanischen Gegend rund um die Stadt Rotorua. Es ist tatsächlich so, wie Cornel de Ronde es gesagt hatte: An Land stehen die Landschaften rund um die mal giftgrünen, mal smaragdblauen heißen Quellen unter Naturschutz. Hier leben zwar nicht so bizarre Tiere wie an den Schwarzen Rauchern – zumindest keine, die mit dem bloßen Auge erkennbar wären. Doch die Nationalparks locken auch so Abertausende Touristen im Jahr an. Zu Recht: Ihre sprühenden Geysire, blubbernden Schlammseen und dampfenden Quellen schlagen auch mich mehrere Tage lang in ihren Bann und sorgen dafür, dass ich mich von der anstrengenden Expedition ein wenig erhole.

Doch erst viele Monate nach meiner Rückkehr – nachdem ich Freunden, Verwandten und Kollegen von den Reisen nach Neuseeland und Angola, von meinen Erlebnissen auf See und den Besuchen in Forscherlabors, bei der BGR in Hannover und am Seegerichtshof berichtet habe – beginnen sich die zahllosen Eindrücke allmählich zu setzen und in mir zu einem Gesamtbild zusammenzufügen. Die häufigste Reaktion auf meine Schilderungen lautet: Das haben wir ja alles gar nicht gewusst! Von den vielen Vorstößen, die weltweit in die Tiefsee stattfinden, sowie von den Zerstörungen und Konflikten, die sie mit sich bringen, sind die meisten vollkommen überrascht. So wie ich es zu Beginn meiner Recherchen und Reisen auch war.

Aber inzwischen ist meine Überraschung etwas anderem gewichen: der Sorge um diesen riesigen Lebensraum, aus dem in den kommenden Jahrzehnten immer mehr Rohstoffe stammen werden und über dessen Aufteilung schon jetzt erbittert gestritten wird. Daher kann ich mich mit der Rolle der reinen Beobachterin des weltweiten »Tiefenrauschs« nicht mehr begnügen.

Um aus den Fehlern zu lernen, die an Land – und nun auch im Golf von Mexiko – gemacht wurden, müsste dringend ein Moratorium, ein vorerst weltweiter Stopp für alle Industrieprojekte in großen Meerestiefen verhängt werden. Den Forschern müssten ausreichende Budgets und Instrumente zur Verfügung gestellt werden, um in den betreffenden Gebieten Umweltverträglichkeitsstudien durchführen zu können. Es müssten Kriterien für Schutzgebiete definiert und Regionen ausgewählt werden, in denen keine Eingriffe stattfinden dürfen. Erst dann könnten wiederum Gebiete ausgewiesen werden, in denen erlaubt wird, die weltweit benötigten Rohstoffe in der Tiefsee abzubauen.

Gerade einmal 1,6 Prozent der Fläche aller nationalen Hoheitsgewässer zusammen stehen nach Berechnungen der Weltnaturschutzunion IUCN (International Union for Conservation of Nature) bisher unter Naturschutz. Im Vergleich zu etwa 12 Prozent geschützter Flächen, die es an Land sind. Dabei geht es vor allem um flache Küstengewässer – und selbst dort existiert der Schutz oftmals nur auf dem Papier. Noch schwieriger wird es auf hoher See, in internationalem Gebiet, wo Schutzgebiete noch immer Fehlanzeige sind – bis auf den jüngst beschlossenen Versuch erster Schutzzonen im Nordostatlantik.

Doch erst dann, erst wenn großflächige Meeresgebiete von

der Ausbeutung ausgeschlossen werden und ein Kontrollmechanismus bereitsteht, um Konzernen über die Schulter zu schauen, darf die Industrie weiter in die Tiefsee vordringen. Ob es dabei immer friedlich zugehen wird, hängt von der Bereitschaft der Staaten ab, Konflikte vor ihren Küsten zu lösen, ohne dabei zu der Kanonenbootpolitik der letzten beiden Jahrhunderte zurückzukehren.

Der Meeresboden wird derzeit einer kleinen Gruppe von Entscheidern aus Industrie, Politik und Wissenschaft überlassen. Dabei muss sich eine breite Öffentlichkeit dieses Themas annehmen. Noch können die Weichen für den weiteren Vorstoß in die Tiefsee gestellt werden. Doch dafür müssen wir alle unsere Prioritäten neu überdenken. Wir müssen uns fragen, wie wichtig uns die Ozeane und ihre Artenvielfalt sind. Welche Abstriche wir für ihren Schutz beim Wachstum der Wirtschaft und bei unserem Verlangen nach billigen Rohstoffen im Zweifel zu machen bereit sind. Und ob es für manche dieser Rohstoffe nicht ohnehin längst auch Alternativen gibt. Eine solche Debatte kann nur innerhalb der gesamten Gesellschaft geführt werden. Und sie muss heute beginnen – bevor es zu spät ist.

Ich danke

den vielen Forschern, Mitarbeitern auf Forschungs-, Ölbohr- oder -förderschiffen, Ingenieuren, Laboranten und sonstigen Tiefsee-Experten, denen ich während meiner Reisen und Recherchen begegnet bin und die nicht alle namentlich im Buch erwähnt werden konnten. Ohne ihre große Offenheit, mit der sie mir Einblick in ihre Arbeit gaben und meine vielen Fragen beantworteten, hätte ich über das globale »Abenteuer Tiefsee« nicht so ausführlich berichten können;

Klaus Gabbert, der mich als Erster auf die Idee brachte, dieses Buch zu schreiben, und mir als genauer und konstruktiver Lektor zur Seite stand;

Kathrin Liedtke für das Schlusslektorat sowie die aufmerksame und entscheidungsfreudige Betreuung des Buchs im Hoffmann und Campe Verlag;

Katja Biallaß für ihr Engagement bei Layout und Gestaltung von Text und Bildteil;

Diana Stübs und der Agentur Eggers & Landwehr für die unkomplizierte und motivierende Zusammenarbeit;

den WDR-Redakteuren Barbara Schmitz, Mathias Werth und Gabriele Conze für ihr Vertrauen und ihre Unterstützung, ohne die weder die Filme möglich gewesen wären noch dieses Buch;

dem Team der Längengrad Filmproduktion in Köln: Oliver Gontram, Marion Griehl, Yasmin Metwaly und Katja Sträter, für Reiseplanungen, Visa und Drehgenehmigungen sowie rechtliche Klärungen und stets ein offenes Ohr. Isabelle Albert, Michael Kern, Thomas Kutschker und Steffen Bohn für

die Begleitung meiner Reisen mit der Kamera und ihre Ver-
arbeitung am Schneidetisch. Ihnen allen dafür, dass sie mein
Projekt auch zu ihrem Projekt gemacht haben;

meinen Eltern Helga und Harald Zierul, die mir schon früh
die Liebe zu fremden Ländern, Sprachen und zum Meer mit-
gegeben haben und die mich mit ihrem unerschütterlichen
Glauben an meinen Weg stets aufs Neue stärken;

meiner Schwester Tina Zierul dafür, dass sie mein Leben
und meine Arbeit seit jeher eng begleitet, mich in schwierigen
Phasen auffängt, die schönen mit mir feiert und mich immer
wieder auf neue Gedanken bringt;

Florian Benedix für seinen Humor und Scharfsinn, mit denen er mich sowohl anspornt als auch wieder auf den Boden
holt. Und für seine Güte und Liebe, die ich nie mehr missen
möchte.

Ein ganz besonderer Dank geht an Thomas Weidenbach, der
mir seit Jahren als Freund, Kollege und Produzent zur Seite
steht und der selten ruht, bevor er das »Beste« aus mir her-
ausgeholt hat. Auch bei der Entstehung der Filme und dieses
Buchs war er mein wichtigster Berater und Kritiker, von der
ersten Recherche-Idee bis zum fertigen Manuskript. Zudem
hat er immer wieder dafür gesorgt, dass ich den Glauben an
mich und das Projekt nicht verliere.

Literatur

Auf Schatzsuche vor Neuseeland

Ballard, Robert D.: *Tiefsee. Die großen Expeditionen in der Welt der ewigen Finsternis*, München: Herbig 1998

Batson, Peter: *Deep New Zealand: Blue Water, Black Abyss*, Christchurch, Neuseeland: Canterbury University Press 2003

Beebe, William: *923 Meter unter dem Meeresspiegel*, Leipzig: Brockhaus 1935

De Ronde, Cornel u. a.: »Evolution of a submarine magmatic-hydrothermal system: Brother's volcano, southern Kermadec arc, New Zealand«, in: *Economic Geology* 100 (1097–1133), 2005

Desbruyères, Daniel; Segonzac, Michel; Bright, Monika (Hg.): *Handbook of Deep-Sea Hydrothermal Vent Fauna*, Reihe Denisia 18, Linz: Oberösterreichische Landesmuseen 2006

Ellis, Richard: *Der lebendige Ozean. Nachrichten aus der Wasserwelt*, Hamburg: Mare 2006

Fornari, Dan et al.: *The Discovery of Hydrothermal Vents. A Dive and Discover Presentation*, abrufbar unter www.divediscover.whoi.edu/ventcd

IFM-GEOMAR, Leibniz-Institut für Meereswissenschaften an der Universität Kiel: Informationen abrufbar unter www.ifm-geomar.de

Kunzig, Robert: *Der unsichtbare Kontinent. Die Entdeckung der Meerestiefe*, Hamburg: Mare 2002

Martin, William; Russell, Michael J.: »On the origins of cells. A hypothesis for the evolutionary transitions from abiotic geochemistry to chemoautotrophic prokaryotes, and from prokaryotes to nucleated cells«, in:

Philosophical Transactions of the Royal Society. Biological Sciences 358 (1429), 2003, S. 59–85

Piccard, Jacques: *Elftausend Meter unter dem Meeresspiegel*, Leipzig: Brockhaus 1961

Woods Hole Oceanographic Institution: Informationen abrufbar unter www.whoi.edu

Volkszählung in der Tiefsee

Census of Marine Life: Informationen abrufbar unter www.coml.org

Chun, Carl: *Aus den Tiefen des Weltmeeres. Schilderungen von der Deutschen Tiefsee Expedition 1898–1899*, Jena: Gustav Fischer 1900

Descamp, Pierre: *Planet Meer. Reise in die Unterwasserwelt*, Hamburg: National Geographic Deutschland 2007

Hochleithner, Claudia u. Manfred: *Underwater Universe. The Unkown Magic and Beauty of the Creatures Deep in the Sea.* Text auf Deutsch, Englisch und Französisch. Aschaffenburg: Edition Reuss 2004

Ifremer, Institut Français de Recherche pour l'Exploitation de la Mer: Informationen abrufbar unter www.ifremer.fr

Knauer, Roland; Vierig, Kerstin: *Wissen auf einen Blick. Ozeane und Tiefsee, 100 Bilder – 100 Fakten,* Köln: Naumann & Göbel 2008

Nouvian, Claire: *The Deep. Leben in der Tiefsee*, München: Knesebeck 2006

Röhrlich, Dagmar: *Tiefsee. Von schwarzen Rauchern und blinkenden Fischen*, Hamburg: Mare 2010

Schätzing, Frank: *Nachrichten aus einem unbekannten Universum. Eine Zeitreise durch die Meere*, Köln: Kiepenheuer & Witsch 2006

Senckenbergische Naturforschende Gesellschaft: Informationen zur Meeresforschung abrufbar unter www.senckenberg.de

Tardent, Pierre: *Meeresbiologie. Eine Einführung.* Stuttgart: Thieme 2005

Trew Crist, Darlene; Scowcroft, Gail; Harding, Jr., James M.: *Schatzkammer Ozean. Volkszählung in den Weltmeeren*, Heidelberg: Spektrum 2010

Wilkinson, Philip: *Deep Blue. Entdecke das Geheimnis der Ozeane*, Hildesheim: Gerstenberg Verlag 2004

Die Zukunft hat begonnen

Bundesanstalt für Geowissenschaften und Rohstoffe: *Energierohstoffe 2009. Reserven, Ressourcen, Verfügbarkeit*, abrufbar unter www.bgr. bund.de

International Energy Agency: *Oil Market Report*, abrufbar unter www. oilmarketreport.org

Lübbe, Thies; Höppner, Thomas; van Bernem, Carlo: *Öl im Meer. Katastrophen und langfristige Belastungen*, Darmstadt: Wissenschaftliche Buchgesellschaft 2002

Perras, Arne: »Amerika entdeckt Afrika«, in: *Süddeutsche Zeitung*, 12.7. 2007

Savoye, Bruno; Sibuet, Myriam et al.: »Zaïango-Biozaïre à la découverte des abysses«, in: TotalFinaElf (Hg.), *Energies 5*. Hors-série Technologie et Innovation, 2003, S. 25–33

Total: Informationen zur Erdölförderung vor Angola auf der Firmen-Website, abrufbar unter www.total.com/en/our-energies/oil/exploration-andproduction/projects-and-achievements/d alia-940847.html

TotalFinaElf (Hg.): *Energies 5*. Hors-série Technologie et Innovation, Firmenmagazin mit Schwerpunkt auf Tiefsee-Projekten vor Angola, 2003

Traub-Merz, Rudolf: *Öl-Boom im Golf von Guinea*, Bonn: Friedrich-Ebert-Stiftung 2003

U.S. Navy: Informationen zur Africa Partnership Station abrufbar unter www.c6f.navy.mil/apshome.html

Wem gehört das Meer?

Bowcott, Owen: »The new British empire? UK plans to annex south Atlantic«, in: *The Guardian*, 22.9.2007

Commission on the Limits of the Continental Shelf: Informationen und Originaldokumente der Kontinentalschelf-Kommission abrufbar unter www.un.org/Depts/los/clcs_new/clcs_home.htm

Eckardt, Emanuel: »Die Seestreitmacht zu Land«, in: *Mare*, Nr. 65, Dezember 2007

Internationaler Seegerichtshof: Informationen abrufbar unter www.itlos. org

Mann-Borgese, Elisabeth: *Mit den Meeren leben*, Hamburg/Köln: Mare/ Kiepenheuer & Witsch 1999

Winkelmann, Ingo: *Klimawandel und Sicherheit in der arktischen Region*, Diskussionspapier, Berlin: Stiftung Wissenschaft und Politik 2009

Wolfrum, Rüdiger: *Das Rechtsregime der Arktis*, Vortrag im Auswärtigen Amt am 4.3.2008, abrufbar unter www.mpil.de/shared/data/pdf/ wolfrum_auswaertiges_amt_arktis.pdf

Vereinte Nationen (UNO: Seerechtsübereinkommen abrufbar unter www. un.org/Depts/los

Vitzthum, Wolfgang Graf (Hg.): *Handbuch des Seerechts*, München: Beck 2006

Deutschlands 17. Bundesland im Pazifik

Berger, Wolfgang H.; Seibold, Eugen: *The Sea Floor. An Introduction to Marine Geology*. Berlin: Springer 1996

Borowski, Christian: »Physically disturbed deep-sea macrofauna in the Peru Basin, southeast Pacific, revisited 7 years after the experimental impact«, in: *Deep Sea Research Part II: Tropical Studies in Oceanography* 48, Amsterdam: Elsevier 2001, S. 3809–3839

Bundesanstalt für Geowissenschaften und Rohstoffe (BGR: Informationen über Manganknollen abrufbar unter www.bgr.bund.de

Internationale Meeresbodenbehörde: Informationen und Mining Code abrufbar unter www.isa.org.jm

Schneider, Jürgen: »Tiefsee Bergbau auf Manganknollen vor dem Hintergrund globaler Versorgungs- und Umweltprobleme«, in: *Naturwissenschaften* 75, Berlin/Heidelberg/New York: Springer 1988, S. 423–431

Thiel, Hjalmar; Schriever, Gerd; Foell, Eric J.: »Polymetallic nodule mining, waste disposal, and species extinction at the abyssal seafloor«, in: *Marine Georesources and Geotechnology* 23, 2005, S. 209–220

Wiedicke-Hombach, Michael: »Rohstoffjagd in der Tiefsee. Forscher sind ›Meeresschätzen‹ auf der Spur«, in: *Scinexx*, Heidelberg: Spektrum 2008, abrufbar unter www.scinexx.de/geounion-aws_basics-7977.html

Alarm oder Hoffnung?

Friedrich, Susanne: »Genetische Ressourcen der Tiefsee. Ökologie, Bio-prospektion, rechtlicher Status und Lösungsansätze«, Ressortbespre-chung 23. 1. 2007, Bundesamt für Naturschutz, abrufbar unter www.bfn.de/fileadmin/ABS/documents/Gen._Res._der_Tiefsee_0107_fuer_website.pdf

Imhoff, Johannes F.; Wiese, Jutta: »Blaue Biotechnologie auf dem Vor-marsch. Neue Wirkstoffe aus Meeresorganismen«, in: *Bioforum* 30, 2008, S. 36–37

Menot, Lénaïck; Galéron, Joëlle; Fifis, Alexis; Sibuet, Myriam: »Influence of nodules on macro-infaunal communities in the abyssal Pacific«, 11th Deep-Sea Biology Symposium, Southampton, UK, 2006

Schneider, Reto u. a.: »Tiefsee. Rätselhaftes Reich der Finsternis«, in: NZZ *Folio*, Juli 2007

Smith, Craig, »The deep-sea floor ecosystem: Current status and prospects of anthropogenic change by the year 2025«, in: *Environmental Conserva-tion* 30 (3), 2003, S. 219–241

Das Tiefsee-Dilemma

Deepwave, Initiative zum Schutz der Hoch- und Tiefsee: Ausführliche In-formationen abrufbar unter www.deepwave.org

Devey, Colin W.; Fisher, Charles R.; Scott, Steven: »Responsible Science at Hydrothermal Vents«, in: *Oceanography*, 20, 2007, S. 162–171

Cousteau, Jacques; Schiefelbein, Susan: *Der Mensch, die Orchidee und der Oktopus. Mein Leben für die Erforschung und Bewahrung unserer Umwelt,* Frankfurt a. M.: Campus 2002

Earle, Sylvia; Glover, Linda K.; Kelleher, Graeme: *Defying Oceans End. An Agenda for Action,* Washington, D.C.: Island Press 2004

Field, John G.; Hempel, Gotthilf; Summerhayes, Colin P.: *Ocean 2020. Sci-ence, Trends, and the Challenge of Sustainability,* Washington, D.C.: Island Press 2002

International Marine Minerals Society: »Code for Environmental Ma-nagement of Marine Mining«, Entwurf vom 21. 8. 2009, abrufbar unter

www.immsoc.org/IMMS_downloads/PAV_CODE_082109_KM_082509.
pdf

Laffoley, Dan (Hg.): »Towards Networks of Marine Protected Areas. The
MPA Plan of Action for IUCN's World Commission on Protected Areas«,
IUCN WCPA, Gland, Schweiz, 2008

Nautilus Minerals: »Environmental Impact Statement«, September 2008,
abrufbar unter http://cares.nautilusminerals.com/Downloads.aspx

United Nations Environment Programme (UNEP): *Deep-Sea Biodiversity
and Evosystems: A scoping report on their socio-economy, management and
governance*, 2007, abrufbar unter http://ekh.unep.org/?q=node/2526

Register

Bildnachweis

RF Forschungsschiffahrt: I oben

Leibniz-Institut für Meereswissenschaften IFM-GEOMAR: I unten

MARUM, Universität Bremen: II oben

Ifremer: II unten, III oben, VI unten, VIII oben, VIII unten

Kevin Raskoff: III unten

Forschungsinstitut Senckenberg: IV oben

AP Images: V oben, VII oben

Joe Knauer: V unten

Jean-Pascal Donnot: VI oben

U.S. Navy: VII unten

Bundesanstalt für Geowissenschaften und Rohstoffe: VIII Mitte